SANTA TERESA DE JESÚS

Las Moradas o El Castillo Interior
Biografía

LAS MORADAS
O EL CASTILLO INTERIOR

JHS

ESTE TRATADO, LLAMADO
«CASTILLO INTERIOR», ESCRIBIÓ TERESA
DE JESÚS, MONJA DE NUESTRA SEÑORA
DEL CARMEN, A SUS HERMANAS E HIJAS,
LAS MONJAS CARMELITAS DESCALZAS

PRÓLOGO

Pocas cosas que me ha mandado la obediencia se me han hecho tan dificultosas como escribir ahora cosas de oración: lo uno, porque no me parece me da el Señor espíritu para hacerlo, ni deseo; lo otro, por tener la cabeza tres meses ha con un ruido y flaqueza tan grande, que an [1] los negocios forzosos escribo con pena. Mas, entendiendo que la fuerza de la obediencia suele allanar cosas que parecen imposibles, la voluntad se determina a hacerlo muy de buena gana, aunque el natural parece que se aflige mucho, porque no me ha dado el Señor tanta virtud, que el pelear con la enfermedad contina y con ocupaciones de muchas maneras, se pueda hacer sin gran contradición suya. Hágalo el que ha hecho otras cosas más dificultosas por hacerme merced, en cuya misericordia confío.

Bien creo he [2] de saber decir poco más que lo que he dicho en otras cosas que me han mandado escribir, antes temo que han de ser casi todas las mesmas, porque ansí como los pájaros que enseñan a hablar no saben más de lo que les muestran u oyen, y esto repiten muchas veces, so yo al pie de la letra. Si el Señor quisiere diga algo nuevo, Su Majestad lo dará, u será servido traerme a la memoria lo que otras veces he dicho, que an con esto me contentaría, por tenerla tan mala, que me holgaría de atinar a algunas cosas que decían estaban bien dichas, por si se hubieren perdido. Si tampoco me diere el Señor esto, con cansarme y acrecentar el mal de cabeza por obediencia quedaré con ganancia, aunque de lo que dijere no se saque ningún provecho. Y ansí comienzo a cumplir hoy, día de la Santísima Trenidad, año de MDLXXVII, en este monesterio de San Josef del Carmen en Toledo, adonde al presente estoy, sujetándome en todo lo que dijere a el parecer de quien me lo manda escribir, que son personas de grandes letras [3]. Si alguna cosa dijere que no vaya conforme a lo que tiene la Santa Ilesia Católica Romana, será por inorancia y no por malicia. Esto se puede tener por cierto, y que siempre estoy y estaré sujeta, por la bondad de Dios, y lo he estado, a ella. Sea por siempre bendito, amén, y glorificado.

[1] *an*: aun, aún.
[2] *he*: habría.
[3] P. Jerónimo Ceracián y P. Velázquez, su confesor en esta época.

Díjome quien me mandó escribir que, como estas monjas de estos monesterios de Nuestra Señora del Carmen tienen necesidad de quien algunas dudas de oración las declare y que le parecía que mijor se entienden el lenguaje unas mujeres de[4] otras, y con el amor que me tienen les haría más al caso lo que yo les dijese, tiene entendido por esta causa será de alguna importancia si se acierta a decir alguna cosa, y por esta causa iré hablando con ellas en lo que escribiré. Y porque parece desatino pensar que puede hacer al caso a otras personas, harta merced me hará Nuestro Señor si a alguna dellas se aprovechare para alabarle algún poquito más. Bien sabe Su Majestad que yo no pretendo otra cosa, y está muy claro que, cuando algo se atinare a decir, entenderán no es mío, pues no hay causa para ello, si no fuere tener tan poco entendimiento como yo habilidad para cosas semejantes, si el Señor por su misericordia no la da.

[4] *de*: entiéndase «con».

MORADAS PRIMERAS

CAPÍTULO I

Estando hoy suplicando a Nuestro Señor hablase por mí, porque yo no atinaba a cosa que decir ni cómo comenzar a cumplir esta obediencia, se me ofreció lo que ahora diré para comenzar con algún fundamento, que es considerar nuestra alma como un castillo todo de un diamante u muy claro cristal, adonde hay muchos aposentos, ansí como en el cielo hay muchas moradas [1]. Que si bien lo consideramos, hermanas, no es otra cosa el alma del justo sino un paraíso, adonde dice Él tiene sus deleites. Pues, ¿qué tal os parece que será el aposento adonde un Rey tan poderoso, tan sabio, tan limpio, tan lleno de todos los bienes se deleita? No hallo yo cosa con que comparar la gran hermosura de un alma y la gran capacidad, y verdaderamente, apenas deben llegar nuestros entendimientos, por agudos que fuesen, a comprenderla, ansí como no pueden llegar a considerar a Dios, pues Él mesmo dice que nos crió a su imagen y semejanza. Pues si esto es, como lo es, no hay para qué nos cansar en querer compreender la hermosura de este castillo porque, puesto que hay la diferencia de él a Dios que del Criador a la criatura, pues es criatura, basta decir Su Majestad que es hecha a su imagen, para que apenas podamos entender la gran divinidad y hermosura del ánima. ¿No es pequeña lástima y confusión que por nuestra culpa no entendamos a nosotros mesmos ni sepamos quién somos? ¿No sería gran inorancia, hijas mías, que preguntasen a uno quién es y no se conociese ni supiese quién fue su padre, ni su madre, ni de qué tierra? Pues si esto sería gran bestialidad, sin comparación es mayor la que hay en nosotras, cuando no procuramos saber qué cosa somos, sino que nos detenemos en estos cuerpos y ansí, a bulto, porque lo hemos oído y porque nos lo dice la fe, sabemos que tenemos almas; mas, qué bienes puede haber en esta alma u quién está dentro de esta alma u el gran valor de ella, pocas veces lo consideramos, y ansí se tiene en tan poco procurar con todo cuidado conservar su hermosura. Todo se nos va en la grosería del engaste u cerca de este castillo, que son estos cuerpos. Pues consideremos que este castillo tiene, como he dicho, muchas moradas, unas en lo alto, otras en bajo, otras a los lados, y en el cen-

---

[1] No es la primera vez que Teresa emplea la imagen del castillo para hacerse entender. (Ver *Vida*, caps. I y XIII, y *Camino de Perfección*, caps. III y XXIII.)

tro y mitad de todas éstas tiene la más principal, que es adonde pasan las cosas de mucho secreto entre Dios y el alma. Es menester que vais[2] advertidas a esta comparación; quizá será Dios servido pueda por ella daros algo a entender de las mercedes que es Dios servido hacer a las almas y las diferencias que hay en ellas, hasta donde yo hubiere entendido que es posible, que todas será imposible entenderlas nadie, sigún son muchas, cuanto más quien es tan ruin como yo; porque os será gran consuelo, cuando el Señor os las hiciere, saber que es posible; y a quien no, para alabar su gran bondad; que ansí como no nos hace daño considerar las cosas que hay en el cielo y lo que gozan los bienaventurados, antes nos alegramos y procuramos alcanzar lo que ellos gozan, tampoco nos hará[3] ver que es posible en este destierro comunicarse un tan gran Dios con unos gusanos tan llenos de mal olor, y amar una bondad tan buena y una misericordia tan sin tasa. Tengo por cierto que, a quien hiciere daño entender que es posible hacer Dios esta merced en este destierro, que estará muy falta de humildad y del amor del prójimo, porque si esto no es, ¿cómo nos podemos dejar de holgar de que haga Dios estas mercedes a un hermano nuestro, pues no impide para hacérnoslas a nosotras, y de que Su Majestad dé a entender sus grandezas, sea en quien fuere? Que algunas veces será sólo por mostrarlas, como dijo del ciego que dió vista, cuando le preguntaron los apóstoles si era por sus pecados u de sus padres. Y ansí acaece no las hacer por ser más santos a quien las hace que a los que no, sino porque se conozca su grandeza, como vemos en san Pablo y la Madalena, y para que nosotros le alabemos en sus criaturas. Podrase decir que parecen cosas imposibles y que es bien no escandalizar los flacos. Menos se pierde en que ellos no lo crean, que no en que se dejen de aprovechar a los que Dios las hace, y se regalarán y despertarán a más amar a quien hace tantas misericordias, siendo tan grande su poder y majestad; cuanto más que sé que hablo con quien no habrá[4] este peligro, porque saben y creen que hace Dios an muy mayores muestras de amor. Yo sé que quien esto no creyere, no lo verá por espiriencia, porque es muy amigo de que no pongan tasa a sus obras; y ansí, hermanas, jamás os acaezca a las que el Señor no llevare por este camino.

Pues tornando a nuestro hermoso y deleitoso castillo, hemos de ver cómo podremos entrar en él. Parece que digo algún disbarate, porque si este castillo es el ánima, claro está que no hay para qué entrar, pues se es él mesmo, como parecería desatino decir a uno que entrase en una pieza estando ya dentro. Mas habéis de entender que va mucho de estar a estar; que hay muchas almas que se están en la ronda del castillo, que es adonde están los que le guardan, y que no se les da nada de entrar dentro, ni

[2] *vais*: vayáis; entiéndase: «estéis».
[3] Añádase «daño» para una mejor comprensión.
[4] *habrá*: entiéndase «tendrá».

saben qué hay en aquel tan precioso lugar, ni quién está dentro, ni an qué piezas tiene. Ya habréis oído en algunos libros de oración aconsejar a el alma que entre dentro de sí; pues esto mesmo es. Decíame poco ha un gran letrado que son las almas que no tienen oración como un cuerpo con perlesía u tollido, que, anque tiene pies y manos, no los puede mandar; que ansí son, que hay almas tan enfermas y mostradas a estarse en cosas esteriores, que no hay[5] remedio ni parece que pueden entrar dentro de sí, porque ya la costumbre la tiene tal, de haber siempre tratado con las sabandijas y bestias que están en el cerco del castillo, que ya casi está hecha como ellas, y con ser de natural tan rica y poder tener su conversación, no menos que con Dios, no hay remedio. Y si estas almas no procuran entender y remediar su gran miseria, quedarse han hechas estatuas de sal, por no volver la cabeza hacia sí, ansí como lo quedó la mujer de Lot por volverla. Porque, a cuanto yo puedo entender, la puerta para entrar en este castillo es la oración y consideración, no digo más mental que vocal, que, como sea oración, ha de ser con consideración; porque la que no advierte con quién habla, y lo que pide, y quién es quien pide, y a quién, no la llamo yo oración, anque mucho menee los labrios. Porque anque algunas veces sí será anque no lleve este cuidado, más es habiéndole llevado otras; mas, quien tuviese de costumbre hablar con la majestad de Dios como hablaría con su esclavo que ni mira si dice mal, sino lo que se le viene a la boca y tiene deprendido, por hacerlo otras veces, no la tengo por oración, ni plega a Dios que ningún cristiano la tenga de esta suerte; que entre vosotras, hermanas, espero en Su Majestad no lo habrá, por la costumbre que hay de tratar de cosas interiores, que es harto bueno para no caer en semejante bestialidad. Pues no hablemos con estas almas tullidas, que, si no viene el mesmo Señor a mandarlas se levanten, como al que había treinta años que estaba en la picina, tienen harta mala ventura y gran peligro, sino con otras almas, que, en fin, entran en el castillo, porque, aunque están muy metidas en el mundo, tienen buenos deseos y alguna vez, anque de tarde en tarde, se encomiendan a Nuestro Señor, y consideran quién son, anque no muy despacio. Alguna vez en un mes rezan llenos de mil negocios, el pensamiento casi lo ordinario en esto, porque están tan asidos a ellos, que, como adonde está su tesoro, se va allá el corazón; ponen por sí algunas veces de desocuparse, y es gran cosa el propio conocimiento y ver que no van bien para atinar a la puerta. En fin, entran en las primeras piezas de las bajas, mas entran con ellos tantas sabandijas, que ni le dejan ver la hermosura del castillo ni sosegar; harto hace en haber entrado.

Pareceros ha, hijas, que es esto impertinente, pues por la bondad del Señor no sois de éstas. Habéis de tener paciencia, porque no sabré dar a entender como yo tengo entendido algunas cosas interiores de oración, si-

---

[5] *hay*: léase «tienen».

no es ansí, y an plega el Señor que atine a decir algo, porque es bien dificultoso lo que querría daros a entender, si no hay espiriencia; si la hay, veréis que no se puede hacer menos de tocar en lo que, plega a el Señor, no nos toque, por su misericordia.

CAPÍTULO II

Antes que pase adelante os quiero decir que consideréis qué será ver este castillo tan resplandeciente y hermoso, esta perla oriental, este árbol de vida que está plantado en las mesmas aguas vivas de la vida, que es Dios, cuando cay en un pecado mortal: no hay tinieblas más tenebrosas ni cosa tan oscura y negra, que no lo esté mucho más. No queráis más saber de que [6], con estarse el mesmo Sol que le daba tanto resplandor y hermosura todavía en el centro de su alma, es como si allí no estuviese para participar de Él, con ser tan capaz para gozar de Su Majestad como el cristal para resplandecer en él el sol. Ninguna cosa le aprovecha, y de aquí viene que todas las buenas obras que hiciere, estando ansí en pecado mortal, son de ningún fruto para alcanzar gloria, porque, no procediendo de aquel principio, que es Dios, de donde nuestra virtud es virtud, y apartándonos de Él, no puede ser agradable a sus ojos; pues, en fin, el intento de quien hace un pecado mortal, no es contentarle, sino hacer placer al demonio, que, como es las mesmas tinieblas, ansí la pobre alma queda hecha una mesma tiniebla. Yo sé de una persona [7] a quien quiso Nuestro Señor mostrar cómo quedaba un alma cuando pecaba mortalmente. Dice aquella persona que le parece, si lo entendiesen, no sería posible ninguno pecar aunque se pusiese a mayores trabajos que se pueden pensar, por huir de las ocasiones. Y ansí le dio mucha gana que todos lo entendieran, y ansí os la dé a vosotras hijas, de rogar mucho a Dios por los que están en este estado, todos hechos una escuridad; y ansí son sus obras. Porque ansí como de una fuente muy clara lo son todos los arroícos que salen de ella, como [8] es un alma que está en gracia, que de aquí le viene ser sus obras tan agradables a los ojos de Dios y de los hombres, porque proceden de esta fuente de vida, adonde el alma está como un árbol plantado en ella, que la frescura y fruto no tuviera, si no le procediere de allí, que esto le sustenta y hace no secarse y que dé buen fruto; ansí el alma que por su culpa se aparta desta fuente y se planta en otra de muy negrísima agua y de muy mal olor, todo lo que corre de ella es la mesma desventura y suciedad. Es de considerar aquí que la fuente y aquel sol resplandeciente, que está en el centro del alma, no pierde su resplandor y hermosura, que siempre está dentro

---

[6] *de que*: entiéndase «sino que».
[7] La Santa se refiere a sí misma.
[8] *como*: entiéndase «así».

de ella y cosa no puede quitar su hermosura; mas si sobre un cristal que está a el sol se pusiese un paño muy negro, claro está que, anque el sol dé en él, no hará su claridad operación en el cristal.

¡Oh, almas redemidas por la sangre de Jesucristo, entendeos y habed lástima de vosotras! ¿Cómo es posible que, entendiendo esto, no procuráis quitar esta pez de este cristal? Mira que si se os acaba la vida, jamás tornaréis a gozar de esta luz. ¡Oh, Jesús, qué es[9] ver a un alma apartada de ella! ¡Cuáles quedan los pobres aposentos del castillo! ¡Qué turbados andan los sentidos, que es la gente que vive en ellos! ¡Y las potencias, que son los alcaides y mayordomos y mastresalas, con qué ceguedad, con qué mal gobierno! En fin, como adonde[10] está plantado el árbol que es el demonio, ¿qué fruto puede dar? Oí una vez a un hombre espiritual que no se espantaba de cosas que hiciese uno que está en pecado mortal, sino de lo que no hacía. Dios, por su misericordia, nos libre de tan gran mal, que no hay cosa mientra vivimos que merezca este nombre de mal, sino ésta, pues acarrea males eternos para sin fin. Esto es, hijas, de lo que hemos de andar temerosas y lo que hemos de pedir a Dios en nuestras oraciones; porque si Él nos guarda la ciudad, en vano trabajaremos, pues somos la mesma vanidad. Decía aquella persona que había sacado dos cosas de la merced que Dios le hizo: la una, un temor grandísimo de ofenderle, y ansí siempre le andaba suplicando no la dejase caer, viendo tan terribles daños; la segunda, un espejo para la humildad, mirando como cosa buena que hagamos no viene su principio de nosotros, sino de esta fuente adonde está plantado este árbol de nuestras almas y de este sol que da calor a nuestras obras. Dice que se le representó esto tan claro que, en haciendo alguna cosa buena u viéndola hacer, acudíe a su principio y entendía cómo sin esta ayuda no podíamos nada; y de aquí le procedía ir luego a alabar a Dios y, lo más ordinario, no se acordar de sí en cosa buena que hiciese. No sería tiempo perdido, hermanas, el que gastásedes en leer esto ni yo en escribirlo, si quedásemos con estas dos cosas, que los letrados y entendidos muy bien las saben, mas nuestra torpeza de las mujeres todo lo ha menester, y ansí, por ventura, quiere el Señor que vengan a nuestra noticia semejantes comparaciones. ¡Plega a su bondad nos dé gracia para ello!

Son tan escuras de entender estas cosas interiores que, a quien tan poco sabe como yo, forzado habrá de decir muchas cosas superfluas y an desatinadas, para decir alguna que acierte. Es menester tenga paciencia quien lo leyere, pues yo la tengo para escribir lo que no sé, que cierto algunas veces tomo el papel, como una cosa boba, que ni sé qué decir ni cómo comenzar. Bien entendido que es cosa importante para vosotras declarar algunas[11] interiores como pudiere, porque siempre oímos cuán bue-

---

[9] *Entiéndase* «qué triste es».
[10] *adonde*: entiéndase «allí».
[11] Se sobrentiende «cosas».

na es la oración y tenemos de costitución tenerla tantas horas, y no se nos declara más de lo que podemos nosotras, y de cosas que obra el Señor en su alma, declárase poco, digo sobrenatural. Diciéndose y dándose a entender de muchas maneras, sernos ha mucho consuelo considerar este artificio celestial interior, tan poco entendido de los mortales, antes que vayan muchos por él. Y aunque en otras cosas que he escrito ha dado el Señor algo a entender, entiendo que algunas no las había entendido como después acá en especial de las más dificultosas. El trabajo es que para llegar a ellas, como he dicho, se habrán de decir muchas muy sabidas, porque no puede ser menos para mi rudo ingenio.

Pues tornemos ahora a nuestro castillo de muchas moradas. No habéis de entender estas moradas una en pos de otra como cosa en hilada, sino poné los ojos en el centro, que es la pieza u palacio adonde está el Rey, y considerad cómo [12] un palmito que, para llegar a lo que es de comer, tiene muchas coberturas que todo lo sabroso cercan. Ansí, acá, en rededor de esta pieza están muchas, y encima lo mesmo, porque las cosas del alma siempre se han de considerar con plenitud y anchura y grandeza, pues no le levantan nada, que capaz es de mucho más que podremos considerar, y a todas partes de ella se comunica este sol que está en este palacio. Esto importa mucho a cualquier alma que tenga oración, poca o mucha: que no la arrincone ni apriete; déjela andar por estas moradas, arriba y abajo y a los lados, pues Dios la dio tan gran dignidad, no se estruje en estar mucho tiempo en una pieza sola, u que, si es en el propio conocimiento, que, con cuan necesario es esto, miren que me entiendan, an a las que las tiene el Señor en la mesma morada que Él está, que jamás por encumbrada que esté le cumple otra cosa, ni podrá anque quiera; que la humildad siempre labra como la abeja en la colmena la miel, que sin esto todo va perdido. Mas consideramos que la abeja no deja de salir a volar para traer flores, ansí el alma en el propio conocimiento; créame, y vuele algunas veces a considerar la grandeza y majestad de su Dios. Aquí hallará su bajeza mejor que en sí mesma y más libre de las sabandijas adonde entran en las primeras piezas, que es el propio conocimiento, que anque, como digo, es harta misericordia de Dios que se ejercite en esto, tanto es lo de más como lo de menos, suelen decir. Y créanme que con la virtud de Dios obraremos muy mejor virtud que muy atadas a nuestra tierra. No sé si queda dado bien a entender, porque es cosa tan importante este conocernos, que no querría en ello hubiese jamás relajación, por subidas que estéis en los cielos, pues, mientras estamos en esta tierra, no hay cosa que más nos importe que la humildad. Y ansí torno a decir que es muy bueno y muy rebueno tratar de entrar primero en el aposento adonde se trata de esto, que volar a los demás, porque este es el camino; y si podemos ir por lo seguro y llano, ¿para qué hemos de querer alas para volar?; mas que

[12] Entiéndase que «es como».

busque cómo aprovechar más en esto. Y a mi parecer jamás nos acabamos de conocer, si no procuramos conocer a Dios; mirando su limpieza veremos nuestra suciedad; considerando su humildad, veremos cuán lejos estamos de ser humildes. Hay dos ganancias de esto: la primera está claro que parece una cosa blanca muy más blanca cabe la negra, y al contrario la negra cabe la blanca; la segunda es porque nuestro entendimiento y voluntad se hace más noble y más aparejado para todo bien, tratando, a vueltas [13] de sí, con Dios; y si nunca salimos de nuestro cieno de miserias es mucho inconveniente. Ansí como decíamos de los que están en pecado mortal cuán negras y de mal olor son sus corrientes, ansí acá, anque no son como aquéllas, Dios nos libre, que esto es comparación, metidos siempre en la miseria de nuestra tierra, nunca el corriente saldrá de cieno de temores, de pusilanimidad y cobardía, de mirar si me miran no me miran, si yendo por este camino me sucederá mal, si osaré comenzar aquella obra, si será soberbia, si es bien que una persona tan miserable trate de cosa tan alta como la oración, si me ternán por mejor, si no voy por el camino de todos, que no son buenos los estremos, anque sea en virtud, que como soy tan pecadora será caer de más alto, quizá no iré adelante y haré daño a los buenos, que una como yo no ha menester particularidades. ¡Oh, válame Dios, hijas, qué de almas debe el demonio de haber hecho perder mucho por aquí!, que todo esto les parece humildad y otras muchas cosas que pudiera decir, y viene de no acabar de entendernos; tuerce el propio conocimiento, y, si nunca salimos de nosotros mesmos, no me espanto, que esto y más se puede temer. Por eso digo, hijas, que pongamos los ojos en Cristo, nuestro bien, y allí deprenderemos la verdadera humildad, y en sus santos, y ennoblecerse há el entendimiento, como he dicho, y no hará el propio conocimiento ratero [14] y cobarde: que, aunque ésta es la primera morada, es muy rica, y de tan gran precio que, si se descabulle de las sabandijas de ella, no se quedará sin pasar adelante. Terribles son las ardides y mañas del demonio para que las almas no se conozcan ni entiendan sus caminos.

Destas moradas primeras podré yo dar muy buenas señas de espiriencia; por eso digo que no consideren pocas piezas, sino un millón, porque de muchas maneras entran almas aquí, unas y otras con buena intención; mas, como el demonio siempre la tiene tan mala [15], debe tener en cada una muchas legiones de demonios para combatir, que no pasen de unas a otras, y como la pobre alma no lo entiende, por mil maneras nos hace trampantojos, lo que no puede tanto a las que están más cerca de donde está el Rey, que aquí como an se están embebidas en el mundo y engolfadas en sus contentos y desvanecidas en sus honras y pretensiones, no

---

[13] *a vueltas*: además.
[14] *ratero*: «rastrero».
[15] Sobrentiéndase «mala intención».

tienen la fuerza los vasallos del alma, que son los sentidos y potencias que Dios les dio de su natural, y fácilmente estas almas son vencidas, aunque anden con deseos de no ofender a Dios y hagan buenas obras. Las que se vieren en este estado han menester acudir a menudo, como pudieren, a Su Majestad, tomar a su bendita Madre por intercesora y a sus santos para que ellos peleen por ellas, que sus criados poca fuerza tienen para se defender. A la verdad, en todos estados es menester que nos venga de Dios. Su Majestad nos la dé por su misericordia, amén. ¡Qué miserable es la vida en que vivimos! Porque en otra parte dije mucho del daño que nos hace, hijas, no entender bien esto de la humildad y propio conocimiento, no os digo más aquí, aunque es lo que más nos importa, y an plega el Señor haya dicho algo que os aproveche.

Habéis de notar que en estas moradas primeras an no llega casi nada la luz que sale del palacio donde está el Rey, porque, anque no están escurecidas y negras, como cuando el alma está en pecado, está escurecida en alguna manera, para que no la pueda ver, el que está en ella digo, y no por culpa de la pieza, que no sé darme a entender, sino porque con tantas cosas malas de culebras y víboras y cosas emponzoñosas que entraron con él, no le dejan advertir a la luz. Como si uno entrase en una parte adonde entra mucho sol y llevase tierra en los ojos, que casi no los pudiese abrir; clara está la pieza, mas él no lo goza por el impedimento u cosas de estas fieras y bestias, que le hacen cerrar los ojos para no ver sino a ellas. Ansí me parece debe ser un alma, que anque no está en mal estado, está tan metida en cosas del mundo y tan empapada en la hacienda u honra u negocios, como tengo dicho, que, anque en hecho de verdad se querría ver y gozar de su hermosura, no le dejan ni parece que puede descabullirse de tantos impedimentos. Y conviene mucho para haber de entrar a las segundas moradas que procure dar de mano a las cosas y negocios no necesarios, cada uno conforme a su estado. Que es cosa que le importa tanto para llegar a la morada principal que, si no comienza a hacer esto, lo tengo por imposible y an estar sin mucho peligro en la que está, aunque haya ésta entrando en el castillo, porque, entre cosas tan ponzoñosas, una vez u otra es imposible dejarle de morder.

¿Pues qué sería, hijas, si a las que ya están libres de estos tropiezos, como nosotras, y hemos ya entrado muy más dentro a otras moradas secretas del castillo, si por nuestra culpa tornásemos a salir a estas baraúndas, como por nuestros pecados debe haber muchas personas, que las ha hecho Dios mercedes y por su culpa las echan a esta miseria? Acá libres estamos en lo esterior; en lo interior plega el Señor que lo estemos, y nos libre. Guardaos, hijas mías, de cuidados ajenos. Mirá que en pocas moradas de este castillo dejan de combatir los demonios. Verdad es que en algunas tienen fuerza las guardas para pelear, como creo he dicho que son las potencias, mas es mucho menester no nos descuidar para entender sus ardides y que no nos engañe hecho ángel de luz, que hay una multitud de cosas con que nos puede hacer daño entrando poco a poco y, hasta haberle hecho, no le entendemos. Ya os dije otra vez que es como una lima sorda, que hemos menester entenderle a los principios. Quiero decir alguna cosa para dároslo mejor a entender: pone en una hermana varios ímpetus de penitencia, que le parece no tiene descanso sino cuando se está atormentando. Este principio bueno es, mas si la priora ha mandado que no hagan penitencias sin licencia, y le hace parecer que en cosa tan buena bien se puede atrever y escondidamente se da tal vida que viene a perder la salud y no hacer lo que manda su Regla, ya veis en qué paró este bien. Pone a otra un celo de la perfección muy grande. Esto muy bueno es, mas podría venir de aquí que cualquier faltita de las hermanas le pareciese una gran quiebra, y un cuidado de mirar si las hacen y acudir a la priora, y an a las veces podría ser no ver las suyas, por el gran celo que tiene de la relisión; como las otras no entienden lo interior y ven el cuidado, podría ser no la tomar tan bien. Lo que aquí pretende el demonio no es poco, que es enfriar la caridad y el amor de unas con otras, que sería gran daño. Entendamos, hijas mías, que la perfeción verdadera es amor de Dios y del prójimo, y mientra con más perfeción guardáremos estos dos mandamientos, seremos más perfetas. Toda nuestra Regla y Costituciones no sirven de otra cosa sino de medios para guardar esto con más perfeción. Dejémonos de celos indiscretos que nos pueden hacer mucho daño; cada una se mire a sí. Porque en otra parte os he dicho harto sobre esto, no me alargaré. Importa tanto este amor de unas con otras, que nunca querría que se os olvidase; porque de andar mirando en las otras unas naderías, que a las veces no será imperfeción, sino como sabemos poco quizá lo echaremos a la peor parte, puede el alma perder la paz y an inquietar la de las otras: ¡Mirá si costaría caro la perfeción! También podría el demonio poner esta tentación con la priora, y sería más peligrosa. Para esto es menester mucha discreción; porque si fuesen cosas que van contra la Regla y Costitución, es menester que no todas veces se eche a buena parte, sino avisarla; y si no se enmendare, a el perlado: esto es caridad. Y también con las hermanas, si fuese alguna cosa grave y dejarlo todo por miedo si es tentación, sería la mesma tentación. Mas hase de advertir mucho, porque no nos engañe el demonio, no lo tratar una con otra, de que aquí puede sacar el demonio gran ganancia y comenzar costumbre de mormuración, sino con quien ha de aprovechar, como tengo dicho. Aquí, gloria a Dios, no hay tanto lugar, como se guarda tan contino silencio, más bien es que estemos sobre aviso.

MORADAS SEGUNDAS

CAPÍTULO ÚNICO

Ahora vengamos a hablar cuáles serán las almas que entran a las segundas moradas y qué hacen en ellas. Querría deciros poco, porque lo he dicho en otras partes bien largo, y será imposible dejar de tornar a decir otra vez mucho de ello, porque cosa no se me acuerda de lo dicho, que si se pudiera guisar de diferentes maneras, bien sé que no os enfadárades, como nunca nos cansamos de los libros que tratan de esto, con ser muchos.

Es[1] de los que han ya comenzado a tener oración y entendido lo que les importa no se quedar en las primeras moradas, mas no tienen an determinación para dejar muchas veces de estar en ella, porque no dejan las ocasiones, que es harto peligro. Mas harta misericordia es que algún rato procuren huir de las culebras y cosas emponzoñosas y entiendan que es bien dejarlas. Éstos, en parte, tienen harto más trabajo que los primeros, anque no tanto peligro, porque ya parece los entienden y hay gran esperanza de que entrarán más adentro. Digo que tienen más trabajo, porque los primeros son como mudos que no oyen, y ansí pasan mejor su trabajo de no hablar, lo que no pasarían, sino muy mayor, los que oyesen y no pudiesen hablar; mas no por eso se desea más lo de los que no oyen, que, en fin, es gran cosa entender lo que nos dicen. Ansí éstos entienden los llamamientos que les hace el Señor, porque, como van entrando más cerca de donde está Su Majestad, es muy buen vecino y tanta su misericordia y bondad que, an estándonos en nuestros pasatiempos y negocios y contentos y baraterías del mundo, y an cayendo y levantando en pecados, porque estas bestias son tan ponzoñosas y peligrosa su compañía, y bulliciosas, que por maravilla dejarán de tropezar en ellas para caer, con todo esto, tiene en tanto este Señor nuestro que le queramos y procuremos su compañía, que una vez u otra no nos deja de llamar para que nos acerquemos a Él; y es esta voz tan dulce, que se deshace la pobre alma en no hacer luego lo que le manda, y ansí, como digo, es más trabajo que no lo oír. No digo que son estas voces y llamamientos como otras que diré después, sino con palabras que oyen a gente buena, u sermones, u con lo

---

[1] Entiéndase «tratan».

que leen en buenos libros y cosas muchas que habéis oído, por donde
llama Dios, u enfermedades, trabajos, y también con una verdad que
enseña en aquellos ratos que estamos en la oración, sean cuan flojamen-
te quisierdes, tiénelos Dios en mucho. Y vosotras, hermanas, no tengáis
en poco esta primer merced, ni os desconsoléis, anque no respondáis
luego al Señor, que bien sabe Su Majestad aguardar muchos días y años,
en especial cuando ve perseverancia y buenos deseos. Ésta es lo más necesario aquí, porque con ella jamás se deja de ganar mucho. Mas es terrible
la batería que aquí dan los demonios de mil maneras y con más pena del
alma que an en la pasada, porque acullá estaba muda y sorda, al menos oía
muy poco y resistía menos, como quien tiene, en parte, perdida la esperanza de vencer. Aquí está el entendimiento más vivo y las potencias mas
hábiles; andan los golpes y la artillería de manera que no lo puede el alma
dejar de oír. Porque aquí es el representar los demonios estas culebras de
las cosas del mundo y el hacer los contentos de él casi eternos, la estima
en que está tenido en él, los amigos y parientes, la salud en las cosas de
penitencia, que siempre comienza el alma que entra en esta morada a
desear hacer alguna, y otras mil maneras de impedimentos. ¡Oh, Jesús,
qué es la baraúnda que aquí ponen los demonios y las afliciones de la
pobre alma, que no sabe si pasar adelante u tornar a la primera pieza!
Porque la razón, por otra parte, le representa el engaño que es pensar que
todo esto vale nada en comparación de lo que pretende. La fe la enseña
cuál es lo que le cumple. La memoria le representa en lo que paran todas
estas cosas, trayéndole presente la muerte de los que mucho gozaron estas
cosas que ha visto; cómo algunas ha visto súpitas, cuán presto son olvidados de todos, cómo ha visto a algunos que conoció en gran prosperidad
pisar debajo de la tierra y an pasado por la sepultura él muchas veces[2] y
mirar que están en aquel cuerpo hirviendo muchos gusanos, y otras hartas cosas que le puede poner delante. La voluntad se inclina a amar adonde tan innumerables cosas y muestras ha visto de amor, y querría pagar
alguna; en especial se le pone delante, como nunca se quita de con él este
verdadero amador, acompañándole, dándole vida y ser. Luego el entendimiento acude con darle a entender que no puede cobrar mejor amigo,
anque viva muchos años; que todo el mundo está lleno de falsedad y,
estos contentos que le pone el demonio, de trabajos y cuidados y contra-
diciones, y le dice que esté cierto que fuera de este castillo no hallará
siguridad ni paz; que se deje de andar por casas ajenas, pues la suya es
tan llena de bienes, si la quiere gozar, que, ¿quién hay que halle todo lo
que ha menester como en su casa, en especial teniendo tal huésped que le
hará señor de todos los bienes, si él quiere no andar perdido, como el hijo
pródigo, comiendo manjar de puercos? Razones son éstas para vencer los
demonios. Mas, ¡oh, Señor y Dios mío, que la costumbre en las cosas de

---

[2] Equivale a expresar «uno mismo ha estado muchas veces en peligro de muerte».

vanidad y el ver que todo el mundo trata de esto, lo estraga todo! Porque está tan muerta la fe, que queremos más lo que vemos que lo que ella nos dice. Y, a la verdad, no vemos sino harta mala ventura en los que se van tras estas cosas visibles; mas eso han hecho estas cosas emponzoñosas que tratamos, que, como si a uno muerde una víbora se emponzoña todo y se hincha, ansí es acá; no nos guardamos. Claro está que es menester muchas curas para sanar, y harta merced nos hace Dios si no morimos de ello. Cierto pasa el alma aquí grandes trabajos, en especial si entiende el demonio que tiene aparejo en su condición y costumbres para ir muy adelante, todo el infierno juntará para hacerle tornar a salir fuera. ¡Ah, Señor mío, aquí es menester vuestra ayuda, que sin ella no se puede hacer nada! Por vuestra misericordia, no consintáis que esta alma sea engañada para dejar lo comenzado. Dadle luz para que vea cómo está en esto todo su bien y para que se aparte de malas compañías; que grandísima cosa es tratar con los que tratan de esto; allegarse, no solo a los que viere en estos aposentos que él está, sino a los que entendiere que han entrado a los de más cerca, porque le será gran ayuda, y tanto les puede conversar, que le metan consigo. Siempre esté con aviso de no se dejar vencer, porque si el demonio le ve con una gran determinación de que antes perderá la vida y el descanso y todo lo que le ofrece que tornar a la pieza primera, muy más presto le dejará. Sea varón, y no de los que se echaban a beber de buzos cuando iban a la batalla, no me acuerdo con quién, sino que se determine, que va a pelear con todos los demonios, y que no hay mejores armas que las de la Cruz.

Anque otras veces he dicho esto, importa tanto que lo torno a decir aquí: es que no se acuerde que hay regalos en esto que comienza, porque es muy baja manera de comenzar a labrar un tan precioso y grande edificio; y si comienza sobre arena, darán con todo en el suelo; nunca acabarán de andar desgustados y tentados; porque no son éstas las moradas adonde se llueve la maná; están más adelante, adonde todo sabe a lo que quiere un alma, porque no quiere sino lo que quiere Dios. Es cosa donosa, que an nos estamos con mil embarazos y imperfeciones, y las virtudes que an no saben andar, sino que ha poco que comenzaron a nacer, y an plega a Dios estén comenzadas, y, ¿no habemos vergüenza de querer gustos en la oración y quejarnos de sequedades? Nunca os acaezca, hermanas; abrazaos con la Cruz que vuestro esposo llevó sobre sí y entended que ésta ha de ser vuestra empresa; la que más pudiere padecer, que padezca más por Él y será la mejor librada. Lo demás, como cosa acesoria, si os lo diere el Señor, dadle muchas gracias. Pareceros ha que para los trabajos esteriores bien determinadas estáis, con que os regale Dios en lo interior. Su Majestad sabe mejor lo que nos conviene; no hay para qué le aconsejar lo que nos ha de dar, que nos puede con razón decir que no sabemos lo que pedimos. Toda la pretensión de quien comienza oración, y no se os olvide esto, que importa mucho, ha de ser trabajar y determinarse y desponerse, con cuantas diligencias pueda, a hacer su voluntad conformar con la de Dios, y, como diré después, estad muy cierta que en esto consiste toda la mayor perfeción que se puede alcanzar en el camino espiritual. Quien más perfetamente tuviere esto, más recebrirá del Señor y más adelante está en este camino; no penséis que hay aquí más algarabías ni cosas no sabidas y entendidas, que en esto consiste todo nuestro bien. Pues si erramos en el principio quiriendo luego que el Señor haga la nuestra[3], y que nos lleve como imaginamos, ¿qué firmeza puede llevar este edificio? Procuremos hacer lo que es en nosotros y guardarnos de estas sabandijas ponzoñosas, que muchas veces quiere el Señor que nos persigan malos pensamientos y nos aflijan, sin poderlos echar de nosotras, y sequedades, y an algunas veces primite que nos muerdan, para que nos sepamos mejor guardar después y para probar si nos pesa mucho de haberlo ofendido. Por eso no os desaniméis, si alguna vez cayerdes, para dejar de procurar ir adelante, que an de esa caída sacará Dios bien, como hace el que vende la triaca[4] para probar si es buena, que bebe la ponzoña primero. Cuando no viésemos en otra cosa nuestra miseria y el gran daño que nos hace andar derramados, sino en esta batería que se pasa para tornarnos a recoger, bastaba[5]. ¿Puede ser mayor mal que no nos hallemos en nuestra mesma casa? ¿Qué esperanza podemos tener de hallar sosiego en otras cosas, pues en las propias no podemos sosegar, sino que tan grandes y verdaderos amigos y parientes, y con quien siempre, anque no queramos, hemos de vivir, como son las potencias, esas parecen nos hacen la guerra como sentidas de las que a ellas les han hecho nuestros vicios? Paz, paz, hermanas mías, dijo el Señor, y amonestó a sus apóstoles tantas veces; pues creeme que, si no la tenemos y procuramos en nuestra casa, que no la hallaremos en los estraños. Acábese ya esta guerra; por la sangre que derramó por nosotros, lo pido yo a los que no han comenzado a entrar en sí, y a los que han comenzado, que no baste para hacerlos tornar atrás. Miren que es peor la recaída que la caída; ya ven su pérdida, confíen en la misericordia de Dios y no nada en sí, y verán cómo Su Majestad le lleva de unas moradas a otras y le mete en la tierra adonde estas fieras ni le puedan tocar ni cansar, sino que él las sujete a todas y burle de ellas, y goce de muchos más bienes que podría desear, an en esta vida, digo. Porque, como dije al principio, os tengo escrito cómo os habéis de haber en estas turbaciones que aquí pone el demonio y cómo no ha de ir a fuerza de brazos el comenzarse a recoger, sino con suavidad para que podáis estar más continuamente[6], no lo diré aquí, mas de que, de mi parecer, hace mucho al caso tratar con personas espirimentadas, porque en cosas que son necesario hacer, pensaréis que hay gran quiebra; como no sea el dejarlo, todo lo guiará el Señor a nuestro provecho,

---

[3] «la nuestra» equivale a voluntad.
[4] *triaca*: contraveneno.
[5] Complétese: para no desperdigar nuestros deseos de perfección.
[6] Entiéndase «más continuamente recogidas».

anque no hallemos quién nos enseñe, que para este mal no hay remedio, si no se torna a comenzar, sino ir perdiendo poco a poco cada día más el alma, y an plega a Dios que lo entienda. Podría alguna pensar que, si tanto mal es tornar atrás, que mejor será nunca comenzarlo, sino estarse fuera del castillo. Ya os dije al principio, y el mesmo Señor lo dice, que quien anda en el peligro en él perece, y que la puerta para entrar en este castillo es la oración. Pues pensar que hemos de entrar en el Cielo y no entrar en nosotros, conociéndonos y considerando nuestra miseria y lo que debemos a Dios, y pidiéndole muchas veces misericordia, es desatino. El mismo Señor dice: Ninguno subirá a mi Padre sino por mí (no sé si dice así, creo que sí), y quien me ve a mí, ve a mi Padre. Pues, si nunca le miramos y consideramos lo que le debemos y la muerte que pasó por nosotros, no sé cómo le podemos conocer ni hacer obras en su servicio. Porque la fe sin ellas y sin ir llegadas al valor de los merecimientos de Jesucristo, bien nuestro, ¿qué valor pueden tener, ni quién nos despertará a amar a este Señor? Plega a Su Majestad nos dé a entender lo mucho que le costamos y cómo no es más el siervo que el Señor, y que hemos menester obrar para gozar su gloria y que para esto nos es necesario orar, para no andar siempre en tentación.

MORADAS TERCERAS

CAPÍTULO I

A los que por la misericordia de Dios han vencido estos combates y, con la perseverancia, entrado a las terceras moradas, ¿qué les diremos, sino bienaventurado el varón que teme al Señor? No ha sido poco hacer Su Majestad que entienda yo ahora qué quiere decir el romance [1] de este verso a este tiempo, según soy torpe en este caso. Por cierto, con razón le llamaremos bienaventurado, pues, si no torna atrás, a lo que podemos entender, lleva camino seguro de su salvación. Aquí veréis, hermanas, lo que importa vencer las batallas pasadas, porque tengo por cierto que nunca deja el Señor de ponerle en seguridá de conciencia, que no es poco bien. Digo en seguridad y dije mal, que no hay en esta vida, y por eso siempre entended que digo: si no torna a dejar el camino comenzado. Harto gran miseria es vivir en vida que siempre hemos de andar como los que tienen los enemigos a la puerta, que ni pueden dormir ni comer sin armas, y siempre con sobresalto si por alguna parte pueden desportillar esta fortaleza. ¡Oh, Señor mío y bien mío! ¿Cómo queréis que se desee vida tan miserable, que no es posible dejar de querer y pedir nos saquéis de ella, si no es con esperanza de perderla por Vos u gastarla muy de veras en vuestro servicio, y, sobre todo, entender que es vuestra voluntad? Si lo es, Dios mío, muramos con Vos, como dijo Santo Tomás, que no es otra cosa, sino morir muchas veces, vivir sin Vos y con estos temores de que puede ser posible perderos para siempre. Por eso digo, hijas, que la bienaventuranza que hemos de pedir es estar ya en seguridad con los bienaventurados; que con estos temores, ¿qué contento puede tener quien todo su contento es contentar a Dios? Y considerá que éste y muy mayor tenían algunos santos que cayeron en graves pecados, y no tenemos seguro que nos dará Dios la mano para salir de ellos y hacer la penitencia que ellos, entiéndese del ausilio particular. Por cierto, hijas mías, que estoy con tanto temor escribiendo esto que no sé cómo lo escribo ni cómo vivo cuando se me acuerda, que es muy muchas veces. Pedidle, hijas mías, que viva Su Majestad en mí siempre, porque si no es ansí, ¿que seguridad puede tener una vida tan mal gastada

[1] Las palabras.

27

como la mía? Y no os pese de entender que esto es ansí, como algunas veces lo he visto en vosotras cuando os lo digo, y procede de que quisiérades que hubiera sido muy santa, y tenéis razón: también lo quisiera yo: mas, ¿qué tengo que hacer, si lo perdí por sola mi culpa?; que no me quejaré de Dios que dejó de darme bastantes ayudas para que se cumplieran vuestros deseos; que no puedo decir esto sin lágrimas y gran confusión de ver que escriba yo cosa para las que me puedan enseñar a mí. ¡Recia obidiencia ha sido! Plega el Señor que, pues se hace por Él, sea para que os aprovechéis de algo, porque le pidáis perdone a esta miserable atrevida. Mas, bien sabe Su Majestad que sólo puedo presumir de su misericordia, y, ya que no puedo dejar de ser la que he sido no tengo otro remedio sino llegarme a ella y confiar en los méritos de su Hijo y de la Virgen, madre suya, cuyo hábito indinamente trayo y traéis vosotras. Alabadle, hijas mías, que lo sois de esta Señora verdaderamente, y ansí no tenéis para qué os afrentar de que sea yo ruin, pues tenéis tan buena Madre. Imitadla y considerad qué tal debe ser la grandeza de esta Señora y el bien de tenerla por patrona, pues no han bastado mis pecados y ser la que soy, para dislustrar en nada esta sagrada orden. Mas una cosa os aviso: que no por ser tal y tener tal Madre estéis siguras, que muy santo era David, y ya veis lo que fue Salomón; ni hagáis caso del encerramiento y penitencia en que vivís, ni os asegure el tratar siempre de Dios y ejercitaros en la oración tan contino y estar tan retiradas de las cosas del mundo y tenerlas a vuestro parecer aborrecidas. Bueno es todo esto, mas no basta, como he dicho, para que dejemos de temer, y ansí acontinuá este verso y traedle en la memoria muchas veces: *beatus vir qui timed Dominun.*

Ya no sé lo que decía, que me he divertido mucho, y en acordándome de mí se me quiebran las alas para decir cosa buena, y ansí lo quiero dejar por ahora, tornando a lo que os comencé a decir, de las almas que han entrado a las terceras moradas, que no las ha hecho el Señor pequeña merced en que hayan pasado las primeras dificultades, sino muy grande. De éstas, por la bondad del Señor, creo hay muchas en el mundo; son muy deseosas de no ofender a Su Majestad, an de los pecados veniales se guardan, y de hacer penitencia amigas, sus horas de recogimiento, gastan bien el tiempo, ejercítanse en obras de caridad con los prójimos, muy concertadas en su hablar y vestir y gobierno de casa los que las tienen. Cierto, estado para desear, y que, al parecer, no hay por qué se les niegue la entrada hasta la postrera morada, ni se la negará el Señor, si ellos quieren, que linda dispusición es para que las haga toda merced. ¡Oh, Jesús!, ¿y quién dirá que no quiere un tan gran bien, habiendo ya en especial pasado por lo más trabajoso? No, ninguna. Todas decimos que lo queremos, mas como an es menester más, para que del todo posea el Señor el alma, no basta decirlo, como no bastó a el mancebo cuando le dijo el Señor que si quería ser perfeto. Desde que comencé a hablar en estas moradas le trayo delante, porque somos ansí al pie de la letra, y lo más ordinario vienen de aquí las grandes sequedades en la oración, anque también hay otras causas. Y dejo unos trabajos interiores que tienen muchas almas buenas, intolerables, y muy sin culpa suya, de los cuales siempre las saca el Señor con mucha ganancia, y de las que tienen melancolía y otras enfermedades. En fin, en todas las cosas hemos de dejar aparte los juicios de Dios. De lo que yo tengo para mí que es lo más ordinàrio, es lo que he dicho; porque como estas almas se ven que por ninguna cosa harían un pecado, y muchas que an venial, de advertencia, no le harían, y que gastan bien su vida y su hacienda, no pueden poner a paciencia que se les cierre la puerta para entrar adonde está nuestro Rey, por cuyos vasallos se tienen, y lo son. Mas aunque acá tenga muchos el rey de la tierra, no entran todos hasta su cámara. Entrad, entrad, hijas mías, en lo interior; pasá adelante de vuestras obrillas, que por ser cristianas debéis todo eso y mucho más, y os basta que seáis vasallas de Dios. No queráis tanto que os quedéis sin nada. Mirad los santos que entraron a la cámara de este Rey y veréis la diferencia que hay de ellos a nosotras. No pidáis lo que no tenéis merecido; ni había de llegar a nuestro pensamiento que, por mucho que sirvamos, lo hemos de merecer lo que hemos ofendido a Dios. ¡Oh, humildad, humildad! No sé qué tentación me tengo en este caso, que no puedo acabar de creer a quien tanto caso hace de estas sequedades, sino que es un poco de falta de ella. Digo que dejo los trabajos grandes interiores que he dicho, que aquellos son mucho más que falta de devoción. Probémonos a nosotras mesmas, hermanas mías, u pruébenos el Señor, que lo sabe bien hacer, aunque muchas veces no queremos entenderlo, y vengamos a estas almas tan concertadas; veamos qué hacen por Dios, y luego veremos como no tenemos razón de quejarnos de Su Majestad, porque si le volvemos las espaldas y nos vamos tristes, como el mancebo del Evangelio, cuando nos dice lo que hemos de hacer para ser perfetos, ¿qué queréis que haga Su Majestad, que ha de dar el premio conforme a el amor que le tenemos? Y este amor, hijas, no ha de ser fabricado en nuestra imaginación, sino probado por obras; y no penséis que ha menester nuestras obras, sino la determinación de nuestra voluntad. Parecernos ha que las que tenemos hábito de relisión, y le tomamos de nuestra voluntad, y dejamos todas las cosas del mundo y lo que teníamos por Él, aunque sea las redes de San Pedro, que harto le parece que da quien da lo que tiene, que ya está todo hecho. Harto buena disposición es si persevera en aquello y no se torna a meter en las sabandijas de las primeras piezas, anque sea con el deseo, que no hay duda, sino que, si persevera en esta desnudez y dejamiento de todo, que alcanzará lo que pretende. Mas ha de ser con condición, y mira que os aviso de esto, que se tenga por siervo sin provecho, como dice San Pablo u

Cristo[2], y crea que no ha obligado a nuestro Señor para que le haga semejantes mercedes, antes, como quien más ha recibido, queda más adeudado. ¿Qué podemos hacer por un Dios tan generoso, que murió por nosotros y nos crió y da ser, que no nos tengamos por venturosos en que se vaya desquitando algo de lo que le debemos por lo que nos ha servido (de mala gana dije esta palabra, mas ello es ansí, que no hizo otra cosa todo lo que vivió en el mundo), sin que le pidamos mercedes de nuevo ni regalos? Mirad mucho, hijas, algunas cosas que aquí van apuntadas, anque arrebujadas, que no lo sé más declarar; el Señor os lo dará a entender, para que saquéis de las sequedades humildad, y no inquietud, que es lo que pretende el demonio; y creé que adonde la hay de veras, que anque nunca dé Dios regalos, dará una paz y conformidad con que anden más contentas que otros con regalos, que muchas veces, como habéis leído, los da la divina Majestad a los más flacos, anque creo de ellos que no los trocarían por las fortalezas de los que andan con sequedad; somos amigos de contentos más que de cruz. Pruébanos tú, Señor, que sabes las verdades, para que nos conozcamos.

CAPÍTULO II

Yo he conocido algunas almas, y an creo puedo decir hartas, de las que han llegado a este estado, y estado y vivido muchos años en esta retitud y concierto alma y cuerpo, a lo que se puede entender, y después de ellos, que ya parece habían de estar señores del mundo, al menos bien desengañados dél, probarlos Su Majestad en cosas no muy grandes y andar con tanta inquietud y apretamiento de corazón, que a mí me traían tonta, y an temerosa harto. Pues darles consejo no hay remedio[3], porque, como ha tanto que tratan de virtud, paréceles que pueden enseñar a otros y que les sobra razón en sentir aquellas cosas. En fin, que yo no he hallado remedio, ni le hallo para consolar a semejantes personas, si no es mostrar gran sentimiento de su pena, y, a la verdad, se tiene[4] de verlos sujetos a tanta miseria, y no contradecir su razón, porque todas las conciertan en su pensamiento[5] que por Dios las sienten, y ansí no acaban de entender que es imperfeción; que es otro engaño para gente tan aprovechada, que de que lo sientan no hay que espantar, anque a mi parecer había de pasar presto el sentimiento de cosas semejantes. Porque muchas veces quiere Dios que sus escogidos sientan su miseria, y apar-

---

[2] En realidad son palabras de Cristo, Lucas XVII, 10.
[3] *remedio*: «manera».
[4] *se tiene*: se refiere a «gran sentimiento».
[5] *todas las conciertan en su pensamiento*: entiéndase «todas las razones las conciertan en su pensamiento de tal manera que parece».

ta un poco su favor, que no es menester más que a usadas que[6] nos conozcamos bien presto. Y luego se entiende esta manera de probarlos porque entienden ellos su falta muy claramente, y a las veces les da más pena esta de ver que, sin poder más, sienten cosas de la tierra y no muy pesadas, que lo mesmo de que tienen pena. Esto téngolo yo por gran misericordia de Dios y, anque es falta, muy gananciosa para la humildad. En las personas que digo no es ansí, sino que canonizan[7], como he dicho, en sus pensamientos, estas cosas, y ansí querrían que otros las canonizasen. Quiero decir alguna de ellas, porque nos entendamos y nos probemos a nosotras mesmas antes que nos apruebe el Señor, que sería muy gran cosa estar apercebidas y habernos entendido primero.

Viene a una persona rica, sin hijos ni para quien querer la hacienda, una falta della[8], mas no es de manera que en lo que le queda le puede faltar lo necesario para sí y para su casa, y sobrado; si éste anduviese con tanto desasosiego y inquietud como si no le quedara un pan que comer, ¿cómo ha de pedirle nuestro Señor que lo deje todo por Él? Aquí entra el que lo siente porque lo quiere para los pobres. Yo creo que quiere Dios más que yo me conforme con lo que Su Majestad hace y, anque lo procure, tenga quieta mi alma, que no esta caridad. Y ya que no lo hace, porque no ha llegádole el Señor a tanto, enhorabuena; mas entienda que le falta esta libertad de espíritu, y con esto se disporná para que el Señor se la dé, porque se la pedirá. Tiene una persona bien de comer, y an sobrado; ofrécesele poder adquirir más hacienda; tomarlo, si se lo dan, enhorabuena, pase; mas, procurarlo y, después de tenerlo, procurar más y más, tenga cuan buena intención quisiere, que sí debe tener, porque como he dicho, son estas personas de oración y virtuosas, que no hayan miedo que suban a las moradas más juntas a el Rey. De esta manera es, si se les ofrece algo de que los desprecien u quiten un poco de honra, que, anque les hace Dios merced de que lo sufran bien muchas veces, porque es muy amigo de favorecer la virtud en público, porque no padezca la mesma virtud en que están tenidos, y an será porque le han servido, que es muy bueno este Bien nuestro, allá les queda una inquietud que no se pueden valer ni acaba de acabarse tan presto. ¡Válame Dios! ¿No son éstos los que ha tanto que consideran como padeció el Señor y cuán bueno es padecer, y an lo desean? Querrían a todos tan concertados como ellos train sus vidas, y plega a Dios que no piensen que la pena que tienen es de la culpa ajena y la hagan en su pensamiento meritoria. Pareceros ha, hermanas, que hablo fuera de propósito y no con vosotras, porque estas cosas no las hay acá, que ni tenemos hacienda, ni la queremos, ni procuramos, ni tampoco nos injuria naide; por eso las

---

[6] *que a usada que*: para que, a fin de que, ciertamente.

[7] *canonizan*: entiéndase en su sentido figurado de «aprobar», «dar validez».

[8] *della*: se refiere a hacienda.

comparaciones no es lo que pasa, mas sácase de ellas otras muchas cosas que pueden pasar, que ni sería bien señalarlas ni hay para qué. Por estas entenderéis, si estáis bien desnudas de lo que dejastes, porque cosillas se ofrecen, aunque no tan de esta suerte, en que os podéis muy bien probar, y entendé si estáis señoras de vuestras pasiones. Y creéme que no está el negocio en tener hábito de relisión u no, sino en procurar ejercitar las virtudes y rendir nuestra voluntad a la de Dios en todo, y que el concierto de nuestra vida sea lo que Su Majestad ordenare de ella, y no queramos nosotras que se haga nuestra voluntad, sino la suya. Ya que no hayamos llegado aquí, como he dicho, humildad, que es el ungüento de nuestras heridas; porque si la hay de veras, anque tarde algún tiempo, verná el zurujano, que es Dios, a sanarnos.

Las penitencias que hacen estas almas son tan concertadas como su vida; quiérenla mucho, para servir a nuestro Señor con ella, que todo esto no es malo, y ansí tienen gran discreción en hacerlas, porque no dañen a la salud. No hayáis miedo que se maten, porque su razón está muy en sí. No está an el amor para sacar de razón; mas querría yo que la tuviésemos para no nos contentar con esta manera de servir a Dios siempre a un paso paso, que nunca acabaremos de andar este camino. Y, como a nuestro parecer siempre andamos y nos cansamos, porque creed que es un camino brumador, harto bien será que no nos perdamos. Mas, ¿paréceos, hijas, si yendo a una tierra desde otra pudiésemos llegar en ocho días, que sería bueno andarlo en un año, por ventas y nieves y aguas y malos caminos? ¿No valdría más pasarlo de una vez, porque todo esto hay, y peligros de serpientes? ¡Oh, qué buenas señas podré yo dar de esto! Y plega a Dios que haya pasado de aquí, que hartas veces me parece que no. Como vamos con tanto seso[9], todo nos ofende, porque todo lo tememos, y ansí no osamos pasar adelante, como si pudiésemos nosotras llegar a estas moradas y que otros anduviesen el camino. Pues no es esto posible, esforcémonos, hermanas mías, por amor del Señor; dejemos nuestra razón y temores en sus manos; olvidemos esta flaqueza natural, que nos puede ocupar mucho. El cuidado de estos cuerpos ténganle los perlados[10]; allá se avengan; nosotras, de sólo caminar apriesa para ver este Señor, que, anque el regalo que tenéis es poco u nenguno, el cuidado de la salud nos podría engañar. Cuanto más, que no se terná más por esto, yo lo sé, y también sé que no está el negocio en lo que toca a el cuerpo, que esto es lo menos; que el caminar que digo es con una grande humildad, que si habéis entendido, aquí creo está el daño de las que no van adelante, sino que nos parezca que hemos andado pocos pasos y lo creamos ansí, y los que andan nuestras hermanas nos parezcan

[9] Como somos tan prudentes.
[10] Sentido despectivo, insólito en Teresa. Se duele, en suma, de la falta de vida penitente de algunos prelados («perlados», dice ella).

muy presurosos, y no sólo deseemos, sino que procuremos, nos tengan por la más ruin de todas. Y con esto este estado es ecelentísimo, y si no, toda nuestra vida nos estaremos en él, y con mil penas y miserias; porque, como no hemos dejado a nosotras mesmas, es muy trabajoso y pesado, porque vamos muy cargadas desta tierra de nuestra miseria, lo que no van los que suben a los aposentos que faltan. En éstos no deja el Señor de pagar como justo, y an como misericordioso, que siempre da mucho más que merecemos, con darnos contentos harto mayores que los podemos tener en los que dan los regalos y destraimientos de la vida. Mas no pienso que da muchos gustos, si no es alguna vez para convidarlos con ver lo que pasa en las demás moradas, porque se dispongan para entrar en ellas. Pareceros ha que contentos y gustos de todo es uno, que para qué hago esta diferencia en los nombres. A mí paréceme que la hay muy grande; ya me puedo engañar. Diré lo que en esto entendiere en las moradas cuartas, que vienen tras éstas, porque, como se habrá de declarar algo de los gustos que allí da el Señor, viene mejor. Y, anque parece sin provecho, podrá ser de alguno, para que, entendiendo lo que es cada cosa, podáis esforzaros a seguir lo mejor, y es mucho consuelo para las almas que Dios llega allí, y confusión para las que les parece que lo tienen todo, y, si son humildes, moverse han a hacimiento de gracias. Si hay alguna falta de esto, darles ha un desabrimiento interior y sin propósito, pues no está la perfeción en los gustos, sino en quien ama más, y el premio lo mesmo, y en quien mejor obrare con justicia y verdad. Pareceros que de qué sirve tratar destas mercedes interiores y dar a entender cómo son, si es esto verdad, como lo es. Yo no lo sé; pregúntese a quien me lo manda escribir, que yo no soy obligada a disputar con los superiores, sino a obedecer, ni sería bien hecho. Lo que os puedo decir con verdad es que, cuando yo no tenía[11], ni an sabía por espiriencia ni pensaba saberlo en mi vida, y con razón, que harto contento fuera para mí saber u por conjeturas entender que agradaba a Dios en algo, cuando leía en los libros de estas mercedes y consuelos que hace el Señor a las almas que le sirven, me le daba grandísimo, y era motivo para que mi alma diese grandes alabanzas a Dios. Pues si la mía, con ser tan ruin, hacía esto, las que son buenas y humildes le alabarán mucho más, y por sola una que le alabe una vez, es muy bien que se diga, a mi parecer, y que entendamos el contento y deleites que perdemos por nuestra culpa; cuanto más que, si son de Dios, vienen cargados de amor y fortaleza, con que se puede caminar más sin trabajo y ir creciendo en las obras y virtudes. No penséis que importa poco que no quede por nosotros, que, cuando no es nuestra la falta, justo es el Señor, y Su Majestad os dará por otros caminos lo que os quita por éste, por lo que Su Majestad sa-

[11] Se refiere a «no tenía consuelos espirituales».

33

be, que son muy ocultos sus secretos; al menos será lo que más nos conviene, sin duda nenguna.

Lo que me parece nos haría mucho provecho a las que, por la bondad del Señor, están en este estado, que, como he dicho, no les hace poca misericordia, porque están muy cerca de subir a más, es estudiar mucho en la prontitud de la obediencia, y, anque no sean relisiosos, sería gran cosa, como lo hacen muchas personas, tener a quien acudir, para no hacer en nada su voluntad, que es lo ordinario en que nos dañamos, y no buscar otro de su humor, como dicen, que vaya con tanto tiento en todo, sino procurar quien esté con mucho desengaño de las cosas del mundo, que en gran manera aprovecha tratar con quien ya le conoce, para conocernos, y porque algunas cosas que nos parecen imposibles, viéndolas en otros tan posibles y con la suavidad que las llevan, anima mucho y parece que con su vuelo nos atrevemos a volar, como hacen los hijos de las aves cuando se enseñan, que, aunque no es de presto dar un gran vuelo, poco a poco imitan a sus padres. En gran manera aprovecha esto, yo lo sé. Acertarán, por determinadas que estén en no ofender a el Señor personas semejantes, no se meter en ocasiones de ofenderle, porque como están cerca de las primeras moradas, con facilidad se podrán tornar a ellas, porque su fortaleza no está fundada en tierra firme, como [12] los que están ya ejercitados en padecer, que conocen las tampestades del mundo, cuán poco hay que temerlas ni que desear sus contentos; y sería posible con una persecución grande volverse a ellos, que sabe bien urdirlas el demonio para hacernos mal, y que, yendo con buen celo, quiriendo quitar pecados ajenos, no pudiese resistir lo que sobre esto se le podría suceder. Miremos nuestras faltas y dejemos las ajenas, que es mucho de personas tan concertadas espantarse de todo; y, por ventura, de quien nos espantamos podríamos bien depender en lo principal, y en la compostura esterior y en su manera de trato le hacemos ventajas. Y no es esto lo de más importancia, anque es bueno, ni hay para qué querer luego que todos vayan por nuestro camino, ni ponerse a enseñar el del espíritu quien por ventura no sabe qué cosa es, que con estos deseos que nos da Dios, hermanas, del bien de las almas, podemos hacer muchos yerros, y ansí es mejor llegarnos a lo que dice nuestra Regla: en silencio y esperanza procurar vivir siempre, que el Señor terná cuidado de sus almas. Como no nos descuidemos nosotras en suplicarlo a Su Majestad, haremos harto provecho con su favor. Sea por siempre bendito.

---

[12] *como:* entiéndase «al contrario de».

34

MORADAS CUARTAS

CAPÍTULO I

Para comenzar a hablar de las cuartas moradas bien he menester lo que he hecho, que es encomendarme a el Espíritu Santo y suplicarle de qui adelante hable por mí para decir algo de las que quedan, de manera que lo entendáis, porque comienzan a ser cosas sobrenaturales, y es dificultosísimo de dar a entender, si Su Majestad no lo hace, como en otra parte que se escribió [1], hasta donde yo había entendido, catorce años ha, poco más o menos. Aunque un poco más luz me parece tengo destas mercedes que el Señor hace a algunas almas, es diferente el saberlas decir. Hágalo Su Majestad, si se ha de seguir algún provecho, y si no, no. Como ya estas moradas se llegan más adonde está el Rey, es grande su hermosura, y hay cosas tan delicadas que ver y que entender, que el entendimiento no es capaz para poder dar traza cómo se diga siquiera algo que venga tan al justo que no quede bien escuro para los que no tienen espiriencia, que quien la tiene muy bien lo entenderá, en especial si es mucha. Parecerá que para llegar a estas moradas se ha de haber vivido en las otras mucho tiempo, y, aunque lo ordinario es que se ha de haber estado en la que acabamos de decir, no es regla cierta, como ya habréis oído muchas veces, porque da el Señor cuando quiere y como quiere y a quien quiere, como bienes suyos, que no hace agravio a naide. En estas moradas pocas veces entran las cosas ponzoñosas, y, si entran, no hacen daño, antes dejan con ganancia; y tengo por muy mejor cuando entran y dan guerra en este estado de oración porque podría el demonio engañar, a vueltas [2] de los gustos que da Dios, si no hubiese tentaciones, y hacer mucho más daño que cuando las hay, y no ganar tanto el alma, por lo menos apartando todas las cosas que la han de hacer merecer, y dejarla en un embebecimiento ordinario, que [3], cuando lo es en un ser [4], no le tengo por siguro, ni me parece posible estar en un ser [5] el espíritu del Señor en este destierro. Pues hablando de lo que dije que di-

---

[1] V. *Vida*, caps. XIII-XV.
[2] *a vueltas*: juntamente con, a la vez de.
[3] *que*: entiéndase «aunque».
[4] *es un ser*: está completa, entera.
[5] *estar en un ser*: estar entero, entiéndase «manifiesto».

ría aquí de la diferencia que hay entre contentos en la oración u gustos, los contentos me parece a mí se pueden llamar los que nosotros adquirimos con nuestra meditación y peticiones a nuestro Señor, que procede de nuestro natural, anque, en fin, ayuda para ello Dios, que hase de entender en cuanto dijere que no podemos nada sin Él, mas nacen de la mesma obra virtuosa que hacemos y parece a[6] nuestro trabajo lo hemos ganado, y con razón nos da contento habernos empleado en cosas semejantes. Mas si lo consideramos, los mesmos contentos ternemos en muchas cosas cosas que nos pueden suceder en la tierra: ansí es una gran hacienda que de presto se provea alguno, como de ver una persona que mucho amamos de presto, como de haber acertado en un negocio importante y cosa grande de que todos dicen bien, como si a alguna le han dicho que es muerto su marido u hermano u hijo, y le ve venir vivo. Yo he visto derramar lágrimas de un gran contento, y an me han acaecido alguna vez. Paréceme a mí que ansí como estos contentos son naturales, así en los que nos dan las cosas de Dios, sino que son de linaje más noble, anque estotros no eran tampoco malos; en fin, comienzan de nuestro natural mesmo y acaban en Dios. Los gustos comienzan de Dios, y siéntelos el natural y goza tanto dellos como gozan los que tengo dichos, y mucho más. ¡Oh, Jesús, y qué deseo tengo de saber declararme en esto!, porque[7] entiendo a mi parecer muy conocida diferencia, y no alcanza mi saber a darme a entender, hágalo el Señor. Ahora me acuerdo en un verso que decimos a Prima al fin del postrer salmo, que al cabo del verso dice: *Cun dilatasti cor meum*[8]. A quien tuviere mucha espiriencia esto le basta para ver la diferencia que hay de lo uno a lo otro; a quien no, es menester más. Los contentos que están dichos no ensanchan el corazón, antes lo más ordinariamente parece aprietan un poco, anque con contento todo de ver que se hace por Dios; mas vienen unas lágrimas congojosas que en alguna manera parece las mueve la pasión. Yo sé poco destas pasiones del alma, que[9] quizá me diera a entender, y lo que procede de la sensualidad y de nuestro natural, porque soy muy torpe; que yo me supiera declarar, si como he pasado por ello lo entendiera[10]. Gran cosa es el saber y las letras para todo. Lo que tengo de espiriencia de este estado, digo de estos regalos y contentos en la meditación, es que, si comenzaba a llorar por la Pasión, no sabía acabar hasta que se me que-

---

[6] *a*: que con.

[7] *porque*: entiéndase «puesto que».

[8] V. Salmos, CXVIII, 32.

[9] *que*: entiéndase «en caso contrario».

[10] Creemos que este párrafo puede interpretarse: «¡Ojalá que yo me supiera declarar si en el caso de haber pasado por ello lo entendiera!» De todas maneras desde «yo sé poco destas pasiones del alma» hasta «para todo» está tachado en el manuscrito. Lo que en sustancia nos quiere decir la Santa es que no sabe explicarse con claridad sobre este punto.

braba la cabeza; si por mis pecados, lo mesmo. Harta merced me hacía Nuestro Señor, que no quiero yo ahora esaminar cuál es mejor, lo uno u lo otro, sino la diferencia que hay de lo uno a lo otro querría saber decir. Para estas cosas, algunas veces van estas lágrimas y estos deseos ayudados del natural y como está la despusición; mas en fin, como he dicho, vienen a parar en Dios, anque sea esto. Y es de tener en mucho, si hay humildad, para entender que no son mejores por eso; porque no se puede entender si son todos efetos del amor, y cuando sea, es dado de Dios. Por la mayor parte, tienen estas devociones las almas de las moradas pasadas, porque van casi contino con obra de entendimiento empleadas en discurrir con el entendimiento y en meditación; y van bien, porque no se les ha dado más, anque acertarían en ocuparse un rato en hacer atos, y en alabanzas de Dios, y holgarse de su bondad, y que sea el que es, y en desear su honra y gloria; esto como pudiere, porque despierta mucho la voluntad; y estén con gran aviso, cuando el Señor les diere estotro, no lo dejar por acabar la meditación que se tiene de costumbre. Porque me he alargado mucho en decir esto en otras partes [11], no lo diré aquí; sólo quiero que estéis advertidas que, para aprovechar mucho en este camino y subir a las moradas que deseamos, no está la cosa en pensar mucho, sino en amar mucho, y ansí, lo que más os despertare a amar, eso haced. Quizá no sabemos qué es amar, y no me espantaré mucho, porque no está en el mayor gusto, sino en la mayor determinación de desear contentar en todo a Dios y procurar, en cuanto pudiéremos, no le ofender, y rogarle que vaya siempre adelante la honra y la gloria de su Hijo y el aumento de la Ilesia Católica. Estas son las señales del amor, y no penséis que está la cosa en no pensar otra cosa, y que si os divertís [12] un poco, va todo perdido. Yo he andado en esto de esta baraúnda del pensamiento bien apretada algunas veces, y habrá poco más de cuatro años que vine a entender por espiriencia que el pensamiento u imaginación, porque mejor se entienda, no es el entendimiento, y preguntelo a un letrado [13], y díjome que era ansí, que no fue para mí poco contento. Porque como el entendimiento es una de las potencias del alma, hacíaseme recia cosa estar tan tortolito [14] a veces, y lo ordinario vuela el pensamiento de presto, que sólo Dios puede atarle cuando nos ata ansí, de manera que parece estamos en alguna manera desatados de este cuerpo. Yo vía a mi parecer las potencias del alma empleadas en Dios y estar recogidas con Él, y, por otra parte, el pensamiento alborotado. Traíame tonta. ¡Oh, Señor, tomad en cuenta lo mucho que pasamos en este camino por falta de saber! Y es el mal que, como no

---

[11] *V. Vida*, cap. XII.
[12] *divertís*: desviáis.
[13] Se refiere a San Juan de la Cruz.
[14] *tortolito*: cándido, inocente, sin experiencia.

pensamos que hay que saber más de pensar en Vos, an no sabemos preguntar a los que saben ni entendemos qué hay que preguntar, y pásanse terribles trabajos, porque no nos entendemos; y lo que no es malo, sino bueno, pensamos que es mucha culpa. De aquí proceden las afliciones de mucha gente que trata de oración, y el quejarse de trabajos interiores a lo menos mucha parte en gente que no tiene letras, y vienen las melancolías y a perder la salud, y an a dejarlo del todo, porque no consideran que hay un mundo interior acá dentro. Y ansí como no podemos tener[15] el movimiento del cielo, sino que anda apriesa con toda velocidad, tampoco podemos tener nuestro pensamiento, y luego metemos todas las potencias del alma con él y nos parece que estamos perdidas y gastado mal el tiempo que estamos delante de Dios; y[16] estase el alma por ventura toda junta con Él en las moradas muy cercanas, y el pensamiento en el arrabal del castillo padeciendo con mil bestias fieras y ponzoñosas, y mereciendo con este padecer. Y ansí, ni nos ha de turbar ni lo hemos de dejar, que es lo que pretende el demonio; y por la mayor parte, todas las inquietudes y trabajos vienen de este no nos entender. Escribiendo esto, estoy considerando lo que pasa en mi cabeza del gran ruido de ella, que dije al principio, por donde se me hizo casi imposible poder hacer lo que me mandaban de escribir. No parece sino que están en ella muchos ríos caudalosos y, por otra parte, que estas aguas se despeñan; muchos pajarillos y silbos, y no en los oídos, sino en lo superior de la cabeza, adonde dicen que está lo superior del alma. Yo estuve en esto harto tiempo, por parecer que el movimiento grande del espíritu haciariba subía con velocidad. Plega a Dios que se me acuerde en las moradas de adelante decir la causa desto, que aquí no viene bien, y no será mucho que haya querido el Señor darme este mal de cabeza para entenderlo mejor, porque con toda esta baraúnda de ella no me estorba a la oración ni a lo que estoy diciendo, sino que el alma se está muy entera en su quietud y amor y deseos y claro conocimiento. Pues si en lo superior de la cabeza está lo superior del alma, ¿cómo no la turba? Eso no lo sé yo, mas sé que es verdad lo que digo. Pena da cuando no es la oración con suspensión[17], que entonces, hasta que se pasa, no se siente ningún mal; mas harto mal fuera si por este impedimento lo dejara yo todo. Y ansí no es bien que por los pensamientos nos turbemos ni se nos dé nada, que si los pone el demonio, cesarán con esto; y si es, como lo es, de la miseria que nos quedó del pecado de Adán, con otras muchas, tengamos paciencia y sufrámoslo por amor de Dios. Pues estamos también sujetas a comer y dormir, sin poderlo escusar, que es harto trabajo, conozcamos nuestra miseria y deseemos ir adonde naide nos menosprecie. Que algunas veces me

[15] *tener*: entiéndase, como unas líneas más abajo, «detener».
[16] *y*: mientras.
[17] *suspensión*: entiéndase «de pensamiento».

acuerdo haber oído esto que dice la Esposa en los *Cantares* y verdaderamente que no hallo en toda la vida cosa adonde con más razón se pueda decir, porque todos los menosprecios y trabajos que puede haber en la vida no me parece que llegan a estas batallas interiores. Cualquier desasosiego y guerra se puede sufrir con hallar paz adonde vivimos, como ya he dicho; mas que queremos venir a descansar de mil trabajos que hay en el mundo y que quiera el Señor aparejarnos el descanso, y que en nosotras mesmas esté el estorbo, no puede dejar de ser muy penoso y casi insufridero. Por eso, llévanos, Señor, adonde no nos menosprecien estas miserias, que parecen algunas veces que están haciendo burla del alma. An en esta vida la libra el Señor de esto cuando ha llegado a la postrera morada, como diremos si Dios fuere servido. Y no darán a todos tanta pena estas miserias ni las acometerán, como a mí hicieron muchos años por ser ruin, que parece que yo mesma me quería vengar de mí. Y como cosa tan penosa para mí, pienso que quizá será para vosotras ansí, y no hago sino decirlo en un cabo y en otro, para si acertase alguna vez a daros a entender como es cosa forzosa, y no os traiga inquietas y afligidas, sino que dejemos andar esta tarabilla de molino, y molamos nuestra harina, no dejando de obrar la voluntad y entendimiento. Hay más y menos en este estorbo, conforme a la salud y a los tiempos. Padezca la pobre alma, aunque no tenga en esto culpa, que otras haremos, por donde es razón que tengamos paciencia. Y porque no basta lo que leemos y nos aconsejan, que es que no hagamos caso de estos pensamientos, para las que poco sabemos no me parece tiempo perdido todo lo que gasto en declararlo más y consolaros en este caso. Mas hasta que el Señor nos quiera dar luz, poco aprovecha; mas es menester y quiere Su Majestad que tomemos medios y nos entendamos, y lo que hace la flaca imaginación y el natural y demonio no pongamos la culpa a el alma.

CAPÍTULO II

¡Válame Dios en lo que me he metido! Ya tenía olvidado lo que trataba, porque los negocios y salud me hacen dejarlo al mejor tiempo; y, como tengo poca memoria, irá todo desconcertado, por no poder tornarlo a leer, y an quizá se es todo desconcierto cuanto digo; al menos es lo que siento. Paréceme queda dicho de los consuelos espirituales como algunas veces van envueltos con nuestras pasiones, train consigo unos alborotos de sollozos, y an a personas he oído que se les aprieta el pecho y an vienen a movimientos esteriores, que no se pueden ir a la mano [18]; y es la fuerza de manera que les hace salir sangre de narices y cosas ansí penosas. Desto no sé decir nada, porque no he pasado por ello, mas debe quedar consuelo, porque, como digo, todo va a parar en desear con-

---

[18] Que no se pueden impedir.

tentar a Dios y gozar de Su Majestad. Lo que yo llamo gusto de Dios, que en otra parte lo he nombrado oración de quietud, es muy de otra manera, como entenderéis las que lo habéis probado por la misericordia de Dios. Hagamos cuenta, para entenderlo mejor, que vemos dos fuentes con dos pilas que se hinchen de agua, que no me hallo cosa más a propósito para declarar algunas de espíritu que esto de agua, y es, como sé poco y el ingenio no ayuda y soy tan amiga de este elemento, que le he mirado con más advertencia que otras cosas, que [19] en todas las que crió tan gran Dios, tan sabio, debe haber hartos secretos de que nos podemos aprovechar, y ansí lo hacen los que lo entienden, anque creo que en cada cosita que Dios crió hay más de lo que se entiende, aunque sea una hormiguita. Estos dos pilones se hinchen de agua de diferentes maneras: el uno viene de más lejos por muchos arcaduces y artificio; el otro está hecho en el mesmo nacimiento del agua, y vase hinchendo sin nengún ruido, y, si es el manantial caudaloso, como éste que hablamos, después de henchido este pilón, procede un gran arroyo, ni es menester artificio ni se acaba el edificio de los arcaduces, sino siempre está procediendo agua de allí. Es la diferencia que la que viene por arcaduces es, a mi parecer, los contentos que tengo dicho que se sacan con la meditación, porque traemos con los pensamientos ayudándonos de las criaturas en la meditación y cansando el entendimiento; y como viene, en fin, con nuestras diligencias, hace ruido cuando ha de haber algún hinchimiento de provechos que hace en el alma, como queda dicho.

Estotra fuente viene el agua de su mesmo nacimiento, que es Dios; y ansí como Su Majestad quiere, cuando es servido, hacer alguna merced sobrenatural, produce con grandísima paz y quietud y suavidad de lo muy interior de nosotros mesmos; yo no sé hacia dónde ni cómo, ni aquel contento y deleite se siente como los de acá en el corazón, digo en su principio, que después todo lo hinche: vase revertiendo este agua por todas las moradas y potencias hasta llegar al cuerpo, que por eso dije que comienza de Dios y acaba en nosotros, que, cierto, como verá quien lo hubiere probado, todo el hombre esterior goza de este gusto y suavidad.

Estaba yo ahora mirando, escribiendo esto, que en el verso que dije, *Dilataste cor meum*, dice que se ensanchó el corazón, y no me parece que es cosa, como digo, que su nacimiento es del corazón, sino de otra parte an más interior, como una cosa profunda. Pienso que debe ser el centro del alma, como después he entendido y diré a la postre; que cierto veo secretos en nosotros mesmos que me train espantada muchas veces, ¡y cuántos más debe haber! ¡Oh, Señor mío y Dios mío, qué grandes son vuestras grandezas! Y andamos acá como unos pastorcillos bobos, que nos parece alcanzamos algo de Vos, y debe ser tanto como nonada,

---

[19] *que*: entiéndase «aunque».

pues en nosotros mesmos están grandes secretos que no entendemos. Digo tanto como nonada, para lo muy mucho que hay en Vos, que no porque no son muy grandes las grandezas que vemos, an de lo que podemos alcanzar de vuestras obras. Tornando a el verso, en lo que me puede aprovechar, a mi parecer, para aquí, es en aquel ensanchamiento, que ansí parece que, como comienza a producir aquella agua celestial de este manantial que digo de lo profundo de nosotros, parece que se va dilatando y ensanchando todo nuestro interior y produciendo unos bienes que no se pueden decir, ni an el alma sabe entender qué es lo que se le da allí. Entiende una fraganza, digamos ahora, como si en aquel hondón interior estuviese un brasero adonde se echasen olorosos perfumes; ni se ve la lumbre ni donde está, mas el calor y humo oloroso penetra toda el alma y an hartas veces, como he dicho, participa el cuerpo. Mirá, entenderme, que ni se siente calor ni se huele olor, que más delicada cosa es que estas cosas sino [20] para dároslo a entender. Y entienden las personas que no han pasado por esto que es verdad que pasa ansí, y que se entiende y lo entiende el alma más claro que yo lo digo ahora; que no es esto cosa que se puede antojar, porque por diligencias que hagamos no lo podemos adquirir, y en ello mesmo se ve no ser de nuestro metal, sino de aquel purísimo oro de la sabiduría divina. Aquí no están las potencias unidas, a mi parecer, sino embebidas y mirando como espantadas qué es aquello.

Podrá ser que en estas cosas interiores me contradiga algo de lo que tengo dicho en otras partes, no es maravilla, porque en casi quince años que ha que lo escribí, quizá me ha dado el Señor más claridad en estas cosas de las que entonces entendía, y ahora y entonces puedo errar en todo, mas no mentir, que, por la misericordia de Dios, antes pasaría mil muertes. Digo lo que entiendo.

La voluntad bien me parece que debe estar unida en alguna manera con la de Dios; mas en los efetos y obras de después se conocen estas verdades de oración, que no hay mejor crisol para probarse. Harto gran merced es de Nuestro Señor si la conoce quien la recibe, y muy grande si no torna atrás. Luego querréis, mis hijas, procurar tener esta oración, y tenéis razón, que, como he dicho, no acaba de entender el alma las [21] que allí la hace el Señor y con el amor que la va acercando más a sí, que cierto está desear saber cómo alcanzaremos esta merced. Yo os diré lo que en esto he entendido. Dejemos cuando el Señor es servido de hacerla, porque Su Majestad quiere y no por más; Él sabe el por qué; no nos hemos de meter en eso. Después de hacer lo que los de las moradas pasadas, humildad, humildad; por ésta se deja vencer el Señor a cuanto dél queremos. Y lo primero en que veréis si la tenéis es en no pensar que

[20] *sino*: entiéndase «sino que lo digo».
[21] *las*: se refiere a «mercedes».

merecéis estas mercedes y gustos del Señor ni los habéis de tener en vuestra vida. Diréisme que, de esta manera, que ¿cómo se han de alcanzar no los procurando? A esto respondo que no hay otra mejor de la que os he dicho, y no los procurar por estas razones: la primera, porque lo primero que para esto es menester es amar a Dios sin intereses; la segunda, porque es un poco de poca humildad pensar que por nuestros servicios miserables se han de alcanzar cosa tan grande; la tercera, porque el verdadero aparejo para esto es deseo de padecer y de imitar al Señor, y no gustos, los que, en fin, le hemos ofendido; la cuarta, porque no está obligado Su Majestad a dárnoslo, como a darnos la gloria si guardamos sus mandamientos, que sin esto nos podemos salvar, y sabe mejor que nosotros lo que nos conviene y quién le ama de verdad; y ansí es cosa cierta, yo lo sé, y conozco personas que van por el camino del amor como han de ir, por sólo servir a su Cristo crucificado, que no sólo no le piden gustos ni los desean, mas le suplican no se los dé en esta vida: esto es verdad; la quinta es porque trabajaremos en balde, que, como no se ha de traer esta agua por arcaduces, como la pasada, si el manantial no la quiere producir, poco aprovecha que nos cansemos. Quiero decir que, anque más meditación tengamos y anque más nos estrujemos y tengamos lágrimas, no viene este agua por aquí: sólo se da a quien Dios quiere y cuando más descuidada está muchas veces el alma. Suyas somos, hermanas; haga lo que quisiere de nosotras; llévenos por donde fuere servido; bien creo que quien de verdad se humillare y desasiere, digo de verdad, porque no ha de ser por nuestros pensamientos, que muchas veces nos engañan, sino que estemos desasidas de todo, que no dejará el Señor de hacernos esta merced y otras muchas que no sabremos desear. Sea por siempre alabado y bendito. Amén.

CAPÍTULO III

Los efetos de esta oración son muchos; algunos diré, y primero otra manera de oración, que comienza casi siempre primero que ésta, y por haberla dicho en otras partes, diré poco. Un recogimiento que también me parece sobrenatural, porque no es estar en escuro, ni cerrar los ojos, ni consiste en cosa esterior, puesto que sin quererlo se hace esto de cerrar los ojos y desear soledad, y sin artificio, parece que se va labrando el edificio para la oración que queda dicha, porque estos sentidos y cosas esteriores parece que van perdiendo de su derecho, porque el alma vaya cobrando el suyo, que tenía perdido. Dicen que el alma se entra dentro de sí y otras veces se sube sobre sí. Por este lenguaje no sabré yo aclarar nada, que esto tengo malo, que por el que yo lo sé decir pienso que me habéis de entender, y quizá será sola para mí. Hagamos cuenta que estos sentidos y potencias, que ya he dicho que son la gente deste castillo, que es lo que he tomado para saber decir algo, que se han ido fuera y andan con gente estraña, enemiga del bien de este castillo, días y años, y que ya se han ido, viendo su perdición, acercando a él, aunque no acabar de estar dentro, porque esta costumbre es recia cosa, sino no son ya traidores y andan alrededor. Visto ya el gran Rey, que está en la morada deste castillo, su buena voluntad, por su gran misericordia quiérelos tornar a Él, y, como buen pastor, con un silbo tan suave que an casi ellos mesmos no lo entienden, hace que conozcan su voz y que no anden tan perdidos, sino que se tornen a su morada; y tiene tanta fuerza este silbo del pastor, que desamparan las cosas esteriores, en que estaban enajenados, y métense en el castillo. Paréceme que nunca lo he dado a entender como ahora, porque para buscar a Dios en lo interior, que se halla mejor y más a nuestro provecho que en las criaturas, como dice san Agustín, que le halló, después de haberle buscado en muchas partes, es gran ayuda cuando Dios hace esta merced. Y no penséis que es por el entendimiento adquirido, procurando pensar dentro de sí a Dios, ni por la imaginación, imaginándole en sí. Bueno es esto y ecelente manera de meditación, porque se funda sobre verdad, que lo es estar Dios dentro de nosotros mesmos; mas no es esto, que esto cada uno lo puede hacer, con el favor del Señor, se entiende, todo. Mas lo que digo es en diferente manera; y que algunas veces antes que se comience a pensar en Dios, ya esta gente está en el castillo, que no sé por dónde ni cómo oyó el silbo de su pastor, que no fue por los oídos, que no se oye nada, mas siéntese notablemente un encogimiento suave a lo interior, como verá quien pasa por ello, que yo no lo sé aclarar mejor: paréceme que he leído que como un erizo o tortuga cuando se retiran hacia sí; y debíalo de entender bien quien lo escribió. Mas éstos, ellos se entran cuando quieren; acá no está en nuestro querer, sino cuando Dios nos quiere hacer esta merced. Tengo para mí que, cuando Su Majestad la hace, es a personas que van ya dando de mano [22] a las cosas del mundo; no digo que sea por obra los que tienen estado, que no pueden sino por el deseo, pues los llama particularmente para que estén atentos a las interiores, y ansí creo, que si queremos dar lugar a Su Majestad, que no dará sólo esto a quien comienza a llamar para más. Alábele mucho quien esto entendiere en sí, porque es muy mucha razón que conozca la merced, y el hacimiento de gracias por ella hará que se disponga para otras mayores. Y es dispusición para poder escuchar, como se aconseja en algunos libros, que procuren no discurrir, sino estarse atentos a ver qué obra el Señor en el alma; que, si Su Majestad no ha comenzado a embebernos, no puedo acabar de entender cómo se pueda detener el pensamiento de manera que no haga más daño que provecho, anque ha sido contienda bien platicada entre algunas personas espirituales; y de mí confieso mi poca humildad, que nunca me han dado razón para que yo me rinda a lo

---

[22] Despreciando.

que dicen. Uno me alegó con cierto libro del santo fray Pedro de Alcántara [23], que yo creo lo es, a quien yo me rindiera, porque sé que lo sabía, y leímoslo, y dice lo mesmo que yo, anque no por estas palabras, mas entiéndese en lo que dice que ha de estar ya despierto el amor. Ya puede ser que yo me engañe, mas voy por estas razones.

La primera, que en esta obra de espíritu, quien menos piensa y quiere hacer, hace más; lo que habemos de hacer es pedir como pobres necesitados delante de un grande y rico emperador, y luego bajar los ojos y esperar con humildad. Cuando por sus secretos caminos parece que entendemos que nos oye, entonces es bien callar, pues nos ha dejado estar cerca dél, y no será malo procurar no obrar con el entendimiento, si podemos, digo. Mas, si este Rey an no entendemos que nos ha oído ni nos ve, no nos hemos de estar bobos, que lo queda harto el alma cuando ha procurado esto; y queda mucho más seca y por ventura más inquieta la imaginación con la fuerza que se ha hecho a no pensar nada, sino que quiere el Señor que le pidamos y consideremos estar en su presencia, que Él sabe lo que nos cumple. Yo no puedo persuadirme a industrias humanas en cosas que parece puso Su Majestad límite y las quiso dejar para sí; lo que no dejó otras muchas que podemos con su ayuda, ansí de penitencias, como de obras, como de oración, hasta donde puede nuestra miseria.

La segunda razón es que estas obras interiores son todas suaves y pacíficas, y hacer cosa penosa, antes daña que aprovecha. Llamo penosa cualquier fuerza que nos queramos hacer, como sería para detener el huelgo [24], sino dejarse el alma en las manos de Dios, haga lo que quisiere de ella, con el mayor descuido de su provecho que pudiere y mayor resinación a la voluntad de Dios.

La tercera es que el mesmo cuidado que se pone en no pensar nada, quizá despertará el pensamiento a pensar mucho.

La cuarta es que lo más sustancial y agradable a Dios es que nos acordemos de su honra y gloria y nos olvidemos de nosotros mesmos y de nuestro provecho y regalo y gusto. Pues, ¿cómo está olvidado de sí el que con mucho cuidado está que no se osa bullir, ni an deja a su entendimiento y deseos que se bullan a desear la mayor gloria de Dios, ni que se huelgue de la que tiene? Cuando Su Majestad quiere que el entendimiento cese, ocúpale por otra manera y da una luz en el conocimiento tan sobre la que podemos alcanzar, que le hace quedar absorto; y entonces, sin saber cómo, queda muy mejor enseñado que no con todas nuestras diligencias para echarle más a perder; que pues Dios nos dio las potencias para que con ellos trabajásemos, y se tiene todo su premio, no

[23] Alude al *Tratado de oración y meditación* de Fray Luis de Granada, que Teresa confunde con Pedro de Alcántara.
[24] *huelgo*: respiración.

hay para qué las encantar, sino dejarlas hacer su oficio hasta que Dios las ponga en otro mayor. Lo que entiendo que más conviene que ha de hacer el alma que ha querido el Señor meter a esta morada, es lo dicho, y que sin ninguna fuerza ni ruido procure atajar el discurrir del entendimiento, mas no el suspenderle, ni el pensamiento, sino que es bien que se acuerde que está delante de Dios y quién es este Dios. Si lo mesmo que siente en sí le embebiere, enhorabuena; mas no procure entender lo que es, porque es dado a la voluntad; déjela gozar sin ninguna industria más de algunas palabras amorosas, que anque no procuremos aquí estar sin pensar nada, se está muchas veces, anque muy breve tiempo. Mas, como dije en otra parte, la causa por que en esta comarca de oración, digo en la que comencé esta morada, que he metido la de recogimiento con ésta que había de decir primero, y es muy menos que la de los gustos que he dicho de Dios, sino que es principio para venir a ella, que en la del recogimiento no se ha de dejar la meditación ni la obra del entendimiento en esta fuente manantial, que no viene por arcaduces, él se comide u le hace comedir ver que no entiende lo que quiere, y ansí anda de un cabo a otro como tonto que en nada hace asiento. La voluntad le tiene tan grande en su Dios, que la da gran pesadumbre su bullicio, y ansí no ha menester hacer caso de él, que la hará perder mucho de lo que goza, sino dejarle y dejarse a sí en los brazos del amor, que Su Majestad la enseñará lo que ha de hacer en aquel punto, que casi todo es hallarse indina de tanto bien y emplearse en hacimiento de gracias.

Por tratar de la oración de recogimiento, dejé los efetos u señales que tienen las almas a quien Dios Nuestro Señor da esta oración. Ansí como se entiende claro un dilatamiento u ensanchamiento en el alma, a manera de como si el agua que mana de una fuente no tuviese corriente, sino que la mesma fuente estuviere librada de una cosa que mientras más agua manase más grande se hiciese el edificio, ansí parece en esta oración, y otras muchas maravillas que hace Dios en el alma, que la habilita y va dispuniendo para que quepa todo en ella. Ansí esta suavidad y ensanchamiento interior se ve en el que le queda para no estar tan atada como antes en las cosas del servicio de Dios, sino con mucha más anchura: ansí en no se apretar con el temor del infierno, porque, anque le queda mayor de no ofender a Dios, el servil piérdese aquí; queda con gran confianza que le ha de gozar. El[25] que solía tener para hacer penitencia, de perder la salud, ya le parece que todo lo podrá en Dios; tiene más deseos de hacerla que hasta allí. El temor que solía tener a los trabajos, ya va más templado, porque está más viva la fe, y entiende que, si los pasa por Dios, Su Majestad le dará gracia para que los sufra con paciencia, y an algunas veces los desea, porque queda también una gran voluntad de hacer algo por Dios. Como va más conociendo su grande-

---

[25] Añádase «temor» para una mejor comprensión.

za, tiénese ya por más miserable; como ha probado ya los gustos de Dios, ve que es una basura los del mundo; vase poco a poco apartando de ellos y es más señora de sí para hacerlo. En fin, en todas las virtudes queda mejorada, y no dejará de ir creciendo si no torna atrás ya a hacer ofensas de Dios, porque entonces todo se pierde, por subida que esté un alma en la cumbre. Tampoco se entiende que de una vez u dos que Dios haga esta merced a un alma, quedan todas estas hechas si no va perseverando en recibirlas, que en esta perseverancia está todo nuestro bien.

De una cosa aviso mucho a quien se viere en este estado: que se guarde muy mucho de ponerse en ocasiones de ofender a Dios, porque aquí no está aún el alma criada, sino como un niño que comienza a mamar, que si se aparta de los pechos de su madre, ¿qué se puede esperar de él sino la muerte? Yo he mucho temor que a quien Dios hubiere hecho esta merced y se apartare de la oración, que será ansí, si no es con grandísima ocasión u si no retorna presto a ella, porque irá de mal en peor. Yo sé que hay mucho que temer en este caso, y conozco algunas personas que me tienen harto lastimada, y he visto lo que digo, por haberse apartado de quien con tanto amor se le quería dar por amigo y mostrárselo por obras. Aviso tanto que no se pongan en ocasiones, porque pone mucho el demonio más por un alma de éstas que por muy muchas a quien el Señor no haga estas mercedes; porque le pueden hacer gran daño con llevar otras consigo y hacer gran provecho, podría ser, en la Ilesia de Dios. Y anque no haya otra cosa sino ver el que Su Majestad las muestra amor particular, basta para que él se deshaga porque se pierdan, y ansí son muy combatidas, y an mucho más perdidas que otras, si se pierden. Vosotras, hermanas, libres estáis de estos peligros, a lo que podemos entender. De soberbia y vanagloria os libre Dios; y de que el demonio quiera contrahacer estas mercedes, conocerse ha en que no hará estos efetos, sino todo al revés. De un peligro os quiero avisar, anque os lo he dicho en otra parte, en que he visto caer a personas de oración, en especial mujeres, que, como somos más flacas, ha más lugar para lo que voy a decir, y es que algunas, de la mucha penitencia y oración y vigilias, y an sin esto, sonse[26] flacas de complesión, en tiniendo algún regalo, sujétales el natural, y, como sienten contento alguno interior y caimiento en lo esterior y una flaquedá, cuando hay un sueño que llaman espiritual, que es un poco más de lo que queda dicho, paréceles que es lo uno como lo otro y déjanse embebecer. Y mientras más se dejan, se embebecen más, porque se enflaquece más el natural, y en su seso les parece arrobamiento; y llámole yo abobamiento, que no es otra cosa más de estar perdiendo tiempo allí y gastando su salud. A una persona le acaecía estar ocho horas, que ni están sin sentido ni sienten cosa de Dios; con dormir y comer y no hacer tanta penitencia, se le quitó a esta per-

---

[26] *Sonse:* son.

sona, porque hubo quien la entendiese, que a su confesor traía engañado y a otras personas y a sí mesma, que [27] ella no quería engañar. Bien
creo que haría el demonio alguna diligencia para sacar alguna ganancia,
y no comenzaba a sacar poca. Hase de entender que, cuando es cosa verdaderamente de Dios, que anque hay caimiento interior y esterior, que
no le hay en el alma, que tiene grandes sentimientos de verse tan cerca
de Dios, ni tampoco dura tanto, sino muy poco espacio, bien que se torna a embebecer, y en esta oración, si no es flaqueza, como he dicho, no
llega a tanto que derrueque el cuerpo ni haga nengún sentimiento esterior en él. Por eso tengan aviso que, cuando sintieren esto en sí, lo digan a la perlada, y diviértanse [28] lo que pudieren, y hágalas no tener horas
tantas de oración, sino muy poco, y procure que duerman bien y coman,
hasta que se les vaya tornando la fuerza natural, si se perdió por aquí. Si
es de tan flaco natural que no le baste esto, créanme que no la quiere
Dios sino para la vida ativa, que de todo ha de haber en los monesterios;
ocúpenla en oficios y siempre se tenga cuenta que no tenga mucha soledad, porque verná a perder del todo la salud. Harta mortificación será
para ella; aquí quiere probar el Señor el amor que le tiene en cómo lleva esta ausencia, y será servido de tornarle a fuerza después de algún
tiempo, y si no, con oración vocal ganará, y con obedecer, y merecerá
lo que había de merecer por aquí, y por ventura más. También podría haber algunas de tan flaca cabeza y imaginación, como yo las he conocido, que todo lo que piensan les parece que lo ven; es harto peligroso.
Porque quizá se tratará de ello adelante, no más aquí, que me he alargado mucho en esta morada, porque es en la que más almas creo entran, y
como es también natural junto con lo sobrenatural, puede el demonio hacer más daño, que en las que están por decir no le da el Señor tanto lugar. Sea por siempre alabado, amén.

---

[27] *que*: entiéndase «aunque».
[28] *diviértanse*: apártense, déjenlo.

MORADAS QUINTAS

CAPÍTULO I

¡Oh, hermanas!, ¿cómo os podría yo decir la riqueza y tesoros y deleites que hay en las quintas moradas? Creo fuera mejor no decir nada de·las que faltan, pues no se ha de saber decir, ni el entendimiento lo sabe entender, ni las comparaciones pueden servir de declararlo, porque son muy bajas las cosas de la tierra para este fin. Enviá, Señor mío, del cielo luz, para que yo pueda dar alguna a estas vuestras siervas, pues sois servido de que gocen algunas de ellas tan ordinariamente de estos goces, porque no sean engañadas transfigurándose el demonio en ángel de luz, pues todos sus deseos se emplean en desear contentaros.

Y anque dije algunas, bien pocas hay que entren en esta morada que ahora diré. Hay más y menos, y a esta causa digo que son las más las que entran en ellas. En algunas cosas de las que aquí diré que hay en este aposento, bien creo que son pocas; mas anque no sea sino llegar a la puerta, es harta misericordia la que las hace Dios, porque, puesto que son muchos los llamados, pocos son los escogidos. Ansí digo ahora que, anque todas las que traemos este hábito sagrado del Carmen somos llamadas a la oración y contemplación, porque este fue nuestro principio, desta casta venimos, de aquellos santos padres nuestros del Monte Carmelo, que en tan gran soledad y con tanto desprecio del mundo buscaban este tesoro, esta preciosa margarita de que hablamos, pocas nos disponemos para que nos la descubra el Señor. Porque cuanto a lo esterior, vamos bien para llegar a lo que es menester en las virtudes; para llegar aquí, hemos menester mucho, mucho y no nos descuidar poco ni mucho; por eso, hermanas mías, alto a pedir al Señor, que pues en alguna manera podemos gozar del cielo en la tierra, que nos dé su favor para que no quede por nuestra culpa y nos muestre el camino y dé fuerzas en el alma para cavar hasta hallar a este tesoro escondido pues es verdad que le hay en nosotras mesmas, que esto querría yo dar a entender, si el Señor es servido que sepa. Dije fuerzas en el alma, porque entendáis que no hacen falta las del cuerpo a quien Dios Nuestro Señor no las da; no imposibilita a ninguno para comprar sus riquezas; con que dé cada uno lo que tuviere, se contenta. Bendito sea tan gran Dios. Mas mirá, hijas, que para esto que tratamos no quiere que os quedéis con nada,

49

poco u mucho, todo lo quiere para sí, y conforme a lo que entendierdes de vos que habéis dado, se os harán mayores u menores mercedes. No hay mejor prueba para entender si llega a unión u si no, nuestra oración. No penséis que es cosa soñada, como la pasada; digo soñada, porque ansí parece está el alma como adormizada, que ni bien parece está dormida ni se siente despierta. Aquí, con estar todas dormidas, y bien dormidas, a las cosas del mundo y a nosotras mesmas, porque en hecho de verdad se queda como sin sentido aquello poco que dura, que ni hay poder pensar anque quieran, aquí no es menester con artificio suspender el pensamiento; hasta el amar, si lo hace, no entiende cómo, ni qué es lo que ama, ni qué querría; en fin, como quien de todo punto ha muerto al mundo para vivir más en Dios, que ansí es una muerte sabrosa, un arrancamiento del alma de todas las operaciones que puede tener, estando en el cuerpo; deleitosa, porque anque de verdad parece se aparta el alma de él para mejor estar en Dios, de manera, que an no sé yo si le queda vida para resolgar[1]. Ahora lo estaba pensando y paréceme que no; al menos, si lo hace, no se entiende si lo hace. Todo su entendimiento se querría emplear en entender algo de lo que siente, y, como no llegan sus fuerzas a esto, quédase espantado, de manera que, si no se pierde del todo, no menea pie ni mano, como acá decimos de una persona que está tan desmayada que nos parece está muerta. ¡Oh, secretos de Dios, que no me hartaría de procurar dar a entenderlos, si pensase acertar en algo!, y ansí diré mil desatinos, por si alguna vez atinase, para que alabemos mucho a el Señor. Dije que no era cosa soñada, porque en la morada que queda dicha, hasta que la espiriencia es mucha, queda el alma dudosa de qué fue aquello, si se le antojó, si estaba dormida, si fue dado de Dios, si se trasfiguró el demonio en ángel de luz. Queda con mil sospechas, y es bien que las tenga, porque, como dije, an el mesmo natural nos puede engañar allí alguna vez; porque, anque no hay tanto lugar para entrar las cosas emponzoñosas, unas lagartijillas sí, que, como son agudas, por do quiera se meten; y, anque no hacen daño, en especial si no hacen caso de ellas, como dije, porque son pensamentillos que proceden de la imaginación y de lo que queda dicho, importunan muchas veces. Aquí, por agudas que son las lagartijas, no pueden entrar en esta morada, porque ni hay imaginación ni memoria ni entendimiento que pueda impedir este bien. Y osaré afirmar que, si verdaderamente es unión de Dios, que no puede entrar el demonio ni hacer ningún daño, porque está Su Majestad tan junto y unido con la esencia del alma, que no osará llegar, ni an debe de entender este secreto. Y está claro: pues dicen que no entiende nuestro pensamiento, menos entenderá cosa tan secreta, que an no lo fía Dios de nuestro pensamiento. ¡Oh, gran bien, estado adonde este maldito no nos hace mal! Ansí queda el alma con las grandes

---

[1] *resolgar*: respirar.

ganancias, por obra Dios en ella, sin que nadie le estorbe ni nosotros mesmos. ¿Qué no dará quien es tan amigo de dar, y puede dar todo lo que quiere?

Parece que os dejo confusas en decir si es unión de Dios, y que hay otras uniones. ¡Y cómo si las hay! Anque sean en cosas vanas, cuando se aman mucho, también los trasportará el demonio, mas no con la manera que Dios, ni con el deleite y satisfación del alma y paz y gozo. Es sobre todos los gozos de la tierra y sobre todos los deleites y sobre todos los contentos, y más, que no tiene que ver adonde se engendran estos contentos y los de la tierra, que es muy diferente su sentir, como lo ternéis espirimentado. Dije yo una vez que es como si fuesen en esta grosería del cuerpo u en los tuétanos, y atiné bien, que no sé cómo lo decir mejor. Paréceme que an no os veo satisfechas, porque os parecerá que os podéis engañar, que esto interior es cosa recia de esaminar; y, anque para quien ha pasado por ello basta lo dicho, porque es grande la diferencia, quiéroos decir la señal clara por donde no os podréis engañar, ni dudar si fue de Dios, que Su Majestad me ha traído hoy a la memoria y a mi parecer es la cierta. Siempre en cosas dificultosas, anque me parece que lo entiendo y que digo verdad, voy con este lenguaje de que «me parece», porque, si me engañare, estoy muy aparejada a creer lo que dijeren los que tienen letras muchas. Porque anque no hayan pasado por estas cosas, tienen un no sé qué grandes letrados, que, como Dios los tiene para luz de su Ilesia, cuando es una verdad, dásela para que se admita; y si no son derramados, sino siervos de Dios, nunca se espantan de sus grandezas, que tienen bien entendido que puede mucho más y más. Y en fin, anque algunas cosas no están declaradas, otras deben hallar escritas, por donde ven que pueden pasar éstas. De esto tengo grandísima espiriencia, y también la tengo de unos medios letrados espantadizos, porque me cuestan muy caro; al menos creo que, quien no creyere que puede Dios mucho más, y que ha tenido por bien y tiene algunas veces comunicarlo a sus criaturas, que tiene bien cerrada la puerta para recibirlas. Por eso, hermanas, nunca os acaezca, sino cree de Dios mucho más y más, y no pongáis los ojos en si son ruines u buenos a quien las hace, que Su Majestad lo sabe, como os lo he dicho; no hay para qué nos meter en esto, sino con simpleza de corazón y humildad servir a Su Majestad y alabarle por sus obras y maravillas.

Pues tornando a la señal que digo es la verdadera, ya veis esta alma que la ha hecho Dios boba del todo para imprimir mejor en ella la verdadera sabiduría, que ni ve ni oye ni entiende en el tiempo que está ansí, que siempre es breve, y an harto más breve le parece a ella de lo que debe de ser. Fija Dios a sí mesmo en lo interior de aquel alma de manera que, cuando torna en sí, en ninguna manera pueda dudar que estuvo en Dios y Dios en ella; con tanta firmeza le queda esta verdad, que, anque pase años sin tornarle Dios a hacer aquella merced, ni se le olvida ni puede dudar que estuvo; an dejemos por los efetos con que queda, pues estos diré después; esto es lo que hace mucho al caso. Pues direisme, ¿cómo lo vio u cómo lo entendió, si no ve ni entiende? No digo que lo vio entonces, sino que lo ve después claro, y no porque es visión, sino una certidumbre que queda en el alma, que sólo Dios la puede poner. Yo sé de una persona que no había llegado a su noticia que estaba Dios en todas las cosas por su presencia y potencia y esencia, y de una merced que le hizo Dios de esta suerte, lo vino a creer de manera que, anque un medio letrado de los que tengo dichos, a quien preguntó cómo estaba Dios en nosotros (él lo sabía tan poco como ella antes que Dios se lo diese a entender), le dijo que no estaba más que por gracia, ella tenía ya tan fija la verdad que no le creyó, y preguntolo a otros que le dijeron la verdad, con que se consoló mucho. No os habéis de engañar pareciéndoos que esta certidumbre queda en forma corporal, como el cuerpo de Nuestro Señor Jesucristo está en el Santísimo Sacramento, anque no le vemos porque acá no queda ansí, sino de sola la Divinidad. Pues, ¿cómo lo que no vimos se nos queda con esa certidumbre? Eso no lo sé yo, son obras suyas; mas sé que digo verdad, y quien no quedare con esta certidumbre, no diría yo que es unión de toda el alma con Dios, sino de alguna potencia y otras muchas maneras de mercedes que hace Dios a el alma. Hemos de dejar en todas estas cosas de buscar razones para ver cómo fue; pues no llega nuestro entendimiento a entenderlo, ¿para qué nos queremos desvanecer? Basta ver que es todo poderoso el que lo hace; y pues no somos ninguna parte, por diligencias que hagamos para alcanzarlo, sino que es Dios el que lo hace, no lo queramos ser para entenderlo. Ahora me acuerdo sobre esto que digo de que no somos parte, de lo que habéis oído que dice la Esposa en los *Cantares*: «Llevome el rey a la bodega del vino» («u metiome», creo que dice). Y no dice que ella se fue. Y dice también que andaba buscando a su Amado por una parte y por otra. Esta, entiendo yo, es la bodega donde nos quiere meter el Señor, cuando quiere y como quiere; mas, por diligencias que nosotros hagamos, no podemos entrar. Su Majestad nos ha de meter y entrar Él en el centro de nuestra alma; y para mostrar sus maravillas mejor, no quiere que tengamos en ésta más parte de la voluntad, que del todo se le ha rendido, ni que se le abra la puerta de las potencias y sentidos, que todos están dormidos, sino entrar en el centro del alma sin ninguna, como entró a sus discípulos, cuando dijo: *Pax vobis*, y salió del sepulcro sin levantar la piedra. Adelante veréis cómo Su Majestad quiere que le goce el alma en su mesmo centro, an más que aquí mucho en la postrera morada. ¡Oh, hijas, qué mucho veremos si no queremos ver más de nuestra bajeza y miseria y entender que no somos dinas de ser siervas de un Señor tan grande, que no podemos alcanzar sus maravillas! Sea por siempre alabado, amén.

CAPÍTULO II

Pareceros ha que ya está todo dicho lo que hay que ver en esta morada, y falta mucho, porque, como dije, hay más y menos. Cuanto a lo que es unión, no creo saber decir más; mas, cuando el alma a quien Dios hace estas mercedes se dispone, hay muchas cosas que decir de lo que el Señor obra en ellas; algunas diré, y de la manera que queda. Para darlo mejor a entender, me quiero aprovechar de una comparación que es buena para este fin, y también para que veamos cómo, anque en esta obra que hace el Señor no podemos hacer nada más para que Su Majestad nos haga esta merced, podemos hacer muchos dispuniéndonos. Ya habréis oído sus maravillas en cómo se cría la seda, que sólo Él pudo hacer semejante invención, y cómo de una simiente, que es a manera de granos de pimienta pequeños, que yo nunca la he visto, sino oído, y ansí si algo fuere torcido, no es mía la culpa, con el calor, en comenzando a haber hoja en los morales, comienza esta simiente a vivir, que hasta que haya este mantenimiento de que se sustenta, se está muerta; y con hojas de mora se crían, hasta que, después de grandes, les ponen unas ramillas, y allí con las boquillas van de sí mesmos hilando la seda y hacen unos capuchillos muy apretados, adonde se encierran; y acaba este gusano, que es grande y feo, y sale del mesmo capucho una mariposica blanca muy graciosa. Mas si esto no se viese, sino que nos lo contaran de otros tiempos, ¿quién lo pudiera creer?, ¿ni con qué razones pudiéramos sacar que una cosa tan sin razón, como es un gusano y una abeja, sean tan diligentes en trabajar para nuestro provecho y con tanta industria, y el pobre gusanillo pierda la vida en la demanda [2]? Para un rato de meditación basta esto, hermanas, anque no os diga más, que en ello podéis considerar las maravillas y sabiduría de nuestro Dios. Pues, ¿qué será si supiésemos la propiedad de todas las cosas? De gran provecho es ocuparnos en pensar estas grandezas y regalarnos en ser esposas del Rey tan sabio y poderoso. Tornemos a lo que decía. Entonces comienza a tener vida este gusano, cuando con la calor del Espíritu Santo se comienza a aprovechar del aujilio general que a todos nos da Dios, y cuando comienza a aprovecharse de los remedios que dejó en su Ilesia, ansí de acontinuar las confesiones como son buenas liciones y sermones, que es el remedio que un alma, que está muerta en su descuido y pecados y metida en ocasiones, puede tener. Entonces comienza a vivir y vase sustentando en esto y en buenas meditaciones, hasta que está crecida, que es lo que a mí me hace al caso, que estotro poco importa. Pues crecido este gusano, que es lo que en los principios queda dicho de esto que he escrito, comienza a labrar la seda y edificar la casa adonde ha de morir. Esta casa querría dar a entender aquí que es Cristo. En una

---

[2] *demanda*: empresa.

parte me parece he leído u oído que nuestra vida está escondida en Cristo, u en Dios, que todo es uno, u que nuestra vida es Cristo. En que esto sea o no, poco va para mi propósito.

Pues veis aquí, hijas, lo que podemos con el favor de Dios hacer: que Su Majestad mesmo sea nuestra morada, como lo es en esta oración de unión, labrándola nosotras. Parece que quiero decir que podemos quitar y poner en Dios, pues digo que Él es la morada, y la podemos nosotros fabricar para meternos en ella. Y, ¡cómo si podemos!, no quitar de Dios ni poner, sino quitar de nosotros y poner como hacen estos gusanitos; que no habremos acabado de hacer en esto todo lo que podemos, cuando este trabajillo, que no es nada, junte Dios con su grandeza y le dé tan gran valor que el mesmo Señor sea el premio de esta obra. Y ansí como ha sido el que ha puesto la mayor costa, ansí quiere juntar nuestros trabajillos con los grandes que padeció Su Majestad y que todo sea una cosa. Pues, ea, hijas mías, priesa a hacer esta labor y tejer este capuchillo, quitando nuestro amor propio y nuestra voluntad, el estar asidas a ninguna cosa de la tierra, puniendo obras de penitencia, oración, mortificación, obediencia, todo lo demás que sabéis; que ansí obrásemos como sabemos y somos enseñadas de lo que hemos de hacer. Muera, muera este gusano, como lo hace en acabando de hacer para lo que fue criado, y veréis como vemos a Dios y nos vemos tan metidas en su grandeza como lo está este gusanillo en este capucho. Mirá que digo ver a Dios, como dejo dicho que se da a sentir en esta manera de unión. Pues veamos que se hace este gusano, que es para lo que he dicho todo lo demás: que cuando está en esta oración bien muerto está a el mundo, sale una mariposita blanca. ¡Oh, grandeza de Dios, y cuál sale un alma de aquí, de haber estado un poquito metida en la grandeza de Dios, y tan junta con Él, que, a mi parecer, nunca llega a media hora! Yo os digo de verdad que la mesma alma no se conoce a sí; porque mirá la diferencia que hay de un gusano feo a una mariposita blanca, que la mesma hay acá. No sabe de dónde pudo merecer tanto bien; de dónde le pudo venir, quise decir, que bien sabe que no le merece; vese con un deseo de alabar a el Señor, que se querría deshacer y de morir por Él mil muertes. Luego le comienza a tener de padecer grandes trabajos, sin poder hacer otra cosa. Los deseos de penitencia grandísimos, el de soledad, el de que todos conociesen a Dios; y de aquí le viene una pena grande de ver que es ofendido. Y, anque en la morada que viene se tratará más destas cosas en particular, porque anque casi lo que hay en esta morada y en la que viene después es todo uno, es muy diferente la fuerza de los efetos; porque, como he dicho, si después que Dios llega a un alma aquí se esfuerza a ir adelante, verá grandes cosas. ¡Oh!, pues ver el desasosiego de esta mariposita, con no haber estado más quieta y sosegada en su vida, es cosa para alabar a Dios. Y es que no sabe adónde posar y hacer su asiento, que, como le ha tenido tal, todo lo que ve en la tierra le descontenta, en especial cuando son muchas las veces que la da Dios de este vino; casi de cada una queda con nuevas ganancias. Ya no tiene en nada las obras que hacía siendo gusano, que era poco a poco tejer el capucho; hanle nacido alas, ¿cómo se ha de contentar, pudiendo volar, de andar paso a paso? Todo se le hace poco cuanto puede hacer por Dios, según son sus deseos. No tiene en mucho lo que pasaron los santos, entendiendo ya por espiriencia cómo ayudar el Señor y transforma un alma, que no parece ella ni su figura; porque la flaqueza que antes le parecía tener para hacer penitencia, ya la halla fuerte; el atamiento con deudos u amigos u hacienda, que ni le bastaban atos, ni determinaciones, ni quererse apartar, que entonces le parecía se hallaba más junta, ya se ve de manera que le pesa estar obligada a lo que, para no ir contra Dios, es menester hacer. Todo le cansa, porque ha probado que el verdadero descanso no le pueden dar las criaturas. Parece que me alargo, y mucho más podría decir, y a quien Dios hubiere hecho esa merced verá que quedo corta, y ansí no hay que espantar que esta mariposilla busque asiento de nuevo, ansí como se halla nueva de las cosas de la tierra. Pues, ¿adónde irá la pobrecica?; que tornar adonde salió no puede, que, como está dicho, no es en nuestra mano, anque más hagamos, hasta que es Dios servido de tornarnos a hacer esta merced. ¡Oh, Señor, y qué nuevos trabajos comienzan a esta alma! ¿Quién dijera tal después de merced tan subida? En fin, fin, de una manera u de otra ha de haber cruz mientras vivimos. Y quien dijere que después que llego aquí siempre está con descanso y regalo, diría yo que nunca llegó, sino que por ventura fue algún gusto, si entró en la morada pasada, y ayudado de flaqueza natural, y an, por ventura, del demonio, que le da paz para hacerle después mucha mayor guerra. No quiero decir que no tienen paz los que llegan aquí, que sí tienen y muy grande, porque los mesmos trabajos son de tanto valor y de tan buena raíz que, con serlo muy grandes, de ellos mesmos sale la paz y el contento. Del mesmo descontento que dan las cosas del mundo nace un deseo de salir dél, tan penoso, que si algún alivio tiene es pensar que quiere Dios viva en este destierro, y an no basta, porque an el alma, con todas estas ganancias, no está tan rendida en la voluntad de Dios, como se verá adelante, anque no deja de conformarse; mas es con un gran sentimiento, que no puede más, porque no le han dado más y con muchas lágrimas; cada vez que tiene oración es esta su pena. En alguna manera, quizá procede de la muy grande que le da de ver que es ofendido Dios, y poco estimado en este mundo, y de las muchas almas que se pierden, ansí de herejes como de moros, anque las que más la lastiman son las de los cristianos, que, anque ve es grande la misericordia de Dios, que por mal que vivan se pueden enmendar y salvarse, teme que se condenen muchos. ¡Oh, grandeza de Dios, qué pocos años antes estaba esta alma, y an quizá días, que no se acordaba sino de sí! ¿Quién la ha metido en tan penosos cuidados? Que anque queramos tener muchos años de meditación, tan penosamente como ahora esta alma lo siente, no lo podemos sentir. Pues, ¡válame Dios!, si muchos días y años yo me procuro ejercitar en el gran mal que es ser Dios ofendido, y pensar que estos que se condenan son hijos suyos y hermanos míos, y los peligros en que vivimos, cuán bien nos estará salir de esta miserable vida, ¿no bastará? Que no, hijas; no es la pena que se siente aquí como las de acá; que eso bien podríamos, con el favor del Señor, tenerla, pensando mucho esto; mas no llega a lo íntimo de las entrañas, como aquí, que parece desmenuza un alma y la muele, sin procurarlo ella, y an a veces sin quererlo. Pues, ¿qué es esto?, ¿de dónde procede? Yo os lo diré: ¿no habéis oído, que ya aquí lo he dicho otra vez anque no a este propósito, de la Esposa, que la metió Dios a la bodega del vino y ordenó en ella la caridad? Pues esto es que, como aquel alma ya se entrega en sus manos y el gran amor la tiene tan rendida, que no sabe ni quiere más de que haga Dios lo que quisiere de ella, que jamás hará Dios, a lo que yo pienso, esta merced, sino a alma que ya toma muy por suya; quiere que sin que ella entienda cómo, salga de allí sellada con su sello, porque verdaderamente el alma allí no hace más que la cera cuando imprime otro el sello, que la cera no se le imprime a sí, sólo está dispuesta, digo blanda, y an para esta dispusición tampoco se ablanda ella, sino que se está queda y lo consiente. ¡Oh, bondad de Dios, que todo ha de ser a vuestra costa! Sólo queréis nuestra voluntad y que no haya impedimento en la cera.

Pues veis aquí, hermanas, lo que nuestro Dios hace aquí para que esta alma ya se conozca por suya: da de lo que tiene, que es lo que tuvo su Hijo en esta vida; no nos puede hacer mayor merced. ¿Quién más debía querer salir desta vida? Y ansí lo dijo Su Majestad en la Cena: «Con deseo he deseado». Pues, ¿cómo, Señor, no se os puso delante la trabajosa muerte que habéis de morir, tan penosa y espantosa? —No, porque el grande amor que tengo y deseo de que se salven las almas, sobrepujan sin comparación a esas penas; y las muy grandísimas que he padecido y padezco, después que estoy en el mundo, son bastantes para no tener ésas en nada en su comparación—. Es ansí que muchas veces he considerado en esto, y sabiendo yo el tormento que pasa y ha pasado cierta alma que conozco [3], de ver ofender a Nuestro Señor, tan insufridero que se quisiera mucho más morir que sufrirla, y pensando si un alma con tan poquísima caridad comparada a la de Cristo, que se puede decir casi nenguna en esta comparación, que sentía este tormento tan insufridero, ¿qué sería el sentimiento de Nuestro Señor Jesucristo, y qué vida debía pasar, pues todas las cosas le eran presentes, y estaba siempre viendo las grandes ofensas que se hacían a su Padre? Sin duda creo yo que fueron muy mayores que las de su sacratísima Pasión, porque en-

---

[3] Se refiere a ella misma.

tonces ya vía el fin de estos trabajos, y con esto y con el contento de ver nuestro remedio con su muerte, y demostrar el amor que tenía a su Padre en padecer tanto por Él, moderaría los dolores, como acaece acá a los que con fuerza de amor hacen grandes penitencias, que no las sienten casi, antes querrían hacer más y más, y todo se le hace poco. ¿Pues qué sería a Su Majestad, viéndose en tan gran ocasión, para mostrar a su Padre cuán cumplidamente cumplía el obedecerle, y con el amor del prójimo? ¡Oh, gran deleite padecer en hacer la voluntad de Dios! Mas en ver tan contino tantas ofensas a Su Majestad hechas, y ir tantas almas al infierno, téngolo por cosa tan recia que creo, si no fuera más de hombre, un día de aquella pena bastaba para acabar muchas vidas, cuanto más una.

CAPÍTULO III

Pues tornemos a nuestra palomica y veamos algo de lo que Dios da en este estado. Siempre se entiende que ha de procurar ir adelante en el servicio de Nuestro Señor y en el conocimiento propio; que si no hace más de recibir esta merced, y como cosa ya segura descuidarse en su vida y torcer el camino del cielo, que son los mandamientos, acaecerle ha lo que a la que sale del gusano, que echa la simiente para que produzcan otras, y ella queda muerta para siempre. Digo que echa la simiente, porque tengo para mí que quiere Dios que no sea dada en balde una merced tan grande, sino que, ya que no se aprovecha de ella para sí, aproveche a otros. Porque como queda con estos deseos y virtudes dichas, el tiempo que dura el bien, siempre hace provecho a otras almas, y de su calor les pega calor; y, an cuando le tienen ya perdido, acaece quedar con esa gana de que se aprovechen otras, y gusta de dar a entender las mercedes que Dios hace a quien le ama y sirve. Yo he conocido persona [4] que le acaecía ansí que, estando muy perdida, gustaba de que se aprovechasen otras con las mercedes que Dios le había hecho y mostrarles el camino de oración a las que no lo entendían, y hizo harto provecho, harto. Después la tornó el Señor a dar luz. Verdad es que an no tenía los efetos que quedan dichos. Mas, ¡cuántos debe haber que los llama el Señor a el apostolado, como a Judas, comunicando con ellos, y los llaman para hacer reyes, como a Saúl, y después por su culpa se pierden! De donde sacaremos, hermanas, que, para ir mereciendo más y más, y no perdiéndonos como éstos, la seguridad que podemos tener es la obediencia y no torcer de la ley de Dios; digo a quien hiciere semejantes mercedes, y an a todos. Paréceme que queda algo escura, con cuanto he dicho, esta morada. Pues hay tanta ganancia de entrar en ella, bien será que no parezca quedan sin esperanza a los que el Señor no da cosas tan

---

[4] También se refiere a su persona.

sobrenaturales, pues la verdadera unión se puede muy bien alcanzar, con el favor de Nuestro Señor, si nosotros nos esforzamos a procurarla con no tener voluntad, sino atada con lo que fuere la voluntad de Dios. ¡Oh, qué dellos habrá que digamos esto y nos parezca que no queremos otra cosa, y moriríamos por esta verdad, como creo ya he dicho! Pues yo os digo, y lo diré muchas veces, que cuando lo fuere que habéis alcanzado esta merced del Señor, y ninguna cosa se os dé de estotra unión regalada que queda dicha, que lo que hay de mayor precio en ella es por proceder de esta que ahora digo, y por no poder llegar a lo que queda dicho, si no es muy cierta la unión de estar resinada nuestra voluntad en la de Dios. ¡Oh, qué unión ésta para desear! Venturosa el alma que la ha alcanzado, que vivirá en esta vida con descanso y en la otra también, porque ninguna cosa de los sucesos de la tierra la afligirá, si no fuere si se ve en algún peligro de perder a Dios u ver si es ofendido; ni enfermedad, ni pobreza, ni muerte, si no fuere de quien ha de hacer falta en la Ilesia de Dios, que ve bien esta alma que Él sabe mejor lo que hace que ella lo que desea. Habéis de notar que hay penas y penas; porque algunas penas hay, producidas de presto de la naturaleza y contentos lo mesmo, y an de caridad de apiadarse de los prójimos, como hizo Nuestro Señor, cuando resucitó a Lázaro, y no quitan éstas el estar unidos con la voluntad de Dios, ni tampoco turban el ánima con una pasión inquieta, desasosegada, que dura mucho. Estas penas pasan de presto, que, como dije de los gozos en la oración, parece que no llegan a lo hondo del alma, sino a estos sentidos y potencias. Andan por estas moradas pasadas, mas no entran en la que está por decir postrera, pues para esto es menester lo que queda dicho de suspensión de potencias; que poderoso es el Señor de enriquecer las almas por muchos caminos y llegarlas a estas moradas, y no por el atajo que queda dicho. Mas advertid mucho, hijas, que es necesario que muera el gusano, y más a vuestra costa; porque acullá ayuda mucho para morir el verse en vida tan nueva; acá es menester que, viviendo en ésta, le matemos nosotras. Yo os confieso que será a mucho o más trabajo, mas su precio se tiene, ansí será mayor el galardón si salís con vitoria; mas de ser posible no hay que dudar, como lo sea la unión verdaderamente con la voluntad de Dios. Esta es la unión que toda mi vida he deseado, esta es la que pido siempre a Nuestro Señor y la que está más clara y sigura. Mas, ¡ay! de nosotros, qué pocos debemos de llegar a ella, anque a quien se guarda de ofender al Señor y ha entrado en relisión le parezca que todo lo tiene hecho. ¡Oh, que quedan unos gusanos que no se dan a entender, hasta que, como el que royó la yedra a Jonas, nos han roído las virtudes con un amor propio, una propia estimación, un juzgar los prójimos anque sea en pocas cosas una falta de caridad con ellos, no los quiriendo como a nosotros mesmos; que, anque arrastrando, cumplimos con la obligación para no ser pecado, no llegamos con mucho a lo que ha de ser para estar del todo unidas con la voluntad de Dios! ¿Qué pensáis, hijas, que es su voluntad? Que seamos del todo perfetas, que para ser unos con Él y con el Padre, como Su Majestad le pidió. ¡Mirá qué nos falta para llegar a esto! Yo os digo que lo que estoy escribiendo con harta pena de verme tan lejos, y todo por mi culpa; que no ha menester el Señor hacernos grandes regalos para esto, basta lo que nos ha dado en darnos a su Hijo que nos enseñase el camino. No penséis que está la cosa en, si se muere mi padre u hermano, conformarme tanto con la voluntad de Dios, que no lo sienta, y si hay trabajos y enfermedades, sufrirlos con contento. Bueno es y a las veces consiste en discreción, porque no podemos más y hacemos de la necesidad virtud. ¡Cuántas cosas de estas hacían los filósofos, u aunque no sea de estas, de otras de tener mucho saber! Acá solas estas dos que nos pide el Señor: amor de Su Majestad y del prójimo; es en lo que hemos de trabajar; guardándolas con perfeción, hacemos su voluntad, y ansí estaremos unidos con Él. Mas, ¡qué lejos estamos de hacer como debemos a tan gran Dios estas dos cosas, como tengo dicho! Plega a Su Majestad nos dé gracia para que merezcamos llegar a este estado, que en nuestra mano está, si queremos. La más cierta señal que, a mi parecer, hay de si guardamos estas dos cosas, es guardando bien la del amor del prójimo, porque si amamos a Dios no se puede saber, anque hay indicios grandes para entender que le amamos; mas el amor del prójimo, sí. Y estad ciertas que mientras más en éste os vierdes aprovechadas, más lo estáis en el amor de Dios; porque es tan grande el que Su Majestad nos tiene, que, en pago del que tenemos a el prójimo, hará que crezca el que tenemos a Su Majestad por mil maneras; en esto yo no puedo dudar. Impórtanos mucho andar con gran advertencia cómo andamos en esto, que, si es con mucha perfección, todo lo tenemos hecho; porque creo yo, que según es malo nuestro natural, que, si no es naciendo de raíz del amor de Dios, que no llegaremos a tener con perfeción el del prójimo. Pues tanto nos importa esto, hermanas, procuremos irnos entendiendo en cosas tan menudas, y no haciendo caso de unas muy grandes, que ansí por junto vienen en la oración, de parecer que haremos y conteceremos[5] por los prójimos, y por sola un alma que se salve; porque, si no vienen después conformes las obras, no hay para qué creer que lo haremos. Ansí digo de la humildad también y de todas las virtudes; son grandes los ardides del demonio, que, por hacernos entender que tenemos una, no la tiniendo, dará mil vueltas al infierno. Y tiene razón, porque es muy dañoso que nunca estas virtudes fingidas vienen sin alguna vanagloria, como son de tal raíz, ansí como las que da Dios están libres de ella ni[6] de soberbia. Yo gusto algunas veces de ver unas almas que, cuando están en oración, les parece querrían ser abatidas y públicamente afrontadas por Dios, y

---

[5] Sufriremos.
[6] *ni*: entiéndase «y».

después una falta pequeña encubrirían si pudiesen, u que, si no la han hecho y se la cargan, Dios nos libre. Pues mírese mucho quien esto no sufre, para no hacer caso de lo que a solas determinó a su parecer, que en hecho de verdad no fue determinación de la voluntad, que cuando ésta hay verdadera es otra cosa, sino alguna imaginación, que en ésta hace el demonio sus saltos y engaños, y a mujeres u gente sin letras podrá hacer muchos, porque no sabemos entender las diferencias de potencias y imaginación y otras mil cosas que hay enteriores. ¡Oh, hermanas, cómo se ve claro adonde está de veras el amor del prójimo en algunas de vosotras y en las que no está con esta perfección! Si entendiésedes lo que nos importa esta virtud, no trairíades otro estudio. Cuando yo veo almas muy diligentes a entender la oración que tienen y muy encapotadas cuando están en ella, que parece que no se osan bullir ni menear el pensamiento, porque no se les vaya un poquito de gusto y devoción que han tenido, háceme ver cuán poco entienden del camino por donde se alcanza la unión. Y piensan que allí está todo el negocio. Que no, hermanas, no; obras quiere el Señor, y que, si ves una enferma a quien puedes dar algún alivio, no se te dé nada de perder esta devoción y te compadezcas de ella, y, si tiene algún dolor, te duela a ti, y, si fuere menester, lo ayunes porque ella lo coma, no tanto por ella como porque sabes que tu Señor quiere aquello. Esta es la verdadera unión con su voluntad, y que, si vieres loar mucho a una persona, te alegres más mucho que si te loasen a ti. Esto a la verdad fácil es, que si hay humildad, antes terná pena de verse loar. Mas esta alegría de que se entiendan las virtudes de las hermanas es gran cosa, y, cuando viéremos alguna falta en alguna, sentirla como si fuera en nosotras y encubrirla. Mucho he dicho en otras partes de esto, porque veo hermanas, que si hubiese en ello quiebra, vamos perdidas. Plega el Señor nunca la haya, que como esto sea, yo os digo que no dejéis de alcanzar de Su Majestad la unión que queda dicha. Cuando os vierdes faltas en esto, anque tengáis devoción y regalos que os parezcan habéis llegado ahí, y alguna suspencioncilla en la oración de quietud, que a algunas luego les parece que está todo hecho, créeme, que no habéis llegado a unión, y pedid a Nuestro Señor que os dé con perfeción este amor del prójimo, y dejad hacer a Su Majestad, que Él os dará más que sepáis desear, como vosotras os esforcéis y procuréis en todo lo que pudierdes esto, y forzar vuestra voluntad para que se haga en todo la de las hermanas, anque perdáis de vuestro derecho, y olvidar vuestro bien por el suyo, anque más contradición os haga el natural, y procurar tomar trabajo, por quitarle al prójimo, cuando se ofreciere. No penséis que no ha de costar algo y que os lo habéis de hallar hecho. Mirá lo que costó a nuestro Esposo el amor que nos tuvo, que, por librarnos de la muerte, la murió tan penosa, como muerte de cruz.

CAPÍTULO IV

Paréceme que estáis con deseo de ver qué se hace esta palomica, y adónde asienta, pues queda entendido que no es en gustos espirituales ni en contentos de la tierra; más alto es su vuelo, y no os puedo satisfacer de este deseo hasta la postrera morada, y an plega a Dios se me acuerde u tenga lugar de escribirlo, porque han pasado casi cinco meses desde que lo comencé hasta ahora, y como la cabeza no está para tornarlo a leer, todo debe ir desbaratado, y por ventura dicho algunas cosas dos veces. Como es para mis hermanas, poco va en ello.

Todavía quiero más declararos lo que me parece que es esta oración de unión. Conforme a mi ingenio porné una comparación. Después diremos más desta mariposica que no para, anque siempre frutifica haciendo bien a sí y a otras almas porque no halla su verdadero reposo. Ya ternéis oído muchas veces que se desposa Dios con las almas espiritualmente. ¡Bendita sea su misericordia, que tanto se quiere humillar! Y anque sea grosera comparación, yo no hallo otra que más pueda dar a entender lo que pretendo que el sacramento del matrimonio. Porque, anque de diferente manera, porque en esto que tratamos jamás hay cosa que no sea espiritual (esto corpóreo va muy lejos, y los contentos espirituales que da el Señor, y los gustos, al que deben tener los que se desposan, van a mil leguas lo uno de lo otro), porque todo es amor con amor y sus operaciones son limpísimas, y tan delicadísimas y suaves, que no hay cómo se decir, mas sabe el Señor darlas muy bien a sentir. Paréceme a mí que la unión an no llega a desposorio espiritual, sino como por acá cuando se han de desposar dos, se trata si son conformes, y que el uno y el otro quieran, y an que se vean, para que más se satisfaga el uno del otro. Ansí acá, prosupuesto que el concierto está ya hecho, y que esta alma está muy bien informada cuán bien le está, y determinada a hacer en todo la voluntad de su Esposo de todas cuantas maneras ella viere que le ha de dar contento, y Su Majestad, como quien bien entenderá si es ansí, lo está de ella, y ansí hace esta misericordia, que quieren que le entienda más y que, como dicen, vengan a vistas y juntarla consigo. Podemos decir que es ansí esto, porque pasa en brevísimo tiempo. Allí no hay más dar y tomar, sino un ver el alma, por una manera secreta, quién es este Esposo que ha de tomar; porque por los sentidos y potencias en ninguna manera podía entender en mil años lo que aquí entiende en brevísimo tiempo. Mas como es tal el Esposo, de sola aquella vista la deja más digna de que se vengan a dar las manos, como dicen; porque queda el alma tan enamorada, que hace de su parte lo que puede para que no se desconcierte este divino depositario. Mas, si esta alma se descuida a poner su afición en cosa que no sea Él, piérdelo todo, y es tan grandísima pérdida como lo son las mercedes que va haciendo, y mucho mayor que se puede encarecer. Por eso, almas cristianas, a las que el Señor ha llegado a estos términos, por Él os pido que no os descuidéis, sino que os apartéis de las ocasiones, que an en este estado no está el alma tan fuerte que se pueda meter en ellas, como lo está después de hecho el desposorio, que es en la morada que diremos tras ésta; porque la comunicación no fue más de una vista, como dicen, el demonio andará con gran cuidado a combatirla y a desviar este desposorio; que después, como ya la ve del todo rendida a el Esposo, no osa tanto porque la ha miedo, y tiene espiriencia que, si alguna vez lo hace, queda con gran pérdida y ella con más ganancia. Yo os digo, hijas, que he conocido personas muy encumbradas, y llegar a este estado y, con la gran sotileza y ardid del demonio, tornarlas a ganar para sí, porque debe de juntarse todo el infierno para ello; porque, como muchas veces digo, no pierden un alma sola, sino gran multitud. Ya él tiene espiriencia en este caso; porque, si miramos la multitud de almas que por medio de una tray Dios a sí, es para alabarle mucho los millares que convertían los mártires, una doncella como santa Úrsula. Pues, ¡las que habrá perdido el demonio por santo Domingo y san Francisco y otros fundadores de órdenes, y pierde ahora por el padre Ignacio, el que fundó la Compañía, que todos está claro, como lo leemos, recibían mercedes semejantes de Dios! ¿Qué fue esto sino que se esforzaron a no perder por su culpa tan divino desposorio? ¡Oh, hijas mías, que tan aparejado está este Señor a hacernos merced ahora como entonces, y an en parte más necesitado de que las queramos recibir, porque hay pocos que miren por su honra, como entonces había! Querémonos mucho; hay muy mucha cordura para no perder de nuestro derecho. ¡Oh, qué engaño tan grande! El Señor nos dé luz para no caer en semejantes tinieblas, por su misericordia.

Podréisme preguntar u estar con duda de dos cosas: la primera, que si está el alma tan puesta con la voluntad de Dios, como queda dicho, que cómo se puede engañar, pues ella en todo no quiere hacer la suya; la segunda, por qué vías puede entrar el demonio tan peligrosamente que se pierda vuestra alma, estando tan apartadas del mundo y tan llegadas a los sacramentos, y en compañía, podemos decir, de ángeles, pues por la bondad del Señor, todas no train otros deseos sino de servirle y agradarle en todo; que ya los que están metidos en las ocasiones del mundo, no es mucho.

Yo digo que en esto tenéis razón, que harta misericordia nos ha hecho Dios; mas cuando veo, como he dicho, que estaba Judas en compañía de los apóstoles, y tratando siempre con el mesmo Dios, y oyendo sus palabras, entiendo que no hay seguridad en esto. Respondiendo a lo primero, digo que, si esta alma se estuviese siempre asida a la voluntad de Dios, que está claro que no se perdería; mas, viene el demonio con unas sotilezas grandes, y debajo de color de bien vala desquiciando en poquitas cosas de ella, y metiendo en algunas que él le hace entender que no son malas, y poco a poco escureciendo el entendimiento, y entibiando la voluntad, y haciendo crecer en ella el amor propio, hasta que de uno en otro la va apartando de la voluntad de Dios y llegando a la suya. De aquí queda respondido a lo segundo, porque no hay encerramiento tan encerrado adonde él no pueda entrar, ni desierto tan apartado adonde deje de ir. Y an otra cosa os digo, que quizá lo primite el Señor para ver cómo se ha aquel alma a quien quiere poner por luz de otras, que más vale que en los principios si ha de ser ruin lo sea, que no cuando dañe a muchas. La diligencia que a mí se me ofrece más cierta, después de pedir siempre a Dios en la oración que nos tenga de su mano, y pensar muy contino como si Él nos deja, seremos luego en el profundo, como es verdad, y jamás estar confiadas en nosotras, pues será desatino estarlo, es andar con particular cuidado y aviso mirando cómo vamos en las virtudes: si vamos mejorando u desminuyendo en algo, en especial en el amor unas con otras, y en el deseo de ser tenida por la menor y en cosas ordinarias, que si miramos en ello, y pedimos al Señor que nos dé luz, luego veremos la ganancia u la perdida. Que no penséis que alma que llega Dios a tanto la deja tan apriesa de su mano que no tenga bien el demonio que trabajar; y siente Su Majestad tanto que se le pierda, que le da mil avisos interiores de muchas maneras, ansí que no se le podrá esconder el daño.

En fin, sea la conclusión en esto: que procuremos siempre ir adelante, y, si esto no hay, andemos con gran temor, porque sin duda algún salto nos quiere hacer el demonio; pues no es posible que, habiendo llegado a tanto, deje ir creciendo, que el amor jamás está ocioso, y ansí será harto mala señal. Porque alma que ha pretendido ser esposa del mesmo Dios y tratádose ya con Su Majestad y llegado a los términos que queda dicho, no se ha de echar a dormir. Y para que veáis, hijas, lo que hace con las que ya tiene por esposas, comencemos a tratar de las sestas moradas, y veréis cómo es poco todo lo que pudiéremos servir y padecer y hacer para disponernos a tan grandes mercedes; que podrá ser haber ordenado Nuestro Señor que me lo mandasen escribir, para que, puestos los ojos en el premio y viendo cuán sin tasa es su misericordia, pues con unos gusanos quiere ansí comunicarse y mostrarse, olvidemos nuestros contentillos de tierra, y, puestos los ojos en su grandeza, corramos encendidas en su amor. Plega a Él que acierte yo a declarar algo de cosas tan dificultosas que, si Su Majestad y el Espíritu Santo no menea la pluma, bien sé que será imposible; y si no ha de ser para vuestro provecho, le suplico no acierte a decir nada, pues sabe Su Majestad que no es otro mi deseo, a cuanto puedo entender de mí, sino que sea alabado su nombre, y que nos esforcemos a servir a un Señor que ansí paga an acá en la tierra, por donde podemos entender algo de lo que nos ha de dar en el cielo, sin los intervalos y trabajos y peligros que hay en este mar de tempestades, porque a no le haber de perderle y ofenderle, descanso sería que no se acabase la vida hasta el fin del mundo, por trabajar por tan gran Dios y Señor y Esposo. Plega a Su Majestad merezcamos hacerle algún servicio, sin tantas faltas como siempre tenemos, an en las obras buenas. Amén.

MORADAS SESTAS

CAPÍTULO I

Pues vengamos, con el favor del Espíritu Santo, a hablar en las sestas moradas, adonde el alma ya queda herida del amor del Esposo y procura más lugar para estar sola y quitar todo lo que puede, conforme a su estado, que la puede estorbar de esta soledad. Está tan esculpida en el alma aquella vista, que todo su deseo es tornarla a gozar. Ya he dicho que en esta oración no se ve nada que se pueda decir ver, ni con la imaginación; digo vista, por la comparación que puse. Ya el alma bien determinada queda a no tomar otro esposo; mas el Esposo no mira a los grandes deseos que tiene de que se haga ya el desposorio, que an quiere que lo desee más y que le cueste algo, bien que es el mayor de los bienes. Y, anque todo es poco para tan grandísima ganancia, no os digo, hijas, que no deja de ser menester la muestra y señal que ya se tiene della para poderse llevar. ¡Oh, válame Dios, y qué son los trabajos interiores y esteriores que padece hasta que entra en la sétima morada! Por cierto que algunas veces lo considero y que temo que, si se entendiesen antes, sería dificultosísimo determinarse la flaqueza natural para poderlo sufrir ni determinarse a pasarlo, por bienes que se le representasen, salvo si no hubiese llegado a la sétima morada, que ya allí nada no se teme, de arte[1] que no se arroje muy de raíz el alma a pasarlo por Dios. Y es la causa que está casi siempre tan junta a Su Majestad que de allí le viene la fortaleza. Creo será bien contaros algunos de los que yo sé que se pasan con certidumbre. Quizá no serán todas las almas llevadas por este camino, anque dudo mucho que vivan libres de trabajos de la tierra, de una manera u de otra, las almas que a tiempos gozan tan de veras de cosas del cielo. Anque no tenía por mí de tratar de esto, he pensado que algún alma que se vea en ello le será gran consuelo saber qué pasa en las que Dios hace semejantes mercedes, porque verdaderamente parece entonces está todo perdido. No llevaré por concierto como suceden, sino como se me ofreciere a la memoria. Y quiero comenzar de los más pequeños, que es una grita[2] de las personas con quien se trata, y an con

---

[1] *de arte*: entiéndase «si no es».
[2] *grita*: confusión de voces.

las que no trata, sino que en su vida le pareció se podían acordar de ella: que se hace santa, que hace estremos para engañar el mundo, y para hacer a los otros ruines, que son mejores cristianos sin esas cerimonias. Y hase de notar que no hay ninguna, sino procurar guardar bien su estado. Los que tenía por amigos, se apartan de ella, y son los que le dan mejor bocado[3] y es de los que mucho se sienten[4]: que va perdida aquel alma y notablemente engañada, que son cosas del demonio, que ha de ser como aquella y la otra persona que se perdió, y ocasión de que caya la virtud, que tray engañados los confesores, y ir a ellos y decírselo, puniéndole ejemplos de lo que acaeció a algunos que se perdieron por aquí mil maneras de mofas y de dichos de éstos. Yo sé de una persona[5] que tuvo harto miedo no había de haber quien la confesase, según andaban las cosas, que, por ser muchas, no hay para qué me detener; y es lo peor que no pasan de presto, sino que es toda la vida, y el avisarse unos a otros que se guarden de tratar personas semejantes. Direisme que también hay quien diga bien. ¡Oh, hijas, y qué pocos hay que crean ese bien, en comparación de los muchos que abominan! Cuanto más que ese es otro trabajo mayor que los dichos, porque como el alma ve claro que si tiene algún bien es dado de Dios y en ninguna manera no suyo, porque poco antes se vio muy pobre y metida en grandes pecados, esle un tormento intolerable, al menos a los principios, que después no tanto, por algunas razones. La primera, porque la espiriencia le hace claro ver que tan presto dice bien como mal, y ansí no hace más caso de lo uno que de lo otro. La segunda, porque le ha dado el Señor mayor luz de que ninguna cosa buena es suya, sino dada de Su Majestad, y, como si la viese en tercera persona, olvidada que tiene allí ninguna parte, se vuelve a alabar a Dios. La tercera, si ha visto algunas almas aprovechadas de ver las mercedes que Dios la hace, piensa que tomó Su Majestad este medio de que la tuviesen por buena, no lo siendo, para que a ellas les viniese bien. La cuarta, porque como tiene más delante la honra y gloria de Dios que la suya, quítase una tentación que da a los principios, de que esas alabanzas han de ser para destruirla como ha visto algunas, y dásele poco de ser deshonrada, a trueco de que siquiera una vez sea Dios alabado por su medio; después, venga lo que viniere. Estas razones y otras aplacan la mucha pena que dan estas alabanzas, anque casi siempre se siente alguna, si no es cuando poco ni mucho se advierte; mas sin comparación es mayor trabajo verse ansí en público tener por buena sin razón, que no los dichos. Y cuando ya viene a no le tener mucho de esto, muy mucho menos la tiene de esotro, antes se huelga y le es como una música suave. Esto es gran verdad y antes fortalece el alma que la acobarda, por-

[3] Entiéndase «y son los que más la hieren y critican con sus palabras».
[4] Y son los que más dejan oír su voz.
[5] Nueva alusión a sí misma.

que ya la espiriencia la tiene eseñada la gran ganancia que le viene por este camino, y parécele que no ofenden a Dios los que la persiguen, antes que lo primite Su Majestad para gran ganancia suya; y como la siente claramente, tómales un amor particular muy tierno, que le parece aquéllos son más amigos y que la dan más a ganar que los que dicen bien.

También suele dar el Señor enfermedades grandísimas. Este es muy mayor trabajo, en especial cuando son dolores agudos que en parte si ellos son recios, me parece el mayor que hay en la tierra, digo esterior, anque entren cuantos quisieren, si es de los muy recios dolores, digo, porque descompone lo interior y esterior de manera que aprieta un alma que no sabe qué hacer de sí, y de muy buena gana tomaría cualquier martirio de presto que estos dolores; anque en grandísimo estremo no duran tanto, que, en fin, no da Dios más de lo que se puede sufrir, y da Su Majestad primero la paciencia, mas de otros grandes en lo ordinario y enfermedades de muchas maneras. Yo conozco una persona que desde que comenzó el Señor a hacerla esta merced que queda dicha, que ha cuarenta años, no puede decir con verdad que ha estado día sin tener dolores y otras maneras de padecer, de falta de salud corporal, digo, sin otros grandes trabajos. Verdad es que había sido muy ruin, y para el infierno que merecía todo se le hace poco. Otras que no hayan ofendido tanto a Nuestro Señor las llevará por otro camino; mas yo siempre escogería el del padecer, siquiera por imitar a Nuestro Señor Jesucristo, anque no hubiese otra ganancia en especial, que siempre hay muchas. ¡Oh, pues si tratamos de los interiores, estotros parecerían pequeños, si éstos se acertasen a decir, sino que es imposible darse a entender de la manera que pasan!

Comencemos por el tormento que da topar con un confesor tan cuerdo[6] y poco esperimentado que no hay cosa que tenga por sigura; todo lo teme, en todo pone duda, como ve cosas no ordinarias, en especial si en el alma que las tiene ve alguna imperfeción, que les parece han de ser ángeles a quien Dios hiciere estas mercedes, y es imposible mientras estuvieron en este cuerpo; luego es todo condenado a demonio u melencolía; y de ésta está el mundo tan lleno, que no me espanto; que hay tanta ahora en el mundo y hace el demonio tantos males por este camino, que tienen muy mucha razón de temerlo y mirarlo muy bien los confesores. Mas la pobre alma que anda con el mesmo temor y va al confesor como a juez y ése la condena, no puede dejar de recibir tan grato tormento y turbación, que sólo entenderá cuán gran trabajo es quien hubiere pasado por ello. Porque éste es otro de los grandes trabajos que estas almas padecen, en especial si han sido ruines, pensar que por sus pecados ha Dios de primitir que sean engañadas; y, anque cuando Su Majestad les

---

[6] Se refiere, irónicamente, a incapaz de comprender.

hace la merced, están seguras y no pueden creer ser otro espíritu sino de Dios, como es cosa que pasa de presto y el acuerdo de los pecados se está siempre y ve en sí faltas, que éstas nunca faltan, luego viene este tormento. Cuando el confesor la asigura, aplácase, anque torna; mas cuando él ayuda con más temor, es cosa casi insufrible, en especial cuando tras éstos vienen unas sequedades que no parece que jamás se ha acordado de Dios ni se ha de acordar, y que, como una persona de quien oyó decir desde lejos, es cuando oye hablar de Su Majestad.

Todo no es nada, si no es que sobre esto venga el parecer que no sabe informar a los confesores y que los hay engañados, y, anque más piensa y ve que no hay primer movimiento que no los diga, no aprovecha, que está el entendimiento tan escuro, que no es capaz de ver la verdad, sino creer lo que la imaginación le representa, que entonces ella es la señora, y los desatinos que el demonio la quiere representar, a quien debe Nuestro Señor de dar licencia para que la pruebe, y an para que la haga entender que está reprobada de Dios; porque son muchas las cosas que la combaten con un apretamiento interior de manera tan sentible y intolerable, que yo no sé a qué se pueda comparar, sino a los que padecen en el infierno, porque ningún consuelo se admite en esta tempestad. Si le quieren tomar con el confesor, parece han acudido los demonios a él para que la atormente más; y ansí tratando uno con un alma que estaba en este tormento, después de pasado, que parece apretamiento peligroso, por ser de tantas cosas juntas, la decía le avisase cuando estuviese ansí, y siempre era tan peor que vino él a entender que no era más en su mano. Pues si se quiere tomar un libro de romance [7], persona que le sabía bien leer le acaecía no entender más de el que si no supiera letra, porque no estaba el entendimiento capaz. En fin, que ningún remedio hay en esta tempestad, sino aguardar a la misericordia de Dios, que a deshora con una palabra sola suya u una ocasión, que acaso sucedió, lo quita todo tan de presto, que parece no hubo nublado en aquel alma, según queda llena de sol y de mucho más consuelo. Y como quien se ha escapado de una batalla peligrosa con haber ganado la vitoria, queda alabando a Nuestro Señor, que fue el que peleó para el vencimiento; porque conoce muy claro que ella no peleó, que todas las armas con que se podía defender le parece que las ve en manos de su contrario, y ansí conoce claramente su miseria y lo poquísimo que podemos de nosotros si nos desamparase el Señor. Parece que ya no ha menester consideración para entender esto porque la espiriencia de pasar por ello, habiéndose visto del todo inhabilitada, le hacía entender nuestra nonada y cuán miserable cosa somos; porque la gracia, anque no debe estar sin ella, pues con toda esta tormenta no ofende a Dios, ni le ofendería por cosa de la tierra, está tan ascondida, que ni an una centella muy pequeña le

---

[7] En castellano y no en latín.

parece no ve de que tiene amor de Dios, ni que le tuvo jamás; porque si ha hecho algún bien u Su Majestad le ha hecho alguna merced, todo le parece cosa soñada y que fue antojo; los pecados ve cierto que los hizo. ¡Oh, Jesús, y qué es ver un alma desamparada de esta suerte y, como he dicho, cuán poco le aprovecha ningún consuelo de la tierra! Por eso no penséis, hermanas, si alguna vez os vierdes ansí, que los ricos y los que están con libertad, ternán para estos tiempos más remedio. No, no, que me parece a sí es como si a los condenados les pusiesen cuantos deleites hay en el mundo delante, no bastarían para darles alivio, antes les acreditaría el tormento; ansí acá viene de arriba y no valen aquí nada cosas de la tierra. Quiere este gran Dios que conozcamos rey y nuestra miseria, y importa mucho para lo de adelante.

Pues, ¿qué hará esta pobre alma cuando muchos días le durase ansí? Porque si reza es como si no rezase, para su consuelo, digo, que no se admite en lo interior, ni an se entiende lo que reza ella mesma a sí, anque sea vocal, que para mental no es este tiempo en ninguna manera, porque no están las potencias para ello, antes hace mayor daño la soledad, con que es otro tormento por sí estar con nadie, ni que la hablen; y ansí, por muy mucho que se esfuerce, anda con un desabrimiento y mala condición en lo esterior, que se le echa mucho de ver. ¿Es verdad que sabrá decir lo que ha? Es indecible, porque son apretamientos y penas espirituales, que no se saben poner nombre. El mejor remedio, no digo para que se quite, que yo no le hallo, sino para que se pueda sufrir, es entender [8] en obras de caridad y esteriores y esperar en la misericordia de Dios, que nunca falta a los que en Él esperan. Sea por siempre bendito. Amén.

Otros trabajos que dan los demonios, esteriores, no deben ser tan ordinarios, y ansí no hay para qué hablar en ellos, ni son tan penosos con gran parte; porque, por mucho que hagan, no llegan a inhabilitar ansí las potencias, a mi parecer, ni a turbar el alma de esta manera, que, en fin, queda razón para pensar que no pueden hacer más de lo que el Señor les diere licencia, y cuando ésta no está perdida, todo es poco en comparación de lo que queda dicho.

Otras penas interiores iremos diciendo en estas moradas tratando diferencias de oración y mercedes del Señor, que, anque algunas son an más recio que lo dicho en el padecer, como se verán por cuál deja el cuerpo, no merecen nombre de trabajos ni es razón que se le pongamos, por ser tan grandes mercedes del Señor, y que en medio de ellos entiende el alma que lo son, y muy fuera de sus merecimientos. Viene ya esta pena grande para entrar en la séptima morada, con otros hartos, que algunos diré, porque todos será imposible, ni an declarar como son, porque vienen de otro linaje que los dichos, muy más alto, y si en ellos, con

---

[8] *entender*: practicar.

ser de más baja casta, no he podido declarar más de lo dicho, menos podré en estotro. El Señor dé para todo su favor, por los méritos de su Hijo. Amén.

CAPÍTULO II

Parece que hemos dejado mucho la palomica, y no hemos; porque estos trabajos son los que an la hacen tener más alto vuelo. Pues comencemos ahora a tratar de la manera que se ha con ella el Esposo, y cómo antes que del todo lo sea se lo hace bien desear, por unos medios tan delicados que el alma mesma no los entiende, ni yo creo acertaré a decir para que lo entienda, si no fueren las que han pasado por ello; porque son unos impulsos tan delicados y sotiles, que proceden de lo muy interior del alma, que no sé comparación que poner que cuadre. Va bien diferente de todo lo que acá podemos procurar, y an de los gustos que quedan dichos, que muchas veces estando la mesma persona descuidada y sin tener la memoria en Dios, Su Majestad la despierta, a manera de una cometa que pasa de presto o un trueno, anque no se oye ruido, mas entiende muy bien el alma que fue llamada de Dios, y tan entendido, que algunas veces, en especial a los principios, la hace estremecer y an quejar, sin ser cosa que le duele. Siente ser herida sabrosísimamente, mas no atina cómo ni quién la hirió; mas bien conoce ser cosa preciosa, y jamás querría ser sana de aquella herida. Quéjase con palabras de amor, an esteriores, sin poder hacer otra cosa a su Esposo, porque entiende que está presente, mas no se quiere manifestar de manera que deje gozarse, y es harta pena, anque sabrosa y dulce; y anque quiera no tenerla no puede; mas esto no querría jamás. Mucho más le satisface que el embebecimiento sabroso, que carece de pena, de la oración de quietud.

Deshaciéndome estoy, hermanas, por daros a entender esta operación de amor, y no sé cómo; porque parece cosa contraria dar a entender el Amado claramente que está con el alma, y parece que la llama con una seña tan cierta, que no se puede dudar, y un silbo tan penetrativo para entenderlo el alma, que no le puede dejar de oír; porque no parece sino que, en hablando el Esposo, que está en la sétima morada, por esta manera, que no es habla formada, toda la gente[9] que está en las otras no se osa bullir, ni sentidos ni maginación ni potencias. ¡Oh, mi poderoso Dios, qué grandes son vuestros secretos y qué diferentes las cosas del espíritu a cuanto por acá se puede ver ni entender, pues con ninguna cosa se puede declarar ésta, tan pequeña para las muy grandes que obráis con las almas!

[9] Refiérese a imaginación, sentidos.

Hace en ella tan gran operación, que se está deshaciendo de deseo, y no sabe qué pedir, porque claramente le parece que está con ella su Dios. Direisme: pues si esto entiende, ¿qué desea u qué le da pena?, ¿qué mayor bien quiere? No lo sé; sé que parece le llega a las entrañas esta pena y que, cuando de ellas saca la saeta el que la hiere, verdaderamente parece que se las lleva tras sí, según el sentimiento de amor siente. Estaba pensando ahora si sería que en este fuego del brasero encendido, que es mi Dios, saltaba alguna centella y daba en el alma, de manera que se dejaba sentir aquel encendido fuego, y como no era an bastante para quemarla, y él es tan deleitoso, queda con aquella pena, y a el tocar hace aquella operación. Y paréceme es la mejor comparación que he acertado a decir; porque este dolor sabroso, y no es dolor, no está en un ser [10], anque a veces dura gran rato, otras de presto se acaba, como quiere comunicarle el Señor, que no es cosa que se puede procurar por ninguna vía humana. Mas anque está algunas veces rato, quítase y torna; en fin, nunca está estante, y por eso no acaba de abrasar el alma, sino ya que se va a encender, muérese la centella y queda con deseo de tornar a padecer aquel dolor amoroso que le causa. Aquí no hay que pensar si es cosa movida del mesmo natural ni causada de melencolía, ni tampoco engaño del demonio, ni si es antojo, porque es cosa que se deja muy bien entender ser este movimiento de adonde está el Señor, que es inmutable; y las operaciones no son como de otras devociones, que el mucho embebecimiento del gusto nos puede hacer dudar. Aquí están todos los sentidos y potencias sin ningún embebecimiento, mirando qué podrá ser, sin estorbar nada ni poder acrecentar aquella pena deleitosa ni quitarla, a mi parecer. A quien Nuestro Señor hiciere esta merced, que si se la ha hecho, en leyendo esto lo entenderá, dele muy muchas gracias, que no tiene que temer si es engaño; tema mucho si ha de ser ingrato a tan gran merced, y procure esforzarse a servir y a mejorar en todo su vida, y verá en lo que para y cómo recibe más y más an; que a una persona que ésta tuvo, pasó algunos años con ello, y con aquella merced estaba bien satisfecha, que si multitud de años sirviera a el Señor con grandes trabajos, quedaba con ella muy bien pagada. Sea bendito por siempre jamás. Amén.

Podrá ser que reparéis en cómo más en esto que en otras cosas hay seguridad. A mi parecer por estas razones; la primera, porque jamás el demonio debe dar pena sabrosa como ésta; podra él dar el sabor y deleite que parezca espiritual, mas juntar pena, y tanta, con quietud y gusto del alma, no es de su facultad, que todos sus poderes están por las adefueras, y sus penas, cuando él las da, no son, a mi parecer, jamás sabrosas ni con paz, sino inquietas y con guerra. La segunda, porque esta tempestad sabrosa viene de otra región de las que él puede señorear. La

---

[10] No está en un ser: no es estable.

tercera, por los grandes provechos que quedan en el alma, que es lo más ordinario determinarse a padecer por Dios y desear tener muchos trabajos y quedar muy más determinada a apartarse de los contentos y conversaciones de la tierra, y otras cosas semejantes. El no ser antojo está muy claro; porque, anque otras veces lo procure, no podrá contrahacer aquello; y es cosa tan notoria, que en ninguna manera se puede antojar, digo, parecer que es, no siendo, ni dudar de que es, y si alguna quedare, sepan que no son estos verdaderos ímpetus, digo si dudare en si le tuvo u si no, porque ansí se da a sentir como a los oídos una gran voz. Pues ser melencolía no lleva camino nenguno, porque la melencolía, no hace y fabrica sus antojos sino en la imaginación; estotro procede de lo interior del alma. Ya puede ser que yo me engañe, mas hasta oír otras razones a quien lo entienda, siempre estaré en esta opinión; y ansí sé de una persona ¹¹, harto llena de temor de estos engaños, que de esta oración jamás le pudo temer.

También suele Nuestro Señor tener otras maneras de despertar el alma que a deshora; estando rezando vocalmente y con descuido de cosa interior, parece viene una inflamación deleitosa, como si de presto viniese un olor tan grande, que se comunicase por todos los sentidos; no digo que es olor, sino pongo esta comparación; u cosa de esta manera, sólo para dar a sentir que está allí el Esposo; mueve un deseo sabroso de gozar el alma de Él, y con esto queda dispuesta para hacer grandes atos y alabanzas a Nuestro Señor. Su nacimiento de esta merced es de donde lo que queda dicho, mas aquí no hay cosa que dé pena, ni los deseos mesmos de gozar a Dios son tan penosos; esto es más ordinario sentirlo el alma. Tampoco me parece que hay aquí que temer, por algunas razones de las dichas, sino procurar admitir esta merced con hacimiento de gracias.

CAPÍTULO III

Otra manera tiene Dios de despertar a el alma, y, anque en alguna manera parece mayor merced que las dichas, podrá ser más peligrosa, y por eso me deterné algo en ella, que son unas hablas con el alma, de muchas maneras; unas parece vienen de fuera, otras de lo muy interior del alma, otras de lo superior della, otras tan en lo esterior, que se oyen con los oídos porque parece es voz formada. Algunas veces, y muchas, puede ser antojo, en especial en personas de flaca imaginación u melencólicas, digo de melencolía notable. De estas dos maneras de personas no hay que hacer caso, a mi parecer, anque digan que ven y oyen y entienden, ni inquietarlas con decir que es demonio, sino oírlas como a personas enfermas, diciendo a la priora u confesor a quien lo dijere, que no haga caso

¹¹ La Santa continúa refiriéndose a sí misma.

de ello, que no es la sustancia para servir a Dios, y que a muchos ha engañado el demonio por allí, anque no será quizá ansí a ella, por no la afligir más que tray con su humor. Porque si le dicen que es melencolía, nunca acabará, que jurará que lo ve y lo oye, porque le parece ansí. Verdad es que es menester traer cuenta con quitarle la oración, y lo más que se pudiere que no haga caso dello, porque suele el demonio aprovecharse de estas almas ansí enfermas, anque no sea para su daño, para el de otros; y a enfermas y sanas, siempre de estas cosas hay que temer, hasta ir entendiendo el espíritu. Y digo que siempre es lo mejor a los principios deshacérsele, porque si es de Dios, es más ayuda para ir adelante y antes crece cuando es probado. Esto es ansí, mas no sea apretando mucho el alma y inquietándola, porque verdaderamente ella no puede más.

Pues tornando a lo que decía de las hablas con el ánima, de todas las maneras que he dicho, pueden ser de Dios, y también del demonio y de la propia imaginación. Diré, si acertare, con el favor del Señor, las señales que hay en estas difcrencias y cuándo serán estas hablas peligrosas; porque hay muchas almas que las entienden entre gente de oración. Y querría, hermanas, que no penséis hacéis mal en no las dar crédito ni tampoco en dársele, cuando son solamente para vosotras mesmas de regalo u aviso de faltas vuestras, dígalas quien las dijere, u sea antojo, que poco va en ello. De una cosa os aviso: que no penséis, anque sean de Dios, seréis por eso mejores que harto habló a los fariseos, y todo el bien está como se aprovechan de estas palabras, y ninguna que no vaya muy conforme a la Escritura hagáis más caso de ellas que si las oyésedes al mesmo demonio porque, anque sean de vuestra flaca imaginación, es menester tomarse como una tentación de cosas de la fe, y ansí resistir siempre, para que se vayan quitando; y sí quitarán, porque llevan poca fuerza consigo. Pues tornando a lo primero, que venga de lo interior, que de lo superior, que de lo esterior, no importa para dejar de ser de Dios. Las más ciertas señales que se pueden tener, a mi parecer, son éstas: la primera y más verdadera es el poderío y señorío que train consigo, que es hablando y obrando. Declárome más: está un alma en toda la tribulación y alboroto interior que queda dicho y escuridad del entendimiento y sequedad; con una palabra de éstas que diga solamente: «No tengas pena», queda sosegada y sin nenguna, y con gran luz, quitada toda aquella pena, con que le parecía que todo el mundo y letrados que se juntaran a darle razones para que no la tuviese, no la pudieran, con cuanto trabajaran, quitar de aquella aflición. Está afligida por haberle dicho su confesor, y otros, que es espíritu del demonio el que tiene, y toda llena de temor; y con una palabra que se le diga sólo: «Yo soy, no hayas miedo», se le quita del todo y queda consoladísima, y pareciéndole que ninguno bastará a hacerla creer otra cosa. Está con mucha pena de algunos negocios graves, que no saben cómo han de suceder; entiende que se sosiegue, que todo sucederá bien; queda con certidumbre y sin pena y desta manera otras muchas cosas.

La segunda razón, una gran quietud que queda en el alma y recogimiento devoto y pacífico, y dispuesta para alabanzas de Dios. ¡Oh Señor! Si una palabra enviada a decir con un paje vuestro, que a lo que dicen al menos éstas, en esta morada, no las dice el mesmo Señor, sino algún ángel, tienen tanta fuerza, ¿qué tal la dejaréis en el alma que está atada por amor con Vos y Vos con ella?

La tercera señal es no pasarse estas palabras de la memoria en muy mucho tiempo, y algunas jamás, como se pasan las que por acá entendemos, digo que oímos de los hombres, que, anque sean muy graves y letrados, no las tenemos tan esculpidas en la memoria, ni tampoco, si son en cosas por venir, las creemos como a éstas, que queda una certidumbre grandísima, de manera que, anque algunas veces en cosas muy imposibles, a el parecer, no deja de venirle duda si será u no será y anda con algunas vacilaciones el entendimiento, en la mesma alma está una seguridad que no se puede rendir, anque le parezca que vaya todo al contrario de lo que entendió; y pasan años; no se le quita aquel pensar que Dios buscará otros medios que los hombres no entienden, mas que, en fin, se ha de hacer, y ansí es que se hace. Anque, como digo, no se deja de padecer cuando ve muchos desvíos, porque como ha tiempo que lo entendió, y las operaciones y certidumbre que al presente quedan ser Dios es ya pasado, han lugar estas dudas, pensando si fue demonio, si fue de la imaginación; ninguna de éstas le queda a el presente, sino que moriría por aquella verdad. Mas, como digo, con todas estas imaginaciones que debe poner el demonio para dar pena y acobardar el alma, en especial si es el negocio que en el hacerse lo que se entendió ha de haber muchos bienes de almas, y es obras para gran honra y servicio de Dios y en ellas hay gran dificultad, ¿qué no hará? Al menos enflaquece la fe, que es harto daño no creer que Dios es poderoso para hacer obras que no entienden nuestros entendimientos. Con todos estos combates, anque haya quien diga a la mesma persona que son disbarates, digo los confesores con quien se tratan estas cosas, y con cuantos malos sucesos hubiere para dar a entender que no se pueden cumplir, queda una centella no sé dónde, tan viva, de que será, anque todas las demás esperanzas estén muertas, que no podría, aunque quisiese, dejar de estar viva aquella centella de siguridad. Y en fin, como he dicho, se cumple la palabra del Señor y queda el alma tan contenta y alegre, que no querría sino alabar siempre a Su Majestad, y mucho más por ver cumplido lo que se le había dicho que por la mesma obra, anque le vaya muy mucho en ella. No sé en qué va esto, que tiene en tanto el alma, que salgan estas palabras verdaderas, que, si a la mesma persona la tomasen en algunas mentiras, no creo sentiría tanto, como si ella en esto pudiese más, que no dice sino lo que la dicen. Infinitas veces se acordaba cierta persona de Jonás profeta, sobre esto, cuando temía no [12] había de perderse Nínive. En fin, como es espíritu de Dios, es razón se le tenga esa fidelidad en desear no le tengan por falso, pues es la suma verdad. Y ansí es grande la alegría cuando, después de mil rodeos y en cosas dificultosísimas, lo ve cumplido; anque a la mesma persona se le hayan de seguir grandes trabajos de ello, los quiere más pasar que no que deje de cumplirse lo que tiene por cierto le dijo el Señor. Quizá no todas personas ternán esta flaqueza, si lo es, que no lo puedo condenar por malo.

Si son de la imaginación, nenguna de estas señales hay, ni certidumbre, ni paz y gusto interior; salvo que podría acaecer, y an yo sé de algunas personas a quien ha acaecido, estando muy embebidas en oración de quietud y sueño espiritual, que algunas son tan flacas de complesión u imaginación, u no sé la causa, que verdaderamente en este gran recogimiento están tan fuera de sí, que no sienten en lo esterior, y están tan adormecidos todos los sentidos, que, como una persona que duerme, y an quizá es ansí que están adormizadas, como manera de sueño les parece que las hablan y an que ven cosas, y piensan que es de Dios, y deja los efetos, en fin, como de sueño. Y también podría ser, pidiendo una cosa a Nuestro Señor afetuosamente, parecerles que le dicen [13] lo que quieren, y esto acaece algunas veces. Mas a quien tuviere mucha espiriencia de las hablas de Dios, no se podrá engañar en esto, a mi parecer, de la imaginación. Del demonio hay más que temer; mas, si hay las señales que quedan dichas, mucho se puede asigurar ser de Dios, anque no de manera, que si es cosa grave lo que se le dice, y que se ha de poner por obra de sí u de negocios de terceras personas, jamás haga nada ni le pase por pensamiento, sin parecer de confesor letrado y avisado y siervo de Dios, anque más y más entienda y le parezca claro ser de Dios. Porque esto quiere Su Majestad, y no es [14] dejar de hacer lo que Él manda pues nos tiene dicho tengamos a el confesor en su lugar, adonde no se puede dudar ser palabras suyas; y éstas ayuden a dar ánimo, si es negocio dificultoso, y Nuestro Señor le porná al confesor, y le hará crea es espíritu suyo cuando Él lo quisiere, y si no, no están más obligados. Y hacer otra cosa sino lo dicho, y siguirse naide por su parecer en esto, téngolo por cosa muy peligrosa; y ansí, hermanas os amonesto de parte de Nuestro Señor que jamás os acaezca.

Otra manera hay, como habla el Señor a el alma, que yo tengo para mí ser muy cierto de su parte, con alguna visión inteletual, que adelante diré como es. Es tan en lo íntimo del alma y parécele tan claro oír aquellas palabras con los oídos del alma a el mesmo Señor, y tan en se-

---

[12] *no*: hay que prescindir de este adverbio de negación para comprender el sentido de la frase.

[13] *le dicen*: entiéndase «les dice».

[14] *no es*: entiéndase «no hay que».

creto, que la mesma manera de entenderlas, con las operaciones que hace la mesma visión, asegura y da certidumbre no poder el demonio tener parte allí. Deja grandes afetos para creer esto; al menos hay siguridad de que no procede de la imaginación, y, también si hay advertencia, la puede siempre tener de esto por estas razones. La primera, porque debe ser diferente en la claridad de la habla, que lo es tan clara que una sílaba que falte de lo que entendió, se acuerda, y si se dijo por un estilo u por otro, anque sea todo una sentencia; y en lo que se antoja por la imaginación, será no habla tan clara, ni palabras tan distintas, sino como cosa medio soñada.

La segunda, porque acá no se pensaba muchas veces en lo que se entendió, digo es a deshora, y an algunas estando en conversación, anque hartas se responde a lo que pasa de presto por el pensamiento u a lo que antes se ha pensado; mas muchas es en cosas que jamás tuvo acuerdo de que habían de ser ni serían; y ansí no las podía haber fabricado la imaginación, para que el alma se engañase en antojársele lo que no había deseado, ni querido, ni venido a su noticia.

La tercera, porque lo uno es como quien oye, y lo de la imaginación es como quien va cumpuniendo lo que el mismo quiere que le digan poco a poco.

La cuarta, porque las palabras son muy diferentes, y con una se comprende mucho, lo que nuestro entendimiento no podría componer tan de presto.

La quinta, porque junto con las palabras, muchas veces, por un modo que yo no sabré decir, se da a entender mucho más de lo que ellas suenan sin palabras. En este modo de entender hablaré en otra parte más, que es cosa muy delicada y para alabar a Nuestro Señor; porque en esta manera y diferencias ha habido personas muy dudosas, en especial alguna por quien ha pasado, y ansí habrá otras que no acababan de entenderse; y ansí sé que lo ha mirado con mucha advertencia, porque han sido muy muchas veces las que el Señor le hace esta merced, y la mayor duda que tenía era en esto, si se le antojaba, a los principios, que el ser demonio más presto se puede entender, anque son tantas sus sotilezas, que sabe bien contrahacer el espíritu de luz; mas será, a mi parecer, en las palabras, decirlas muy claras, que tampoco quede duda si se entendieron como en el espíritu de verdad; mas no podrá contrahacer los efetos que quedan dichos, ni dejar esa paz en el alma, ni luz, antes inquietud y alboroto; mas puede hacer poco daño, u ninguno, si el alma es humilde y hace lo que he dicho, de no se mover a hacer nada por cosa que entienda. Si son favores y regalos del Señor, mire con atención si por ellos se tiene por mejor, y si mientra mayor palabra de regalo, no quedare más confundida, crea que no es espíritu de Dios, porque es cosa muy cierta, que cuando lo es, mientras mayor merced le hace, muy más en menos se tiene la mesma alma y más acuerdo tray de sus pecados, y más olvidada de su ganancia, y más empleada su voluntad y memoria en querer sólo la honra de Dios, ni acordarse de su propio provecho, y con más temor anda de torcer en ninguna cosa su voluntad y con mayor certidumbre de que nunca mereció aquellas mercedes sino el infierno. Como hagan estos efetos todas las cosas y mercedes que tuviere en la oración, no ande el alma espantada, sino confiada en la misericordia del Señor, que es fiel, y no dejará a el demonio que la engañe, anque siempre es bien se ande con temor.

Podrá ser que a las que no lleva el Señor por este camino les parezca que podrían estas almas no escuchar estas palabras que les dicen, y si son interiores, destraerse de manera que no se admitan, y con esto andarán sin estos peligros. A éstos respondo que es imposible. No hablo de las que se les antoja que, con no estar tanto apeteciendo alguna cosa ni quiriendo hacer caso de las imaginaciones, tienen remedio. Acá ninguno porque de tal manera el mesmo espíritu que habla hace parar todos los otros pensamientos y advertir a lo que se dice, que en alguna manera me parece, y creo es ansí, que sería más posible no entender a una persona que hablase muy a voces a otra que oyese muy bien, porque podría no advertir, y poner el pensamiento y entendimiento en otra cosa, mas en lo que tratamos no se puede hacer: no hay oídos que se atapar ni poder para pensar, sino en lo que se le dice, en ninguna manera; porque el que pudo hacer parar el sol, por petición de Josué creo era, puede hacer parar las potencias y todo el interior, de manera que ve bien el alma, que otro mayor Señor gobierna aquel castillo que ella, y hácela harta devoción y humildad; ansí en escusarlo no hay remedio alguno. Dénosle la Divina Majestad para que sólo pongamos los ojos en contentarle y nos olvidemos de nosotros mesmos, como he dicho. Amén. Plega Él que haya acertado a dar a entender lo que en esto he pretendido y que sea de algún aviso para quien lo tuviere.

CAPÍTULO IV

Con estas cosas dichas de trabajos y las demás, ¿qué sosiego puede traer la pobre mariposica? Todo es para más desear gozar a el Esposo. Y Su Majestad, como quien conoce nuestra flaqueza, vala habilitando con estas cosas y otras muchas, para que tenga ánimo de juntarse con tan gran Señor, y tomarle por Esposo. Reíros heis de que digo esto y pareceros ha desatino, porque cualquiera de vosotras os parecerá que no es menester y que no habrá nenguna mujer tan baja, que no le [15] tenga para desposarse con el Rey. Ansí lo creo yo con el de la tierra, mas con el del cielo, yo os digo que es menester más de lo que pensáis, porque nuestro natural es muy tímido y bajo para tan gran cosa y tengo por cier-

[15] *le*: se refiere a «ánimo».

to, que si no lo diese Dios, con cuanto veis, u que nos está bien, sería imposible. Y ansí veréis lo que hace Su Majestad para concluir este desposorio, que entiendo yo debe ser cuando da arrobamientos, que la saca de sus sentidos, porque, si estando en ellos se viese tan cerca desta gran Majestad, no era posible, por ventura, quedar con vida. Entiéndese arrobamientos que lo sean y no flaquezas de mujeres, como por acá tenemos, que todo nos parece arrobamiento y éstasi. Y, como creo dejo dicho, hay complesiones tan flacas, que con una oración de quietud se mueren. Quiero poner aquí algunas maneras que yo he entendido, como he tratado con tantas personas espirituales, que hay de arrobamientos, anque no sé si acertaré, como en otra parte que lo escribí; esto y algunas cosas de las que van aquí, que, por algunas razones, ha parecido no va nada tornarlo a decir, anque no sea sino porque vayan las moradas por junto aquí.

Una manera hay que estando el alma, aunque no sea en oración, tocada con alguna palabra que se acordó u oye de Dios, parece que Su Majestad, desde lo interior del alma, hace crecer la centella que dijimos ya, movido de piedad de haberla visto padecer tanto tiempo por su deseo, que abrasada toda ella como un ave Fenis, queda renovada, y piadosamente, se puede creer, perdonadas sus culpas. Hase de entender con la dispusición y medios que esta alma habrá tenido, como la Iglesia lo enseña. Y ansí limpia, la junta consigo, sin entender an aquí naide sino ellos dos, ni an la mesma alma entiende de manera que lo puede después decir, anque no está sin sentido interior, porque no es como a quien toma un desmayo u parajismo, que ninguna cosa interior ni esterior entiende. Lo que yo entiendo en este caso, es que el alma nunca estuvo tan despierta para las cosas de Dios ni con tan gran luz y conocimiento de Su Majestad. Parecerá imposible, porque, si las potencias están tan absortas, que podemos decir que están muertas y los sentidos lo mesmo, ¿cómo se puede entender que entiende ese secreto? Yo no lo sé, ni quizá ninguna criatura, sino el mesmo Criador, y otras cosas muchas que pasan en este estado, digo en estas dos moradas; que ésta y la postrera se pudieran juntar bien, porque de la una a la otra no hay puerta cerrada; porque hay cosas en la postrera que no se han manifestado a los que an no han llegado a ella, me pareció dividirlas.

Cuando estando el alma en esta suspensión, el Señor tiene por bien demostrarle algunos secretos, como de cosas del cielo y visiones imaginarias, esto sábelo después decir, y de tal manera queda imprimido en la memoria que nunca jamás se olvida; mas, cuando son visiones inteletuales tampoco las sabe decir, porque debe haber algunas en estos tiempos tan subidas, que no las convienen entender más los que viven en la tierra para poderlas decir, anque no estando sana en sus sentidos, por acá se pueden decir muchas destas visiones inteletuales.

Podrá ser que no entendáis algunas qué cosa es visión, en especial las inteletuales. Yo diré a su tiempo, porque me lo ha mandado quien puede; y, anque parezca cosa impertinente, quizá para algunas almas será de provecho. Pues direisme: Si después no ha de haber acuerdo de esas mercedes tan subidas que ahí hace el Señor a el alma, ¿qué provecho le train? ¡Oh, hijas!, que es tan grande, que no se puede encarecer, porque, anque no las saben decir, en lo muy interior del alma quedan bien escritas y jamás se olvidan. Pues si no tienen imagen ni las entienden las potencias, ¿cómo se pueden acordar? Tampoco entiendo eso; mas entiendo que quedan unas verdades en esta alma tan fijas de la grandeza de Dios, que, cuando no tuviera fe que le dice quien es y que está obligada a creerle por Dios, le adorará desde aquel punto por tal, como hizo Jacob cuando vio la escala, que con ella debía de entender otros secretos que no los supo decir; que por sólo ver una escala que bajaban y subían ángeles, si no hubiera más luz interior, no entendiera tan grandes misterios. No sé si atino en lo que digo, porque anque lo he oído, no sé si se me acuerda bien. Ni tampoco Moisén supo decir todo lo que vio en la zarza sino lo que quiso Dios que dijese; mas, si no mostrara Dios a su alma secretos con certidumbre para que viese y creyese que era Dios, no se pusiera en tantos y tan grandes trabajos; mas, debía entender tan grandes cosas dentro de los espinos de aquella zarza, que le dieron ánimo para hacer lo que hizo por el pueblo de Israel. Ansí que, hermanas, las cosas ocultas de Dios no hemos de buscar razones para entenderlas, sino que, como creemos que es poderoso, está claro que hemos de creer que un gusano de tan limitado poder como nosotros, que no ha de entender sus grandezas. Alabémosle mucho, porque es servido que entendamos algunas.

Deseando estoy acertar a poner una comparación para si pudiese dar a entender algo de esto que voy diciendo, y creo no la hay que cuadre; mas digamos ésta: entráis en un aposento de un rey u gran señor, u creo camarín los llaman, adonde tienen infinitos géneros de vidrios y barros y muchas cosas, puestas por tal orden que casi todas se ven en entrando. Una vez me llevaron a una pieza de éstas en casa de la duquesa de Alba, adonde viniendo de camino, me mandó la obidiencia estar, por haberlos importunado esta señora, que me quedé espantada en entrando, y consideraba de qué podía aprovechar aquella baraúnda de cosas, y vía que se podía alabar al Señor de ver tantas diferencias de cosas; y ahora me cay en gracia cómo me ha aprovechado para aquí. Y, anque estuve allí un rato, era tanto lo que había de ver, que luego se me olvidó todo, de manera que de nenguna de aquellas piezas me quedó más memoria que si nunca las hubiera visto, ni sabría decir de qué hechura eran; mas por junto, acuérdase que lo vio. Ansí acá, estando el alma tan hecha una cosa con Dios, metida en este aposento de cielo impíreo que debemos tener en lo interior de nuestras almas, porque claro está que, pues Dios está en ellas, que tiene alguna de estas moradas; y anque cuando está ansí el alma en éstasi no debe siempre el Señor querer que vea estos secretos, porque está tan embebida en gozarle que le basta tan gran bien, algunas veces gusta que se desembeba y de presto vea lo que está en aquel aposento; y ansí queda después que torna en sí con aquel representársele las grandezas que vio, mas no puede decir nenguna, ni llega su natural a más de lo que sobrenatural ha querido Dios que vea. Luego ya confieso que fue ver y que es visión imaginaria. No quiero decir tal, que no es esto de que trato, sino visión inteletual; que como no tengo letras, mi torpeza no sabe decir nada, que lo que he dicho hasta aquí en esta oración, entiendo claro que si va bien que no soy yo la que lo he dicho. Yo tengo para mí que, si algunas veces no entiende de estos secretos en los arrobamientos el alma a quien los ha dado Dios que no son arrobamientos, sino alguna flaqueza natural, que puede ser a personas de flaca complisión, como somos las mujeres, con alguna fuerza de espíritu sobrepujar al natural y quedarse ansí embebidas, como creo dije en la oración de quietud. Aquellos no tienen que ver con arrobamientos, porque el que lo es cree que roba Dios toda el alma para sí y que, como a cosa suya propia y ya esposa suya, la va mostrando alguna partecita del reino que ha ganado por serlo; que, por poca que sea, es todo mucho lo que hay en este gran Dios y no quiere estorbo de naide, ni de potencias ni sentidos, sino de presto manda cerrar las puertas de estas moradas todas, y sólo en la que Él está queda abierta para entrarnos. ¡Bendita sea tanta misericordia!, y con razón serán malditos los que no quisieren aprovecharse de ella y perdieren a este Señor. ¡Oh, hermanas mías!, que no es nada lo que dejamos, ni es nada cuanto hacemos, ni cuanto pudiéramos hacer, por un Dios que ansí se quiere comunicar a un gusano. Y si tenemos esperanza de an en esta vida gozar de este bien, ¿qué hacemos?, ¿en qué nos detenemos?, ¿qué es bastante para que un memento dejemos de buscar a este Señor, como lo hacía la Esposa por barrios y plazas? ¡Oh, que es burlerío todo lo del mundo si no nos llega y ayuda a esto, anque duraran para siempre sus deleites y riquezas y gozos cuantos se pudieran imaginar! ¡Que es todo asco y basura comparado a estos tesoros que se han de gozar sin fin! Ni an éstos no son nada en comparación de tener por nuestro al Señor de todos los tesoros y del cielo y de la tierra. ¡Oh, ceguedad humana! ¿Hasta cuándo, hasta cuándo se quitará esta tierra de nuestros ojos? Que, anque entre nosotras no parece no es tanta que nos ciegue del todo, veo unas motillas, unas chinillas, que si las dejamos crecer, bastarán hacernos gran daño; sino que, por amor de Dios, hermanas, nos aprovechemos de estas faltas para conocer nuestra miseria, y ellas nos den mayor vista, como la dio el lodo del ciego que sanó nuestro Esposo; y ansí, viéndonos tan imperfetas, crezca más el suplicarle saque bien de nuestras miserias, para en todo contentar a Su Majestad.

Mucho me he divertido [16] sin entenderlo, perdonadme, hermanas, y creed que, llegada a estas grandezas de Dios, digo, a hablar en ellas, no puede dejar de lastimarme mucho ver lo que perdemos por nuestra culpa. Porque, anque es verdad que son cosas que las da el Señor a quien quiere, si quisiésemos a Su Majestad como Él nos quiere, a todas las daría; no está deseando otra cosa, sino tener a quien dar, que no por eso se desminuyen sus riquezas.

Pues tornando a lo que decía, manda el Esposo cerrar las puertas de las moradas, y an las del castillo y cerca; que en quiriendo arrebatar esta alma, se le quita el huelgo [17] de manera que, anque duren un poquito más algunas veces los otros sentidos, en ninguna manera puede hablar, anque otras veces todo se quita de presto, y se enfrían las manos y el cuerpo de manera que no parece tiene alma, ni se entiende algunas veces si echa el huelgo. Esto dura poco espacio, digo para estar en un ser [18], porque, quitándose esta gran suspensión un poco, parece que el cuerpo torna algo en sí y alienta para tornarse a morir y dar mayor vida a el alma, y con todo no dura mucho tan gran éstasi.

Mas acaece, anque se quita, quedarse la voluntad tan embebida y el entendimiento tan enajenado, y durar ansí día y an días, que parece no es capaz para entender en cosa que no sea para despertar la voluntad a amar, y ella se está harto despierta para esto y dormida para arrostrar a asirse a ninguna criatura.

¡Oh, cuando el alma torna ya del todo en sí, qué es la confusión que le da y los deseos tan grandísimos de emplearse en Dios, de todas cuantas maneras se quieren servir de ella! Si de las oraciones pasadas quedan tales efetos como quedan dichos, ¿qué será de una merced tan grande como ésta? Querría tener mil vidas para emplearlas todas en Dios y que todas cuantas cosas hay en la tierra fuesen lenguas para alabarle por ella. Los deseos de hacer penitencia, grandísimos, y no hace mucho en hacerla, porque con la fuerza del amor, siente poco cuanto hace, y ve claro que no hacían mucho los mártires en los tormentos que padecían, porque, con esta ayuda de parte de Nuestro Señor, es fácil; y ansí se quejan estas almas a Su Majestad cuando no se les ofrece en que padecer. Cuando esta merced les hace en secreto, tiénenla por muy grande; porque, cuando es delante de algunas personas, es tan grande el corrimiento y afrenta que les queda, que en alguna manera desembebe el alma de lo que gozó, con la pena y cuidado que le da pensar qué pensarán los que lo han visto. Porque conocen la malicia del mundo y entienden que no lo echarán por ventura a lo que es, sino que, por lo que habían de alabar al Señor, por ventura les será ocasión para echar juicios. En alguna

---

[16] me he desviado.

[17] respiración.

[18] *estar en un ser*: constante, estable.

manera me parece esta pena y corrimiento falta de humildad; mas ello no es más en su mano; porque si esta persona desea ser vituperada, ¿qué se le da? Como entendió una [19] que estaba en esta afición de parte de Nuestro Señor: «No tengas pena, que, u ellos han de alabarme a mí u mormurar de ti, y en cualquiera cosa de éstas ganas tú.» Supe después que esta persona se había mucho animado con estas palabras y consolado; y porque si alguna se viere en esta aflición, os las compongo aquí. Parece que quiere Nuestro Señor que todos entiendan que aquel alma es ya suya, que no ha de tocar naide en ella; en el cuerpo, en la honra, en la hacienda, enhorabuena, que de todo se sacará honra para Su Majestad; mas en el alma, eso no; que si ella, con muy culpable atrevimiento, no se aparta de su Esposo, Él la amparará de todo el mundo, y an de todo el infierno. No sé si queda dado algo a entender de qué cosa es arrobamiento, que todo es imposible, como he dicho, y creo no se ha perdido nada en decirlo, para que se entienda lo que lo es, porque hay efetos muy diferentes en los fingidos arrobamientos; no digo fingidos porque quien los tiene no quiere engañar, sino porque ella lo está; y como las señales y efetos no conforman con tan gran merced, queda infamada de manera que con razón no se cree después a quien el Señor la hiciere. Sea por siempre bendito y alabado. Amén, amén.

CAPÍTULO V

Otra manera de arrobamientos hay, u vuelo del espíritu le llamo yo, que anque todo es uno en la sustancia, en lo interior se siente muy diferente, porque muy de presto algunas veces se siente un movimiento tan acelerado del alma, que parece es arrebatado el espíritu con una velocidad que pone harto temor, en especial a los principios; que por eso os decía que es menester ánimo grande para a quien Dios ha de hacer estas mercedes, y an fe y confianza y resinación grande de que haga Nuestro Señor del alma lo que quisiere. ¿Pensáis que es poca turbación estar una persona muy en su sentido y verse arrebatar el alma? Y an algunos hemos leído que el cuerpo con ella, sin saber adónde va u quién la lleva u cómo; que al principio de este momentáneo movimiento no hay tanta certidumbre de que es Dios. Pues, ¿hay algún remedio de poder resistir? En ninguna manera; antes es peor, que yo le sé de alguna persona, que parece quiere Dios dar a entender al alma que, pues tantas veces con tan grandes veras se ha puesto en sus manos y con tan entera voluntad se le ha ofrecido toda, que entienda que ya no tiene parte en sí, y notablemente con más impetuoso movimiento es arrebatada; y tomaba ya por sí no hacer más que hace una paja cuan-

---

[19] La Santa se refiere a sí misma. V. *Vida*, cap. XXXI.

do la levanta el ámbar [20], si lo habéis mirado, y dejarse en las manos de quien tan poderoso es, que ve es lo más acertado hacer la necesidad virtud. Y porque dije de la paja, es cierto ansí, que con la facilidad que un gran jayán puede arrebatar una paja, este nuestro gran gigante y poderoso arrebata el espíritu. No parece sino que aquel pilar de agua, que dijimos, creo era la cuarta morada, que no me acuerdo bien, que con suavidad y mansedumbre, digo sin ningún movimiento, se henchía. Aquí desató este gran Dios que detiene los manantiales de las aguas y no deja salir la mar de sus términos, los manantiales por donde venía a este pilar de el agua, y con un ímpetu grande se levanta una ola tan poderosa, que sube a lo alto esta navecica de nuestra alma. Y ansí como no puede una nave, ni es poderoso el piloto, ni todos los que la gobiernan para que las olas, si vienen con furia, la dejen estar adonde quieren, muy menos puede lo interior del alma detenerse en donde quiere, ni hacer que sus sentidos ni potencias hagan más de lo que les tienen mandado, que lo esterior no se hace aquí caso de ello.

Es cierto, hermanas, que de sólo irlo escribiendo me voy espantando de cómo se muestra aquí el gran poder de este gran Rey y Emperador; ¿qué hará quien pasa por ello? Tengo para mí que si los que andan muy perdidos por el mundo se les descubriese Su Majestad, como hace a estas almas, que anque no fuese por amor, por miedo no le osarían ofender. Pues, ¡oh, cuán obligadas estarán las que han sido avisadas por camino tan subido a procurar con todas sus fuerzas no enojar este Señor! Por Él os suplico, hermanas, a las que hubiere hecho Su Majestad estas mercedes u otras semejantes, que no os descuidéis con no hacer más que recibir; mirá que quien mucho debe, mucho ha de pagar. Para esto también es menester gran ánimo, que es una cosa que acobarda en gran manera; y si Nuestro Señor no se le diese, andaría siempre con gran aflición; porque mirando lo que Su Majestad hace con ella, y tornándose a mirar a sí cuán poco sirve para lo que está obligada, y eso poquillo que hace lleno de faltas y quiebras y flojedad, que por no se acordar de cuán imperfetamente hace alguna obra, si la hace, tiene por mejor procurar que se le olvide y traer delante sus pecados, y meterse en la misericordia de Dios, que pues no tiene con qué pagar, supla la piedad y misericordia que siempre tuvo con los pecadores. Quizá le responderá lo que a una persona que estaba muy afligida delante de un crucifijo en este punto, considerando que nunca había tenido qué dar a Dios ni qué dejar por Él. Díjole el mesmo Crucificado, consolándola, que Él le daba todos los dolores y trabajos que había pasado en Su Pasión, que los tuviese por propios para ofrecer a su Padre. Quedó aquel alma tan consolada y tan rica, según de ella he entendido, que no se le puede olvidar, antes cada vez que se ve tan miserable, acordándosele, queda animada

---

[20] Alude al ámbar imantado.

y consolada. Algunas cosas de éstas podría decir aquí, que como he tratado tantas personas santas y de oración, sé muchas; porque no penséis que só yo me voy a la mano [21]. Ésta paréceme de gran provecho, para que entendáis lo que se contenta Nuestro Señor de que nos conozcamos y procuremos siempre mirar y remirar nuestra pobreza y miseria, y que no tenemos nada que no lo recibimos. Ansí que, hermanas mías, para esto y otras muchas cosas que se ofrece a un alma que ya el Señor la tiene en este punto, es menester ánimo, y, a mi parecer, para esto postrero más que para nada, si hay humildad. Dénosla el Señor por quien es.

Pues tornando a este apresurado arrebatar el espíritu, es de tal manera que verdaderamente parece sale del cuerpo, y, por otra parte, claro está que no queda esta persona muerta; al menos ella no puede decir si está en el cuerpo u si no, por algunos instantes. Parécele que toda junta ha estado en otra región muy diferente de en esta que vivimos adonde se le muestra otra luz tan diferente de la de acá, que si toda su vida ella la estuviera fabricando junto con otras cosas, fuera imposible alcanzarlas. Y acaece que en un instante le enseñan tantas cosas juntas, que, en muchos años que trabajara en ordenarlas con su imaginación y pensamiento, no pudiera de mil partes la una. Esto no es visión inteletual, sino imaginaria, que se ve con los ojos del alma muy mejor que acá vemos con los del cuerpo, y sin palabras se le da a entender algunas cosas; digo como si ve algunos santos, los conoce como si los hubiera mucho tratado. Otras veces, junto con las cosas que ve con los ojos del alma por visión inteletual, se le representan otras, en especial multitud de ángeles, con el Señor de ellos, y sin ver nada con los ojos del cuerpo ni del alma, por un conocimiento admirable que yo no sabré decir, se le representa lo que digo y otras muchas cosas que no son para decir. Quien pasare por ellas que tenga más habilidad que yo, las sabrá quizá dar a entender, anque me parece bien dificultoso. Si esto todo pasa estando en el cuerpo u no, yo no lo sabré decir; al menos ni juraría que está en el cuerpo, ni tampoco que está el cuerpo sin alma. Muchas veces he pensado si como el sol estándose en el cielo, que sus rayos tienen tanta fuerza, que no mudándose él de allí, de presto llegan acá, si el alma y el espíritu, que son una mesma cosa, como lo es el sol y sus rayos, puede, quedándose ella en su puesto, con la fuerza del calor que le viene del verdadero Sol de Justicia, alguna parte superior salir sobre sí mesma. En fin, yo no sé lo que digo, lo que es verdad es que con la presteza que sale la pelota [22] de un arcabuz cuando le ponen el fuego, se levanta en lo interior un vuelo, que yo no sé otro hombre que le poner, que, anque no hace ruido, hace movimiento tan claro, que no puede ser antojo en ninguna manera, y muy fuera de sí mesma, a todo lo que puede entender, se le muestran

[21] *me voy a la mano*: me detengo, no prosigo.
[22] *pelota*: proyectil, bola de plomo o hierro.

grandes cosas; y, cuando torna a sentirse en sí es con tan grandes ganancias y tiniendo en tan poco todas las cosas de la tierra, para en comparación de las que ha visto, que le parecen basura; y desde ahí adelante vive en ella con harta pena, y no ve cosa de las que le solían parecer bien que no le haga dársele nada de ella. Parece que le ha querido el Señor mostrar algo de la tierra adonde ha de ir, como llevaron señas los que enviaron a la tierra de promisión los del pueblo de Israel, para que pase los trabajos de este camino tan trabajoso, sabiendo adónde ha de ir a descansar. Anque cosa que pasa tan de presto no os parecerá de mucho provecho, son tan grandes los que deja en el alma, que, si no es por quien pasa, no se sabrá entender su valor. Por donde se ve bien no ser cosa del demonio; que de la propia imaginación es imposible, ni el demonio podría representar cosas que tanta operación y paz y sosiego y aprovechamiento dejan en el alma, en especial tres cosas muy en subido grado: conocimiento de la grandeza de Dios, porque mientras más cosas viéramos de ella, más se nos da a entender; segunda razón, propio conocimiento y humildad de ver cómo cosa tan baja, en comparación del Criador de tantas grandezas, la ha osado ofender, ni osa mirarle; la tercera, tener en muy poco todas las cosas de la tierra, si no fueren las que puede aplicar para servicio de tan gran Dios. Estas son las joyas que comienza el Esposo a dar a su esposa, y son de tanto valor que no las porná a mal recaudo, que ansí quedan esculpidas en la memoria estas vistas [23], que creo es imposible olvidarlas hasta que las goce para siempre, si no fuere para grandísimo mal suyo; mas el Esposo que se las da es poderoso para darle gracia que no las pierda.

Pues tornando a el ánimo que es menester, ¿paréceos que es tan liviana cosa? Que verdaderamente parece que el alma se aparta del cuerpo, porque se ve perder los sentidos, y no entiende para qué. Menester es que le dé Él que da todo lo demás. Diréis que bien pagado va este temor; ansí lo digo yo. Sea para siempre alabado el que tanto puede dar. Plega a Su Majestad que nos dé para que merezcamos servirle. Amén.

CAPÍTULO VI

Destas mercedes tan grandes queda el alma tan deseosa de gozar del todo al que se las hace, que vive con harto tormento, anque sabroso; unas ansias grandísimas de morirse, y ansí, con lágrimas muy ordinarias, pide a Dios la saque de este destierro. Todo la cansa cuanto ve en él; en viéndose a solas tiene un gran alivio, y luego acude esta pena, y en estando sin ella no se hace. En fin, no acaba esta mariposica de hallar asiento que dure; antes, como anda el alma tan tierna del amor, cualquiera ocasión que sea para encender más este fuego la hace volar, y ansí en

---

[23] *vistas*: citas, entrevistas, visitas.

esta morada son muy continos los arrobamientos, sin haber remedio de escusarlos, anque sea en público, y luego las persecuciones y mormuraciones, que, anque ella quiera estar sin temores, no la dejan, porque son muchas las personas que se los ponen, en especial los confesores. Y anque en lo interior del alma parece tiene gran siguridad por una parte, en especial cuando está a solas con Dios, por otra anda muy afligida, porque teme si la ha de engañar el demonio de manera que ofenda a quien tanto ama, que de las mormuraciones tiene poco pena, sino es cuando el mesmo confesor la aprieta, como si ella pudiese más. No hace sino pedir a todos oraciones y suplicar a Su Majestad la lleve por otro camino, porque le dicen que lo haga, porque éste es muy peligroso; mas, como ella ha hallado por él tan gran aprovechamiento, que no puede dejar de ver que le lleva, como lee y oye y sabe por los mandamientos de Dios el que va al cielo, no lo acaba de desear, anque quiere, sino dejarse en sus manos. Y an este no lo poder desear le da pena por parecerle que no obedece al confesor, que obedecer y no ofender a Nuestro Señor le parece que está todo su remedio para no ser engañada; y ansí no haría un pecado venial de advertencia porque la hiciesen pedazos, a su parecer; y aflígese en gran manera de ver que no se puede escusar de hacer muchos sin entenderse. Da Dios a estas almas un deseo tan grandísimo de no le descontentar en cosa ninguna, por poquito que sea, ni hacer una imperfeción si pudiesen, que por sólo esto, anque no fuese por más, querría huir de las gentes, y ha gran envidia a los que viven y han vivido en los desiertos; por otra parte se querría meter en mitad del mundo, por ver si pudiese ser parte para que un alma alabase más a Dios; y si es mujer, se aflige del atamiento que le hace su natural, porque no puede hacer esto, y ha gran envidia a los que tienen libertad para dar voces publicando quién es este gran Dios de las caballerías.

¡Oh, pobre mariposilla, atada con tantas cadenas que no te dejan volar lo que querrías! Habedla lástima, mi Dios; ordenad ya de manera que ella pueda cumplir en algo sus deseos para vuestra honra y gloria. No os acordéis de lo poco que lo merece y de su bajo natural. Poderoso sois Vos, Señor, para que la gran mar se retire y el gran Jordán, y dejen pasar los hijos de Israel; no la hayáis lástima, que, con vuestra fortaleza ayudada, puede pasar muchos trabajos. Ella está determinada a ello y los desea padecer; alargá, Señor, vuestro poderoso brazo, no se le pase la vida en cosas tan bajas. Parézcase vuestra grandeza en cosa tan feminil y baja para que, entendiendo el mundo que no es nada de ella, os alaben a Vos, cuéstele lo que le costare, que eso quiere y dar mil vidas, porque un alma os alabe un poquito más a su causa, si tantas tuviera; y las da por muy bien empleadas, y entiende con toda verdad que no merece padecer por Vos un muy pequeño trabajo, cuanto más morir.

No sé a qué propósito he dicho esto, hermanas, ni para qué, que no me he entendido. Entendamos que son éstos los efetos que quedan de estas suspensiones u éstasi, sin duda nenguna, porque no son deseos que pasan, sino que están en un ser [24], y cuando se ofrece algo en qué mostrarlo se ve que no era fingido. ¿Por qué digo estar en un ser? Algunas veces se siente el alma cobarde, y en las cosas más bajas, y atemorizada, y con tan poco ánimo, que no le parece posible tenerle para cosa. Entiendo yo que la deja el Señor entonces en su natural para mucho mayor bien suyo; porque ve entonces que si para algo le ha tenido, ha sido dado de Su Majestad con una claridad que la deja aniquilada a sí y con mayor conocimiento de la misericordia de Dios y de su grandeza, que en cosa tan baja la ha querido mostrar; mas lo más ordinario está como antes hemos dicho. Una cosa advertí, hermanas, en estos grandes deseos de ver a nuestro Señor: que aprietan algunas veces tanto, que es menester no ayudar a ellos, sino divertiros [25], si podéis digo, porque en otros que diré adelante en ninguna manera se puede, como veréis. En estos primeros alguna vez sí podrán, porque hay razón entera para conformarse con la voluntad de Dios y decir lo que decía san Martín, y podráse volver la consideración si mucho aprietan; porque, como es, al parecer, deseo que ya parece de personas muy aprovechadas, ya podría el demonio moverle porque pensásemos que lo estamos, que siempre es bien andar con temor. Mas tengo para mí que no podrá poner la quietud y paz que esta pena da en el alma, sino que será moviendo con él alguna pasión, como se tiene cuando por cosas del siglo tenemos alguna pena; mas, a quien no tuviere espiriencia de uno y de lo otro no lo entenderá, y, pensando es una gran cosa, ayudará cuanto pudiere, y haríale mucho daño a la salud, porque es contina esta pena, u al menos muy ordinaria.

También advertid que suele causar la complesión flaca cosas de estas penas, en especial si es en unas personas tiernas que por cada cosita lloran; mil veces las hará entender que lloran por Dios, que no sea ansí. Y an puede acaecer ser, cuando viene una multitud de lágrimas, digo por un tiempo, que a cada palabrita que oya u piense de Dios no se puede resistir de ellas, haberse allegado algún humor al corazón, que ayuda más que el amor que se tiene a Dios, que no parece han de acabar de llorar y, como ya tienen entendido que las lágrimas son buenas, no se van a la mano [26], ni querrían hacer otra cosa, y ayudan cuanto pueden a ellas. Pretende el demonio aquí que se enflaquezcan, de manera que después ni puedan tener oración ni guardar su Regla.

Paréceme que os estoy mirando como decís que qué habéis de hacer, si en todo pongo peligro; pues en una cosa tan buena como las lágrimas, me parece puede haber engaño, que yo soy la engañada; y ya puede ser,

---

[24] *están en un ser*: ser constantes, fieles.
[25] pensar en otra cosa.
[26] no las evitan.

mas creé que no hablo sin haber visto que le puede haber en algunas personas, anque no en mí, porque no soy nada tierna, antes tengo un corazón tan recio, que algunas veces me da pena; anque cuando el fuego de adentro es grande, por recio que sea el corazón distila, como hace un alquitara, y bien entenderéis cuando vienen las lágrimas de aquí, que son más confortadoras y pacifican, que no alborotadoras, y pocas veces hacen mal. El bien es en este engaño, cuando lo fuere, que será daño del cuerpo, digo si hay humildad, y no del alma; y cuando no le hay, no será malo tener esta sospecha. No pensemos que está todo hecho en llorando mucho, sino que echemos mano del obrar mucho y de las virtudes, que son las que nos han de hacer al caso, y las lágrimas vénganse cuando Dios las enviare, no haciendo nosotras diligencias para traerlas. Éstas dejarán esta tierra seca, regada, y son gran ayuda para dar fruto; mientras menos caso hiciéremos de ellas, más, porque es agua que cay del cielo; la que sacamos cansándonos en cavar para sacarla, no tiene que ver con ésta, que muchas veces cavaremos y quedaremos molidas, y no hallaremos ni un charco de agua, cuanto más pozo manantial. Por eso, hermanas, tengo por mejor, que nos pongamos delante del Señor y miremos su misericordia y grandeza, y nuestra bajeza, y denos Él lo que quisiere, siquiera haya agua, siquiera sequedad. Él sabe mejor lo que nos conviene; y con esto andaremos descansadas y el demonio no terná tanto lugar de hacernos trampantojos.

Entre estas cosas penosas y sabrosas, juntamente, da Nuestro Señor al alma algunas veces unos júbilos y oración estraña, que no sabe entender qué es. Porque si os hiciere esta merced, le alabéis mucho y sepáis que es cosa que pasa, la pongo aquí. Es, a mi parecer, una unión grande de potencias, sino que las deja Nuestro Señor con libertad para que gocen de este gozo, y a los sentidos lo mesmo, sin entender qué es lo que gozan y cómo lo gozan. Parece esto algarabía, y cierto pasa ansí, que es un gozo tan ecesivo del alma, que no querría gozarle a solas, sino decirlo a todos, para que la ayudasen a alabar a Nuestro Señor, que aquí va todo su movimiento. ¡Oh, qué de fiestas haría y qué de muestras, si pudiese, para que todos entendiesen su gozo! Parece que se ha hallado a sí, y que, como el padre del hijo pródigo, querría convidar a todos y hacer grandes fiestas, para ver su alma en puesto que no puede dudar que está en siguridad, al menos por entonces. Y tengo para mí, que es con razón, porque tanto gozo interior de lo muy íntimo del alma y con tanta paz y que todo su contento provoca a alabanzas de Dios, no es posible darle el demonio. Es harto, estando con este gran ímpetu de alegría, que calle y pueda disimular, y no poco penoso. Esto debía sentir San Francisco, cuando le toparon los ladrones, que andaba por el campo dando voces, y les dijo que era pregonero del gran Rey; y otros santos, que se van a los desiertos por poder apregonar lo que san Francisco: estas alabanzas de su Dios. Yo conocí uno, llamado fray Pedro de Alcántara, que creo lo es, según fue su vida, que hacía esto mesmo, y le tiníen por loco los que alguna vez le oyeron. ¡Oh, qué buena locura, hermanas, si nos la diese Dios a todas! Y qué mercedes os ha hecho de teneros en parte que, anque el Señor os haga ésta y deis muestras de ello, antes será para ayudaros que no para mormuración, como fuérades si estuviérades en el mundo, que se usa tan poco este pregón que no es mucho que le mormuren. ¡Oh, desventurados tiempos y miserable vida en la que ahora vivimos, y dichosas a las que les ha cabido tan buena suerte, que estén fuera de él! Algunas veces me es particular gozo cuando, estando juntas, las veo a estas hermanas tenerle tan grande interior [27], que la que más puede, más alabanzas da a Nuestro Señor de verse en el monesterio; porque se les ve muy claramente que salen aquellas alabanzas de lo interior del alma. Muchas veces querría, hermanas, hiciésedes esto, que una que comienza, despierta a las demás. ¿En qué mejor se puede emplear vuestra lengua cuando estéis juntas, que en alabanzas de Dios, pues tenemos tanto porque se las dar? Plega a Su Majestad que muchas veces nos dé esta oración, pues es tan segura y gananciosa, que adquirirla no podemos, porque es cosa muy sobrenatural; y acaece durar un día, y anda el alma como uno que ha bebido mucho, mas no tanto que esté enajenado de los sentidos, u un melencólico, que del todo no ha perdido el seso, mas no sale de una cosa que se le puso en la imaginación, ni hay quien le saque de ella. Harto groseras comparaciones son éstas para tan preciosa causa, mas no alcanza otras mi ingenio, porque ello es ansí, que este gozo la tiene tan olvidada de sí y de todas las cosas, que no advierte ni acierta a hablar, sino en lo que procede de su gozo, que son alabanzas de Dios. Ayudemos a esta alma, hijas mías todas, ¿para qué queremos tener más seso?, ¿qué nos puede dar mayor contento? ¡Y ayúdennos todas las criaturas, por todos los siglos de los siglos! Amén, amén, amén.

CAPÍTULO VII

Pareceros ha, hermanas, que a estas almas que el Señor se comunica tan particularmente (en especial podrán pensar esto que diré las que no hubieren llegado a estas mercedes, porque si lo han gozado, y es de Dios, verán lo que yo diré), que estarán ya tan seguras de que han de gozarle para siempre, que no ternán que temer ni que llorar sus pecados; y será muy gran engaño, porque el dolor de los pecados crece más, mientra más se recibe de nuestro Dios. Y tengo yo para mí que, hasta que estemos adonde ninguna cosa puede dar pena, que ésta no se quitará. Verdad es que unas veces aprieta más que otras, y también es de diferente manera, porque no se acuerda de la pena que ha de tener por

---

[27] *tan grande interior*: se refiere a «gozo».

ellos, sino de cómo fue tan ingrata a quien tanto debe, y a quien tanto merece ser servido; porque en estas grandezas que le comunica, entiende mucho más la de Dios; espántase cómo fue tan atrevida; llora su poco respeto; parécele una cosa tan desatinada su desatino, que no acaba de lastimar jamás cuando se acuerda por las cosas tan bajas, que dejaba una tan gran majestad. Mucho más se acuerda de esto que de las mercedes que recibe, siendo tan grandes como las dichas y las que están por decir; parece que las lleva un río caudaloso y las tray a sus tiempos. Esto de los pecados está como un cieno, que siempre parece se avivan en la memoria, y es harto gran cruz. Yo sé de una persona [28] que, dejado de querer morirse por ver a Dios, lo deseaba por no sentir tan ordinariamente pena de cuán desagradecida había sido a quien tanto debió siempre y había de deber; y ansí no le parecía podían llegar maldades de ninguno a las suyas, porque entendía que no le habría a quien tanto hubiese sufrido Dios y tantas mercedes hubiese hecho. En lo que toca a miedo del infierno, ninguno tienen; de si han de perder a Dios, a veces aprieta mucho, mas es pocas veces. Todo su temor es no las deje Dios de su mano para ofenderle, y se vean en estado tan miserable, como se vieron en algún tiempo, que de pena ni gloria suya propia no tienen cuidado; y si desean no estar mucho en purgatorio, es más por no estar ausentes de Dios lo que allí estuvieren, que por las penas que han de pasar. Yo no ternía por seguro, por favorecida que un alma esté de Dios, que se olvidase de que en algún tiempo se vio en miserable estado, porque anque es cosa penosa, aprovecha para muchas. Quizá como yo he sido tan ruin, me parece esto, y esta es la causa de traerlo siempre en la memoria; las que han sido buenas, no ternán que sentir, anque siempre hay quiebras mientras vivimos en este cuerpo mortal. Para esta pena ningún alivio es pensar que tiene Nuestro Señor ya perdonados los pecados y olvidados, antes añade a la pena ver tanta bondad y que se hacen mercedes a quien no merecía sino infierno. Yo pienso que fue éste un gran martirio en san Pedro y la Madalena, porque, como tenían el amor tan crecido y habían recibido tantas mercedes y tenían entendida la grandeza y majestad de Dios, sería harto recio de sufrir y con muy tierno sentimiento.

También os parecerá que quien goza de cosas tan altas no terná meditación en los misterios de la sacratísima humanidad de Nuestro Señor Jesucristo, porque se ejercitará ya toda en amor. Esto es una cosa que escribí largo en otra parte, y anque me han contradecido en ella y dicho que no lo entiendo, porque son caminos por donde lleva Nuestro Señor, y que cuando ya han pasado de los principios es mejor tratar en cosas de la Divinidad y huir de las corpóreas, a mí no me harán confesar que es buen camino. Ya puede ser que me engañe y que digamos todos una cosa, mas vi yo que me quería engañar el demonio por ahí, y ansí estoy,

---

[28] Se refiere a ella misma.

tan escarmentada, que pienso, anque lo haya dicho más veces, decíroslo otra vez aquí, porque vais en esto con mucha advertencia; y mirá que oso decir que no creáis a quien os dijere otra cosa, y procuraré darme más a entender, que hice en otra parte, porque por ventura si alguno lo ha escrito, como él lo dijo si más se alargara en declararlo, decía bien; y decirlo ansí por junto a las que no entendemos tanto, puede hacer mucho mal.

También les parecerá a algunas almas que no pueden pensar en la Pasión; pues menos podrán en la sacratísima Virgen, ni en la vida de los santos, que tan gran provecho y aliento nos da su memoria. Yo no puedo pensar en qué piensan, porque, apartados de todo lo corpóreo, para espíritus angélicos es estar siempre abrasados en amor, que no para los que vivimos en cuerpo mortal, que es menester trate y piense y se acompañe de los que, tiniéndole, hicieron tan grandes hazañas por Dios, cuando más apartarse de industria de todo nuestro bien y remedio, que es la sacratísima humanidad de Nuestro Señor Jesucristo. Y no puede creer que lo hacen, sino que no se entienden, y ansí harán daño a sí y a los otros. Al menos yo les aseguro que no entren a estas dos moradas postreras, porque si pierden la guía, que es el buen Jesús, no acertarán el camino; harto será si se están en las demás con siguridad. Porque el mesmo Señor dice que es camino; también dice el Señor que es luz, y que no puede nenguno ir al Padre sino por Él; y quien me ve a mí ve a mi Padre. Dirán que se da otro sentido a estas palabras. Yo no sé esotros sentidos; con éste que siempre siente mi alma ser verdad, me ha ido muy bien.

Hay algunas almas, y son hartas las que lo han tratado conmigo, que como Nuestro Señor las llega a dar contemplación perfeta, querríanse siempre estar allí, y no puede ser; mas quedan con esta merced del Señor, de manera, que después no pueden discurrir en los misterios de la Pasión y de la vida de Cristo como antes. Y no sé qué es la causa, mas es esto muy ordinario, que queda el entendimiento más inhabilitado para la meditación. Creo debe ser la causa que, como en la meditación es todo buscar a Dios, como una vez se halla y queda el alma acostumbrada, por obra de la voluntad a tornarle a buscar, no quiere cansarse con el entendimiento. Y también me parece que, como la voluntad esté ya encendida, no quiere esta potencia generosa aprovecharse de estotra si pudiese; y no hace mal, mas será imposible, en especial hasta que llegue a estas postreras moradas, y perderá tiempo, porque muchas veces ha menester ser ayudada del entendimiento para encender la voluntad. Y notad hermanas, este punto, que es importante, y ansí le quiero declarar más. Está el alma deseando emplearse toda en amor, y querría no entender en otra cosa, mas no podrá, anque quiera, porque, anque la voluntad no esté muerta, está mortecino el fuego que la suele hacer quemar, y es menester quien le sople para echar calor de sí. ¡Sería bueno que se estuviese el alma con esta sequedad, esperando fuego del cielo que queme este sacrificio que está haciendo de sí a Dios, como hizo nuestro padre Elías! No, por cierto, ni es bien esperar milagros; el Señor los hace cuando es servido por esta alma, como queda dicho y se dirá adelante; mas quiere Su Majestad que nos tengamos por tan ruines que no merecemos los haga, sino que nos ayudemos en todo lo que pudiéremos. Y tengo para mí que hasta que muramos, por subida oración que haya, es menester esto. Verdad es que a quien mete ya el Señor en la sétima morada es muy pocas veces, o casi nunca, las que ha menester hacer esta diligencia, por la razón que en ella diré, si se me acordare; mas es muy contino no se apartar de andar con Cristo Nuestro Señor por una manera admirable, adonde, divino y humano junto, es siempre su compañía. Ansí que, cuando no hay encendido el fuego que queda dicho en la voluntad, ni se siente la presencia de Dios, es menester que la busquemos, que esto quiere Su Majestad, como lo hacía la Esposa en los *Cantares*, y preguntemos a las criaturas quién las hizo, como dice San Agustín, creo en sus *Meditaciones* o *Confesiones*, y no nos estemos bobos perdiendo tiempo por esperar lo que una vez se nos dio, que a los principios podrá ser que no lo dé el Señor en un año, y an en muchos; Su Majestad sabe el por qué; nosotras no hemos de querer saberlo ni hay para qué. Pues sabemos el camino como hemos de contentar a Dios por los mandamientos y consejos, en esto andemos muy diligentes, y en pensar su vida y muerte, y lo mucho que le debemos; lo demás venga cuando el Señor quisiere. Aquí viene el responder que no pueden detenerse en estas cosas, y, por lo que queda dicho, quizá ternán razón en alguna manera. Ya sabéis que discurrir con el entendimiento es uno, y representar la memoria al entendimiento verdades, es otro. Decís, quizá, que no me entendéis, y verdaderamente podrá ser que no lo entienda yo para saberlo decir, mas direlo como supiere. Llamo yo meditación al discurrir mucho con el entendimiento de esta manera: comenzamos a pensar en la merced que nos hizo Dios en darnos a su único Hijo, y no paramos allí, sino vamos adelante a los misterios de toda su gloriosa vida; u comenzamos en la oración del Huerto, y no para el entendimiento hasta que está puesto en la Cruz, u tomamos un paso de la Pasión, digamos como el prendimiento, y andamos en este misterio, considerando por menudo las cosas que hay que pensar en él y que sentir, ansí de la traición de Judas, como de la huida de los apóstoles y todo lo demás; y es admirable y muy meritoria oración.

Esta es la que digo que ternán razón quien ha llegado a llevarla Dios a cosas sobrenaturales, y a perfeta contemplación; porque, como he dicho, no sé la causa; mas lo ordinario no podrá. Mas no la terná, digo razón, si dice que no se detiene en estos misterios y los tray presentes muchas veces, en especial cuando los celebra la Ilesia Católica, ni es posible que pierda memoria el alma que ha recibido tanto de Dios, de muestras de valor tan preciosas, porque son vivas centellas para encenderla más en el que tiene a Nuestro Señor, sino que no se entiende, porque entiende el alma estos misterios por manera más perfeta, y es que los representa el entendimiento y estámpanse en la memoria de manera que, de sólo ver al Señor caído con aquel espantoso sudor en el Huerto, aquello le basta para no sólo una hora, sino muchos días, mirando con una sencilla vista quién es, y cuán ingratos hemos sido a tan gran pena; luego acude la voluntad, anque no sea con ternura, a desear servir en algo tan gran merced, y a desear padecer algo por quien tanto padeció, y a otras cosas semejantes, en que ocupa la memoria y el entendimiento. Y creo que por esta razón no puede pasar a discurrir más en la Pasión, y esto le hace parecer que no puede pensar en ella.

Y si esto no hace, es bien que lo procure hacer, que yo sé que no lo empidirá la muy subida oración, y no tengo por bueno que no se ejercite en esto muchas veces. Si de aquí la suspendiere el Señor, muy enhorabuena, que, anque no quiera, la hará dejar en lo que está; y tengo por muy cierto que no es estorbo esta manera de proceder, sino gran ayuda para todo bien, lo que sería si mucho trabajase en el discurrir, que dije al principio, y tengo para mí que no podrá quien ha llegado a más. Ya puede ser que sí, que por muchos caminos lleva Dios las almas; mas no se condenen las que no pudieren ir por él, ni las juzguen inhabilitadas para gozar de tan grandes bienes como están encerrados en los misterios de nuestro buen Jesucristo; ni naide me hará entender, sea cuan espiritual quisiere, que irá bien por aquí. Hay unos principios y an medios, que tienen algunas almas, que, como comienzan a llegar a oración de quietud, y a gustar de los regalos y gustos que da el Señor, paréceles que es muy gran cosa estarse allí siempre gustando; pues créanme, y no se embeban tanto, como ya he dicho en otra parte que es larga la vida, y hay en ella muchos trabajos, y, hemos menester mirar a nuestro dechado Cristo como los pasó, y an a sus apóstoles y santos, para llevarlos con perfeción. Es muy buena compañía el buen Jesús para no nos apartar de ella y su sacratísima Madre, y gusta mucho de que nos dolamos de sus penas, anque dejemos nuestro contento y gusto algunas veces. Cuanto más, hijas, que no es tan ordinario el regalo en la oración, que no hay tiempo para todo, y la que dijere que es un ser, terníalo yo por sospechoso, digo que nunca puede hacer lo que queda dicho; y ansí lo terné, y procurá salir de ese engaño y desembeberos con todas vuestras fuerzas; y si no bastaren, decirlo a la priora, para que os dé un oficio de tanto cuidado, que se quite ese peligro, que al menos para el seso y cabeza es muy grande, si durase mucho tiempo. Creo queda dado a entender lo que conviene, por espirituales que sean, no huir tanto de cosas corpóreas, que les parezca an hace daño la humanidad sacratísima. Alegan lo que el Señor dijo a sus discípulos, que convenía que Él se fuese; yo no puedo sufrir esto. A usadas que no lo dijo a su Madre sacratísima, porque estaba firme en la fe, que sabía que era Dios y hombre; y, anque le amaba más que ellos, era con tanta perfeción, que antes la ayudaba. No debían estar entonces los apóstoles tan firmes en la fe como después estuvieron y tenemos razón de estar nosotros ahora. Yo os digo, hijas, que le tengo por peligroso camino y que podría el demonio venir y hacer perder la devoción con el Santísimo Sacramento. El engaño que me pareció a mí que llevaba no llegó a tanto como esto, sino a no gustar de pensar en Nuestro Señor Jesucristo tanto, sino andarme en aquel embebecimiento, aguardando aquel regalo; y vi claramente que iba mal, porque como no podía ser tenerle siempre, andaba el pensamiento de aquí para allí, y el alma, me parece, como un ave revolando que no halla adónde parar, y perdiendo harto tiempo, y no aprovechando en las virtudes ni medrando en la oración. Y no entendía la causa, ni la entendiera, a mi parecer, porque me parecía que era aquello muy acertado, hasta que, tratando la oración que llevaba con una persona sierva de Dios, me avisó. Después vi claro cuán errada iba, y nunca me acaba de pesar de que haya habido nengún tiempo que yo careciese de entender que se podía malganar con tan gran pérdida; y cuando pudiera, no quiero ningún bien, sino adquirido por quien nos vienen todos los bienes. Sea para siempre alabado. Amén.

CAPÍTULO VIII

Para que más claro veáis, hermanas, que es ansí lo que os he dicho y que, mientras más adelante va un alma más acompañada es de este buen Jesús, será bien que tratemos de cómo, cuando Su Majestad quiere, no podemos sino andar siempre con Él, como se ve claro por las maneras y modos con que Su Majestad se nos comunica y nos muestra el amor que nos tiene con algunas aparecimientos y visiones tan admirables, que, por si alguna merced de estas os hiciere, no andéis espantadas, quiero decir, si el Señor fuere servido que acierte, en suma, alguna cosa de éstas, para que le alabemos mucho, anque no nos las haga a nosotras, de que se quiera ansí comunicar con una criatura, siendo de tanta majestad y poder. Acaece estando el alma descuidada de que se le ha de hacer esta merced, ni haber jamás pensado merecerla, que siente cabe sí a Jesucristo Nuestro Señor, anque no le ve ni con los ojos del cuerpo ni del alma. Esta llaman visión inteletual, no sé yo por qué. Vi a esta persona[29] que le hizo Dios esta merced, con otras que diré adelante, fatigada en los principios harto, porque no podía entender qué cosa era, pues no la veía, y entendía tan cierto ser Jesucristo Nuestro Señor el que se le mostraba de aquella suerte, que no lo podía dudar, digo, que estaba allí aquella visión; que si era de Dios o no, anque traía consigo grandes efetos para entender que lo era, todavía andaba con miedo, y ella jamás

[29] Se refiere a sí misma.

había oído visión inteletual, ni pensó que la había de tal suerte; mas entendía muy claro que era este Señor el que le hablaba muchas veces de la manera que queda dicho; porque hasta que le hizo esta merced que digo, nunca había quién la hablaba, anque entendía las palabras. Sé que, estando temerosa de esta visión, porque no es como las imaginarias, que pasan de presto, sino que dura muchos días, y an más que un año alguna vez, se fue a su confesor harto fatigada, él la dijo que, si no vía nada, cómo sabía que era Nuestro Señor; que le dijese qué rostro tenía. Ella le dijo que no sabía, ni vía rostro, ni podía decir más de lo dicho; que lo que sabía era que era Él el que la hablaba, y que no era antojo. Y, anque le ponían hartos temores, todavía muchas veces no podía dudar, en especial cuando la decía: «No hayas miedo, que Yo soy.» [30] Tenían tanta fuerza estas palabras, que no lo podía dudar por entonces, y quedaba muy esforzada y alegre con tan buena compañía; que vía claro serle gran ayuda para andar con una ordinaria memoria de Dios y un miramiento grande de no hacer cosa que le desagradase, porque le parecía le estaba siempre mirando. Y cada vez que quería tratar con Su Majestad en oración, y an sin ella, le parecía estar tan cerca que no la podía dejar de oír; anque el entender las palabras no era cuando ella quería, sino a deshora, cuando era menester. Sentía que andaba al lado derecho, mas no con estos sentidos que podemos sentir que está cabe nosotros una persona, porque es por otra vía más delicada, que no se debe de saber decir; mas es tan cierto, y con tanta certidumbre, y an mucho más; porque acá ya se podría antojar, mas en esto no, que viene con grandes ganancias y efetos interiores, que ni los podría haber, si fuese melencolía, ni tampoco el demonio harían tanto bien, ni andaría el alma con tanta paz, y con tan continos deseos de contentar a Dios, y con tanto desprecio de todo lo que no llegara a Él; y después se entendió claro no ser demonio, porque se iba más y más dando a entender. Con todo, sé yo que a ratos andaba harto temerosa; otros, con grandísima confusión, que no sabía por dónde le había venido tanto bien. Éramos tan una cosa ella y yo, que no pasaba cosa por su alma que yo estuviese inorante de ella, y ansí puedo ser buen testigo, y me podéis creer ser verdad todo lo que en esto dijere. Es merced del Señor, que tray grandísima confusión consigo y humildad. Cuando fuese el demonio, todo sería al contrario; y como es cosa que notablemente se entiende ser dada de Dios, que no bastaría industria humana para poderse ansí sentir, en ninguna manera puede pensar quien lo tiene que es bien suyo, sino dado de la mano de Dios. Y anque, a mi parecer, es mayor merced algunas de las que quedan dichas, ésta tray consigo un particular conocimiento de Dios, y de esta compañía tan contina nace un amor ternísimo con Su Majestad y unos deseos an mayores que los que quedan dichos de entregarse toda a su servicio, y una limpieza

---

[30] V. *Vida*, cap. XXV.

de conciencia grande; porque hace advertir a todo la presencia que tray cabe sí. Porque, anque ya sabemos que lo está Dios a todo lo que hacemos, es nuestro natural tal, que se descuida en pensarlo, lo que no se puede descuidar acá, que la despierta el Señor que está cabe ella. Y an para las mercedes que quedan dichas, como anda el alma casi contino con un atual amor al que ve u entiende estar cabe sí, son muy ordinarias. En fin, en la ganancia del alma se ve ser grandísima merced y muy mucho de preciar, y agradece al Señor que se la da tan sin poderle merecer, y por nengún tesoro ni deleite de la tierra la trocaría. Y ansí cuando el Señor es servido que se le quite, queda con mucha soledad; mas todas las diligencias posibles que pusiese para tornar a tener aquella compañía aprovechan poco, que lo da el Señor cuando quiere y no se puede adquirir. Algunas veces también es de algún santo, y es también de gran provecho. Diréis que, si no se ve, que cómo se entiende que es Cristo, u cuando es santo, u su Madre gloriosísima. Esto no sabrá el alma decir ni puede entender cómo lo entiende, sino que lo sabe con una grandísima certidumbre. An ya el Señor, cuando habla, más fácil parece; mas el santo que no habla, sino que parece le pone el Señor allí por ayuda de aquel alma y por compañía, es más de maravillar. Ansí son otras cosas espirituales, que no se saben decir, mas entiéndese por ellas cuán bajo es nuestro natural para entender las grandes grandezas de Dios, pues an éstas no somos capaces, sino que con admiración y alabanzas a Su Majestad pase quien se las diere; y ansí le haga particulares gracias por ellas, que, pues no es merced que se hace a todos, hase mucho de estimar y procurar hacer mayores servicios, pues por tantas maneras le ayuda Dios a ello. De aquí viene no se tener por eso en más, y parecerle que es la que menos sirve a Dios de cuantos hay en la tierra; porque le parece esta más obligada a ello que nenguno, y cualquier falta que hace la atraviesa las entrañas, y con muy grande razón.

Estos efetos con que anda el alma, que quedan dichos, podrá advertir cualquiera de vosotras a quien el Señor llevare por este camino, para entender que no es engaño ni tampoco antojo, porque, como he dicho, no tengo que es posible durar tanto siendo demonio, haciendo tan notable provecho a el alma y trayéndola con tanta paz interior, que no es de costumbre, ni puede anque quiere, cosa tan mala hacer tanto bien; que luego habría unos humos de propia estimación, y pensar era mejor que los otros. Mas este andar siempre el alma tan asida de Dios y ocupado su pensamiento en Él, haríale tanta rabia que, anque lo intentase, no tornase muchas veces; y es Dios tan fiel, que no permitirá darle tanta mano, con alma que no pretende otra cosa sino agradar a Su Majestad y poner su vida por su honra y gloria, sino que luego ordenará como sea desengañada. Mi tema es y será que, como el alma ande de la manera que aquí se ha dicho la dejan estas mercedes de Dios, que Su Majestad la sacará con ganancia, si primite alguna vez se le atreva el demonio, y que él quedará corrido. Por eso, hijas, si alguna fuere por este camino, como he dicho, no andéis asombradas; bien es que hay temor, y andemos con más aviso, ni tampoco confiadas que, por ser tan favorecidas, os podéis mal descuidar, que esto será señal de no ser de Dios, si no os vierdes con los efetos que queda dicho. Es bien que a los principios lo comuniquéis debajo de confesión con un muy buen letrado, que son los que nos han de dar la luz, u si hubiere alguna persona muy espiritual; y si no lo es, mejor es muy letrado; si le hubiere, con el uno y con el otro. Y si os dijere que es antojo, no se os dé nada, que el antojo poco mal ni bien puede hacer a vuestra alma; encomendaos a la Divina Majestad, que no consienta seáis engañadas. Si os dijeren es demonio, será más trabajo, anque no dirá si es buen letrado y hay los efetos dichos; mas, cuando lo diga, yo sé que el mesmo Señor, que anda con vos, os consolará y asegurará, y a él le irá dando luz para que os la dé. Si es persona que, anque tiene oración, no la ha llevado el Señor por ese camino, luego se espantará y lo condenará; por eso os aconsejo que sea muy letrado, y, si se hallare, también espiritual; y la priora dé licencia para ello, porque anque vaya segura el alma por ver su buena vida, estará obligada la priora a que se comunique para que anden con seguridad entramas. Y tratado con estas personas, quiétese, y no ande dando más parte de ello, que algunas veces, sin haber de qué temer, pone el demonio unos temores tan demasiados, que fuerzan a el alma a no se contentar de una vez; en especial, si el confesor es de poca espiriencia, y le ve medroso, y él mesmo la hace andar comunicando, viénese a publicar lo que había de razón estar muy secreto y a ser esta alma perseguida y atormentada; porque cuando piensa que está secreto, lo ve público, y de aquí suceden muchas cosas trabajosas para ella, y podrían suceder para la Orden, según andan estos tiempos. Ansí que es menester grande aviso en esto, y a las prioras lo encomiendo mucho. Y que no piense que por tener una hermana cosas semejantes es mejor que las otras; lleva el Señor a cada una como ve que es menester. Aparejo es para venir a ser muy sierva de Dios, si se ayuda; mas a las veces lleva Dios por este camino a las más flacas, y ansí no hay en esto por qué aprobar ni condenar, sino mirar a las virtudes, y a quien con más mortificación y humildad y limpieza de conciencia sirviere a Nuestro Señor, que ésa será la más santa; anque la certidumbre poco se pueda saber acá, hasta que el verdadero Juez dé a cada uno lo que merece. Allá nos espantaremos de ver cuán diferente es su juicio de lo que acá podemos entender. Sea para siempre alabado. Amén.

CAPÍTULO IX

Ahora vengamos a las visiones imaginarias, que dicen que son adonde puede meterse el demonio, más que en las dichas, y ansí debe ser;

mas cuando son de Nuestro Señor, en alguna manera me parecen más provechosas, porque son más conformes a nuestro natural, salvo de las que el Señor da entender en la postrera morada, que a ésta no llegan nengunas. Pues miremos ahora, cómo os he dicho en el capítulo pasado, que está este Señor; que es como si en una pieza de oro tuviesemos una piedra preciosa de grandísimo valor y virtudes; sabemos certísimo que está allí, anque nunca la hemos visto; mas las virtudes de la piedra no nos dejan de aprovechar, si la traemos con nosotras. Anque nunca la hemos visto, no por eso la dejamos de apreciar, porque, por su espiriencia, hemos visto que nos ha sanado de algunas enfermedades para que es apropiada, mas no la osamos mirar, ni abrir el relicario, ni podemos, porque la manera de abrirle, sola la sabe cuya es la joya, y anque nos la prestó para que nos aprovechásemos de ella, él se quedó con la llave, y como cosa suya; abrirá cuando nos la quisiere mostrar, y an la tomará cuando le parezca, como lo hace. Pues digamos ahora que quiere alguna vez abrirla de presto, por hacer bien a quien la ha prestado; claro está que lo será después muy mayor contento, cuando se acuerde del admirable resplandor de la piedra, y ansí quedará más esculpida en su memoria. Pues ansí acaece acá; cuando Nuestro Señor es servido de regalar más a esta alma, muéstrale claramente su sacratísima humanidad de la manera que quiere, u como andaba en el mundo, o después de resucitado; y aunque es con tanta presteza, que lo podríamos comparar a la de un relámpago, queda tan esculpida en la imaginación esta imagen gloriosísima, que tengo por imposible quitarse de ella hasta que la vea adonde para sin fin la pueda gozar. Anque digo imagen, entiéndese que no es pintada al parecer de quien la ve, sino verdaderamente viva, y algunas veces está hablando con el alma y an mostrándole grandes secretos. Mas habéis de entender que, anque en esto se detenga algún espacio, no se puede estar mirando más que estar mirando al sol, y ansí esta vista siempre pasa muy de presto; y no porque su resplandor da pena, como el del sol, a la vista interior, que es la que ve todo esto; que cuando es con la vista esterior, no sabré decir de ello ninguna cosa, porque esta persona que he dicho, de quien tan particularmente yo puedo hablar, no había pasado por ello, y de lo que no hay espiriencia mal se puede dar razón cierta; porque su resplandor es como una luz infusa y de un sol cubierto de una cosa tan delgada, como un diamante si se pudiera labrar; como una holanda parece la vestidura, y casi todas las veces que Dios hace esta merced a el alma, se queda en arrobamiento, que no puede su bajeza sufrir tan espantosa vista. Digo espantosa, porque con ser la más hermosa y de mayor deleite que podría una persona imaginar, anque viviese mil años y trabajase en pensarlo, porque va muy adelante de cuanto cabe en nuestra imaginación ni entendimiento, es su presencia de tan grandísima majestad, que hace gran espanto a el alma. A usadas que no es menester aquí preguntar cómo sabe quién es sin que se lo hayan dicho, que se da bien a conocer que es Señor del cielo y de la tierra; lo que no harán los reyes de ella, que por sí mesmos bien en poco se ternán, si no van junto con él su acompañamiento, u lo dicen. ¡Oh, Señor, cómo os desconocemos los cristianos! ¿Qué será aquel día cuando nos vengáis a juzgar? Pues viniendo aquí tan de amistad a tratar con vuestra esposa pone miraros tanto temor; oh, hijas, ¿qué será cuando con tan rigurosa voz dijese: «¡Id, malditos de mi Padre!»? Quédenos ahora esto en la memoria de esta merced que hace Dios a el alma, que no nos será poco bien, pues san Jerónimo, con ser santo, no la apartaba de la suya, y ansí no se nos hará nada cuanto aquí padeciéremos en el rigor de la relisión que guardamos, pues cuando mucho durare, es un memento, comparado con aquella eternidad. Yo os digo de verdad que, con cuan ruin soy, nunca he tenido miedo de los tormentos del infierno que fuesen nada en comparación de cuando me acordaba que habían los condenados de ver airados estos ojos tan hermosos y mansos y beninos del Señor, que no parece lo podía sufrir mi corazón; esto ha sido toda mi vida: ¡cuánto más lo temerá la persona a quien ansí se le ha representado, pues es tanto el sentimiento que la deja sin sentir! Esta debe de ser la causa de quedar con suspensión; que ayuda el Señor a su flaqueza con que se junte con su grandeza en esta tan subida comunicación con Dios.

Cuando pudiere el alma estar con mucho espacio mirando este Señor, yo no creo que será visión, sino alguna vehemente consideración; fabricada en la imaginación alguna figura, será como cosa muerta en estotra comparación. Acaece a algunas personas, y sé que es verdad, que lo han tratado conmigo, y no tres u cuatro, sino muchas, ser de tan flaca imaginación, u el entendimiento tan eficaz, u no sé qué es, que se embeben de manera en la imaginación, que todo lo que piensan claramente les parece que lo ven; anque si hubiesen visto la verdadera visión, entenderían, muy sin quedarles duda, el engaño; porque van ellas mesmas componiendo lo que ven con su imaginación, y no hace después ningún efeto, sino que se quedan frías, mucho más que si viesen una imagen devota. Es cosa muy entendida no ser para hacer caso de ello, y ansí se olvida mucho más que cosa soñada. En lo que tratamos no es ansí, sino que, estando el alma muy lejos de que ha de ver cosa ni pasarle por pensamiento, de presto se le representa muy por junto, y revuelve todas las potencias y sentidos con un gran temor y alboroto, para ponerlas luego en aquella dichosa paz. Ansí como cuando fue derrocado San Pablo vino aquella tempestad y alboroto en el cielo, ansí acá en este mundo interior se hace gran movimiento; y en un punto, como he dicho, queda todo sosegado y esta alma tan enseñada de unas tan grandes verdades, que no ha menester otro maestro; que la verdadera sabiduría, sin trabajo suyo, la ha quitado la torpeza, y dura con una certidumbre el alma de que esta merced es de Dios, algún espacio de tiempo, que, anque más le dijesen lo contrario, entonces no la podrían poner temor de que puede haber engaño. Después, puniéndosele el confesor, la deja Dios para que ande vacilando en que por sus pecados sería posible; mas no creyendo, sino, como he dicho en estotras cosas, a manera de tentaciones en cosas de la fe; que puede el demonio alborotar, mas no dejar el alma de estar firme en ella; antes, mientras más la combate, más queda con certidumbre de que el demonio no lo podría dejar con tantos bienes, como ello es ansí que no puede tanto en lo interior del alma; podrá él representarlo, mas no con esta verdad y majestad y operaciones. Como los confesores no pueden ver esto, ni por ventura a quien Dios hace esta merced sabérselo decir, temen, y con mucha razón, y ansí es menester ir con aviso, hasta guardar tiempo del fruto que hacen estas apariciones, y ir poco a poco mirando la humildad con que dejan al alma, y la fortaleza en la virtud; que si es de demonio, presto dará señal y le cogerán en mil mentiras. Si el confesor tiene espiriencia, y ha pasado por estas cosas, poco tiempo ha menester para entenderlo, que luego en la relación verá si es Dios u imaginación u demonio; en especial si le ha dado Su Majestad don de conocer espíritus, que si éste tiene y letras, anque no tenga espiriencia, lo conocerá muy bien. Lo que es mucho menester, hermanas, es que andéis con gran llaneza y verdad con el confesor; no digo en decir los pecados, que eso claro está, sino en contar la oración; porque si no hay esto, no aseguro que vais bien ni que es Dios el que os enseña, que es muy amigo que a el que está en su lugar se trate con la verdad y claridad que consigo mesmo, deseando entienda todos sus pensamientos, cuanto más las obras, por pequeñas que sean. Y con esto no andéis turbadas ni inquietas, que anque no fuese Dios, si tenéis humildad y buena conciencia, no os dañará, que sabe Su Majestad sacar de los males bienes, y que por el camino que el demonio os quería hacer perder, ganaréis más; pensando que os hace tan grandes mercedes, os esforzaréis a contentarle mejor y andar siempre ocupada en la memoria su figura, que, como decía un gran letrado, que el demonio es gran pintor, y se le mostrase muy al vivo una imagen del Señor, que no le pesaría, para con ella avivar la devoción, y hacer a el demonio guerra con sus mesmas maldades; que anque un pintor sea muy malo, no por eso se ha de dejar de reverenciar la imagen que hace, si es de todo nuestro Bien.

Parecíale muy mal lo que algunos aconsejan, que den higas [31] cuando ansí viesen alguna visión, porque decía que adonde quiera que veamos pintado a nuestro Rey, le hemos de reverenciar, y veo que tiene razón, porque an acá se sentiría; si supiese una persona que quiere bien a otra, que hacía semejantes vituperios a su retrato, no gustaría de ello; pues, ¿cuánto más es razón que siempre se tenga respeto adonde viéremos un crucifijo u cualquier retrato de nuestro Emperador? Anque he escrito en otra parte esto, me holgué de ponerlo aquí, porque vi que una

---

[31] *dar higas*: poner los dedos de determinada manera para ahuyentar la visión.

persona anduvo afligida que la mandaban tomar este remedio, no sé quién le inventó tan para atormentar a quien no pudiere hacer menos de obedecer, si el confesar le da este consejo, pareciéndole va perdida si no lo hace. El mío es que, anque os le dé, le digáis esta razón con humildad y no le toméis. En estremo me cuadró mucho las buenas que me dio quien me lo dijo en este caso. Una gran ganancia saca el alma de esta merced del Señor, que es, cuando piensa en Él o en su Vida y Pasión, acordarse de su mansísimo y hermoso rostro, que es grandísimo consuelo, como acá nos le daría mayor haber visto a una persona que nos hace mucho bien que si nunca la hubiésemos conocido. Yo os digo que hace harto consuelo y provecho tan sabrosa memoria. Otros bienes tray consigo hartos, mas como queda dicho tanto de los efetos que hacen estas cosas y se ha de decir más, no me quiero cansar ni cansaros, sino avisaros mucho, que, cuando sabéis u oís que Dios hace estas mercedes a las almas, jamás le supliquéis ni deséis que os lleve por este camino, anque os parezca muy bueno, y se ha de tener en mucho y reverenciar. No conviene por algunas razones. La primera, porque es falta de humildad querer vos se os dé lo que nunca habéis merecido, y así creo que no terná mucha quien lo deseare; porque ansí como un bajo labrador está lejos de desear ser rey, pareciéndole imposible, porque no lo merece, ansí lo está el humilde de cosas semejantes; y creo yo que nunca se darán, porque primero da el Señor un gran conocimiento propio, que hace estas mercedes; pues, ¿cómo entenderá con verdad que se le hace muy grande en no tenerla en el infierno, quien tiene tales pensamientos? La segunda, porque está muy cierto ser engañado, u muy a peligro, porque no ha menester el demonio más de ver una puerta pequeña abierta, para hacernos mil trampantojos. La tercera, la mesma imaginación, cuando hay un gran deseo, y la mesma persona se hace entender que ve aquello que desea, y lo oye; como los que andan con gana de una cosa entre día, y mucho pensando en ella, que acaece venirla a soñar. La cuarta, es muy gran atrevimiento que quiera yo escoger camino, no sabiendo el que me conviene más, sino dejar al Señor, que me conoce, que me lleve por el que conviene, para que en todo haga su voluntad. La quinta, ¿pensáis que son pocos los trabajos que padecen los que el Señor hace estas mercedes? No, sino grandísimos y de muchas maneras. ¿Qué sabéis vos si seríades para sufrirlos? La sexta, si por lo mesmo que pensáis ganar, perderéis, como hizo Saúl por ser rey. En fin, hermanas, sin éstas, hay otras; y creéme, que es lo más seguro no querer sino lo que quiere Dios, que nos conoce más que nosotros mesmos y nos ama. Pongámonos en sus manos, para que sea hecha su voluntad en nosotras, y no podemos errar, si con determinada voluntad nos estamos siempre en esto. Y habéis de advertir que por recibir muchas mercedes de éstas, no se merece más gloria, porque antes quedan más obligadas a servir, pues es recibir más. En lo que es más merecer, no nos lo quita el Señor, pues está en nuestra mano; y ansí hay muchas personas santas que jamás supieron qué cosa es recibir una de aquestas mercedes, y otras que las reciben, que no lo son. Y no penséis que es contino, antes, por una vez que las hace el Señor, son muy muchos los trabajos, y ansí el alma no se acuerda si las ha de recibir más, sino cómo las servir. Verdad es que debe ser grandísima ayuda para tener las virtudes en más subida perfeción; mas el que las tuviere con haberlas ganado a costa de su trabajo, mucho más merecerá. Yo sé de una persona a quien el Señor había hecho algunas de estas mercedes, y an de dos (la una era hombre) que estaban tan deseosas de servir a Su Majestad, a su costa, sin estos grandes regalos, y tan ansiosas por padecer, que se quejaban a Nuestro Señor porque se los daba, y, si pudieran no recibirlos, lo escusaran. Digo regalos, no de estas visiones, que en fin ven la gran ganancia y son mucho de estimar, sino los que da el Señor en la contemplación. Verdad es que también son estos deseos sobrenaturales, a mi parecer, y de almas muy enamoradas, que querrían viese el Señor que no le sirven por sueldo; y ansí, como he dicho, jamás se les acuerda que han de recibir gloria por cosa para esforzarse más por eso a servir, sino de contentar a el amor, que es su natural obrar siempre de mil maneras. Si pudiese, querría buscar invenciones para consumirse el alma en Él, y, si fuese menester quedar para siempre aniquilada para la mayor honra de Dios, lo haría de muy buena gana. Sea alabado para siempre, amén; que abajándose a comunicar con tan miserables criaturas, quiere mostrar su grandeza.

CAPÍTULO X

De muchas maneras se comunica el Señor al alma con estas apariciones; algunas cuando está afligida, otras cuando le ha de venir algún trabajo grande, otras por regalarse Su Majestad con ella y regalarla. No hay para qué particularizar más cada cosa, pues el intento no es, sino dar a entender cada una de las diferencias que hay en este camino, hasta donde yo entendiere, para que entendáis, hermanas, de la manera que son y los efetos que dejan, porque no se nos antoje que cada imaginación es visión, y porque, cuando lo sea, entendiendo que es posible, no andéis alborotadas ni afligidas; que gana mucho el demonio y gusta en gran manera en ver afligida e inquieta un alma, porque ve que le es estorbo para emplearse toda en amar y alabar a Dios.

Por otras maneras se comunica Su Majestad harto más subidas y menos peligrosas, porque el demonio creo no las podrá contrahacer, y ansí se pueden mal decir por ser cosa muy oculta, que las imaginarias puédense más dar a entender.

Acaece, cuando el Señor es servido, estando el alma en oración y muy en sus sentidos, venirle de presto una suspensión, adonde le da el Señor a entender grandes secretos, que parece los ve en el mesmo Dios;

que éstas no son visiones de la sacratísima humanidad, ni, anque digo que ve, no ve nada, porque no es visión imaginaria, sino muy inteletual, adonde se le descubre como en Dios se ven todas las cosas, y las tiene todas en sí mesmo. Y es de gran provecho porque, anque pasa en un memento, quédase muy esculpido y hace grandísima confusión, y vese más claro la maldad de cuando ofendemos a Dios, porque en el mesmo Dios, digo estando dentro en Él, hacemos grandes maldades. Quiero poner una comparación, si acertare, para dároslo a entender, que, anque esto es ansí y lo oímos muchas veces, u no reparamos en ello u no lo queremos entender, porque no parece sería posible, si se entendiese como es ser tan atrevidos.

Hagamos ahora cuenta que es Dios como una morada u palacio muy grande y hermoso, y que este palacio, como digo, es el mesmo Dios. Por ventura, ¿puede el pecador, para hacer sus maldades, apartarse deste palacio? No por cierto, sino que dentro, en el mesmo palacio, que es el mesmo Dios, pasan las abominaciones y deshonestidades y maldades que hacemos los pecadores. ¡Oh, cosa temerosa y dina de gran consideración y muy provechosa para los que sabemos poco, que no acabamos de entender estas verdades, que no sería posible tener atrevimiento tan desatinado! Consideremos, hermanas, la gran misericordia y sufrimiento de Dios en no nos hundir allí luego, y démosle grandísimas gracias, y hayamos vergüenza de sentirnos de cosa que se haga ni se diga contra nosotras, que es la mayor maldad del mundo ver que sufre Dios Nuestro Criador tantas a sus criaturas dentro en Sí mesmo, y que nosotras sintamos alguna vez una palabra, que se dijo en nuestra ausencia, y quizá con no mala intención. ¡Oh, miseria humana! ¿Hasta cuándo, hijas, imitaremos en algo este gran Dios? ¡Oh!, pues no se nos haga ya que hacemos nada en sufrir injurias, sino que de muy buena gana pasemos por todo, y amemos a quien nos las hace, pues este gran Dios no nos ha dejado de amar a nosotras, anque le hemos mucho ofendido, y ansí tiene muy gran razón en querer que todos perdonen, por agravios que les hagan. Yo os digo, hijas, que anque pasa de presto esta visión, que es una gran merced que hace Nuestro Señor a quien la hace, si se quiere aprovechar de ella trayéndola presente muy ordinario.

También acaece ansí muy de presto y de manera que no se puede decir, mostrar Dios en sí mesmo una verdad, que parece deja escurecidas todas las que hay en las criaturas, y muy claro dado a entender, que Él solo es verdad, que no puede mentir; y dase bien a entender lo que dice David en un salmo, que todo hombre es mentiroso, lo que no se entendiera jamás ansí, anque muchas veces se oyera, es verdad que no puede faltar. Acuérdaseme de Pilatos, lo mucho que preguntaba a Nuestro Señor, cuando en su Pasión le dijo qué era verdad, y lo poco que entendemos acá de esta suma verdad. Yo quisiera poder dar más a entender en este caso, más no se puede decir. Saquemos de aquí, hermanas, que para conformarnos con Nuestro Dios y Esposo en algo, será bien que estudiemos siempre mucho de andar en esta verdad. No digo sólo que no digamos mentira, que en eso, gloria a Dios, ya veo que traéis gran cuenta en estas cosas con no decirla por ninguna cosa, sino que andemos en verdad delante de Dios y de las gentes, de cuantas maneras pudiéramos, en especial no quiriendo nos tengan por mejores de lo que somos, y en nuestras obras dando a Dios lo que es suyo y a nosotras lo que es nuestro, y procurando sacar en todo la verdad, y ansí ternemos en poco este mundo, que es todo mentira y falsedad, y como tal no es durable. Una vez estaba yo considerando por qué razón era Nuestro Señor tan amigo de esta virtud de la humildad, y púsoseme delante, a mi parecer sin considerarlo, sino de presto, esto: que es porque Dios es suma verdad, y la humildad es andar en verdad; que lo es muy grande no tener cosa buena de nosotros, sino la miseria y ser nada; y quien esto no entiende, anda en mentira. A quien más lo entiende, agrada más a la suma verdad, porque anda en ella. Plega a Dios, hermanas, nos haga merced de no salir jamás de este propio conocimiento. Amén.

De estas mercedes hace Nuestro Señor a el alma, porque, como a verdadera esposa que ya está determinada a hacer en todo su voluntad, le quiere dar alguna noticia de en qué la ha de hacer y de sus grandezas. No hay para qué tratar de más, que estas dos cosas he dicho por parecerme de gran provecho; que en cosas semejantes no hay que temer, sino que alabar al Señor, porque las da; que el demonio, a mi parecer, ni an la imaginación propia, tienen aquí poca cabida, y ansí el alma queda con gran satisfacción.

CAPÍTULO XI

¿Si habrán bastado todas estas mercedes que ha hecho el Esposo a el alma para que la palomilla u mariposilla esté satisfecha (no penséis que la tengo olvidada) y haga asiento a donde ha de morir? No por cierto, antes está muy peor; anque haya muchos años que reciba estos favores, siempre gime y anda llorosa, porque de cada uno de ellos le queda mayor dolor. Es la causa que, como va conociendo más y más las grandezas de su Dios, y se ve estar tan ausente y apartada de gozarle, crece mucho más al deseo, porque también crece el amar mientras más se le descubre lo que merece ser amado este gran Dios y Señor, y viene en estos años creciendo poco a poco este deseo, de manera que la llega a tan gran pena como ahora diré. He dicho años, conformándome con lo que ha pasado por la persona que he dicho aquí, que bien entendido que a Dios no hay que poner término, que en un memento puede llegar a un alma a lo más subido que se dice aquí. Poderoso es Su Majestad para todo lo que quisiere hacer y ganoso de hacer mucho por nosotros. Pues vienen veces que estas ansias y lágrimas y suspiros y los grandes ímpetus que quedan dichos (que todo esto parece procedido de nuestro amor con gran sentimiento, mas todo no es nada en comparación de estotro, porque esto parece un fuego que está humeando, y puédese sufrir, aunque con pena), andándose ansí esta alma, abrasándose en sí mesma, acaece muchas veces por un pensamiento muy ligero u por una palabra que oye de que se tarda el morir, venir de otra parte, no se entiende de dónde ni cómo, un golpe u como si viniese una saeta de fuego. No digo que es saeta, mas cualquier cosa que sea, se ve claro que no podía proceder de nuestro natural. Tampoco es golpe, anque digo golpe; más agudamente hiere, y no es adonde se sienten acá las penas, a mi parecer, sino en lo muy hondo y íntimo del alma, adonde este rayo, que de presto pasa, todo cuando halla de esta tierra de nuestro natural lo deja hecho polvos, que por el tiempo que dura es imposible tener memoria de cosa de nuestro ser; porque en un punto ata las potencias, de manera que no quedan con ninguna libertad para cosa, sino para las que le han de hacer acrecentar este dolor. No querría pareciese encarecimiento, porque verdaderamente voy viendo que quedo corta, porque no se puede decir. Ello es un arrobamiento de sentidos y potencias, para todo lo que no es como he dicho, ayudar a sentir esta aflición. Porque el entendimiento está muy vivo para entender la razón que hay que sentir de estar aquel alma ausente de Dios, y ayuda Su Majestad con una tan viva noticia de Sí en aquel tiempo de manera que hace crecer la pena en tanto grado, que procede quien la tiene en dar grandes gritos. Con ser persona sufrida y mostrada a padecer grandes dolores, no puede hacer entonces más, porque este sentimiento no es en el cuerpo, como queda dicho, sino en lo interior del alma. Por esto sacó esta persona cuán más recios van los sentimientos de ella que los del cuerpo, y se le representó ser de esta manera los que padecen en purgatorio, que no les impide no tener cuerpo para dejar de padecer mucho más que todos los que acá, tiniéndole, padecen. Yo vi una persona ansí, que verdaderamente pensé que se moría, y no era mucha maravilla, porque, cierto, es gran peligro de muerte, y ansí, anque dure poco, deja el cuerpo muy descoyuntado, y en aquella sazón los pulsos tienen tan abiertos como si el alma quisiese ya dar a Dios, que no es menos; porque el calor natural falta y le abrasa, de manera que, con otro poquito más, hubiera cumplídole Dios sus deseos; no porque siente poco ni mucho dolor en el cuerpo, anque se descoyunta, como he dicho, de manera que queda dos u tres días después sin poder an tener fuerza para escribir y con grandes dolores, y an siempre me parece le queda el cuerpo más sin fuerza que de antes. El no sentirlo debe ser la causa ser tan mayor el sentimiento interior de el alma, que ninguna cosa hace caso del cuerpo; como si acá tenemos un dolor muy agudo en una parte, anque haya otros muchos, se sienten poco; esto yo le he bien probado; acá, ni poco ni mucho, ni creo sentiría se le hiciesen pedazos. Direisme que es imperfección; que por qué no se conforma con la voluntad de Dios, pues le está tan rendida. Hasta aquí podía hacer eso, y con eso pasaba la vida; ahora no, porque su razón está de suerte que no es señora de ella ni de pensar sino la razón que tiene para penar, pues está ausente de su bien, que ¿para qué quiere vida? Siente una soledad extraña, porque criatura de toda la tierra no la hace compañía, ni creo se la harían los del cielo, como no fuese el que ama, antes todo la atormenta más; vese como una persona colgada, que no asienta en cosa de la tierra, ni al cielo puede subir, abrasada con esta sed, y no puede llegar a el agua; y no sed que puede sufrir, si no ya en tal término que con ninguna se le quitaría, ni quiere que se le quite, si no es con la que dijo Nuestro Señor a la Samaritana, y eso no se lo dan. ¡Oh, válame Dios, Señor, cómo apretáis a vuestros amadores! Mas todo es poco para lo que les dais después. Bien es que lo mucho cueste mucho; cuanto más que, si es purificar esta alma para que entre en la sétima morada como los que han de entrar en el cielo se limpian en el purgatorio, es tan poco este padecer como sería una gota de agua en la mar, cuanto más que con todo este tormento y aflición, que no puede ser mayor, a lo que yo creo, de todas las que hay en la tierra, que esta persona había pasado muchas, ansí corporales como espirituales, mas todo le parece nada en esta comparación, siente el alma que es de tanto precio esta pena, que entiende muy bien no la podía ella merecer, sino que no es este sentimiento de manera que la alivia ninguna cosa, mas con esto la sufre de muy buena gana, y sufriría toda su vida si Dios fuese dello servido, anque no sería morir de una vez, sino estar siempre muriendo, que verdaderamente no es menos. Pues consideremos, hermanas, aquellos que están en el infierno, que no están con esta conformidad, ni con este contento y gusto que pone Dios en el alma, ni viendo ser ganancioso este padecer, sino que siempre padecen más y más; digo más y más cuanto a las penas acidentales, siendo el tormento del alma tan más recio que los del cuerpo, y los que ellos pasan mayores sin comparación que este que aquí hemos dicho, y éstos, ver que han de ser para siempre jamás, ¿qué será de estas desventuradas almas? Y, ¿qué podemos hacer en vida tan corta, ni padecer, que sea nada para librarnos de tan terribles y eternales tormentos? Yo os digo que será imposible dar a entender cuándo sentible cosa es el padecer del alma y cuán diferente a el del cuerpo, si no se pasa por ello; y quiere el mesmo Señor que lo entendamos, para que más conozcamos lo muy mucho que le debemos en traernos a estado que, por su misericordia, tenemos esperanza de que nos ha de librar y perdonar nuestros pecados. Pues, tornando a lo que tratábamos, que dejamos esta alma con mucha pena, en este rigor es poco lo que le dura, será, cuando más, tres o cuatro horas, a mi parecer, porque, si mucho durase, si no fuese con milagro, sería imposible sufrirlo la flaqueza natural. Acaecido ha no durar más que con cuarto de hora y quedar hecha pedazos; verdad es que esta vez del todo perdió el sentido, según vino con rigor, y estando en conversación, Pascua de Resurreción, el postrer día, y habiendo estado toda la Pascua con tanta sequedad, que casi no entendía lo era, de sólo oír una palabra, de no acabarse la vida. ¡Pues pensar que se puede resistir, no más que si metida en un fuego quisiese hacer a la llama que no tuviese calor para quemarle! No es el sentimiento que se puede pasar en disimulación, sin que las que están presentes entiendan el gran peligro en que está, anque de lo interior no pueden ser testigos. Es verdad que le son alguna compañía, como si fuesen sobras, y ansí le parecen todas las cosas de la tierra. Y por que veáis que es posible, si alguna vez os vierdes en esto, acudir aquí muestra flaqueza y natural acaece alguna vez que, estando el alma como habéis visto, que se muere por morir cuando aprieta tanto, que ya parece que para salir del cuerpo no le falta casi nada, verdaderamente teme y querríase aflojarse la pena por no acabar de morir. Bien se deja entender ser este temor de flaqueza natural, que, por otra parte, no se quita su deseo ni es posible haber remedio que se quite esta pena hasta que la quite el mesmo Señor, que casi es lo ordinario, con un arrobamiento grande u con alguna visión, adonde el verdadero Consolador la consuela y fortalece para que quiera vivir todo lo que fuere su voluntad. Cosa penosa es ésta, mas queda el alma con grandísimos efetos y perdido el miedo a los trabajos que le pueden suceder: porque, en comparación del sentimiento tan penoso que sintió su alma, no le parece son nada. De manera que queda aprovechada que gustaría padecerle muchas veces; mas tampoco puede eso en ninguna manera, ni hay ningún remedio para tornarla a tener hasta que quiere el Señor, como no le hay para resistirle ni quitarle cuando le viene. Queda con muy mayor desprecio del mundo que antes, porque ve que cosa de él no le valió en aquel tormento, y muy más desasida de las criaturas, porque ya ve que sólo el Criador es el que puede consolar y hartar su alma, y con mayor temor y cuidado de no ofenderle, porque ve que también puede atormentar como consolar. Dos cosas me parece a mí que hay en este camino espiritual, que son peligro de muerte. La una ésta, que verdaderamente lo es, y no pequeño; la otra de muy ecesivo gozo y deleite, que es en tan grandísimo estremo, que verdaderamente parece que desfallece el alma, de suerte que no le falta tantito para acabar de salir del cuerpo; a la verdad no sería poca dicha la suya. Aquí veréis, hermanas, si he tenido razón en decir que es menester ánimo y que terná razón el Señor, cuando le pidierdes estas cosas, de deciros lo que respondió a los hijos de Zebedeo: si podrían beber el cáliz.

Todas creo, hermanas, que responderemos que sí, y con mucha razón, porque Su Majestad da esfuerzo a quien ve que lo ha menester, y en todo defiende a estas almas y responde por ellas en las persecuciones y mormuraciones, como hacía por la Madalena, anque no sea por palabras, por obras; y, en fin, en fin, antes que se mueran se lo paga todo junto, como ahora veréis. Sea por siempre bendito y alábenle todas las criaturas. Amén.

MORADAS SÉTIMAS

CAPÍTULO I

Pareceros ha, hermanas, que está dicho tanto en este camino espiritual, que no es posible quedar nada por decir. Harto desatino sería pensar esto. Pues la grandeza de Dios no tiene término, tampoco le ternán sus obras. ¿Quién acabará de contar sus misericordias y grandezas? Es imposible, y ansí no os espantéis de lo que está dicho y se dijese, porque es una cifra de lo que hay que contar de Dios. Harta misericordia nos hace que haya comunicado estas cosas a persona que las podamos venir a saber, para que, mientra más supiéremos que se comunica con las criaturas, más alabaremos su grandeza y nos esforzaremos a no tener en poco alma con quien tanto se deleita el Señor, pues cada una de nosotras la tiene, sino que, como no las preciamos como merece criatura hecha a la imagen de Dios, ansí no entendemos los grandes secretos que están en ella. Plega a Su Majestad, si es servido, menee la pluma, y me dé a entender como yo os diga algo de lo mucho que hay que decir y da Dios a entender a quien mete en esta morada. Harto lo he suplicado a Su Majestad, pues sabe que mi intento es que no estén ocultas sus misericordias, para que más sea alabado y glorificado su nombre. Esperanza tengo que, no por mí, sino por vosotras, hermanas, me ha de hacer esta merced, para que entendáis lo que os importa, que no quede por vosotras el celebrar vuestro Esposo este espiritual matrimonio con vuestras almas, pues tray tantos bienes consigo como veréis. ¡Oh, gran Dios!, parece que tiembla una criatura tan miserable como yo de tratar en cosa tan ajena de lo que merezco entender. Y es verdad que he estado en gran confusión, pensando si será mejor acabar con pocas palabras esta morada, porque me parece que han de pensar que yo lo sé por espiriencia, y háceme grandisíma vergüenza, porque, conociéndome la que soy, es terrible cosa. Por otra parte, me ha parecido que es tentación y flaqueza. Anque más juicios de éstos echéis, sea Dios alabado y entendido un poquito más, y gríteme todo el mundo, cuando más que estaré yo quizá muerta cuando se viniere a ver [1]. Sea bendito el que vive para siempre y vivirá. Amén.

---

[1] Efectivamente, *Las Moradas* no fueron publicadas hasta 1588, a los seis años de la muerte de la Santa.

Cuando Nuestro Señor es servido haber piedad de lo que padece y ha padecido por su deseo esta alma, que ya espiritualmente ha tomado por esposa, primero que se consuma el matrimonio espiritual métela en su morada, que es esta sétima. Porque ansí como la tiene en el cielo, debe tener en el alma una estancia adonde sólo Su Majestad mora, y digamos, otro cielo; porque nos importa mucho, hermanas, que no entendamos es el alma alguna cosa oscura, que como no la vemos, lo más ordinario debe parecer, que no hay otra luz interior, sino ésta que vemos, y que está dentro de nuestra alma alguna oscuridad. De la que no está en gracia, yo os lo confieso, y no por falta del Sol de Justicia, que está en ella dándole ser, sino por no ser ella capaz para recibir la luz, como creo dije en la primera morada, que había entendido una persona que estas desventuradas almas es ansí que están como en una cárcel escura, atadas de pies y manos para hacer ningún bien que les aproveche para merecer, y ciegas y mudas. Con razón podemos compadecernos de ellas y mirar que algún tiempo nos vimos ansí, y que también puede el Señor haber misericordia en ellas. Tomemos, hermanas, particular cuidado de suplicárselo, y no nos descuidar, que es grandísima limosna rogar por los que están en pecado mortal; muy mayor que sería si viésemos un cristiano atadas las manos atrás con una fuerte cadena, y él amarrado a un poste, y muriendo de hambre, y no por falta de qué coma, que tiene cabe sí muy estremados manjares, sino que no los puede tomar para llegarlos a la boca; y an está con grande hastío, y ve que va ya a espirar, y no muerte como acá, sino eterna. ¿No sería gran crueldad estarle mirando y no le llevar a la boca que comiese? Pues, ¿qué si por vuestra oración le quitasen las cadenas? Ya lo veis. Por amor de Dios os pido que siempre tengáis acuerdo en vuestras oraciones de almas semejantes.

No hablamos ahora con ellas, sino con las que ya, por la misericordia de Dios, han hecho penitencia por sus pecados y están en gracia, que podemos considerar, no una cosa arrinconada y limitada, sino un mundo interior, adonde caben tantas y tan lindas moradas como habéis visto; y ansí es razón que sea, pues dentro de esta alma hay morada para Dios. Pues cuando Su Majestad es servido de hacerle la merced dicha de este divino matrimonio, primero la mete en su morada, y quiere Su Majestad que no sea como otras veces que la ha metido en estos arrobamientos, que yo bien creo que la une consigo entonces, y en la oración que queda dicha de unión, anque no le parece a el alma que es tanta llamada para entrar en su centro, como aquí en esta morada, sino a la parte superior. En esto va poco. Sea de una manera u de otra, el Señor la junta consigo; mas es haciéndola ciega y muda, como lo quedó San Pablo en su conversión, y quitándola el sentir cómo u de qué manera es aquella merced que goza, porque el gran deleite que entonces siente el alma es de verse cerca de Dios. Mas, cuando la junta consigo, ninguna cosa entiende, que las potencias todas se pierden. Aquí es de otra mane-

ra. Quiere ya nuestro buen Dios quitar las escamas de los ojos y que vea
y entienda algo de la merced que le hace, anque es por una manera estraña; y metida en aquella morada por visión inteletual por cierta manera de representación de la verdad, se le muestra la Santísima
Trinidad, todas tres personas, con una inflamación que primero viene
a su espíritu a manera de una nube de grandísima claridad, y estas personas distintas, y por una noticia admirable que se da a el alma, entiende con grandísima verdad ser todas tres personas una sustancia y un
poder y un saber y un solo Dios; de manera que lo que tenemos por fe,
allí lo entiende el alma, podemos decir, por vista, anque no es vista con
los ojos del cuerpo ni del alma, porque no es visión imaginaria. Aquí se
le comunican todas tres personas, y la hablan, y la dan a entender aquellas palabras que dice el Evangelio que dijo el Señor: que venía Él y el
Padre y el Espíritu Santo a morar con el alma, que le ama y guarda sus
mandamientos. ¡Oh, válame Dios, cuán diferente cosa es oír estas palabras y creerlas, a entender por esta manera cuán verdaderas son! Y cada día se espanta más esta alma, porque nunca más le parece se fueron
de con ella, sino que notoriamente ve, de la manera que queda dicho,
que están en lo interior de su alma, en lo muy interior; en una cosa muy
honda, que no sabe decir cómo es, porque no tiene letras, siente en sí esta divina compañía. Pareceros ha que, según esto, no andará en sí, sino
tan embebida que no pueda entender en nada. Mucho más que antes, en
todo lo que es servicio de Dios, y en faltando las ocupaciones, se queda
con aquella agradable compañía; y si no falta a Dios el alma, jamas Él
la faltará, a mi parecer, de darse a conocer tan conocidamente su presencia. Y tiene gran confianza que no la dejará Dios, pues la ha hecho esta
merced, para que la pierda; y ansí se puede pensar, anque no deja de andar con más cuidado que nunca, para no le desagradar en nada. El traer
esta presencia entiéndese que no es tan cnteramente, digo tan claramente, como se le manifiesta la primera vez y otras algunas que quiere Dios
hacerle este regalo; porque, si esto fuese, era imposible entender en otra
cosa, ni an vivir entre la gente; mas, anque no es con esta tan clara luz,
siempre advierte se halla con esta compañía, digamos ahora como una
persona que estuviese en una muy clara pieza con otras y cerrasen las
ventanas y se quedase ascuras; no porque se quitó la luz para verlas, y
que hasta tornar la luz no las ve, deja de entender que estan allí. Es de
preguntar si, cuando torna la luz y las quiere tornar a ver, si puede. Esto
no está en su mano, sino cuando quiere Nuestro Señor que se abra la ventana del entendimiento; harta misericordia la hace en nunca se ir de con
ella y querer que ella lo entienda tan entendido. Parece que quiere aquí
la Divina Majestad disponer el alma para más con esta admirable compañía, porque está claro que será bien ayudada para en todo ir adelante
en la perfeción y perder el temor que traía algunas veces de las demás
mercedes que la hacía, como queda dicho. Y ansí fue, que en todo se ha-

llaba mejorada y le parecía que por trabajos y negocios que tuviese, lo esencial de su alma jamás se movía de aquel aposento, de manera que, en alguna manera, le parecía había división en su alma, y andando con grandes trabajos, que poco después que Dios le hizo esta merced tuvo, se quejaba de ella, a manera de Marta, cuando se quejó de María, y algunas veces la decía que se estaba ella siempre gozando de aquella quietud a su placer, y la deja a ella en tantos trabajos y ocupaciones, que no la puede tener compañía. Esto os parecerá, hijas, desatino, mas verdaderamente pasa ansí, que, anque se entiende que el alma está toda junta, no es antojo lo que he dicho, que es muy ordinario; por donde decía yo que se ven cosas interiores, de manera que cierto se entiende hay diferencia en alguna manera, y muy conocida del alma a el espíritu, anque más sea todo uno. Conócese una división tan delicada, que algunas veces parece obra de diferente manera lo uno de lo otro, como el sabor que les quiere dar el Señor. También me parece que el alma es diferente cosa de las potencias, y que no es todo una cosa: hay tantas y tan delicadas en lo interior, que sería atrevimiento ponerme yo a declararlas; allá lo veremos, si el Señor nos hace merced de llevarnos, por su misericordia, adonde entendamos estos secretos.

CAPÍTULO II

Pues vengamos ahora a tratar del divino y espiritual matrimonio, anque esta gran merced no debe cumplirse con perfección mientras vivimos, pues, si nos apartásemos de Dios, se perdería este tan gran bien. La primera vez que Dios hace esta merced, quiere Su Majestad mostrarse a el alma por visión imaginaria de su sacratísima humanidad, para que lo entienda bien y no esté inorante de que recibe tan soberano don. A otras personas será por otra forma; y ésta de quien hablamos se le representó el Señor, acabando de comulgar, con forma de gran resplandor y hermosura y majestad, como después de resucitado, y le dijo que ya era tiempo de que sus cosas tomase ella por suyas, y Él ternía cuidado de las suyas, y otras palabras que son más para sentir que para decir. Parecerá que no era esta novedad, pues otras veces se había representado el Señor a esta alma en esta manera. Fue tan diferente, que la dejó bien desatinada y espantada: lo uno, porque fue con gran fuerza esta visión; lo otro, porque las palabras que le dijo, y también porque en lo interior de su alma, alma, adonde se le representó, si no es la visión pasada, no había visto otras. Porque entended que hay grandísima diferencia de todas las pasadas a las que esta morada, y tan grande del desposorio espiritual al matrimonio espiritual, como lo hay entre dos desposados, a los que ya no se pueden apartar. Ya he dicho que, anque se ponen estas comparaciones porque no hay otras más a propósito, que se entienda que aquí no hay memoria de cuerpo mas que si el alma no estuviese en él, sino sólo espíritu, y en el matrimonio espiritual, muy menos, porque pasa esta secreta unión en el centro muy interior del alma, que debe ser adonde está el mesmo Dios, y, a mi parecer, no ha menester puerta por donde entre. Digo que no es menester puerta, porque en todo lo que se ha dicho hasta aquí parece que va por medio de los sentidos y potencias, y este aparecimiento de la humanidad del Señor ansí debía ser; mas lo que pasa en la unión del matrimonio espiritual es muy diferente. Aparécese el Señor en este centro del alma sin visión imaginaria, sino inteletual, anque más delicada que las dichas, como se apareció a los apóstoles, sin entrar por la puerta, cuando les dijo: «Paz vobis.» [1] Es un secreto tan grande y una merced tan subida lo que comunica Dios allí a el alma en un istante, y el grandísimo deleite que siente el alma, que no sé a qué lo comparar, sino a que quiere el Señor manifestarle por aquel memento la gloria que hay en el cielo, por más subida manera que por ninguna visión ni gusto espiritual. No se puede decir más de que, a cuanto se puede entender, queda el alma, digo el espíritu de esta alma, hecho una cosa con Dios, que, como es también espíritu, ha querido Su Majestad mostrar el amor que nos tiene en dar a entender a algunas personas hasta adónde llega, para que alabemos su grandeza; porque, de tal manera ha querido juntarse con la criatura, que ansí como los que ya no se pueden apartar, no se quiere apartar Él de ella. El desposorio espiritual es diferente, que muchas veces se apartan, y la unión también lo es, porque, anque unión es juntarse dos cosas en una, en fin, se pueden apartar y quedar cada cosa por sí, como vemos ordinariamente, que pasa de presto esta merced del Señor, y después se queda el alma sin aquella compañía, digo de manera que lo entienda. En estotra merced del Señor no, porque siempre queda el alma con su Dios en aquel centro. Digamos que sea la unión como si dos velas de cera se juntasen tan en estremo que toda luz fuese una, u que el pabilo y la luz y la cera es todo uno; mas después bien se puede apartar la una vela de la otra, quedan en dos velas, u el pabilo de la cera. Acá es como si cayendo agua del cielo en un río u fuente, adonde queda hecho todo agua, que no podrán ya dividir ni apartar cuál es el agua del río u lo que cayó del cielo, o como si un arroíco pequeño entra en la mar, no habrá remedio de apartarse, u como si en una pieza estuviesen dos ventanas por donde entrase gran luz, anque entra dividida, se hace todo una luz. Quizá es esto lo que dice San Pablo: «El que se arrima y allega a Dios, hácese espíritu con Él», tocando este soberano matrimonio, que presupone haberse llegado Su Majestad a el alma por unión. Y también dice: *Miqui bibere Cristus est, mori lucrum;* ansí me parece puede decir aquí el alma, porque es adonde la mariposilla que hemos dicho, muere, y con grandísimo gozo, porque su vida es ya Cristo. Y esto se entiende mejor cuando anda el tiempo, por los efetos, por

---

[1] El lector puede advertir que la Santa cita «Paz» en lugar de «Pax».

que se entiende claro, por unas secretas aspiraciones, ser el Dios el que da vida a nuestra alma, muy muchas veces tan vivas, que en ninguna manera se puede dudar, porque las siente muy bien el alma, anque no se saben decir, mas que es tanto este sentimiento que producen algunas veces unas palabras regaladas, que parece no se pueden escusar de decir: «¡Oh, vida de mi vida y sustento que me sustentas!», y cosas de esta manera; porque de aquellos pechos divinos, adonde parece está Dios siempre sustentando el alma, salen unos rayos de leche, que toda la gente del castillo conforta, que parece quiere el Señor que gocen de alguna manera de lo mucho que goza el alma, y que de aquel río caudaloso, adonde se consumió esta fuentecita pequeña, salga algunas veces algún golpe de aquel agua para sustentar los que en lo corporal han de servir a estos dos desposados. Y ansí como sentiría este agua una persona que está descuidada, si la bañasen de presto en ella, y no lo podía dejar de sentir, de la mesma manera, y an con más certidumbre, se entienden estas operaciones que digo. Porque, ansí como no nos podría venir un gran golpe de agua, si no tuviese principio, como he dicho, ansí se entiende claro que hay en lo interior quien arroje estas saetas y dé vida a esta vida, y que hay sol de donde procede una gran luz, que se envía a las potencias de lo interior del alma. Ella, como he dicho, no se muda de aquel centro ni se le pierde la paz, porque el mesmo que la dio a los apóstoles cuando estaban juntos, se la puede dar a ella. Heme acordado que esta salutación del Señor debía ser mucho más de lo que suena, y el decir a la gloriosa Madalena que se fuese en paz; porque, como las palabras del Señor son hechas como obras en nosotros, de tal manera debían hacer la operación en aquellas almas que estaban ya dispuestas, que apartase en ellos todo lo que es corpóreo en el alma y la dejase en puro espíritu para que se pudiese juntar en esta unión celestial con el espíritu increado. Que es muy cierto que, en vaciando nosotros todo lo que es criatura y deshaciéndonos de ella por amor de Dios, el mesmo Señor la ha de hinchir de sí. Y ansí, orando una vez Jesucristo Nuestro Señor por sus apóstoles, no sé dónde es, dijo que fuesen una cosa con el Padre y con Él, como Jesucristo Nuestro Señor está en el Padre, y el Padre en Él. ¡No sé qué mayor amor puede ser que éste! Y no dejaremos de entrar aquí todos, porque ansí dijo Su Majestad: «No sólo ruego por ellos, sino por todos aquellos que han de creer en Mí también», y dice: «Yo estoy en ellos.» ¡Oh, válame Dios, qué palabras tan verdaderas, y cómo las entiende el alma, que en esta oración lo ve por sí! ¡Y cómo lo entenderíamos todas si no fuese por nuestra culpa!, pues las palabras de Jesucristo Nuestro Rey y Señor no pueden faltar; mas, como faltamos en no disponernos y desviarnos de todo lo que puede embarazar esta luz, no nos vemos en este espejo que contemplamos, adonde nuestra imagen está esculpida. Pues tornando a lo que decíamos, en metiendo el Señor a el alma en esta morada suya que es el centro de la mesma alma, ansí como dicen que el cielo impíreo adonde está Nuestro Señor no se mueve como los demás, ansí parece no hay los movimientos en esta alma, en entrando aquí, que suele haber en las potencias y imaginación, de manera que la perjudiquen ni la quiten su paz. Parece que quiero decir que, llegando el alma a hacerla Dios esta merced, está segura de su salvación y de tornar a caer. No digo tal, y en cuantas partes tratare desta manera, que parece está el alma en siguridad, se entienda mientra la Divina Majestad la tuviere ansí de su mano y ella no le ofendiere; al menos sé cierto que, anque se ve en este estado y le ha durado años, que no se tiene por segura, sino que anda con mucho más temor que antes en guardarse de cualquier pequeña ofensa de Dios, y con tan grandes deseos de servirle, como se dirá adelante, y con ordinaria pena y confusión de ver lo poco que puede hacer y lo mucho a que está obligada, que no es pequeña cruz, sino harto gran penitencia; porque el hacer penitencia este alma, mientra más grande, le es más deleite. La verdadera penitencia es cuando le quita Dios la salud para poderla hacer, y fuerzas, que, anque en otra parte he dicho la gran pena que esto da, es muy mayor aquí, y todo le debe venir de la raíz adonde está plantada, que, ansí como el árbol que está cabe las corrientes de las aguas, está más fresco y da más fruto, ¿qué hay que maravillar de deseos que tenga esta alma, pues el verdadero espíritu de ella está hecho uno con el agua celestial que dijimos?

Pues, tornando a lo que decía, no se entienda que las potencias y sentidos y pasiones están siempre en esta paz; el alma sí; mas en estotras moradas no deja de haber tiempos de guerra y de trabajos y fatigas; mas son de manera que no se quita de su paz y puesto. Esto es lo ordinario. Este centro de nuestra alma, u este espíritu, es una cosa tan dificultosa de decir y an de creer, que pienso, hermanas, por no me saber dar a entender, no os dé alguna tentación de no creer lo que digo; porque decir que hay trabajos y penas y que el alma se está en paz, es cosa dificultosa. Quiéroos poner una comparación u dos; plega a Dios que sean tales que diga algo; mas si no lo fuere, yo sé que digo verdad en lo dicho. Está el Rey en su palacio, y hay muchas guerras en su reino y muchas cosas penosas; mas no por eso deja de estarse en su puesto. Ansí acá. Anque en estotras moradas anden muchas baraúndas y fieras ponzoñosas y se oye el ruido, naide entre en aquélla, que la haga quitar de allí; ni las cosas que oye, anque le dan alguna pena, no es de manera que la alboroten y quiten la paz; porque las pasiones están ya vencidas, de suerte que han miedo de entrar allí, porque salen más rendidas. Duélenos todo el cuerpo, mas si la cabeza está sana, no porque duela el cuerpo, dolerá la cabeza. Riéndome estoy de estas comparaciones, que no me contentan; mas no sé otras. Pensá lo que quisiéredes, ello es verdad lo que he dicho.

CAPÍTULO III

Ahora, pues, decimos que esta mariposica ya murió, con grandísima alegría de haber hallado reposo, y que vive en ella Cristo. Veamos qué vida hace u qué diferencia hay de cuando ella vivía, porque en los efetos veremos si es verdadero lo que queda dicho. A lo que puedo entender, son los que diré. El primero, un olvido de sí, que, verdaderamente, parece ya no es, como queda dicho, porque toda está de tal manera, que no se conoce ni se acuerda que para ella ha de haber cielo ni vida ni honra, porque toda está empleada en procurar la de Dios, que parece que las palabras que le dijo Su Majestad hicieron efeto de obra, que fue que mirase por sus cosas, que Él miraría por las suyas. Y ansí de todo lo que puede suceder no tiene cuidado, sino un estraño olvido, que, como digo, parece ya no es, ni querría ser en nada, nada, sino es para cuando entiende que puede haber por su parte algo en que acreciente un punto la gloria y honra de Dios, que por esto pornía muy de buena gana su vida. No entendáis por esto, hijas, que deja de tener cuenta con comer y dormir, que no le es poco tormento, y hacer todo lo que está obligada conforme a su estado, que hablamos en cosas interiores, que de obras esteriores poco hay que decir, que antes esa es su pena, ver que es nada lo que ya pueden sus fuerzas. En todo lo que puede y entiende que es servicio de Nuestro Señor no lo dejaría de hacer por cosa de la tierra.

Lo segundo, un deseo de padecer grande, mas no de manera que le inquiete como solía, porque es en tanto estremo el deseo que queda en estas almas de que se haga la voluntad de Dios en ellas, que todo lo que Su Majestad hace tienen por bueno: si quisiere que padezca, enhorabuena; si no, no se mata como solía.

Tienen también estas almas un gran gozo interior cuando son perseguidas, con mucha más paz que lo que queda dicho, y sin nenguna enemistad con los que las hacen mal u desean hacer, antes les cobran amor particular, de manera que, si los ven en algún trabajo, lo sienten tiernamente, y cualquiera tomarían por librarlos de él, y encomiéndanlos a Dios muy de gana, y de las mercedes que les hace Su Majestad holgarían perder porque se las hiciese a ellos, porque no ofendiesen a Nuestro Señor.

Lo que más me espanta de todo es que ya habéis visto los trabajos y afliciones que han tenido por morirse, por gozar de Nuestro Señor; ahora es tan grande el deseo que tienen de servirle y que por ellas sea alabado y de aprovechar algún alma si pudiesen, que, no sólo no desean morirse, mas vivir muy muchos años padeciendo grandísimos trabajos, por si pudiesen que fuese el Señor alabado por ellos, anque fuese con cosa muy poca. Y si supiesen cierto que, en saliendo el alma del cuerpo ha de gozar de Dios, no les hace al caso ni pensar en la gloria que tienen los santos; no desean por entonces verse en ella. Su gloria tienen puesta en si pudiesen ayudar en algo al Crucificado, en especial cuando ven que es tan ofendido, y los pocos que hay que de veras miren por su honra, desasidos de todo lo demás. Verdad es que algunas veces que se olvida de esto tornan con ternura los de gozar de Dios y desear salir de este destierro, en especial viendo lo poco que le sirve; mas luego torna y mira en sí mesma con la continuanza que le tiene consigo, y con aquello se contenta, y ofrece a Su Majestad el querer vivir como una ofrenda, la más costosa para ella, que le puede dar. Temor ninguno tiene de la muerte más que ternía de un suave arrobamiento. El caso es que el que daba aquellos deseos con tormento tan ecesivo, da ahora estotros. Sea por siempre bendito y alabado. En fin es que los deseos de estas almas no son ya de regalos ni de gustos, como tienen consigo al mesmo Señor, y Su Majestad es el que ahora vive. Claro está que su vida no fue sino continuo tormento, y ansí hace que sea la nuestra, al menos con los deseos, que nos lleva como a flacos en lo demás, anque bien les cabe de su fortaleza cuando ve que la han menester.

Un desasimiento grande de todo y deseo de estar siempre u solas u ocupadas en cosa que sea provecho de algún alma; no sequedades ni trabajos interiores, sino con una memoria y ternura con Nuestro Señor, que nunca querría estar sino dándole alabanzas; y cuando se descuida, el mesmo Señor la despierta de la manera que queda dicho, que se ve clarísimamente que procede aquel impulso, u no sé cómo le llame, de lo interior del alma, como se dijo de los ímpetus. Acá es con gran suavidad, mas ni procede del pensamiento ni de la memoria, ni cosa que se pueda entender que el alma hizo nada de su parte. Esto es tan ordinario y tantas veces, que se ha mirado bien con advertencia, que ansí como un fuego no echa la llama hacia bajo, sino haciariba, por grande que quieran encender el fuego ansí se entiende acá que este movimiento interior procede del centro del alma y despierta las potencias. Por cierto, cuando no hubiera otra cosa de ganancia en este camino de oración, sino entender el particular cuidado que Dios tiene de comunicarse con nosotros y andarnos rogando, que no parece esto otra cosa, que no estemos con Él, me parece eran bien empleados cuantos trabajos se pasan por gozar de estos toques de su amor tan suaves y penetrativos. Esto habréis, hermanas, espirimentado porque pienso, en llegando a tener oración de unión, anda el Señor con este cuidado, si nosotros no nos descuidamos de guardar sus mandamientos. Cuando esto os acaeciere, acordaos que es desta morada interior, adonde está Dios en nuestra alma, y alabadle mucho, porque cierto es suyo aquel recaudo u billete escrito con tanto amor, y de manera que sólo vos quiere entendáis aquella letra y lo que por ella os pide. La diferencia que hay aquí en esta morada es lo dicho: que casi nunca hay sequedad ni alborotos interiores de los que había en todas las otras a tiempos, sino que está el alma en quietud casi siempre; el no temer que esta merced tan subida puede contrahacer el demonio, sino estar en un ser [2] con seguridad que es Dios porque, como está dicho, no tienen que ver aquí los sentidos ni potencias, que se descubrió Su Majestad al alma y la metió consigo adonde, a mi parecer, no osará entrar el demonio ni le dejará el Señor; y todas las mercedes que hace aquí a el alma, como he dicho, son con ningún ayuda de la mesma alma, sino el que ya ella ha hecho de entregarse toda a Dios. Pasa con tanta quietud y tan sin ruido todo lo que el Señor aprovecha aquí a el alma y la enseña, que me parece es como en la edificación del templo de Salomón, adonde no se había de oír ningún ruido: ansí en este templo de Dios, en esta morada suya, solo Él y el alma se gozan con grandísimo silencio. No hay para qué bullir ni buscar nada en entendimiento, que el Señor que le crió le quiere sosegar aquí, y que por una resquicia pequeña mire lo que pasa; porque, anque a tiempos se pierde esta vista y no le dejan mirar, es poquísimo intervalo, porque, a mi parecer, aquí no se pierden las potencias, mas no obran, sino están como espantadas.

Yo lo estoy de ver que en llegando aquí el alma, todos los arrobamientos se le quitan, si no es alguna vez, y ésta no con aquellos y vuelo de espíritu; y son muy raras veces, y ésas casi siempre no en público, como antes, que era muy de ordinario, ni le hacen al caso grandes ocasiones de devoción que vea, como antes, que si ven una imagen devota u oyen un sermón, que casi no era oírle, u música, como la pobre mariposilla andaba tan ansiosa, todo la espantaba y hacía volar. Ahora, u es que halló su reposo, u que el alma ha visto tanto en esta morada, que no se espanta de nada, u que no se halla con aquella soledad que solía, pues goza de tal compañía. En fin, hermanas, yo no sé qué sea la causa, que en comenzando el Señor a mostrar lo que hay en esta morada y metiendo el alma allí, se les quita esta gran flaqueza que les era harto trabajo, y antes no se quitó. Quizá es que la ha fortalecido el Señor y ensanchado y habilitado, u pudo ser que quería dar a entender en público lo que hacía con estas almas en secreto, por algunos fines que Su Majestad sabe, que sus juicios son sobre todo lo que acá podemos imaginar.

Estos efetos, con todos los demás que hemos dicho, que sean buenos en los grados de oración que quedan dichos, da Dios, cuando llega el alma a Sí, con este ósculo que pedía la Esposa, que yo entiendo aquí se le cumple esta petición. Aquí se dan las aguas a esta cierva que va herida, en abundancia. Aquí se deleita en el tabernáculo de Dios. Aquí halla la paloma que envío Noé a ver si era acabada la tempestad, la oliva, por señal que ha hallado tierra firme dentro en las aguas y tempestades deste mundo. ¡Oh, Jesús, y quién supiera las muchas cosas de la Escritura, que debe haber para dar a entender esta paz del alma! Dios mío, pues veis lo que nos importa, haced que quieran los cristianos buscarlas, y a los que las habéis dado, no se la quitéis por

---

[2] de manera asidua, constante.

vuestra misericordia; que, en fin, hasta que les deis la verdadera y las llevéis adonde no se pueda acabar, siempre se ha de vivir con temor. Digo la verdadera, no porque entienda ésta no lo es, sino porque se podría tornar la guerra primera, si nosotros nos apartásemos de Dios. Mas, ¿qué sentirán estas almas de ver que podrían carecer de tan gran bien? Esto les hace andar más cuidadosas y procurar sacar fuerzas de su flaqueza, para no dejar cosa que se les puede ofrecer para más agradar a Dios, por culpa suya. Mientras más favorecidas de Su Majestad andan, más acobardadas y temerosas de sí, y, como en estas grandezas suyas han conocido más sus miserias y se las hacen más graves sus pecados, andan muchas veces que no osan alzar los ojos, como el publicano; otras, con deseos de acabar la vida por verse en seguridad, anque luego tornan con el amor que le tienen, a querer vivir para servirle, como queda dicho, y fían todo lo que les toca de su misericordia. Algunas veces las muchas mercedes las hacen andar más aniquiladas, que temen que, como una nau que va muy demasiado de cargada se va a lo hondo, no les acaezca ansí. Yo os digo, hermanas, que no les falta cruz, salvo que no las inquieta ni hace perder la paz, sino pasan de presto como una ola, algunas tempestades, y torna bonanza, que la presencia que train del Señor les hace que luego se les olvide todo. Sea por siempre bendito y alabado de todas sus criaturas. Amén.

CAPÍTULO IV

No habéis de entender, hermanas, que siempre en un ser [3] están estos efetos que he dicho en estas almas, que por eso adonde se me acuerda, digo lo ordinario, que algunas veces las deja Nuestro Señor en su natural, y no parece sino que entonces se juntan todas las cosas ponzoñosas del arrabal y moradas de este castillo, para vengarse de ellas por el tiempo que no las pueden haber a las manos. Verdad es que dura poco, un día lo más, u poco más; y en este gran alboroto, que procede lo ordinario de alguna ocasión, se ve lo que gana el alma en la buena compañía que está, porque la da el Señor una gran entereza para no torcer en nada de su servicio y buenas determinaciones, sino que parece le crecen, y por un primer movimiento muy pequeño no tuercen de esta determinación. Como digo, es pocas veces, sino que quiere Nuestro Señor que no pierda la memoria de su ser, para que siempre esté humilde, lo uno; lo otro, porque entienda más lo que debe a Su Majestad, y la grandeza de la merced que recibe y le alabe.

Tampoco os pase por pensamiento que, por tener estas almas tan grandes deseos y determinación de no hacer una imperfeción por cosa de la tierra, dejan de hacer muchas, y an pecados. De advertencia no, que

---

[3] *en un ser:* estables, constantes.

las debe el Señor a estas tales dar muy particular ayuda para esto; digo pecados veniales, que de los mortales, que ellas entiendan, están libres, anque no siguras; que ternán algunos que no entienden, que no les será pequeño tormento. También se les dan las almas que ven que se pierden; y, anque en alguna manera tienen gran esperanza que no serán de ellas, cuando se acuerdan de algunos que dice la Escritura que parecía eran favorecidos del Señor, como un Salomón, que tanto comunicó con Su Majestad, no pueden dejar de temer, como tengo dicho. Y la que se viere de vosotras con mayor siguridad en sí, esa tema más, porque «bienaventurado el varón que teme a Dios», dice David. Su Majestad nos ampare siempre; suplicárselo, para que no le ofendamos es la mayor siguridad que podemos tener. Sea por siempre alabado. Amén.

Bien será, hermanas, deciros qué es el fin para que hace el Señor tantas mercedes en este mundo. Anque en los efetos de ellas los habréis entendido, si advertistes en ello, os lo quiero tornar a decir aquí, porque no piense alguna que es para sólo regalar estas almas, que sería grande yerro, que no nos puede Su Majestad hacerle mayor que es darnos vida que sea imitando a la que vivió su Hijo tan amado; y ansí tengo yo por cierto que son estas mercedes para fortalecer nuestra flaqueza, como he dicho alguna vez, para poderle imitar en el mucho padecer.

Siempre hemos visto que los que más cercanos anduvieron a Cristo Nuestro Señor fueron los de mayores trabajos. Miremos los que pasó su gloriosa Madre y los gloriosos apóstoles. ¿Cómo pensáis que pudiera sufrir san Pablo tan grandísimos trabajos? Por él podemos ver qué efetos hacen las verdaderas visiones y contemplación cuando es de Nuestro Señor, y no imaginación u engaño del demonio. ¿Por ventura ascondiose con ellas para gozar de aquellos regalos y no entender en otra cosa? Ya lo veis, que no tuvo día de descanso, a lo que podemos entender; y tampoco le debía de tener de noche, pues en ella ganaba lo que había de comer. Gusto yo mucho de san Pedro cuando iba huyendo de la cárcel y le apareció Nuestro Señor, y le dijo que iba a Roma a ser crucificado otra vez. Nenguna rezamos esta fiesta adonde esto está, que no me es particular consuelo. ¿Cómo quedó san Pedro de esta merced del Señor u qué hizo? Irse luego a la muerte, y no es poca misericordia del Señor hallar quien se la dé. ¡Oh, hermanas mías, qué olvidado debe tener su descanso, y qué poco se le debe de dar de honras, y qué fuera debe estar de querer ser tenida en nada el alma adonde está el Señor tan particularmente! Porque si ella está mucho con Él, como es razón, poco se debe acordar de sí; toda la memoria se le va en cómo más contentarle y en qué u por dónde mostrará el amor que le tiene. Para esto es la oración, hijas mías, de esto sirve este matrimonio espiritual, de que nazcan siempre obras, obras. Esta es la verdadera muestra de ser cosa y merced hecha de Dios, como ya os he dicho; porque poco me aprovecha estarme muy recogida a solas, haciendo atos con Nuestro Señor, propuniendo y prometiendo de hacer maravillas por su servicio, si, en saliendo de allí, que se ofrece la ocasión, lo hago todo al revés. Mal dije que aprovechará poco, que todo lo que se está con Dios aprovecha mucho, y estas determinaciones, anque seamos flacos en no las cumplir después, alguna vez nos dará Su Majestad cómo lo hagamos; y an quizá, anque nos pese, mucho hace muchas veces, que como ve un alma muy cobarde, dale un muy gran trabajo, bien contra su voluntad y sácala con ganancia, y después, como esto entiende el alma, queda más perdido el miedo para ofrecerse más a Él. Quise decir que es poco, en comparación de lo mucho más que es que conformen las obras con los atos y palabras, y que la que no pudiere por junto, sea poco a poco. Vaya doblando su voluntad si quiere que le aproveche la oración, que dentro de estos rincones no faltarán hartas ocasiones en que lo podáis hacer. Mirá que importa esto mucho más que yo os sabré encarecer. Poné los ojos en el Crucificado, y haráseos todo poco. Si Su Majestad nos mostró el amor con tan espantables obras y tormentos, ¿cómo queréis contentarle con sólo palabras? ¿Sabéis qué es ser espirituales de veras? Hacerse esclavos de Dios, a quien, señalados con su hierro, que es el de la Cruz, porque ya ellos le han dado su libertad, los pueda vender por esclavos de todo el mundo, como Él lo fue, que no les hace ningún agravio ni pequeña merced; y, si a esto no se determinan, no hayan miedo que aprovechen mucho, porque todo este edificio, como he dicho, es su cimiento humildad, y si no hay ésta muy de veras, an por vuestro bien no querrá el Señor subirle muy alto, porque no dé todo en el suelo. Ansí que, hermanas, para que lleve buenos cimientos, procurará ser la menor de todas, y esclava suya, mirando cómo u por dónde las podéis hacer placer y servir, pues lo que hicierdes en este caso, hacéis más por vos que por ellas, puniendo piedras tan firmes que no se os caya el castillo. Torno a decir que para esto es menester no poner vuestro fundamento sólo en rezar y contemplar; porque, si no procuráis virtudes y hay ejercicio de ellas, siempre os quedaréis enanas; y an plega a Dios que sea sólo no crecer, porque ya sabéis que quien no crece, descrece, porque el amor tengo por imposible contentarse de estar en un ser adonde le hay.

Pareceros ha que hablo con los que comienzan, y que después pueden ya descansar. Ya os he dicho que el sosiego que tienen estas almas en lo interior, es para tenerle muy menos, ni querer tenerle, en lo esterior. ¿Para qué pensáis que son aquellas inspiraciones que he dicho, u por mejor decir, aspiraciones, y aquellos recaudos que envía el alma del centro interior a la gente de arriba del castillo y a las moradas que están fuera de donde ella está? ¿Es para que se echen a dormir? ¡No, no, no!, que más guerra les hace desde allí, para que no estén ociosas las potencias y sentidos y todo lo corporal, que les ha hecho cuando andaba con ellos padeciendo, porque entonces no entendía la ganancia tan grande que son los trabajos, que, por ventura, han sido medios para traerla Dios allí, y la compañía que tiene le da fuerzas muy mayores que nunca. Porque si acá dice David que con los santos seremos santos, no hay que dudar sino que estando hecha una cosa con el fuerte por la unión tan soberana de espíritu con espíritu, se le ha de pegar fortaleza, y ansí veremos la que han tenido los santos para padecer y morir. Es muy cierto que, an de la que a ella allí se le pega, acude a todos los que están en el castillo, y an al mesmo cuerpo, que parece muchas veces que no siente; sino, esforzado con el esfuerzo que tiene el alma bebiendo del vino de esta bodega adonde la ha traído su Esposo, y no la deja salir, redunda en el flaco cuerpo, como acá el manjar que se pone en el estómago da fuerza a la cabeza y a todo él. Y ansí tiene harta mala ventura mientras vive, porque, por mucho que haga, es mucho más la fuerza interior y la guerra que se le da, que todo le parece nonada. De aquí debían venir las grandes penitencias que hicieron muchos santos, en especial la gloriosa Madalena, criada siempre en tanto regalo, y aquella hambre que tuvo nuestro padre Elías de la honra de su Dios, y tuvo Santo Domingo y San Francisco de allegar almas para que fuese alabado; que yo os digo que no debían pasar poco, olvidados de sí mesmos. Esto quiero yo, mis hermanas, que procuremos alcanzar, y no para gozar, sino para tener estas fuerzas para servir, deseemos y nos ocupemos en la oración. No queramos ir por camino no andado, que nos perderemos al mejor tiempo; y sería bien nuevo pensar tener estas mercedes de Dios por otro que el que Él fue y han ido todos sus santos. No nos pase por pensamiento. Creeme, que Marta y María han de andar juntas para hospedar al Señor y tenerle siempre consigo, y no le hacer mal hospedaje no le dando de comer. ¿Cómo se lo diera María, sentada siempre a los pies, si su hermana no le ayudara? Su manjar es que de todas las maneras que pudiéremos lleguemos almas para que se salven y siempre le alaben.

Decirme heis dos cosas: la una, que dijo que María había escogido la mejor parte, y es que ya había hecho el oficio de Marta, regalando a el Señor en lavarle los pies y limpiarle con sus cabellos. ¿Y pensáis que le sería poca mortificación a una señora como ella era irse por esas calles, y por ventura, sola, porque no llevaba hervor para entender cómo iba, y entrara donde nunca había entrado, y después sufrir la mormuración del fariseo, y otras muy muchas que debía sufrir? Porque ver en el pueblo una mujer como ella hacer tanta mudanza, y, como sabemos, entre tan mala gente, que bastaba ver que tenía amistad con el Señor, a quien ellos tenían tan aborrecido, para traer a la memoria la vida que había hecho, y que se quería ahora hacer santa, porque está claro que luego mudaría vestido y todo lo demás; pues ahora se dice a personas que no son tan nombradas, ¿qué sería entonces? Yo os digo, hermanas, que venía la mejor parte sobre hartos trabajos y mortificación, que, anque no fuera sino ver a su Maestro tan aborrecido, era intolerable trabajo. ¡Pues los muchos que después pasó en la muerte del Señor! Tengo para mí que el no haber recibido martirio fue por haberle pasado en ver morir al Señor, y en los años que vivió, en verse ausente de Él, que sería de terrible tormento, se verá que no estaba siempre con regalo de contemplación a los pies del Señor. La otra, que no podéis vosotras ni tenéis como allegar almas a Dios, que lo haríades de buena gana, mas que, no habiendo de enseñar ni predicar, como hacían los apóstoles, que no sabéis cómo. A esto he respondido por escrito algunas veces, y an no sé si en este castillo; mas porque es cosa que creo os pasa por pensamiento, con los deseos que os da el Señor, no dejaré de decirlo aquí. Ya os dije en otra parte que algunas veces nos pone el demonio deseos grandes porque no echemos mano de lo que tenemos a mano para servir a Nuestro Señor en cosas posibles, y quedemos contentas por haber deseado las imposibles. Dejando que en la oración ayudaréis mucho, no queráis aprovechar a todo el mundo, sino a las que están en vuestra compañía, y ansí será mayor la obra, porque estáis a ellas más obligadas. ¿Pensáis que es poca ganancia que sea vuestra humildad tan grande, y mortificación, y el servir a todas, y una gran caridad con ellas, y un amor del Señor, que ese fuego las encienda a todas, y con las demás virtudes siempre las andéis despertando? No sería sino mucha, y muy agradable servicio al Señor, y con esto que ponéis por obra, que podéis, entenderá Su Majestad que haríades mucho más, y ansí os dará premio, como si le ganásedes muchas. Diréis que esto no es convertir, porque todas son buenas. ¿Quién os mete en eso? Mientras fueren mejores, más agradables serán sus alabanzas al Señor y más aprovechará su oración a los prójimos. En fin, hermanas mías, con lo que concluyo es que no hagamos torres sin fundamento, que el Señor no mira tanto la grandeza de las obras como el amor con que se hacen, y como hagamos lo que pudiéramos, hará Su Majestad que vamos pudiendo cada día más y más, como no nos cansemos luego, sino que lo poco que dura esta vida, y quizá será más poco de lo que cada uno piensa, interior y esteriormente ofrezcamos a el Señor el sacrificio que pudiéremos, que Su Majestad le juntará con el que hizo en la cruz por nosotros al Padre, para que tenga el valor que nuestra voluntad hubiere merecido, anque sean pequeñas las obras. Plega a Su Majestad, hermanas y hijas mías, que nos veamos todas adonde siempre le alabemos, y me dé gracia para que yo obre algo de lo que os digo, por los méritos de su Hijo, que vive y reina por siempre jamás, amén; que yo os digo que es harta confusión mía, y ansí os pido por el mesmo Señor que no olvidéis en vuestras oraciones esta pobre miserable.

CONCLUSIÓN

JHS

Anque cuando comencé a escribir esto que aquí va fue con la contradición que al principio digo, después de acabado me ha dado mucho contento y doy por bien empleado el trabajo, anque confieso que ha sido harto poco. Considerando el mucho encerramiento y pocas cosas de entretenimiento que tenéis, mis hermanas, y no casas tan bastantes como conviene en algunos monesterios de los vuestros, me parece os será consuelo deleitaros en este castillo interior, pues sin licencia de los superiores podéis entraros y pasearos por él a cualquier hora. Verdad es que no en todas las moradas podéis entrar por vuestras fuerzas, anque os parezca las tenéis grandes, si no os mete el mesmo Señor del castillo; por eso os aviso que ninguna fuerza pongáis, si hallardes resistencia alguna, porque le enojaréis de manera que nunca os deje entrar en ellas.

Es muy amigo de humildad. Con teneros por tales que no merecéis an entrar en las terceras, le ganaréis más presto la voluntad para llegar a las quintas, y de tal manera le podéis servir desde allí, continuando a ir muchas veces a ellas, que os meta en la mesma morada que tiene para Sí, de donde no salgáis más, si no fuerdes llamadas de la priora, cuya voluntad quiere tanto este gran Señor que cumpláis como la suya mesma. Y, aunque mucho estéis fuera por su mandado, siempre cuando tornardes, os terná la puerta abierta. Una vez mostradas a gozar de este castillo, en todas las cosas hallaréis descanso, anque sean de mucho trabajo, con esperanza de tornar a él, que no os lo puede quitar naide.

Anque no se trata de más de siete moradas, en cada una de éstas hay muchas, en lo bajo y alto y a los lados, con lindos jardines y fuentes y cosas tan deleitosas, que desearéis deshaceros en alabanzas del gran Dios que lo crió a su imagen y semejanza. Si algo hallardes bueno en la orden de daros noticias de Él, creé verdaderamente que lo dijo Su Majestad por daros a vosotras contento, y lo malo que hallardes es dicho de mí. Por el gran deseo que tengo de ser alguna parte para ayudaros a servir este mi Dios y Señor, os pido que, en mi nombre, cada vez que leyerdes aquí, alabéis mucho a Su Majestad y le pidáis el aumento de su Ilesia y luz para los luteranos; y para mí que me perdone mis pecados y me saque del purgatorio, que allá estaré quizá, por la misericordia de Dios, cuando esto se os diere a leer, si estuviere para que se vea, después de visto de letrados; y si algo tuviere de error, es por más no lo entender, y en todo me sujeto a lo que tiene la Santa Ilesia Católica Romana, que en ésta vivo y protesto y prometo vivir y morir. Sea Dios Nuestro Señor por siempre alabado y bendito. Amén, amén.

Acabose esto de escribir en el monesterio de San Josef de Ávila, año de mil quinientos setenta y siete, víspera de San Andrés, para gloria de Dios, que vive y reina por siempre jamás. Amén.

BIOGRAFÍA

Alberto C. Campos

INTRODUCCIÓN

¿Quién es, qué es Teresa de Jesús?

No es vana cuestión plantearse tal interrogante. Conforme uno echa a andar de la mano de su persona (de su personalidad, de su personaje) desde el mismo día de su nacimiento, la pequeña duda que ya asoma tímidamente en la infancia, deviene angustiosa incertidumbre con el transcurrir del tiempo, de la vida, más aún si tal existencia se aborda con plenitud desbordante, con pasión, con ansia de sumar días, meses, años... experiencias, labores, compromisos, empeños.

Antes que nada es mujer, es religiosa. Es novicia, hermana, monja, priora, Madre: carmelita descalza. Es fundadora, reformadora, mística. Es escritora. Luego, a la hora de las proclamaciones, será beata, santa, doctora de la Iglesia Católica.

La primera de las hijas del matrimonio que forman Alonso Sánchez de Cepeda y Beatriz de Ahumada, recibe el nombre de Teresa en atención a su abuela materna, Teresa de las Cuevas. Pero, ¿por qué la tendencia general a referirse a la niña, y luego a la muchacha, como Teresa de Ahumada? Nadie parece saber a ciencia cierta el motivo de anteponer el apellido materno. Quizá fuera uno más de los ardides destinados a ocultar su origen converso —herencia de su abuelo paterno, Juan Sánchez de Toledo—, actitud que llevaría incluso a algunos de sus primeros biógrafos a falsear su árbol genealógico (no obstante, fueron los Cepeda típica familia judeo-conversa condenada en varios de sus miembros). Tal vez fuera una sencilla cuestión de elección arbitraria (de hecho, se sabe que, mucho tiempo después, su hermano Lorenzo mudaría el apellido de su hija —Teresa de Cepeda— por el de Ahumada, sin otra intención que la de ofrecer una muestra más de infinito amor a su hermana).

En cualquier caso, cuando el día 2 de noviembre de 1535 entra nuestra Teresa de Ahumada en el monasterio de la Encarnación con el deseo de profesar como monja carmelita, ya no tiene sentido interrogarse por el orden o el origen de sus apellidos (más allá del aspecto vocacional, se ha interpretado esta entrada en religión como una respuesta interior a la profunda humillación social que hasta entonces ha sufrido por mor de su origen converso). Un año más tarde —2 de noviembre de 1536— Teresa recibe el hábito de las monjas de la Orden de la Virgen Santa

129

María del Monte Carmelo, y un año y un día después —3 de noviembre de 1537— hace su profesión: novicia, monja y hermana.

Habrán de transcurrir 25 años para que la religiosa abandone de modo definitivo sus apellidos seglares al entrar en calidad de priora en el convento de San José de Ávila, primer hito en lo que con el tiempo —siempre el tiempo como unidad esencial de medida de su existencia, acaso pocas personas hayan sumado siempre algún valor a cada uno de sus días— se convertirá en largo y fértil camino de fundaciones. Teresa de Ahumada muda a partir de ese momento en Teresa de Jesús, reformadora y fundadora, dos formas de labrar en religión en su caso inseparables la una de la otra. En virtud de las mismas, deviene la madre Teresa de Jesús pastora de un rebaño —primero sólo de monjas, luego también de frailes— espiritualmente apacentado por una serie de constituciones, institutos y reglas que rigen la observancia regular y la vida conventual de cada uno de los monasterios que se levantan a lo largo de la cañada de fundaciones que constituyen la causa descalza. A partir de esta labor de reforma y fundación que llenará el resto de sus días, Teresa de Jesús será, para todos, sencillamente la Madre: madre de sus ovejas, de sus monjas, de sus pobrecitas... de su gran familia descalza.

Por un lado está el nombre (y los apellidos, cuestión nada gratuita, como hemos visto), y la denominación en función del cargo, la categoría, la calidad que la persona va alcanzando paulatinamente hasta convertirse en personalidad. Más allá está la dignidad, la solemnidad, el título.

Es lugar común referirse a Teresa de Jesús, en toda ocasión, como santa (la Santa, Santa Madre, Santa Teresa, y finalmente Santa Teresa de Jesús), en lo que aparece como una suerte de anacronismo, pues lógicamente nunca pudo alcanzar en vida tal dignidad.

En este sentido, cabe al menos preguntarse qué efecto produciría en la religiosa saberse reputada como santa. Acudamos a las primeras líneas de su *Libro de la Vida*, al mismísimo inicio del prólogo: *Quisiera yo que, como me han mandado y dado larga licencia para que escriva el modo de oración y las mercedes que el Señor me ha hecho, me la dieran para que muy por menudo y con claridad dijera mis grandes pecados y ruin vida. Diérame gran consuelo. Mas no han querido, antes atádome, mucho en este caso.* No son pocas las alusiones que, en esta obra clave de referencia a su propia persona y su modo de vida, hace la religiosa a su ruindad: *he sido tan ruin que de mí ninguna cosa hay que fiar* (5.5); *para mí, que soy ruin, huviérame cierto llevado a el infierno* (7.3); *verdad es que yo soy más flaca y ruin que todos los nacidos* (7.22); *no sin causa he ponderado tanto este tiempo de mi vida, que bien veo no dará a nadie gusto ver cosa tan ruin* (8.1); *pues a si cosa tan ruin como yo tanto tiempo sufrió el Señor, ¿qué persona, por malo que sea, podrá temer?* (8.8). Y más...

Biografía

Ha sido siempre materia de profundo debate y discusión la sistemática tendencia de la religiosa a la autoinjuria, la flagelación verbal, o la humillación personal, tal vez como una variante más de la rigurosa penitencia y disciplina que observaba. Estudiosos y teólogos se han interrogado a menudo sobre el alcance real de tales autoacusaciones, y en gran mayoría han coincidido en la existencia de una evidente exageración por su parte. Más aún, por mucho que el 24 de abril de 1614 Paulo V la proclamara beata, el 12 de marzo de 1622 Gregorio XV la canonizara, y el 27 de septiembre de 1970 Pablo VI la proclamara solemnemente Doctora de la Iglesia Católica, parece evidente que jamás se habría sentido la humilde y sencilla monja merecedora de tales honores, y a buen seguro se llamaría a escándalo al saberse destinataria de los mismos.

¿Cómo aludir, en fin, a su persona sin temor a errar por defecto o por exceso? Acudamos al convento de Nuestra Señora de la Encarnación, junto a Teresa, que en su lecho de muerte exclama: *¡Oh, Señor mío y Esposo mío! Ya es llegada la hora de mí tan deseada. Hora es ya, Dios mío, que nos juntemos.*

Juntémoslos, pues, y tornando de nuevo la vista atrás, contemplémosla traspasar el umbral del monasterio de San José de Ávila para trocar ya para siempre su nombre y apellidos seglares en el de Teresa de Jesús.

I. MARCO HISTÓRICO

Es un hecho que resulta de todo punto inviable valorar en su justa medida la dimensión humana y cultural de Teresa de Jesús sin tener muy presente el contexto histórico, político y social en el que vive. Su condición de eminente personalidad en un periodo clave de la Historia de España obliga a determinar que cada una de sus facetas personales camina indefectiblemente de la mano del entorno exterior en el que se mueve. Prueba de ello es que, a la hora de componer un cuadro cronológico de su vida, la práctica totalidad de los eventos fundamentales de la misma encuentra correspondencia directa en el devenir de la nación, desde sus orígenes hasta el último hálito de vida que conserva. El hecho de que una personalidad de naturaleza tan introvertida alcance tal eco social e histórico no viene sino a confirmar su grandeza y majestuosidad.

Teresa de Ahumada nace en 1515, dos años antes del comienzo del reinado de Carlos I, primer monarca hispánico de la casa de Austria, hijo de Felipe el Hermoso y de Juana la Loca. Su declaración de mayoría de edad coincide en el tiempo con el nacimiento de la religiosa, haciéndose cargo por entonces del gobierno de Flandes. En 1517 se traslada a España y es reconocido rey de Castilla por incapacidad de su madre doña Juana. A la muerte de su abuelo Maximiliano de Habsburgo, es elegido emperador de Alemania en 1519.

Su reinado en España marca la época de máximo esplendor del Imperio, el Siglo de Oro, que llevará a la nación a mantener la hegemonía mundial a lo largo del siglo XVI, apoyada por un importante auge económico. Ello viene acompañado de un notable aumento de la población española —y muy concretamente de la castellana—, a pesar del importante flujo de emigración hacia las Indias: a mediados de siglo, la cifra de población se estima en torno a los siete millones y medio de habitantes. Agricultura, ganadería e industria (sobre todo la textil y la naval) experimentan asimismo un excepcional crecimiento, en parte muy favorecido por la importación de metales preciosos del Nuevo Mundo, en gran cantidad destinados a la financiación de las empresas imperiales, que a su vez exigen un elevado incremento de los tributos.

El imperio universal de Carlos I descansa sobre la base geopolítica de su grandiosa herencia: Habsburgo (origen de su hegemonía sobre el imperio germano); Borgoña (amplia franja que comprende desde el mar del Norte al núcleo de Occidente); Aragón (de influencia particular sobre el área mediterránea); y Castilla (corona de Castilla, que incluye Navarra y se extiende hacia la costa norteafricana y el Atlántico).

Este vasto imperio aparece a la vez estructurado sobre dos principios fundamentales: pluralismo político y multiterritorialidad, de modo que los diversos Estados, unidos por la persona de Carlos I y regidos por él mismo o por sus representantes, conservan sus leyes tradicionales, fueros, lenguas, monedas, fronteras e instituciones. Ideológicamente, su política gira en torno a la denominada «idea imperial», que a partir de la *universitas christiana* pretende la vertebración de la Cristiandad bajo la excelsa figura del Emperador, respetando la diferenciación entre los países occidentales a la vez que aúna los esfuerzos contra el enemigo común: los turcos.

El reinado de Carlos I se divide en tres grandes etapas: la primera (1517-1529), viene presidida por el designio de la citada *universitas christiana*, que se ve obstaculizada por la rivalidad francesa; la segunda (1529-1544), incluye la restauración del Sacro Imperio Romano Germánico; y la tercera (1544-1556), en la que Carlos I, lejos de España, dirige su máxima atención al conflicto político y religioso de Alemania.

En el transcurso de la primera etapa, la ausencia de Carlos I coincide con el estallido de la Guerra de las Comunidades, conflicto de orden sociopolítico que tiene lugar en el reino de Castilla durante los años 1520 y 1521, cuyo origen hay que buscarlo en los desajustes que siguen a la desaparición de los Reyes Católicos y el progresivo resquebrajamiento de la firme estructura de su reinado. A una grave crisis de la agricultura se une la reaparición en la escena política de la nobleza, abiertamente contraria a la consolidación de una monarquía autoritaria por cuanto ello supone una evidente limitación de su influencia. A pesar de que esta nobleza comience depositando buena parte de sus esperanzas en la persona del nuevo monarca, muy pronto se verán decepcionados por las primeras medidas tomadas por el Rey, entre otras el nombramiento de consejeros flamencos para ocupar puestos de responsabilidad en Castilla, las cuantiosas exigencias fiscales necesarias para hacer frente a los crecientes gastos, y el posterior aumento del rendimiento de las alcabalas. Su marcha a Alemania en mayo de 1520 deja al país a las puertas de una sublevación que germina en diversas ciudades (Segovia, Zamora, Burgos, Guadalajara) mediante violentos actos dirigidos contra diputados, funcionarios y recaudadores. A iniciativa de Toledo, varias ciudades castellanas se agrupan en torno a un programa que prevé la anulación de las disposiciones fiscales y la afirmación de los derechos nacionales frente al monarca y sus consejeros. Deciden constituirse en Junta (Junta de Ávila, agosto de 1520), desconociendo la autoridad del gobernador y del Consejo Real. Los primeros escarceos surgidos en Segovia entre el ejército real y las tropas de Padilla derivan en el incendio de Medina del Campo, que fomenta un sentimiento común de solidaridad entre las ciudades castellanas, a la vez que favorece el descrédito del gobernador y del Consejo. Padilla entra fácilmente en Medina del Campo y Tordesillas, en cuya fortaleza reside la reina Juana. La Junta se instala en la ciudad aprovechando la presencia de la Reina y, con la representación de trece ciudades, abre sus sesiones en septiembre presentándose como *Cortes e Junta general del reyno*. Este movimiento de afirmación comunera coincide con un importante movimiento antiseñorial que surge en el campo a partir de una progresiva sublevación del campesinado que inicialmente estalla en Madrigal, Arévalo y Olmedo (junio de 1520), para posteriormente extenderse a amplias regiones de las dos Mesetas, Alto Ebro, La Mancha y parte de Andalucía y Murcia. Las causas comunes de estas rebeliones deben buscarse en el aumento de la presión fiscal y los abusos de los señores, hilo de continuidad de una situación que con anterioridad había cristalizado ya en las ciudades, donde las relaciones con la nobleza se han deteriorado notoriamente. Inicialmente favorable a este movimiento, por cuanto supone un importante debilitamiento de la autoridad real, cuando los vasallos se niegan a pagar las rentas y es expulsada de sus estados, la nobleza comenzará a distanciarse de la causa comunera. Durante un tiempo la Junta no se atreve a apoyar la sublevación del campesinado, pero ambos estamentos se irán aproximando al abrazar una serie de intereses afines: limitación del poder real, reducción de la fiscalidad, propugnación de una política económica contraria a los grandes señores. La radicalización de la Junta estimula esta agitación antiseñorial y ambas facciones se disponen a la organización de sus ejércitos. Al mando de las tropas comuneras se pone inicialmente Pedro Girón, pero tras la ocupación de Tordesillas a manos de los realistas (diciembre de 1520) es sustituido por Padilla. A la derrota decisiva de sus tropas en Villalar (23 de abril de 1521), sigue la decapitación al día siguiente de tres de los principales jefes militares comuneros: el propio Juan de Padilla, Juan Bravo y Francisco Maldonado. Tan sólo la ciudad de Toledo, a las órdenes de María Pacheco, viuda de Padilla, resistirá hasta febrero de 1522.

La derrota de las Comunidades marca a su vez la de una concepción de la sociedad dirigida por los sectores más dinámicos de la clase media castellana, que pretenden participar en la dirección del Estado a fin de adecuarlo a las necesidades de crecimiento de su grupo social. Cuentan con el campesinado, oprimido por el régimen señorial, pero la abierta oposición de la nobleza, que defiende unos intereses por completo antagónicos, y la debilidad y falta de cohesión de la propia clase media, de la que acabará desertando la burguesía mercantil para aliarse con la nobleza, marcarán su destino. A la derrota sigue una importante represión económica sobre las ciudades comuneras, sobre las que recaen cuantiosos pagos en concepto de indemnización, y el restablecimiento de la autoridad de los señores sobre vasallos y villas sublevados, circunstancia que asegurará durante largo tiempo la supervivencia de un estado monárquico-señorial.

En la esfera internacional, esta primera etapa se caracteriza por el despliegue del designio imperial, para cuya protección y la de la propia Cristiandad, se hace necesaria una perfecta cohesión de sus territorios. En este punto, es vital el control de Milán (en manos de Francisco I en 1515), pieza clave de engarce entre las posesiones mediterráneas y continentales de Carlos I. Ello abrirá, a la par que otras cuestiones de discordia, un largo proceso de enfrentamiento bélico, cuya primera guerra (1521-1526) tiene como escenario principal el estado de Milán y como desenlace fundamental la Batalla de Pavía (1525), en la que Francisco I es apresado. Por el Tratado de Madrid (enero de 1526) el monarca recupera su libertad a cambio de la renuncia a Milán. En mayo de 1526 se reanudan las hostilidades a causa de la constitución de la Liga de Cognac, siendo principal referente de este segundo periodo de lucha el saqueo de Roma por el ejército del emperador (1527). La Paz de Cambray (1529) reafirma la supremacía de Carlos I en Italia.

La firma de la Paz de Crépy (contemplada ya en la segunda etapa del reinado, que se desarrolla entre 1529 y 1544) pone fin al largo enfrentamiento con Francisco I. A partir de entonces, una serie de alianzas empieza a formar un poderoso bloque antiimperialista: los príncipes luteranos, agrupados en la Liga de Esmalcalda (1530), pactan con Francisco I, que a su vez se alía con Barbarroja y Solimán el Magnífico, sultán de Turquía. Pero por la Paz de Crépy, Francisco I renuncia a la coalición con Turquía y con los protestantes, en virtud del auge que cobra la Reforma en Alemania y en su propio país.

Durante la tercera y última etapa del Imperio (1544-1556), Carlos I, entregado de pleno a los conflictos germánicos, no pasará ninguna temporada en los reinos de España, nombrando regente a su hijo Felipe en dos ocasiones (1543-1548 y 1551-1554). Durante la primera fase del Concilio de Trento (1545-1549) Carlos I intenta sin éxito buscar personalmente solución a la cuestión alemana. Durante la segunda fase tridentina (1551-1552) empeora la causa imperial por la reanudación de las hostilidades por parte de la Liga de Esmalcalda y la conquista de Lorena por parte de las tropas francesas. Estos acontecimientos, unidos a la crítica situación financiera, obligan al Emperador a transigir con los protestantes (reconociendo en 1555 el particularismo religioso germánico) y a concluir la guerra con Francia.

En cualquier caso, Carlos I ha fijado sólidamente las bases de la supremacía hispánica en Europa, que Felipe II se encargará de consolidar, a la vez que en el Nuevo Mundo —partiendo de las bases originales de las Antillas y Panamá— se han realizado las principales conquistas en los imperios azteca (Hernán Cortés, 1519), e inca (Francisco Pizarro, 1536), en tanto ya es posible el acceso directo hacia el río de la Plata desde el Atlántico.

En el ámbito religioso, la entronización de Carlos I —que había nombrado a Erasmo de Rotterdam consejero personal— posibilita la introducción del erasmismo en España, donde recibe una entusiasta acogida por parte de la población, en virtud de su abierto desafío a las órdenes monásticas y su exaltación de la religiosidad del espíritu. Posteriormente, el movimiento pasa ya por un proceso de adaptación a las circunstancias españolas, poniendo en el centro de su meditación el problema de la justificación por la fe y el beneficio de Cristo, en un periodo que se extiende hasta 1556, fecha de abdicación de Carlos I.

Rey de España desde 1556 hasta 1598, hijo de Carlos I y de la emperatriz Isabel, Felipe II está considerado uno de los monarcas más importantes de la casa de los Austria. La muerte de su abuela Juana la Loca en Tordesillas le procura la cesión de los Países Bajos, convirtiéndose de este modo en Emperador de una parte de los Estados de su padre. Al año siguiente, Carlos I abdica en su favor las coronas de los reinos españoles. Pero Felipe II deberá afrontar una penosa herencia de problemas y asuntos de gobierno por parte de su padre: consolidación de la monarquía absoluta en España; afirmación de la soberanía española y su ideología católica en los Países Bajos; seguridad interior frente a los moriscos, que aún conservan carácter de minoría no asimilada; seguridad en el Mediterráneo, amenazada por el creciente poderío de los turcos; problemas religiosos de la Cristiandad europea (Concilio de Trento); y organización de las posesiones españolas en ultramar, producto de las grandes conquistas y expansiones en América, Asia y Oceanía. A todo ello se enfrentará partiendo de una sólida labor legislativo-administrativa sustentada en la concepción de la administración como potente máquina burocrática, así como en la sólida formación adquirida durante el extenso reinado de su padre, a lo largo del cual llega incluso a vivir experiencias de gobierno en ausencia del Emperador.

Desde Juan II de Aragón, la política española diseñada por Fernando el Católico se asienta sobre la afirmación de la supremacía española frente a Francia. En el caso de Felipe II, tal estrategia de aislamiento toma cuerpo a partir de su matrimonio con la inglesa María Tudor. La reanudación de las guerras con Francia a la conclusión de la tregua de Vaucelles y la victoria de los tercios del duque de Alba y el duque de Saboya, concluyen con la Paz de Cateau-Cambrésis (1559), concertándose entonces su unión con la hija de Enrique II, Isabel de Valois.

La presión de los turcos estimula la piratería mahometana en el Mediterráneo occidental, que obliga a los Estados cristianos (Venecia, Génova, España y el Papa) a formar la Santa Liga, que permitirá la organización de una gran flota al mando de Álvaro de Bazán y de Juan de Austria, quien derrota a los turcos en Lepanto (7 de octubre de 1751). Conjurado momentáneamente el peligro turco, Felipe II ha de afrontar el problema flamenco, de carácter religioso en su origen y político en su desarrollo, cuyo resultado será la negativa de las provincias del norte a reconocer la soberanía española, haciendo gala de una independencia que Felipe II nunca reconocerá oficialmente.

Al mismo tiempo crece la enemistad inglesa contra España: la anglicana Isabel, sucesora de Enrique VIII, reanuda las persecuciones contra los católicos y apoya la piratería contra las posesiones españolas personificada en la figura de Francis Drake, obligando al rey español a organizar la Armada Invencible, que naufragará con estrépito en aguas del Canal de la Mancha.

De otro lado, su desastrosa política económica, embarcada en un elevado gasto militar sustancialmente derivado del costoso mantenimiento de ejércitos en diversos puntos de Europa y el Mediterráneo, conocerá sucesivas bancarrotas en 1557, 1575 y 1596, a pesar de la continua llegada de plata americana y del aumento de los impuestos, circunstancia clave en el fenómeno de despoblación rural castellana, a la que asimismo contribuyen las duras exigencias de la nobleza.

En materia religiosa, la aplicación de las pragmáticas sobre la conversión de los moriscos, aún no asimilados desde la conquista de Granada, produce la sublevación de éstos en las Alpujarras, cuya campaña dirigida por Juan de Austria termina victoriosamente en 1571. Dicha rebelión tiene su origen en la defensa de la población musulmana del reino de Granada de la religión y las costumbres islámicas frente a la intransigencia mostrada por las autoridades castellanas. Un primer brote de esta rebelión morisca tiene lugar entre 1499 y 1501, cuando la tolerancia inicial castellana muda en una política de conversión forzosa de la población, en abierta contradicción con los compromisos de garantía del mantenimiento de su religión y costumbres, y de conservación de sus propiedades. Esta primera sublevación es sofocada por Fernando el Católico, que obliga a los derrotados a convertirse o a abandonar el país. La mayoría de ellos opta por el bautismo —recibiendo el nombre de moriscos—, si bien de forma subrepticia continúan observando sus ritos y costumbres ancestrales.

Posteriormente, Felipe II, receloso de una alianza de los moriscos con turcos y berberiscos a raíz del peligro que corre la unidad política y religiosa del Imperio por la rebelión en los Países Bajos, emprende una nueva política represora contra la población musulmana, prohibiendo el uso de la lengua árabe y la religión y costumbres islámicas, lo que da origen a la segunda sublevación (1568-1571). Se abre paso entonces un cruel y sangriento conflicto bélico que en principio procura a los sublevados el dominio de Las Alpujarras, si bien la sucesión constante de problemas de diversa índole (fundamentalmente la escasez de víveres y armas, y en un segundo plano las venganzas surgidas en el seno de las tropas musulmanas), dará la victoria final al ejército comandado desde marzo de 1569 por Juan de Austria, cuya actuación resultará determinante. Posteriormente, los moriscos serán expulsados de Granada y distribuidos a lo largo de toda la Península.

Tachado por unos de católico fanático y sin escrúpulos, y saludado por otros como brazo derecho de la Iglesia, es evidente que la figura de Felipe II en la cuestión religiosa alcanza especial relevancia en tanto a su consideración como monarca más representativo de la Contrarreforma, por cuanto durante la segunda mitad del siglo XVI asumirá la jefatura del bloque católico, haciendo de la gran potencia del imperio hispánico pilar fundamental en la lucha contra el protestantismo.

El punto de partida de la Reforma debe buscarse en la crisis de una sociedad medieval en la que los esfuerzos por asegurar la salvación de los cristianos coinciden con los intentos de la burguesía por desempeñar un papel político relevante y de las clases inferiores por liberarse de la fuerte opresión señorial a la que se encuentra sometida. A estas cuestiones de carácter religioso y social hay que unir el florecimiento de determinadas corrientes nacionales opuestas al universalismo de Roma. Por cuanto las diferencias sociales que son núcleo de este movimiento no son iguales en toda Europa, la Reforma conocerá diversas etapas y frentes de actuación: así la Reforma bohema, la Reforma alemana, y la Reforma suiza.

El núcleo de la primera lo constituye la doctrina de Juan Hus. La alemana se agrupa en torno a la figura de Martín Lutero, que pone el acento en la salvación del hombre por la fe. Desde una crítica irreversible dirigida hacia el Papa y la Iglesia romana, Lutero se pronuncia en favor de la constitución de una Iglesia indigente dirigida por sacerdotes casados. Su doctrina se verá de inmediato respaldada socialmente por las grandes masas de población alemanas, que a los devastadores efectos de la grave crisis económica y política que sufren unen su abierto rechazo a las indulgencias papales, cuya venta constituye una prueba evidente de la degeneración moral de la Iglesia romana, a la vez que un importante medio de opresión. La celebración de la Dieta de Worms (1521) y la promulgación de un edicto por parte de Carlos V contra su persona, le procurarán asimismo la protección de parte de la nobleza en su afán por participar en el reparto de los bienes eclesiásticos que debían ser secularizados.

Los protestantes, que reciben esta denominación a raíz de la protesta que elevan contra las condenas al movimiento reformista y la persecución de sus partidarios por parte del Papa y el Emperador, llegan incluso a crear una organización política —la Liga de Esmalcalda

(1531)— a cuya iniciativa sigue un largo conflicto bélico entre católicos y protestantes que desemboca en la victoria de los Habsburgo en Mülhberg (1547) y la consecuente firma de la paz de Augsburgo (1555), mediante la cual se alcanza un acuerdo que establece la libertad de los señores de los países alemanes para determinar la religión que sus súbditos debían profesar, en virtud del principio *cuius regio, eius religio* (de aquel que es príncipe de la región será la religión) expuesto en la cláusula de la Paz de Augusta de 1555, por la que los súbditos tendrían que seguir la religión de su soberano. En cualquier caso, la firma de dicho acuerdo no podrá poner freno a la ya imparable extensión del calvinismo, marcada por la proliferación de sangrientos y feroces combates por la fe.

En Suiza, la Reforma nace de las luchas entre las ciudades y la respuesta de los fieles a la corrupción de la Iglesia romana. El líder reformista suizo, Huldrych Zwinglio, se une a Lutero en su manifiesto rechazo a los ritos romanos, el culto a los santos, las indulgencias y los impuestos eclesiásticos. También Zwinglio contará con un apoyo incondicional, en este caso por parte del Consejo Municipal de Zurich, que lleva de inmediato a la práctica los principios de la Reforma apropiándose de los bienes eclesiásticos y permitiendo casarse a los sacerdotes. A la retirada de las imágenes religiosas de las iglesias y la abolición de los monasterios se une la lectura de la misa en alemán. Dichos principios y medidas serán pronto adoptados por otras ciudades, y los cantones suizos quedan divididos en católicos y reformados. La Reforma suiza, de naturaleza mucho más radical que la alemana, no se aviene a ceder ante Roma y los Habsburgo, y en la cuestión de la Eucaristía llega incluso a romper con los luteranos.

Tras la muerte de Zwinglio, Ginebra se convierte en corazón de la Reforma, a la vez que en centro de operaciones de Jean Calvino, teólogo francés, autor del libro *Institutio christianae Religionis*. Su teología, lejos de la doctrina de la salvación, se asienta en la figura del Dios-gobernante, vengador de pecados. A partir del símil que establece en la relación entre Iglesia (alma) y Estado (cuerpo), afirma la superioridad de la primera sobre el segundo, lo que otorga a los eclesiásticos la posibilidad de convertirse en los auténticos gobernantes de la República Municipal de Ginebra, que en 1552 reconoce su *Institutio* como santa doctrina de Dios.

La teocracia calvinista reconoce asimismo a burgueses y nobles el derecho a rebelarse contra sus gobernantes pecadores, haciendo las revoluciones antimonárquicas de este principio bandera ideológica. No obstante, la estricta aplicación del control eclesiástico sobre las ciudades dará paso a una extrema rigurosidad moral que acabará bañada en la sangre de todo aquel que osara oponerse a la doctrina calvinista. Paralelamente al movimiento reformista oficial comienza a abrirse paso una corriente más radical de naturaleza popular que arraiga con fuerza en las masas de menesterosos de la ciudad y el campo, que finalmente se verá frenada en el siglo XVII por la Contrarreforma.

Cuando la Reforma luterana y la calvinista comienzan a difundirse y extenderse por Europa, inicialmente se asentarán en los países del norte, donde la doctrina es impuesta desde arriba por los propios gobernantes (Dinamarca, Suecia), que se liberan de la política financiera de Roma y acaban con el poder de los obispos de sus respectivos Estados.

En Inglaterra, la Reforma es impuesta por el propio rey Enrique VIII, en tanto en Escocia el calvinismo conduce a un movimiento antimonárquico que encuentra su expresión formal en el presbiterianismo.

En Francia, los partidarios del calvinismo son los hugonotes, que cuentan con el apoyo de la nobleza en su lucha contra la monarquía centralista, origen de diversos enfrentamientos a los que pone fin la masiva matanza de hugonotes en París (Noche de San Bartolomé, 1572).

En los Países Bajos, el calvinismo y el luteranismo se convierten en estandarte de la lucha social, política y nacional de los Estados neerlandeses contra el dominio español, dando lugar a diversos movimientos revolucionarios. Tras la victoria de Guillermo I de Orange y la creación de la Unión de Utrecht (1579), los protestantes se constituyen en organización eclesiástica oficial del nuevo Estado.

España e Italia, naciones europeas menos afectadas por la Reforma, se convertirán a su vez en base imperial de la Contrarreforma, movimiento de reacción católica frente al avance del protestantismo que se despliega fundamentalmente entre la Paz de Augsburgo (1555) y la Paz de Westfalia (1648).

La oposición a la Reforma viene precedida de un proyecto de afirmación doctrinal y de saneamiento de las costumbres de la Iglesia con objeto de consolidar su control en los países católicos, proyecto que encontrará su culminación en la celebración del Concilio de Trento. A su vez, este plan viene acompañado de un vasto programa dirigido a la reconquista por las armas de los países protestantes y la reintegración de las masas de población que han dado la espalda al catolicismo. A la cabeza de tal empresa se sitúan España e Italia. En el caso de España, el papel a desempeñar incluye tanto un componente de carácter ideológico (contribución doctrinal al Concilio de Trento; neoescolasticismo; aparición de un nuevo misticismo) como otro de carácter pragmático, sustentado en el nuevo impulso que se da a la Inquisición, la reforma y fundación de órdenes monacales y, fundamentalmente, la creación de la Compañía de Jesús, principal seña de identidad de la Contrarreforma. Esta nueva orden religiosa, fundada por Ignacio de Loyola y aprobada en 1540, fija sus bases doctrinales en una muy estrecha vinculación al papado (objeto de un cuarto voto, que se une a los tres habituales de pobreza, castidad y obediencia), una cuidadosa selección de sus integrantes, una férrea disciplina y un activo espíritu proselitista, forjado en torno a la educación y la catequesis.

El ideal de renovación de la Contrarreforma entronca de modo determinante con el pontificado de Paulo III, que reorganiza la Inquisición, aprueba la Compañía de Jesús y da inicio a las deliberaciones del Concilio de Trento, decimonono concilio ecuménico destinado en sustancia a combatir la Reforma protestante y reformar la disciplina de la Iglesia. Su celebración queda repartida en tres etapas bajo los pontificados de Paulo III (1545-1547), Julio III (1551-1552) y Pío IV (1562-1563). Las dos primeras persiguen como objetivo esencial la fundamentación de la reunificación cristiana; ante la evidente inviabilidad de tal propósito, la tercera fase tendrá como fin la afirmación de la unidad dogmática del catolicismo, dividido entre la rígida tendencia papal de los jesuitas y la más moderada actitud de los obispos del Imperio, los franceses y los españoles. Desde el punto de vista del intento de reforma legal de la Iglesia, el Concilio busca la creación de un nuevo clero, desde sus bases hasta las más altas jerarquías.

A partir de estos postulados iniciales, la Contrarreforma despliega una amplia ofensiva contra el protestantismo, contando con el apoyo del poder político y sustentándose en un proceso de reconversión de la población a partir de diversos métodos que van desde la dúctil persuasión de naturaleza proselitista hasta la dureza de la opresión política. Por su parte, el papado completa finalmente la legislación conciliar durante el último tercio del siglo XVI. Pío V instituye la Congregación del Índice y Gregorio XIII sistematiza las nunciaturas en las naciones católicas y difunde la enseñanza eclesiástica, fundando la Universidad Gregoriana de Roma, que pone en manos de los jesuitas los seminarios nacionales de la ciudad.

En el interior del país, la lucha contra la Reforma pasa por la eliminación de los focos protestantes de Sevilla (1557) y Valladolid (1558) y el ajusticiamiento de sus miembros; la prohibición de importar libros extranjeros (1558) y la de cursar estudios fuera del país (1559). Una vez queda España a resguardo de cualquier foco externo de contaminación, Felipe II desarrolla una intransigente política contra los hugonotes franceses y la Inglaterra de Isabel I, y especialmente contra los rebeldes calvinistas de los Países Bajos, donde encuentra una encarnizada oposición de carácter político y religioso. Sólo la figura de Alejandro Farnesio, partidario de aunar armas y diplomacia, supone algún alivio a la situación a partir de una ingente labor estructurada en torno a la presión ejercida sobre la minoría calvinista (obligada a emigrar hacia el norte); la multiplicación de las diócesis y la proliferación de seminarios; la tarea de recatolización de la población; y la fundación de colegios jesuitas.

El 2 de noviembre de 1536, Teresa de Ahumada recibe el hábito e inicia una nueva vida como religiosa en el monasterio de la Encarnación de Ávila de la Orden de la Virgen Santa María del Monte Carmelo. Al igual que sucede en el plano histórico y social del país, del mismo modo se hace difícil entender la progresiva conformación y consolidación de su vida espiritual sin llevar a cabo una previa delimitación de carácter histórico y religioso de dicha Orden.

Hay que dirigir una primera mirada obligatoria hacia las páginas del Antiguo Testamento para encontrar allí las raíces espirituales de la Orden del Carmelo, a partir de la vinculación que se establece entre la Madre de Dios, patrona de la Orden, y el profeta Elías, prototipo de la vida solitaria y del encuentro con Dios. En otro sentido, entre la figura del profeta Elías y el Monte Carmelo comienza a dibujarse un lazo de unión que poco a poco irá tomando forma más nítida. Así, hay que beber de las fuentes de relatos de los peregrinos que en los primeros siglos visitaron Tierra Santa para saber que es en el Monte Carmelo donde el profeta Elías ofrece el sacrificio; en Sidón es socorrido por una viuda; y en la colina, es arrebatado al cielo. En Horeb, junto a una iglesia, se encuentra la gruta donde Elías se escondió; y en el valle de Corra, cerca de Tesbis, se levanta una ermita en la que Elías moró en tiempos del rey Acab. En los siglos IV y V viven en el Carmelo monjes griegos junto a un manantial que luego recibirá el nombre de «fuente de Elías», y es descubierta una cueva con inscripciones alusivas a Elías y Eliseo. Ya en el siglo VI se habla de la existencia de un monasterio de San Eliseo sobre el mismo monte Carmelo.

No obstante, las primeras referencias directas corresponden a los tiempos de los cruzados. Allí, en 1163, el rabí Benjamín de Tudela hace referencia a la construcción por parte de los cristianos de una capilla dedicada a San Elías; en 1185, Juan Focas, monje de Patmos, visita las viejas ruinas de un gran edificio consagrado a Elías. Y en otra relación se habla asimismo de dos santuarios y una abadía junto a la gruta de Elías, en cuyas proximidades habitaban ermitaños latinos, conocidos como frailes del Carmelo, junto a una capilla de Nuestra Señora. Ya en su *Historia orientalis*, Jacobo de Vitry, obispo de Acre, habla de la afluencia de peregrinos y religiosos hacia los santos lugares, donde se restauran viejas iglesias y se construyen otras nuevas, donde se fundan monasterios, donde hombres de profunda espiritualidad renuncian al mundo y buscan en estos rincones lugar propicio para el cultivo de su devoción, entre ellos algunos que a ejemplo e imitación del santo y solitario profeta Elías se refugian junto a la fuente que lleva su nombre, donde viven como ermitaños. A esta circunstancia hará posteriormente referencia, en 1240, Vicente de Beauvois: *El papa Honorio aprobó e indulgenció la regla de Alberto, patriarca de Jerusalén, para los frailes del Monte Carmelo, donde es fama moró Elías, y ellos viven en celdillas apartadas o junto a ellas, meditando día y noche en la ley del Señor.*

No obstante, es de destacar cómo en la Orden se omite toda alusión a la memoria del profeta Elías, ya en el texto primitivo de la Regla o en la *Ignea Sagitta* de Nicolás el Francés (1270), donde se alude a la regla del Carmelo como *la regla de Nuestro Salvador*. Habrá que aguardar hasta 1281 para encontrar las primeras referencias concretas en el capítulo de Londres, inspiradas en autores no carmelitas.

La historia real de la Orden principia junto a la figura prócer de San Alberto Avogadro, obispo de Vercelli en 1185, Patriarca de Jerusalén, confirmado por Inocencio III en 1205, y legado pontificio, a quien los frailes del Monte Carmelo habían pedido una fórmula para ordenar su vida religiosa, con la que al mismo tiempo adquieren aprobación oficial. La fecha oscila entre 1207 y 1214. Habiéndose perdido el texto primitivo, tan sólo queda la adaptación hecha en 1247, *destinado a los ermitaños del Monte Carmelo bajo la obediencia de fray B.*, desde el siglo XIV leído como Brocardo. En dicho texto se presenta a Cristo como capitán y dechado a quien han de brindar sus vidas en obsequio de amor. El prior hará las veces de este capitán y a él rendirán obediencia como al mismo Cristo, obediencia que crecerá con la oración incesante, la soledad y la abstinencia, de las que se hará observancia en celdillas apartadas y sagrado silencio. Entre las celdillas se alzará el oratorio, donde se celebrarán la misa y los oficios divinos, y donde los días de fiestas se examinarán sus faltas, estando los días de labor destinados a los trabajos manuales.

Cuando en 1215 se celebra el Concilio IV de Letrán, que decreta la no admisión de nuevas órdenes religiosas, reduciendo el número de las mismas al de las ya aprobadas, los carmelitas se ven obligados a demostrar su legalidad y pedir confirmación en virtud de las circunstancias en que habían sido aprobados, confirmación que les es concedida por Honorio III con fecha 30 de mayo de 1226. Tres años más tarde, Gregorio IX les prohibe todo género de propiedad, aún colectiva, y asume bajo su jurisdicción los lugares y personas de la Orden, equiparándolos así a los mendicantes. En junio de 1245 Inocencio IV renueva las disposiciones de su antecesor sobre la pobreza y confirma de nuevo la regla, asumiendo sus bienes y personas.

La amenaza de los sarracenos en Oriente se convierte en causa de terror entre los cristianos pacíficos, que en amplia mayoría consideran el retorno a sus países de origen. Como en muchas otras órdenes, también en la del Carmelo se produce una escisión entre los partidarios de trasladarse a Europa para reanudar allí su vida religiosa y los que se oponen a abandonar Oriente y desaprueban las fundaciones europeas. Se celebra capítulo y ambas posturas quedan enfrentadas, prevaleciendo la de los denominados europeístas, por lo que el prior otorga licencia a algunos para volver a sus tierras y levantar allí conventos cristianos. Inocencio IV, mediante la bula *Paganorum incursus*, de 27 de julio de

1247, notifica el éxodo y solicita se les reciba con benevolencia. Pero la llegada a Europa no resulta tan gratificante como se esperaba, pues aunque el pueblo recibe a los carmelitas con simpatía, el clero secular no duda a la hora de clasificarlos entre los enemigos mendicantes. De nuevo se da una disensión entre aquellos que añoran la soledad eremítica de Oriente y quienes desean adaptarse a las órdenes mendicantes. Se convoca a capítulo en Aylesford (1247) y prevalece el criterio de la adaptación, promulgada por Inocencio IV a través de la bula *Quae honorem conditoris*, de 1 de octubre de 1247.

La adaptación no supone un cambio de regla, ni en ninguna medida altera tampoco el espíritu primitivo: se trata tan sólo de mudar en naturaleza cenobítica o monástica la que en su origen era eremítica. De acuerdo con la incorporación a un nuevo ritmo de vida y unas circunstancias sociales también diferentes, se erigen conventos junto a las principales universidades europeas: Cambridge (1247), Oxford (1253), París (1259) y Bolonia (1260).

Un cierto periodo de relativo esplendor de la Orden se verá frenado en seco a mediados del siglo XIV con el brote de la peste negra, que diezma gravemente la población de aldeas y sobre todo ciudades, afectando de modo importante a los lugares donde existe aglomeración, entre ellos los conventos. A esta despoblación por razones de catástrofe se sumarán otras razones de tipo interno, fundamentalmente relacionadas con la inobservancia de la Regla.

Consecuencia de ello será el cisma de Occidente, que da lugar a la existencia de dos papas en la Cristiandad, cada uno de los cuales concede diversos privilegios a fin de asegurarse sus súbditos: así, Roma cuenta con el favor de Inglaterra, Alemania, Escandinavia e Italia, a excepción de Nápoles, que junto a España, Francia y Escocia reconocen al papa de Avignon.

Esta situación entraña asimismo una división en dos de la Orden del Carmen, que contará con sendos generales, capítulos y legislación: Bernardo Oller por Avignon y Miguel Aiguani por Roma, circunstancia que se prolongará en el tiempo hasta que Alejandro V nombre general único a Juan Grossi en 1409. La Orden, muy mermada por la escasez de vocaciones, ha de afrontar asimismo la existencia de frailes que disfrutan de una serie de privilegios que la jerarquía dispensa con harta prodigalidad. En el extremo opuesto, la existencia de religiosos íntegros que repudian este género de actuaciones se erigen en paladines de las denominadas reformas, siguiendo la consigna de Gregorio XI en 1372, poco antes del inicio del cisma.

El convento de Le Selve, próximo a Florencia, alumbra la primera de estas reformas, convirtiéndose posteriormente en ejemplo a seguir por otros conventos (entre ellos el de Mantua) caracterizados por la celebración de los divinos oficios, la oración mental y la observancia de pobreza con extremo rigor, y cuyo número se verá ampliado en poco tiempo.

El resto de la Orden, por su parte, pide al Papa la mitigación de aquellas leyes, en virtud de las dificultades que las mismas suponen para su progresiva incorporación a un patrón de vida mendicante y apostólica. A ello accederá Eugenio IV por la bula *Romani pontificis*, de 15 de febrero de 1432, que permite comer carne algunos días por semana y la expansión honesta por los claustros y recintos del monasterio fuera de la celda.

Esta mitigación, impuesta a partir de 1440 por varios capítulos generales, encontrará en la figura de Juan Soreth un ardiente defensor de su causa, procediendo a su posterior ampliación con otras nuevas, lo que a la postre le llevará a erigirse en renovador del espíritu de la Orden sobre las bases de la mitigación, dedicándose a partir de su elección como prior general en 1451 al impulso decidido de dicha reforma, no sin castigar por ello con firmeza los abusos que pudieran derivarse del cumplimiento extremamente riguroso de la misma. A pesar de todo, su insigne labor no conocerá posteriormente una línea de continuidad por parte de sus sucesores.

Pero la labor de Juan Soreth también tendrá importante repercusión en pro del Carmelo femenino. Los núcleos femeninos de beatas surgidos al abrigo de las órdenes mendicantes primigenias habían llevado a éstas a destinar en sus abadías dependencias para estas mujeres de profunda espiritualidad. En este sentido, la Orden del Carmen cuenta a principios del siglo XIV con asociaciones de mujeres beatas, reclusas o emparedadas, que disfrutan de estatutos particulares bajo su dirección. A ello seguirá una proliferación continua de conventos femeninos de vida común y rigurosa clausura, con una dirección espiritual que corre a cargo de religiosos observantes al objeto de que este movimiento femenino brote como rama de la reforma general.

El penoso proceso de aislamiento que desde largo tiempo atrás sufre España con respecto a Europa encuentra fiel paralelismo en el devenir de la historia del Carmelo, por cuanto la Orden mantendrá durante siglos a la nación apartada del escenario central de actividad.

En cualquier caso, las primeras fundaciones carmelitas en España se levantan en el reino de Aragón, en virtud de la calurosa acogida que aquéllas reciben por parte de sus reyes a partir de Jaime I el Conquistador. Así, Huesca abraza la primera fundación hacia 1256, y a continuación lo harán Perpiñán (alrededor de 1265) y Lérida (1278), en lo que da inicio a una sucesión de fundaciones que comprenden desde Valencia (1281) hasta Calatayud (1354), pasando por Zaragoza (1290), Barcelona (1292), Gerona (1292), Perelada (1293), Manresa (1308), Valls (1320), Palma de Mallorca (1321) y Camprodón (1352). La provincia de Cataluña, que se había separado de Aragón en 1354, se constituye por su parte en la más ilustre de todas, a partir de la erección de dos estudios generales en Barcelona y Perpiñán.

En el caso de Castilla, las primeras fundaciones se levantan en 1315 en San Pablo de la Moraleja, cerca de Medina del Campo, y posteriormente en Santa María de los Valles —Torresandino, 1334—, a las que siguen las de Gibraleón, Requena, Toledo, Ávila y Lisboa. La constitución de estos primeros conventos de carmelitas en Castilla coincide en el tiempo con el síntoma de depravación religiosa general, lo que motivará la morosidad de su crecimiento. A tal circunstancia contribuirán también los devastadores efectos causados por la peste negra y la escasez de vocaciones, causa de la inclusión de gentes de ínfima cultura que minan la moral de la Orden. Además, Castilla queda al margen de la acción de reforma general emprendida por Juan Soreth en calidad de prior general de la Orden, quien nunca llega a pisar suelo castellano.

En otro sentido, a la ya aludida falta de continuidad de la obra de Soreth y a las excesivas libertades otorgadas por las curias de la Orden y los papas, se une una preocupante tendencia a la relajación. Resultado de todo ello es el aumento del grado de desconfianza que la monarquía española manifiesta ostensiblemente hacia la moralidad de Roma, por completo desentendida de los actos de indisciplina e inmoralidad que comienzan a proliferar en conventos y monasterios.

Estallan por entonces (finales del siglo XV, comienzos del XVI) los conflictos regionales entre andaluces y castellanos, y se opta por una separación de provincias —otorgada por Alejandro VI en 1498—, síntoma de una disgregación general que corroe a toda la Orden con un cisma interno que sigue a la muerte del general Bernardino Landuccio en 1523. No obstante, surge oportunamente la figura de Nicolás Audet en el capítulo de Venecia (1524), condenando a los disidentes y enarbolando la consigna de una reforma que, ésta sí, sigue la estela de la obra de Soreth.

La llegada desde España de una misiva de Carlos V a principios de 1530 conminando a la reforma de estas provincias, *so pena de que si no lo hiciese las destruiría*, lleva a Audet a despachar dos delegados a España con plenos poderes para reformar todos los conventos del país. De Castilla se encargará Salvat Duchesne, provincial de Tolosa, que a 10 de abril llega a Ávila acompañado del padre Alonso Muñoz, a quien nombra provincial, conduciendo a los disidentes a la reforma y reduciéndolos a la observancia.

Peores circunstancias se darán en Andalucía, donde Duchesne no cuenta con el proverbial antagonismo entre andaluces y castellanos al nombrar un provincial de Castilla y otras personalidades también castellanas para principales cargos. Andalucía queda convertida en frenético escenario de disputas.

También Aragón y Cataluña ofrecen detestables espectáculos de díscolos y apóstatas que huyen en masa. Cuando a mediados de diciembre de 1530 ambos delegados cierran conclusiones sobre su visita por España, las mismas hablan de cuantiosas fugas y de conventos casi despoblados cuyos moradores observan en cambio una notable calidad espiritual. En este sentido, el capítulo que se celebra en Padua en 1532 toma en consideración la situación descrita en las provincias españolas, para las que se nombra un vicario general con plenos poderes a fin de dar continuidad a la reforma. El principal foco de perturbación sigue siendo Andalucía, nido de constante rebeldía: allí se ha hecho con el mando Gaspar Nieto, cabecilla de un grupo que se ha adueñado de toda la provincia y que en el capítulo de 1564 se gana el favor de los superiores de Roma, complacidos por sus dotes de reformador y padre benemérito de la Orden, en tanto los hechos se encargarán de poner en evidencia que ha convertido Andalucía en peligroso polvorín.

La Orden femenina del Carmelo escribe los primeros capítulos de su historia en España a mediados del siglo XV, a partir de la ya mencionada formación de comunidades de monjas y beatas. La bula *Cum nulla fidelium* (1452) faculta al general de la Orden y a los provinciales para admitir al hábito y a la profesión de la Orden *a las vírgenes, viudas, beguinas y mantellate que ya vivían con el hábito, y bajo la protección de la Orden del Carmen*, ofreciéndoles unas normas de vida que se nutren de la Regla y Constituciones de los frailes.

La mayor parte de estas mujeres proceden de Andalucía, donde se funda en la ciudad de Écija el primer monasterio en 1457 bajo la advocación de Nuestra Señora de los Remedios, y posteriormente los de Granada (1508), Sevilla (1513), Antequera (1520) y Paterna del Campo (1537).

En Cataluña no aparecerán los primeros conventos femeninos hasta finales del siglo XVI. También son escasos y tardíos los monasterios castellanos. El más antiguo de todos ellos se funda en Fontiveros, hacia 1500, donde medio siglo más tarde habitan medio centenar de beatas y se admiten mujeres y doncellas seglares. Parecidas circunstancias se dan en Piedrahita, donde cerca del año 1540 viven unas 35 beatas que admiten también mujeres y doncellas seglares.

En Ávila, las beatas también tienden a agruparse a la sombra de las órdenes religiosas. Las fundadoras suelen ser viudas ricas que junto a hijas o amigas deciden iniciar una vida de recogimiento. Bajo estas circunstancias nacen el convento de agustinas de Gracia o el de dominicas de Santa Catalina.

Una de estas fundadoras, doña Elvira González, solicita un rescripto apostólico del nuncio Nicolás Franco, que le es otorgado a principios de 1478. En junio de 1479 constituye un beaterio que años después es trasladado a una casa de la calle del Lomo, donde se levanta una iglesia dedicada a Santa María de la Encarnación, a la que en julio de 1485 el obispo de Ávila anexiona la iglesia de Todos los Santos. A la muerte de la fundadora, se hace cargo del lugar Catalina del Águila, a quien sucede Beatriz Guiera, cuyo carácter emprendedor le procura (septiembre de 1510) la obtención de un beneplácito del provincial del Carmen para trasladar el convento a un edificio más amplio de características propias. La primera misa se dice el 4 de abril de 1515 y, desde entonces, numerosas monjas solicitan su entrada. La intención original de las fundadoras de no admitir un número superior a 14 moradoras se verá trastocada en virtud de las necesidades de recursos, llegando en poco tiempo a alcanzar un número de 180. Con el transcurrir del tiempo, la pobreza irá en aumento sin que nunca lograra terminarse la casa de acuerdo con las pretensiones de sus fundadoras.

En este edificio de cuatro naves situadas alrededor del denominado patio de los avellanos con su fuente de cuatro caños en el centro, con una arcada sobre la que corre otra serie de arcos que iluminan los grandes claustros, en cuyo interior se encuentran las dependencias, entra Teresa de Ahumada el 2 de noviembre de 1535, en las circunstancias históricas, sociales, políticas, económicas y religiosas ya descritas.

II. LIBRO DE LA VIDA

¡Oh, Señor, qué gran merced hacéis a los que dais tales padres, que aman tan verdaderamente a sus hijos, que sus estados y mayorazgos y riquezas quieren que los tengan en aquella bienaventuranza que no ha de tener fin!
(Libro de las Fundaciones, 10,9)

En miércoles veinte e ocho del mes de marzo de quinientos e quince años nasció Teresa, mi fija, a las cinco horas de la mañana, media hora más o menos, que fue el dicho miércoles casi amaneciendo. Fueron su compadre Vela Núñes y la madrina doña María del Águila, fija de Francisco Pajares.

Alonso Sánchez de Cepeda tenía por costumbre anotar en un libro los nacimientos de todos sus hijos. Teresa es el tercer vástago de su matrimonio con Beatriz de Ahumada y la primera de las hijas, nacida después de Hernando (primogénito, 1510) y Rodrigo (nacido hacia 1513 o 1514, *casi de mi edad*, dice Teresa) y con anterioridad a Juan de Ahumada (nacido hacia 1517), Lorenzo (1519), Antonio (1520), Pedro (1521), Jerónimo (1522) y Juana (1528). *Éramos tres hermanas y nueve hermanos*: la boda que hacia noviembre de 1509 celebra Alonso Sánchez en Gotarrendura, aldea de Ávila —en la Moraña, al norte de la ciudad— con Beatriz de Ahumada es el segundo de sus matrimonios. Cuatro años antes había casado con Catalina del Peso, con quien tuvo dos hijos —María de Cepeda (nacida entre febrero y marzo de 1506) y Juan Vázquez de Cepeda (que nace en mayo de 1507)— antes de enviudar, muy probablemente a causa de la feroz epidemia de peste que ese mismo año asoló el país. Cuando Alonso Sánchez queda viudo con 27 años de edad, atraviesa una época de gran prosperidad personal y de negocios, pues en un periodo de apenas dos años su hacienda ha experimentado un importante crecimiento, a la par que su reputación. Considera entonces la posibilidad de volver a contraer matrimonio, y lo hace con Beatriz de Ahumada, vecina de Olmedo, cuyo padre ostenta numerosas posesiones en Ávila, donde ha emparentado con diversas familias.

Aproximadamente un año después de la boda nace el primer hijo de la pareja. Mas poco tiempo más tarde, Alonso Sánchez es llamado a formar parte de las tropas de Castilla y Aragón que, al mando del duque de Alba, acuden a la conquista de Navarra en la lucha que Fernando el Católico —aliado con Venecia y el Papa— sostiene contra Francia y el Imperio. La movilización se había hecho de la forma entonces acostumbrada, a partir de la invitación personal que recibe en calidad de hidalgo mediante cédula real. A su retorno nace Rodrigo, y el 28 de marzo de 1515 lo hará Teresa, un miércoles de Pasión, segundo año del pontificado de León X, reinando en España Fernando el Católico. El bautizo se celebrará días después en la iglesia parroquial de San Juan. No existe fecha oficial del bautismo. Por aquella época solía celebrarse en España al octavo día de nacimiento; hay quien dice que el de Teresa se celebró el mismo día del nacimiento, y otros testimonios apuntan al 4 de abril como fecha de celebración.

La niña recibe el nombre de Teresa en atención a la abuela materna, Teresa de las Cuevas, que por aquel entonces habita con su hija Beatriz. Los biógrafos hablan de una muy hermosa niña, de mediana estatura, antes grande que pequeña, más gruesa que flaca y en todo bien proporcionada, de cuerpo fornido y muy blanco, limpio y suave, de rostro blanco y encarnado sobre el que asoman tres lunares al lado izquierdo, pequeños como verrugas. De cabello negro y reluciente, y ojos también negros, vivos y redondos. De nariz, boca y orejas más bien pequeñas, como las manos y los pies. Una niña de particular gracia en la mirada, el gesto y la expresión, poseedora de una alegría que con asombrosa facilidad transmite a quienes la rodean, de lo que ella misma será consciente tiempo después (*en esto me dava el Señor gracia, en dar contento adondequiera que estuviese, y ansí era muy querida*). Cualidades todas ellas que al discurrir de los años tornarán en gravedad, discreción, serena sensibilidad, firmeza y prudencia.

De contextura física sana y robusta, las enfermedades y achaques que comenzarán a manifestarse bien pronto para ya no abandonarla a lo largo de su vida, obedecen principalmente a crisis emotivas de carácter espiritual que pondrán a prueba en todo momento el equilibrio del que asimismo irá siempre acompañada.

Nace Teresa de Ahumada entre el caserón de la ciudad y la finca señorial de Gotarrendura, donde la familia tiene por costumbre pasar el invierno y celebrar los acontecimientos familiares de carácter más íntimo. Este llamado caserón de la Moneda es edificio de construcción mala y vieja, con techumbre y paredes que amenazan ruina. El armazón de los techos y pisos altos es de madera. La casa, espaciosa, de habitaciones grandes que carecen de iluminación natural, con ventanas interiores que dan a corredores sobre un patio central, cuenta con corrales anejos, huerto con pozos y una noria. El aposento principal de la casa, el estrado, tiene el suelo cubierto con alcatifas (especie de tapices o alfombras finas) y está rodeado de cojines donde las visitas se sientan al modo de los moros, con las piernas cruzadas y abriendo las rodillas, postura que también se adoptaba en la época para comer. Los dormitorios, que se encuentran en la planta baja, tienen grandes baldosas de hierro cubiertas con alfombras o esterillas de junco o esparto en invierno, y con hierba fresca en verano. Tienen escasas ventanas, pequeñas, donde es raro encontrar cristales, en todo caso finos y delgados, generalmente sustituidos por tablas, celosías o pedazos de tela.

Pero antes de asomar al interior de la vida familiar de Teresa de Ahumada, entornemos un poco la puerta de este enorme caserón y retrocedamos un tanto en el tiempo, dando un paso atrás hacia sus orígenes ancestrales para detenernos en la figura de su abuelo paterno, Juan Sánchez de Toledo —conocido como *El Toledano*— mercader que, habiendo judaizado, fue condenado por la Inquisición de Toledo en 1485 *por herejía y apostasía contra nuestra sancta fe católica.*

Hijo de un mercader hacendado, Juan Sánchez nace alrededor de 1440 en Toledo, y pronto se aplica a los mismos negocios de paños y sedas que atendía su padre, y casa con Inés de Cepeda, vecina de Tordesillas. Persona de gran brío y dinamismo, a su natural facilidad para los negocios unirá el hecho de contar siempre con importantes influencias, llegando incluso a manejar algunos negocios del reino (se dice que por un tiempo había sido secretario de Enrique IV) y mantener trato con obispos de diversas ciudades. La prosperidad alcanzada en estos negocios le lleva a disfrutar por un tiempo de cierto esplendor de vida, lo que unido a un ambiente favorable a la población hebrea, se convertirá en razón de peso en su decisión de judaizar.

Pero la política emprendida contra los judíos por los Reyes Católicos obrará de forma decisiva tanto en su futuro personal como en el de la nación. Éstos habían reestructurado la Inquisición en su actuación contra el más importante grupo disidente de su idea de una España moderna. En este contexto inician su persecución contra los conversos. Tras el decreto de expulsión de los judíos, promulgado el 31 de marzo de 1492, muchos de ellos aceptan el bautismo. Serán estos núcleos de conversos los que proporcionen al Santo Oficio su esfera de actuación primordial, siendo objeto de una dura persecución que se amplía tras la promulgación del edicto y que da paso a una importante represión del judaísmo que influirá de forma decisiva en la vida intelectual y política española, privando con su expulsión a Castilla de una base burguesa sobre la que levantar un sólido desarrollo económico posterior.

El tribunal se sirve de la delación como instrumento de actuación fundamental. A la misma sigue la proclamación de un edicto de gracia al que los heréticos pueden acogerse —sin ser condenados a penas graves— durante un periodo de tiempo que generalmente se establece en torno a los 30 ó 40 días. Vencido dicho periodo, se lleva a cabo la detención de los delatados mediante denuncias. Tras el proceso y la posterior sentencia condenatoria, se procede a la realización del auto de fe, procesión solemne en la que los condenados, acompañados de órdenes religiosas, nobleza, cofradías y demás corporaciones de la localidad, abjuran públicamente. Los penitentes llevan un sayo amarillo con dos cruces de San Andrés, llamado sambenito. En el caso de haber sido condenados a muerte, son entregados al brazo secular. La ejecución se lleva a cabo en la hoguera tras haber dado muerte al reo por garrote.

Tras el traslado a Toledo en 1485 del Tribunal de la Santa Inquisición, que durante dos años había estado en Ciudad Real, Juan Sánchez decide acogerse al edicto de gracia que se proclama por las calles de la ciudad a fin de recibir a los arrepentidos, y así acude al Santo Tribunal el 22 de junio de 1485, donde se le otorga el perdón y, en penitencia, se le echa *un sambenitillo con sus cruces, e lo traía públicamente los viernes en la procesión de los reconciliados que andavan de penitencia siete viernes de iglesia en iglesia, e andava públicamente con otros reconciliados.* Junto con él serán asimismo reconciliados todos sus hijos, a excepción del mayor.

Lógicamente, tal suceso tendrá funestas consecuencias para su profesión mercantil, por cuanto buena parte de sus vecinos le habían visto penitenciado con el sambenitillo; no obstante, la naturaleza de su negocio le obligaba a mudar de residencia de forma constante, y apenas mantenía trato personal de forma continuada, pues debía atender negocios en Toledo, Ciudad Real y Salamanca. Por otra parte, la obtención el año 1500 en Ciudad Real de un pleito de hidalguía con ejecutoria le permitirá rehacer de algún modo el prestigio perdido por la penitencia de Toledo.

A pesar de todo, decide finalmente trasladarse junto con su familia a Ávila, donde ya se tiene perfecto conocimiento de su antigua apostasía y su penitencia. Ello no impide que Juan Sánchez sepa mantener el prestigio económico y de honra de la familia, encargándose él mismo al morir su mujer de la educación de sus hijos en los principios del Cristianismo que a la postre había abrazado, procurando ganar para sus vástagos un respeto y una consideración de hidalguía que les permitiera tratar en la ciudad con personas de igual condición. A su muerte, próxima en el tiempo y las circunstancias a la de la primera mujer de su hijo Juan —la epidemia de peste que se extiende por España en 1507—, todos sus hijos seguirán la profesión de mercaderes y arrendadores y, como él, guardarán un elevado concepto de la dignidad personal a la vez que un profundo respeto por la institución de la familia, en torno a la cual se mantendrán unidos aun después de casados, compartiendo negocios e incluso en ocasiones el mismo techo.

La importancia que tales circunstancias tienen en la vida de Teresa de Jesús hay que valorarla en virtud de la posible influencia que las mismas llegan a ejercer en la posterior configuración de su personalidad. En este sentido, se ha querido encontrar en su origen converso la fuente de la que emanan ciertos rasgos esenciales de la misma.

Para encontrar un vínculo de unión entre la personalidad de Teresa de Jesús y este origen converso parece necesario dirigir de nuevo la mirada —ya se ha expresado anteriormente aquí cuán difícil resulta elaborar un retrato interior del personaje sin atender a un tiempo a su entorno exterior— hasta la sociedad de su siglo, donde la honra aparece esencialmente como un valor antes dependiente de la opinión pública que del proceder personal. Así, el hecho de que un ciudadano del siglo XVI no fuera considerado cristiano viejo (aun en el caso de que tal reputación no obedeciera sino a una simple suposición) entraña una penosa carga para el mismo por cuanto verá restringido su acceso a determinados beneficios eclesiásticos, cargos administrativos, y en caso extremo, aún se hará indigno del respeto de sus conciudadanos, todo ello en razón de que su abuelo o su bisabuelo hubieran sido judíos. Más allá de la simple catalogación como tal, la comprobación efectiva de dicha circunstancia se convertía en cuestión de gran infamia, aun si se tratara de una muy lejana correspondencia generacional. Es por ello que abundan entre los españoles de la época las ejecutorias de hidalguía y los falseamientos genealógicos, a lo cual no será ajena la propia figura de Teresa de Jesús. Son varias las evidencias de falseamiento de su árbol genealógico, desde el que lleva a cabo el padre Lorenzo de la Madre de Dios en 1618, a instancias del padre Gracián, hasta los realizados por Francisco Fernández de Bethencourt o el marqués de Ciandocha. En cualquier caso, el objeto de tales falseamientos no es otro que el de apartar su nombre de la aludida sospecha de degradación de linaje.

Pero la relación de su origen converso con su trayectoria vital encuentra una manifestación aún más concreta en el evidente paralelismo entre su devenir personal y el de los cristianos nuevos: tanto su padre como sus tíos se ven obligados a realizar ímprobos esfuerzos por obtener una declaración de hidalguía. Teresa nunca hará alusión al origen social de sus padres, a los que en todo caso define como personas virtuosas y temerosas de Dios, de gran honestidad y caridad. Algunos de sus parientes son mercaderes (circunstancia ésta que los liga indefectiblemente con un origen converso), y tanto su hermano Lorenzo como los hijos de éste intentarán ocultar siempre tal origen utilizando el tratamiento de don a su retorno de América.

Parece factible considerar el hecho de saberse señalada como cristiana no limpia, circunstancia relevante a la hora de intentar una aproximación a su filosofía de vida. Teresa de Jesús siempre tendrá muy presente el linaje de las personas, y con harta frecuencia se verá obligada a desafiar el juicio de la opinión pública.

En este orden de cosas, no resulta desmesurado concluir que su notoria preocupación por la casta y la continua defensa de la honra devienen razones personales de peso a la hora de tomar la decisión final de ingresar en una orden religiosa, lo que en algún sentido aparece como instrumento de defensa. Así, la unión con Dios puede interpretarse desde su interior como una victoria final contra la sociedad castellana de su siglo, que ha hecho de ella víctima de humillación. Y sólo desde esa proximidad a Dios será capaz de elevarse por encima de quienes menosprecian su nombre y el de los suyos, hallando en el linaje espiritual que progresivamente irá adquiriendo a lo largo de su vida religiosa una suerte de compensación de su carencia de casta social.

Era este Alonso Sánchez, padre de Teresa, persona austera y rígida, de cultura común y de una sensibilidad que en ocasiones alcanza extremos de ingenuidad, haciéndole presa de una rectitud y meticulosidad tales que, en cuestión de negocios, todo ello deviene morosidad que en algún momento llega a perjudicar la prosperidad de los mismos. Habiendo heredado de su padre gran culto hacia la dignidad personal por mor de su condición de hidalgo, vive con esplendor aun en etapas de cierto apuro económico, habiéndosele tomado siempre por persona rica y acaudalada, con casa bien plantada y provista de buen número de animales y criados.

La madre de Teresa, Beatriz de Ahumada, es asimismo mujer singular, que tuvo acceso a cierta formación educativa gracias a la corriente cultural promovida por la reina Isabel, desarrollando una cultura personal que fundamentalmente descansa sobre una gran afición a la lectura.

Ya se ha visto cómo Teresa alude con frecuencia a sus padres como personas virtuosas, apacibles y de buen entendimiento, vivos ejemplos de honestidad y caridad, cualidades todas ellas que supieron transmitir a sus hijos.

Grandes siervos de Dios sus padres, educan a Teresa en la virtud y el recogimiento. De su madre hereda la lectura poco menos que entusiasmada del *Flos Sanctorum*, libro muy popular en la Edad Media plagado de historias sobre la vida de Cristo y la de innúmeros santos, vírgenes, mártires y nobles. Desde muy pequeños, los niños quedan inmersos en un ambiente de profunda piedad transmitida por las lecturas de carácter religioso, especialmente las dedicadas a las vidas de santos. En invierno, cuando la familia habita la casa de Gotarrendura, se reza en común junto a la lumbre y se leen en voz alta libros que luego son comentados por los adultos. Del resto de lecturas, se guarda cierta prevención contra los cuentos de hadas y duendes, y se prefiere el relato de las hazañas de los españoles contra los moros, las

Educación de Santa Teresa, óleo de Juan García de Miranda hacia 1725
(Museo del Prado).

gestas de los descubridores del Nuevo Mundo, y las tradiciones guerreras y religiosas acaecidas en Ávila.

A los seis años, ya lee Teresa por cuenta propia algunos de aquellos libros, mostrando especial querencia por los que le hablan de Dios. Con posterioridad a la lectura hecha en familia, se reúne con su hermano Rodrigo para proceder a releer el mismo texto y comentarlo entre ellos:

> *Juntávamonos entrambos a leer vidas de santos; como vía los martirios que por Dios las santas pasavan, parecíame compravan muy barato el ir a gozar de Dios, y deseava yo mucho morir ansí, no por amor que yo entendiese tenerle, sino por gozar tan en breve de los grandes bienes que leía haver en el cielo, y juntávame con este mi hermano a tratar qué medio havría para esto. Concertávamos irnos a tierra de moros, pidiendo por amor de Dios, para que allá nos descabezasen; y paréceme que nos dava el Señor ánimo en tan tierna edad.*

Parece tal propósito origen de la primera fuga que Teresa planea junto a uno de sus hermanos con el fin de iniciar una vida religiosa. Mas su tío Francisco Álvarez de Cepeda pondrá punto final a esta primera aventura pocos metros después de la partida, a la altura del puente del río Adaja, en un punto que posteriormente será conocido como *los cuatro postes*. De vuelta a casa, Teresa no dudará un instante a la hora de hacerse responsable de lo ocurrido, expresando su firme determinación por marchar a tierra de infieles para allí enseñar la fe de Dios, aun a riesgo de que tal empresa le costara la misma vida.

Pero el fracaso de este primer intento no le hará desistir de su tenaz empeño, y empieza entonces a afanarse junto a otros infantes en labores de oración, limosnas y penitencias, presa ya de un temprano despertar a la vocación religiosa:

> *De que vi que era imposible ir adonde me matasen por Dios, ordenávamos ser ermitaños; y en una huerta que havía en casa procurávámos, como podíamos, hacer ermitas, puniendo unas pedrecillas, que luego se nos caían, y ansí no hallávamos remedio en nada para nuestro deseo. Hacía limosna como podía, y podía poco. Procuraba soledad para rezar mis devociones, que eran hartas, en especial el rosario, de que mi madre era muy devota, y ansí nos hacía serlo. Gustaba mucho, cuando jugava con otras niñas, hacer monesterios, como que éramos monjas; y yo me parece deseava serlo.*

Pero en la educación e instrucción de la niña no deben obviarse las costumbres habituales de la población. Eran los abulenses gente madrugadora, que por lo común ya estaba en pie a la salida del sol, y en invierno ya habían cumplido a las ocho de la mañana sus obligaciones habituales para con Dios de misa diaria, siendo asimismo frecuentes en la ciudad las romerías y procesiones, a las que progresivamente se va incorporando Teresa con gran fervor de Dios, piedad y emoción. A cualquier hora del día tocan a oración las campanas de los numerosos conventos e iglesias de la ciudad, a la que se acude con grandes rosarios y se acompaña de ostensibles golpes de pecho. Al anochecer, las recias campanas de la catedral dan el toque de queda, que marca la hora de la cena en los hogares, momento de más íntima vida familiar (a eso de las siete de la tarde), para posteriormente proceder a acostarse (a las diez en verano y a las once en invierno).

De acuerdo con las costumbres de la época, seguramente a los diez años haría la Primera Comunión, recibiendo también por ese tiempo el sacramento de la Confirmación, que se tenía por costumbre hacer a los siete años.

III. AVISOS

¡Oh, válame Dios, por qué términos me andava Su Majestad dispu-niendo para el estado en que se quiso servir de mí, que, sin quererlo yo, me forzó a que me hiciese fuerza! Sea bendito por siempre, amén.
(Libro de la Vida, 3,4)

En noviembre de 1528, la familia se encuentra en Gotarrendura, reu-nida en torno a la cabecera de la madre, mortalmente enferma a causa de una serie de dolencias que habían comenzado a agravarse a raíz del décimo y último de sus partos, el de su hija Juana. Beatriz de Ahumada morirá pocos días más tarde, a los 33 años de edad.

Teresa cuenta tan sólo 14 años. La madre ha dejado en la familia un hueco irremplazable, especialmente en el interior de su primera hija. A la muerte de su madre, la joven acude por primera vez a la ima-gen de la Virgen en búsqueda de alivio a la profunda soledad y triste-za que la embargan: *Acuérdome que cuando murió mi madre quedé yo de edad de doce años, poco menos. Como yo comencé a entender lo que havía perdido, afligida fuime a una imagen de Nuestra Señora, y supliquela fuese mi madre, con muchas lágrimas.*

Sin duda ejerció la figura de la madre una influencia fundamental sobre su hija mayor, uniendo al papel de madre el de amiga y confiden-te. En buena medida debió de contribuir a ello el hecho de que, por aquella época, fueran las madres las que por lo común se ocupaban de la instrucción básica de los hijos enseñándoles a leer y escribir. Aun en el caso de las familias pudientes que podían disponer de preceptores, con frecuencia se prefería que tal tarea fuera asumida por la madre si ésta contaba con la suficiente instrucción para llevarla a cabo. Con toda seguridad fue éste el caso de Teresa, pues años más tarde madre e hija compartirán una inusitada afición por la lectura, especialmente por las novelas de caballerías. Ello no impedirá empero que en un momento puntual se dé cierto desencuentro entre ambas a causa de este tipo de lecturas, a las que la hija se entrega con tan desmedida fruición que, a juicio de su madre, ello podría ocasionarle a la postre harto perjuicio. Tan elevado grado alcanza esta pasión (*mi madre era aficionada a libros de cavallerías, y no tan mal tomava este pasatiempo como yo le*

161

tomé para mí; comencé a quedarme en costumbre de leerlos, y parecíame no era malo, con gastar muchas horas de el día y de la noche en tan vano ejercicio, aunque ascondida de mi padre. Era tan estremo lo que en esto me embevía, que si no tenía libro nuevo, no me parece tenía contento) que, de nuevo contando con su hermano Rodrigo como compañero de aventura, llega incluso Teresa a pergeñar un libro de caballerías titulado *El caballero de Ávila*, inspirado como estaba en héroes reales y hazañas verídicas acaecidas en su ciudad.

Por otra parte, Teresa se ha ido ganando poco a poco un lugar cada vez más relevante en el seno del hogar y la familia, contando con la anuencia de un padre que, a pesar de su proverbial austeridad, nunca ocultará una abierta querencia por su hija mayor. A su hermanastra María, de modales tan rígidos como su padre, la tratará siempre con cariño. Por lo que hace al resto de los hermanos, las circunstancias acabarán por convertirla en poco menos que una segunda madre, a pesar de que el trato diferirá mucho con cada uno de ellos. A los mayores, Juan de Cepeda y Hernando de Ahumada, apenas llega a tratar en profundidad. Ya hemos comprobado cómo Rodrigo, el más próximo en la edad, será siempre fiel cómplice de proyectos y aventuras —por muy descabelladas que éstas resulten— a la par que estrecho confidente. No obstante, será a Lorenzo a quien más cariño llegue a profesar a lo largo de su vida, junto a Juana de Ahumada, benjamina de la familia, quien devendrá objeto de sus mayores desvelos.

Desvelos que a ninguno hurtará en los más difíciles momentos. Así, una vez toma la firme decisión de ingresar en el convento de la Encarnación, no puede pasar por alto la situación en la que queda la familia, más en concreto el porvenir francamente pesimista que aguarda a sus hermanos, indirectamente perjudicados por la crisis de carácter general que atraviesa la sociedad española a partir del hecho de que la política de guerra de Carlos I ha ido agotando las reservas de la nación, y los problemas económicos afectan de lleno a la clase media. Los hidalgos apenas cuentan con otro recurso que las armas como medio de subsistencia, por cuanto se convierten para el Emperador en sostén de la primacía del Imperio; a pesar de ello, éste irá despojando progresivamente a los hidalgos de los considerables privilegios que hasta entonces han disfrutado con prodigalidad. Castilla ha asistido no ha mucho a una sangrienta rebelión de comuneros (1521), no menos ferozmente reprimida por los realistas. En 1525 las tropas españolas conquistan Pavía y, poco después, consuman el saqueo de Roma (1527). Ese mismo año nace Felipe II, y en 1529 la reina comunica la paz de Cambray. A todo ello hay que unir, en el plano internacional, el peligro de la Reforma y los protestantes (norte de Europa; Suiza —Zwinglio—; e Inglaterra —cisma provocado por Enrique VIII—), que incluso han llegado a infiltrarse en España, Italia y Francia; y el enemigo turco, encarnado en la figura de Barbarroja.

No mucho mejores son las noticias en el hogar familiar, pues los negocios del padre no marchan por buen camino y es claro que la patente incapacidad de los hijos para los negocios va a convertirse en un obstáculo insalvable para sacar adelante los mismos. Pero la nación parece hallar una honrosa salida a la situación de los hidalgos con la marcha de los nobles a conquistar las Indias para allí iniciar un proceso de evangelización, camino abierto en Castilla y Aragón por la reina Isabel. Allí parten, en calidad de capitanes —como hidalgos que eran— Hernando de Ahumada, Lorenzo y Jerónimo (Perú), y Rodrigo de Cepeda (Río de la Plata, donde morirá en lucha contra los araucanos en agosto de 1557).

Espiritualmente, el esbozo inicial de carácter piadoso apuntado por Teresa en su infancia atraviesa desde hace un tiempo cierto periodo de enfriamiento. Sobre los doce años de edad, la joven en ciernes resuelve entregarse —con no menor afán y entusiasmo con que lo hace a cualquier otro de sus propósitos— a aficiones de naturaleza mucho más mundana, entre ellas la ya aludida lectura de libros de caballerías. Pero Teresa es ya una moza, y comienza a fijar su atención en el vestir de las doncellas de la época, en el que predominan los colores alegres y chillones, el calzado de tacones muy altos y el uso exagerado de piedras preciosas, collares, pulseras y arracadas o aretes de oro: *comencé a traer galas y a desear contentar en parecer bien, con mucho cuidado de manos y cavello, y olores y todas las vanidades que en esto podía tener, que eran hartas, por ser muy curiosa.* El cultivo de estos sus primeros encantos femeninos culminará en su más desatinado proyecto, por cuanto planea contraer matrimonio con alguno de sus primos. En este no menos singular empeño encontrará oposición en la propia familia, oposición que no obstante se verá en cierto sentido compensada con el deliberado compadreo que encuentra en criadas y otros parientes menos próximos.

Estos primos —*eran casi de mi edad, poco mayores que yo; andávamos siempre juntos; teníanme gran amor, y en todas las cosas que les dava contento los sustentava plática, y oía sucesos de sus aficiones y niñerías nonada buenas*—, son los hijos de Elvira de Cepeda, los Mexía, con quien el padre mantiene estrechas relaciones, al punto de llevar a cabo negocios en común. Hidalgos y ricos, viven con cierta libertad. Teresa pasa gran parte de su tiempo con ellos, sin desatender por un instante sus labores de hogar ni siquiera la afición por otros pasatiempos, entre los que hace mención específica de juegos como el ajedrez o las damas, muy frecuentes en las casas de hidalgos. Pero la cuestión irá un punto más allá cuando una pariente (probablemente su prima Inés de Mexía), en colaboración con algunas amigas y criadas, llevan a cabo cierta labor de alcahuetería, lo que en algún modo llega a poner en riesgo el honor de la muchacha.

Es así que Teresa emprende una primera expedición de carácter conventual, inicialmente por expreso deseo de su padre quien, deseoso de apartarla de modo definitivo de aquel incierto derrotero que su vida ha tomado en la forma de tan peligrosos devaneos, aprovecha la boda de su hija mayor, María de Cepeda, para confiar su formación y educación a las monjas agustinas de Santa María de Gracia, convento situado a las afueras de la ciudad, al que acuden jóvenes de nobles familias atraídas por la austeridad y la pobreza en la que desarrollan dicha labor, en completo retiro del mundo, sometidas (aun seglares) a un régimen de vida que las mantiene a resguardo de cualquier peligro de orden moral. Allí, próxima a cumplir dieciséis años, comienza Teresa a entregarse de veras a una instrucción de carácter piadoso. De ello se encargará personalmente María de Briceño, maestra de novicias que hará resucitar en la joven Teresa aquellos impulsos apuntados en su infancia.

La entrada queda fijada para junio de 1531. Al principio, Teresa se siente extraña, a pesar de que no tardará mucho tiempo en adaptarse a tan novedosa forma de vida: a la par que un punto agobiada, el recogimiento hace despertar en sí cierto gozo interior, sin duda reminiscencia de aquella alegría de infancia experimentada en sus acercamientos iniciales a Dios.

Su maestra la trata con el cariño y la atención propias de una hermana mayor. Las conversaciones que la joven mantiene con ella le resultan muy atractivas interiormente (*holgávame de oírla cuán bien hablava de Dios, porque era muy discreta y santa*), la ayudan a olvidar sus amistades mundanas y a ir suavizando su sentimiento inicial de enemistad hacia las monjas, resucitando esos ideales infantiles en pos del martirio. Probablemente sea en este convento de Santa María de Gracia donde Teresa comience a tener oración, si bien de modo muy suave también, acariciando ciertos pensamientos de índole espiritual que la conducen a plantearse por vez primera la posibilidad de ser monja.

Pero el hecho de poner todo el alma en este principio de oración y estos primeros pensamientos con tanto fervor, la dura pugna que en su interior comienza a forjarse entonces entre vocación e instinto, entre razón y sentimientos, hacen importante mella en su salud (ella tan sólo dice: *dióme una gran enfermedad*), viéndose obligada a abandonar el convento año y medio después de su entrada (otoño de 1532), para pasar una temporada en casa de su hermana, en Castellanos de la Cañada. De camino hacia allí, hace un alto en Hortigosa, en plena sierra abulense, donde su tío Pedro Sánchez de Cepeda vive al modo de un eremita. La fascinación que sobre su persona ejercen tanto la orografía del lugar, como muy especialmente la biblioteca de este singular hombre, que se convierte para Teresa en puerta de acceso a una serie de lecturas que asimismo dejarán honda huella en su interior, la encaminan de manera prácticamente definitiva por la senda de la vocación:

Aunque fueron los días que estuve pocos, con la fuerza que hacían en mi corazón las palabras de Dios, ansí leídas como oídas, y la buena compañía, vine a ir entendiendo la verdad de cuando niña, de que no era todo nada, y la vanidad del mundo, y cómo acabava en breve, y a temer, si me huviera muerto, cómo me iva a el infierno; y aunque no acabava mi voluntad de inclinarse a ser monja, vi era mijor y más siguro estado; y ansí poco a poco me determiné a forzarme para tomarle.

A partir de esa relación con su tío Pedro y las lecturas que éste le ofrece, comienza a leer con avidez libros religiosos que se convierten en verdaderos confidentes que la inducen a la reflexión. A partir de la firme determinación que toma de abandonar su hogar y su familia de forma definitiva, su vocación queda ya perfilada con toda nitidez y sin asomo alguno de incertidumbre:

Diome la vida haver quedado ya amiga de buenos libros; leía en las Epístolas de san Jerónimo, que me animavan de suerte que me animé a decirlo a mi padre, que casi era como a tomar el hábito; porque era tan honrosa, que me parece no tornara atrás de ninguna manera, haviéndolo dicho una vez.

El día 2 de noviembre de 1535, Teresa emprende, esta vez sí, fuga triunfal en pos de Dios. La obstinación que aún defiende el padre en su negativa a dejarla marchar y el respeto que ella guarda al ascendiente de la figura paterna, no acaban de cerrar su abrazo a la profesión religiosa. Cuenta con el apoyo de sus confesores (para sus problemas de conciencia acude a la confesión sacramental cada vez con mayor solicitud, encontrando en el confesor la figura misma de Dios), del padre Barrón, y de los frailes del Carmen, e igualmente de algunos deudos.

En parte influenciada por la partida de algunos de sus hermanos hacia tierras de conquista (ya hemos visto cómo Rodrigo zarpará a Río de la Plata, en tanto otros lo harán hacia el Perú), Teresa parte finalmente hacia una muy particular singladura que inicia, camino del monasterio de la Encarnación (donde es su deseo profesar como monja carmelita, siguiendo la estela de su amiga Juana Suárez), nuevamente en compañía de uno de sus hermanos (como aquella primera vez lo había hecho a tierra de moros de la mano de Rodrigo) —Juan de Ahumada— al que ha logrado persuadir para entrar ambos en religión. Así, una mañana de escarcha y aire cortante, sendas figuras se deslizan por entre las callejas y murallas de la ciudad, rodeando iglesias y ermitas hasta llegar al convento, donde las monjas están avisadas de antemano. No ocurre lo mismo con los frailes del convento de Santo Tomás, que no están al tanto de la huida del hermano y proceden a dar cuenta al padre de lo ocurrido.

Ya no tiene sentido resistir más, aun a pesar del dolor que siente por lo que entiende la definitiva separación de su hija. En principio contrario a lo que no considera sino simples veleidades vocacionales de Teresa, don Alonso debe finalmente condescender resignado en virtud de lo que es una sincera y profunda vocación religiosa y del arraigado catolicismo que padre e hija abrazan en su interior: Dios está por encima de todo.

Un año después, el 2 de noviembre de 1536, Teresa recibe el hábito de las monjas de la Orden de la Virgen Santa María del Monte Carmelo.

La celda asignada a cada monja varía según su calidad y la dote que trae. La mayor parte de ellas se aloja en dormitorio común. Otras disponen de habitaciones amplias donde se les admite la compañía de otras parientes o amigas. Las celdas son moradas individuales. Una puerta exterior da acceso a un pequeño zaguán frente al que se abren otras dos puertas: la de la cocina y la del cuarto de estar con la alcoba al fondo.

La celda de Teresa se encuentra en la planta baja de la crujía oriental, y está dividida en dos aposentos, uno en bajo y otro en alto; abajo tiene un oratorio con imágenes y una inscripción: *Non intres in iudicium cum servo tuo, Domine.* Arriba duerme y se retira a guardar oración. Ambos aposentos se comunican mediante una pequeña escalera de madera. Por la ventana es posible distinguir a lo lejos las torres de la catedral y la iglesia de San Vicente. En esta celda morará Teresa de Jesús durante 27 años.

Desde un principio —en un ámbito en el que predomina una pobreza patente en los muros de una iglesia aún por acabar y a riesgo de hundirse en sus paredes y cercas— la novicia se entrega de pleno a una vida de intenso fervor monástico, de acuerdo con las tradiciones primigenias de la Orden, de ideales contemplativos que posteriormente se verán mermados por el rápido incremento del número de monjas. Desde bien pronto, tal aglomeración menoscaba a los ojos de la novicia la calidad de la vida religiosa por cuanto supone un importante quebrantamiento de la clausura.

No obstante, entre 1535 y 1538 aún se conservaría íntegra la observancia del monasterio a pesar de las ya incipientes amenazas de deterioro moral, pues el núcleo principal de la misma está firmemente defendido todavía desde los postulados de la austeridad. Desde el 14 de septiembre hasta la Pascua, salvo tres días a la semana, sólo se hace una comida diaria, y se come carne tres veces a la semana. Se ayuna en Cuaresma y Adviento, y en el refectorio, durante las comidas, se leen vidas de santos y homilías o sermones de acuerdo con las fiestas. Se tiene disciplina tres ferias: lunes, miércoles y viernes. Se duerme *sobre maciega o colchones*, con *frezadas de lana o de estameña*, echándose *la túnica de abaxo ceñida y con el escapulario.* Se guarda silencio con extremo rigor en todo tiempo, en la iglesia, el coro, el claustro y el refectorio, así como en dormitorio y celdas, todo ello a fin de fomentar la *oración perenne*, sentido último de la monja carmelita. Se confiesa una vez a la semana, o como mucho, cada 15 días, recomendándose *ser breves, confesando solamente y simplemente sus pecados.*

Novicias y escolares vivían por separado, sin serle encomendado ningún oficio del convento, y sin tratar con extraños; su maestra debía instruirlas en las cosas de la Orden, entre otras a hablar poco y pocas veces; no hablar de las cosas del mundo; ser obedientes; *quitar las costumbres del siglo en el gesto y en el parecer y en el andar y en el hablar y en el mirar, los ojos no levantados sino baxos,* especialmente al hablar a otros. Habían de mostrar siempre alegría y orar y cantar, y procurar *de tener humildad de cuerpo y corazón.*

En este ambiente de cálida devoción vivirá Teresa desde noviembre de 1535 hasta noviembre de 1536, entregándose con su vehemencia habitual a las observancias de la Orden: *A la hora me dio un tan gran contento de tener aquel estado, y mudó Dios la sequedad que tenía mi alma en grandísima ternura; dávanme deleite todas las cosas de la relisión.*

Comienza a añorar desde su entorno exterior e interior la austeridad y la pobreza de los santos mártires, sus mortificaciones corporales. Aúna a un tiempo en su interior la dicha por el recogimiento y la observancia de la regla, y la tristeza por la amargura que siente por sus pecados, que llora desconsolada ante la incomprensión de las otras monjas: *como me vían procurar soledad y me vían llorar por mis pecados algunas veces, pensavan era descontento, y ansí lo decían.*

Esta situación marca el principio de una incomprensión general que se prolongará el resto de su vida en la forma de un oculto martirio provocado por su extrema sensibilidad hacia circunstancias en apariencia imprecisas e insustanciales: *Pasé grandes desasosiegos con cosas que en sí tenían poco tomo, mas culpávanme sin tener culpa hartas veces; yo lo llevava con harta pena e imperfeción, aunque con el gran contento que tenía de ser monja todo lo pasava.*

Mas el recogimiento del noviciado aún le permite albergar cierto sentimiento de paz interior alentado por la esmerada preparación del día de la profesión, cuyo punto álgido alcanza mediante la confesión general ordenada por las Constituciones, tal confianza había puesto en que los efectos de la misma hicieran desaparecer o al menos lograran mitigar su inquietud interior.

El 3 de noviembre de 1537, un año y un día después de la toma de hábito, hace su profesión.

Pero continúa siendo presa de profundo malestar interior. Siente haber equivocado la vocación. Llora cada día más, y cada día sus penitencias son más duras. No come. No tiene fuerzas. Y acaba por perder la salud.

Nadie en el convento acierta con los motivos que la atormentan y torturan: si el exceso de las penitencias aplicadas, si la falta de alimentación, si la penuria del monasterio. Los síntomas de sus males recuerdan aquellos del monasterio de Santa María de Gracia: *Comenzáronme a crecer los desmayos, y diome un mal de corazón tan grandísimo que ponía espanto a quien le veía, y otros muchos males juntos, y ansí pasé el primer año con harto mala salud*. Cuando tal estado de cosas llega finalmente a oídos de su padre, éste resuelve sacarla del convento, donde entonces no se guardaba aún clausura (otoño de 1538), y llevarla en compañía de su hermana y de su amiga Juana Suárez a Becedas, pueblo de la serranía de Béjar, donde reside una reputada curandera.

IV. CASTILLO INTERIOR

Y pensava algunas veces que si estando buena me havía de conde-
nar, que mijor estava ansí; mas todavía pensava que serviría mucho
más a Dios con la salud. Este es nuestro engaño, no nos dejar del todo
a lo que el Señor hace, que sabe mijor lo que nos conviene.
(Libro de la Vida, 6,5)

Una de las cuestiones objeto de mayor controversia en torno a la figura de Teresa de Jesús ha sido siempre el origen de los muy diversos y continuos males y enfermedades que padeció a lo largo de su vida, prácticamente desde la pubertad. Después de mucho tiempo y largos debates sobre el tema, parece haberse alcanzado finalmente cierto consenso en cuanto a que el foco esencial de los mismos fuera de orden neurótico, a partir de la enorme tensión a la que desde muy joven se ve sometida por el conflicto que la propia enferma abre desde bien pronto en su interior, presa de angustia y desasosiego en su afán por encontrar a Dios y hallar una paz espiritual que sólo alcanzará en los últimos años de una existencia de constante sufrimiento.

Si bien hay que unir a estos trastornos una serie de dolencias de tipo patológico, fundamentalmente procesos infecciosos derivados de la actividad que desarrolla y las condiciones climatológicas en las que lleva a cabo la misma, parece evidente que la razón de su malestar permanente debe buscarse en ese estado de catarsis en el que vive sumida.

Tal relevancia alcanza la cuestión por cuanto la dialéctica que se establece entre la dimensión divina (éxtasis espirituales) y humana (achaques físicos) del personaje dificulta sobremanera una cabal valoración de su figura.

El estado de salud en el que se encuentra al abandonar el monasterio de la Encarnación hace aconsejable dividir el largo trayecto, de aproximadamente 15 leguas, que discurre entre Ávila y la localidad de Becedas en cuatro jornadas: Hortigosa, Castellanos de la Cañada, Piedrahíta y Becedas, que cubrirá acompañada de su padre, su hermanastra María de Cepeda, su amiga Juana Suárez y algunos otros familiares y amigos.

La llegada a Hortigosa marca el fin de la primera jornada. Como ya sucediera en su anterior visita, también su tío Pedro se convertirá en esta ocasión en fuente de alivio y consuelo, a partir de la relación que se establece entre ambos y, fundamentalmente, del hecho de procurarle una serie de lecturas acordes con lo que su estado espiritual le demanda.

Es el caso de la obra de fray Francisco de Osuna, *El Tercer Abecedario*, en el que encuentra los principios esenciales que rigen la oración de recogimiento (*no sabía cómo proceder en oración ni cómo recogerme, y ansí holguéme mucho con él y determinéme a seguir aquel camino con todas mis fuerzas; y, como ya el Señor me havía dado don de lágrimas y gustava de leer, comencé a tener ratos de soledad y a confesarme a menudo y comenzar aquel camino, teniendo a aquel libro por maestro*), no obstante su consideración como una de las más importantes obras de la mística española.

En Castellanos de la Cañada conocerán que las curas no podrán comenzar hasta la primavera, puesto que la afamada curandera que llevaría a cabo las mismas trabajaba con pócimas elaboradas a base de hierbas del campo. Como quiera que el invierno se ha echado ya encima, los expedicionarios deciden quedar allí, decisión que supone gran regalo para la enferma, pues la combinación entre el paisaje invernal y la lectura a la que se ha entregado de pleno le procuran profunda paz. Aquellas páginas la introducen a un nuevo tipo de oración esencialmente dirigida al alma, que se convierte en escenario de representación de muy diversos pasajes bíblicos.

Teresa comienza a abrirse paso por senderos espirituales hasta entonces ignotos. Se trata de la oración de quietud, que en ocasiones alcanza la unión espiritual con Dios. En esta sensación de quietud el cuerpo queda como adormecido, la voluntad paralizada, como absorta, y la memoria en suspenso. A su vez, el alma siente despojarse del cuerpo; nada se ve, ni se oye, ni se siente, y todo es un placentero desfallecimiento, pues el alma está en Dios: *quedava con unos efetos tan grandes que me parece traía el mundo debajo de los pies*.

Nueve meses más tarde —es abril de 1539— la comitiva parte rumbo a Becedas. A pesar de las terribles molestias físicas que padece, Teresa aún conserva en su interior tal gozo, acrecentado si cabe por los otros efectos que sobre su ánimo ejerce la llegada de la primavera. Hacen alto en Piedrahíta, situada en un hondo y amplio valle, próxima al río Corneja. Desde allí hasta El Barco de Ávila, por donde pasa el Tormes camino de Béjar, atraviesan pequeños pueblecitos de la provincia: Aldehuela, Encinas, Santa María de los Caballeros.

Cercado por montañas, Becedas es por aquel entonces un próspero poblado famoso por sus nogales. Al igual que la primavera, también la orografía del lugar deja huella indeleble en el ánimo de la enferma, cuyo tratamiento a base de pócimas se prolongará más de lo previsto y se hará especialmente duro, atroz en ocasiones. Las duras sesiones de curas y purgas a que es sometida durante un periodo aproximado de un mes la dejan bien maltrecha y presa de altas fiebres y grandísimos dolores.

Ello no la ha apartado, sin embargo, de su devoción cotidiana ni de su aproximación también diaria a la lectura del *Tercer Abecedario*. Pero el hecho de convertirse en centro de atención por parte de numerosas visitas obrará en este solaz interior cierto efecto pernicioso, por cuanto provocan no poca distracción en su afán por corresponder a todos aquellos que se interesan por su estado de salud, sacándola de su hondo recogimiento. A pesar de ello, su estado espiritual se ve muy favorecido por la cada vez más fervorosa afición que observa hacia la confesión y por su querencia por entablar relación con personas de cierta calidad y entendimiento. En este núcleo de nuevas relaciones, marca especial atención la figura de un sacerdote que, en el transcurso de un intercambio de confidencias personales, llega a declararle la perdición personal que desde tiempo atrás padece por cuanto mantiene relación con mujer a la vez que continúa oficiando. La atención y la piedad que Teresa ofrece a este hombre supondrá su primera victoria en la larga batalla que durante el resto de su vida dirimirá en el feudo de la redención de hombres de religión. No obstante, su inexperiencia inicial en este tipo de cuestiones la llevará a pagar un alto precio por una victoria que se antoja pírrica en razón del profundo desasosiego de conciencia y temor de perdición que siente acerca de lo que a su entender son ciertos excesos que ha cometido en la relación confidencial mantenida, que en puridad no pasan de muestras de afecto sin asomo alguno de malicia o sensualidad.

Mas los males perseveran tres meses después de iniciado el tratamiento, y la alarma crece entre los suyos. Finalmente, su padre decide retornar a Ávila para allí ponerla en manos de otros médicos. Al dolor se une la tristeza, una profunda amargura interior que trata de paliar apoyándose en la figura bíblica del santo Job tratando de hallar alivio interior a sus penurias: *Mucho me aprovechó haver leído la historia de Job en los Morales de san Gregorio para que yo lo pudiese llevar con tanta conformidad. Todas mis pláticas eran con Él; traía muy ordinario estas palabras de Job en el pensamiento y decíalas: «Pues recibimos los bienes de las manos del Señor, ¿por qué no sufriremos los males?».*

Para la festividad de la Asunción, Teresa pide confesarse, pero quienes cuidan de ella deciden no permitírselo por entender que pudiera causarle más mal que bien por si aquello fuera miedo a morir. Los hechos que siguen no pueden obrar más en contra: esa misma noche sufre una suerte de paroxismo que la coloca realmente al filo de la muerte. Le es administrado el sacramento de la extremaunción. No da señales de vida. La prueba del espejo en la boca no ofrece mejores augurios, pues éste no se empaña. Cuando los médicos la dan definitivamente por muerta, comienza a correr por la ciudad la nueva de su fallecimiento. A su vera acuden frailes de la Orden y monjas de su convento, es amortajada y se le pone cera sobre los ojos, pues era costumbre de la época echar cera en los ojos bien cerrados para que luego no quedaran entreabiertos, evitando así una escena de honda impresión a los seres más queridos. En el convento queda abierta su sepultura, en su hogar se sacan los lutos, y algunos conventos de la ciudad llegan a celebrar funerales por su alma.

Pero su padre no quiere rendirse a la evidencia —*esta hija no es para enterrar*, proclama arrodillado delante de su cuerpo exánime—. En tal estado pasa cuatro días, hasta que finalmente retorna a la vida: despierta entre delirios y profiriendo desatinos, pidiendo confesión y recibiendo posteriormente la comunión entre lágrimas. De resultas de aquello queda prácticamente paralizada, sin poder mover más allá de un dedo de la mano derecha. Al despertar el cuerpo, se reavivan también los terribles dolores: *la lengua hecha pedazos de mordida; la garganta, de no haver pasado nada y de la gran flaqueza que me ahogava, que aun el agua no podía pasar; toda me parecía estava descoyuntada; con grandísimo desatino en la cabeza: toda encogida, hecha un ovillo, sin poderme menear ni pie ni mano ni cabeza, más que si estuviera muerta, si no me meneavan.* De tal estado de inmovilidad y dolor aún conservará secuelas tres años más tarde.

Para la Pascua de ese mismo año los dolores comienzan a remitir (*cuando comencé a andar a gatas, alabava a Dios*), a la par que se abre en su interior una profunda crisis espiritual que, sin embargo, no hace sino reforzar aún más su entrega absoluta a la oración. Pide con insistencia su vuelta a la Encarnación, donde retorna hacia finales de marzo de 1540. Allí, las monjas se convierten en testigos del proceso que vive su hermana. De un lado quedan espantadas por lo que ven sufrir en su cuerpo. De otro, admiradas por su proceder ante el sufrimiento y la enfermedad, comienzan a tomarla como ejemplo: *tratava mucho de Dios, de manera que edificava a todas, y se espantavan de la paciencia que el Señor me dava; porque, a no venir de mano de Su Majestad, parecía imposible poder sufrir tanto mal con tanto contento.*

Con el paso del tiempo, se irá cultivando cierto ascendiente de la monja sobre el resto de sus compañeras, que a fuer de sentir admiración y hacer de su comportamiento norma ejemplar de conducta devendrán finalmente discípulas antes que amigas. En un momento dado, la vida del convento parece girar en torno a su figura, pues ha empezado a hacerse cargo de cuestiones que en un principio deberían corresponder a monjas más veteranas. Tiene 28 años y ya transmite cierta fascinación entre quienes la rodean, más allá de la gracia y la alegría que desde su infancia sentía trasladar.

Biografía

Largo y tendido se ha hablado y escrito sobre los males de Teresa de Jesús, fieles compañeros de viaje a lo largo de numerosas y penosas jornadas de su vida. Tal cúmulo de enfermedades padeció siempre, que aún hoy se hace realmente difícil hallar la raíz de las mismas. Pero sin duda existe un punto de coincidencia a la hora de establecer cierta causa de orden moral. La propia Teresa da cuenta con harta explicitud de todo lo que padeció, y así habla de dolores en un lado y esquinancia, o de un dolor de espaldas que sube hasta el cerebro, o de dolores de quijadas y de muelas, o de dolores y ruidos de cabeza casi continuos. Y hace referencia a romadizos, catarros y afecciones de garganta; a calenturas y cuartanas sin fin. Y alude a trastornos de hígado, de riñones y de matriz; a infinidad de vómitos. Atribuye incluso la enferma cierto protagonismo al poderoso influjo de la luna en la provocación o exacerbación de sus males, y dice: *yo me hallo mijor con ser hoy lleno de luna, que lo tengo a mucho*; o bien: *es un día de luna en lleno, que he sentido la noche bien ruin y ansí lo está la cabeza; mañana creo como pase la luna acabará esta indispusición.*

La misma Ciencia ha intentado arrojar un haz de luz sobre una cuestión tan envuelta en tinieblas. Así, se han interpretado sus convulsiones como contracciones crónicas; la rigidez de sus músculos, una forma de tetanización muscular; la sensación de sofocamiento, un *globus hystericus*; su dolor insoportable, hiperestesía; sus frecuentes desfallecimientos, desórdenes nerviosos del sistema circulatorio; el estado de enfermedad cuasi permanente que la acompaña desde la adolescencia hasta la madurez femenina, perturbaciones psicofisiológicas propias de la mujer entre la pubertad y la menopausia.

No es posible, en cualquier caso, cerrar del todo la puerta a la hipótesis que defiende la existencia de cierto componente de naturaleza sobrenatural en buena parte de estas dolencias, de especial relevancia y harta frecuencia a lo largo de su vida. Es evidente que su entrada en religión coincide abiertamente con la aparición y desarrollo de buen número de trastornos de origen neurótico, entre ellos las frecuentes convulsiones que en la época se describen como perlesía, casi siempre coincidentes con preocupaciones morales. Pero, sin duda, la mayor parte de estos trastornos vienen causados por las fuertes tensiones que acompañan su azarosa existencia, favorecidas si cabe por las inclemencias climatológicas que hubo de soportar. Tal circunstancia contribuyó asimismo al desarrollo de múltiples infecciones, algunas de ellas de carácter tuberculoso con graves complicaciones en el sistema nervioso.

Pudo sufrir asimismo una cardiopatía orgánica, origen de diversas nemosis cardiacas (palpitaciones, sofocos), y terribles dolores precordiales que podrían identificarse con una angina de pecho, incompatible todo ello con el tipo de vida que llevó siempre y la gran actividad desplegada.

En relación a las causas de su muerte, varias opiniones coinciden en que fue debida a un *flujo de sangre* de enormes proporciones, donde en definitiva se ha querido ver una metrorragia, muy posiblemente ocasionada por un carcinoma corporal uterino, coincidiendo los *dolores en el espinazo* a los que hace referencia en el periodo último de su vida con metástasis vertebrales, muy frecuentes en el cáncer de útero.

El lento pero progresivo proceso de curación de la enferma coincide con el cumplimiento de los cuatro años señalados en las Constituciones de San José para salir de la vigilancia de la maestra de novicias, lo que le otorga una mayor independencia y libertad para recibir visitas de seglares, entre las que se hacen muy frecuentes las de su padre. Tal profusión de visitas menoscaba en cierto modo su recogimiento, pero pronto se ve impelida por los confesores y las monjas del convento a no abandonar las mismas, por cuanto traen consigo abundantes limosnas que en buena parte sirven para paliar la pobreza de la casa.

Mas ella se debate con honda preocupación entre la conveniencia o inconveniencia de atender tantas visitas, entendiendo que la oración se hace incompatible con aquel trajín de vida que en cierto modo le ha venido impuesto desde fuera. Y de algún modo, la cabeza comienza por imponerse al corazón:

Pues ansí comencé de pasatiempo en pasatiempo, de vanidad en vanidad, de ocasión en ocasión, a meterme tanto en muy grandes ocasiones y andar tan estragada mi alma en muchas vanidades, que ya yo tenía vergüenza de en tan particular amistad, como es tratar de oración, tornarme a llegar a Dios; y ayudóme a esto que, como crecieron los pecados, comenzóme a faltar el gusto y regalo en las cosas de virtud. Éste fue el más terrible engaño que el demonio me podía hacer debajo de parecer humildad, que comencé a temer de tener oración, de verme tan perdida, y parecíame era mijor andar como los muchos —pues en ser ruin era de los peores— y que engañava a la gente, porque en lo esterior tenía buenas apariencias; y ansí no es de culpar a la casa adonde estava, porque con mi maña procurava me tuviesen en buena opinión.

Estamos a mediados del año 1543: *Parecíame a mí que, ya que yo no servía al Señor como lo entendía, que no se perdiese lo que me havía dado Su Majestad a entender, y que le sirviesen otros por mí.*

A esta nueva crisis de espíritu se une la grave enfermedad del padre, circunstancia que termina por apartarla por completo de la oración y el recogimiento para poner los cinco sentidos sobre él, que finalmente morirá en la Nochebuena de 1543 a causa de una pulmonía, no sin antes recobrar el sentido y verse rodeado de buena parte de la familia: *Fue cosa para alabar a el Señor la muerte que murió y la gana que tenía de morirse.*

Más hacia adentro, la monja hace de su espíritu feroz campo de batalla en el que contienden el profundo amor que profesa a la oración y el desabrimiento que experimenta al cabo de cada crisis interior. Ello provoca su abandono de la oración por un periodo próximo a un año, circunstancia que a partir de entonces se suscitará de modo intermitente durante buena parte de su vida. En este primer atisbo de distanciamiento serán los favores o mercedes de naturaleza mística que en breve comience a recibir y conocer los que actúen de forma determinante en la iniciación de un periodo de conversión en el que asimismo ejerce una influencia decisiva la lectura de las *Confesiones* de San Agustín:

Confesávame muy a menudo. Quedóme deseo de soledad, amiga de tratar y hablar en Dios; comulgar y confesar muy más a menudo y desearlo; amiguísima de leer buenos libros; un grandísimo arrepentimiento en haviendo ofendido a Dios, que muchas veces me acuerdo que no osava tener oración, porque temía la grandísima pena que havía de sentir de haverle ofendido, como un gran castigo.

La frecuencia cada vez mayor de estas mercedes le hacen sentir muy vivamente la presencia de Dios, si bien no con los ojos del cuerpo sino vislumbrándolo en el centro del alma a través de la imaginación y la inteligencia: *Acaecíame venirme a deshora un sentimiento de la presencia de Dios que en ninguna manera podía dudar que estava dentro de mí u yo toda engolfada en Él. Esto no era manera de visión; creo lo llaman «mística teoloxía». Suspende el alma de suerte que toda parecía estar fuera de sí: ama la voluntad, la memoria me parece está casi perdida, el entendimiento no discurre, sino está como espantado de lo mucho que entiende; porque quiere Dios entienda que de aquello que Su Majestad le representa ninguna cosa entiende.*

Si bien estas mercedes le procuran, por un lado, gran gozo y paz interior, por otro le hacen sembrar muy graves dudas sobre su naturaleza y procedencia, abriendo una compleja dualidad (ilusión y certeza; Dios y demonio; bondad y maldad) que muy pronto quedará planteada en dos frentes: uno íntimo y personal, y otro de carácter público, cuya dimensión se irá acrecentando por cuanto Teresa —que a la postre acaba de cumplir 20 años— siente desde el principio la imperiosa necesidad de compartir aquello tan grande que le está ocurriendo, primero con los más próximos a ella, y posteriormente con sus confesores y con personas doctas y letradas (*siempre fui amiga de letras, aunque gran daño hicieron a mi alma confesores medio letrados*), a su entender mucho más capacitadas para dictaminar sobre la materia y aconsejarla en consecuencia sobre la actitud que debe adoptar al respecto: *ansí que importa mucho ser el maestro avisado —digo de buen entendimiento— y que tenga espiriencia; si con esto tiene letras, es grandísimo negocio; mas si no se pueden hallar estas tres cosas juntas, las dos primeras impor-*

tan más, porque letrados pueden procurar para comunicarse con ellos cuando tuvieren necesidad, y es gran cosa letras, porque éstas nos enseñan a los que poco sabemos y nos dan luz.

Mucho se ha escrito también sobre las diversas influencias que personas de una u otra corriente de pensamiento ejercieron sobre la formación intelectual y fundamentalmente espiritual de Teresa de Jesús. En este sentido, se ha apuntado a la presencia de tres grandes escuelas: los franciscanos, que harán prender en su corazón la mecha del amor divino; los jesuitas, que la dispondrán para el combate de arma tan vital como la disciplina moral e intelectual; y los dominicos, veladores de su voluntad de apostolado.

En cualquier caso, lo que la monja busque en cada una de las personas a las que desinteresadamente entregará su corazón será —más allá de alivio y consuelo puntuales en los momentos de mayor flaqueza y desasosiego— un pilar sobre el que afirmarse y afrontar tan dura prueba, luz sobre la que guiarse por tan escabroso camino. En puridad pide tres cosas: buen entendimiento, experiencia y cultura, y sobre todas ellas dos cualidades humanas siempre muy caras en su demanda hacia cualquier persona que se muestre dispuesta a franquear el umbral de su universo personal: virtud y discreción.

Después de haber entrado en relación con confesores que progresivamente irá desechando por cuanto no sirven a su fin y no aciertan a cubrir sus expectativas de procurarle una serie de enseñanzas sobre aquello que la inquieta (*es muy necesario el maestro, si es espirimentado; que si no, mucho puede errar y traer un alma sin entenderla ni dejarla a sí mesma entender; porque, no entendiendo el espíritu, afligen alma y cuerpo y estorban el aprovechamiento*), la primera persona de auténtica valía que de algún modo abre el complicado y largo proceso de configuración humana y religiosa de su personalidad es fray Vicente Barrón, teólogo dominico del convento de Santo Tomás a quien ha comenzado a tratar durante la enfermedad de su padre. Él será el primero al que confíe su profundo pesar por el hecho de haber abandonado la oración y las causas que le han llevado a ello. El padre Barrón la insta a no desechar la oración como rico manjar para su espíritu. Teresa se compromete a una ciega obediencia y un fiel seguimiento a tal principio, y en verdad ya nunca más volverá a dejar la oración. Mas sus inquietudes y angustias no cesan: *Pasava una vida travajosísima, porque en la oración entendía más mis faltas: por una parte me llamava Dios; por otra yo siguía a el mundo; dávanme gran contento todas las cosas de Dios; teníanme atada las de el mundo. Parece que quería concertar estos dos contrarios —tan enemigo uno de otro— como es vida espiritual, y contentos y gustos y pasatiempos sensuales. En la oración pasava gran travajo, porque no andava el espíritu señor, sino esclavo;*

*y ansí no me podía encerrar dentro de mí (que era todo el modo de pro-
ceder que llevava en la oración) sin encerrar conmigo mil vanidades.*

Es, en verdad, la distracción la única espina que asoma en un
camino cuyo transcurrir por su vida conventual está sembrado de
coronas: virtud, piedad, obediencia y penitencia; esta última llega a un
extremo tal que las aludidas faltas de distracción (en sustancia conversaciones con seglares que se hacen harto frecuentes) son posteriormente reprendidas en soledad con disciplina y azotes que se aplica en su
celda con extremo rigor no exento de cierta crueldad, signo del profundo desasosiego interior que sufre.

*Pasé este mar tempestuoso casi veinte años con estas caídas y con
levantarme y mal —pues tornava a caer— y en vida tan baja de perfeción, que ningún caso hacía de pecados veniales; y los mortales,
aunque los temía, no como havía de ser, pues no me apartava de los
peligros; ni yo gozava de Dios ni traía contento en el mundo; cuando estava en los contentos de el mundo, en acordarme lo que devía a
Dios era con pena; cuando estava con Dios, las afeciones del mundo
me desasosegavan; ello es una guerra tan penosa, que no sé cómo un
mes la pude sufrir, cuantimás tantos años.*

Ya se ha apuntado cómo las *Confesiones* de San Agustín reclaman
lugar de honor en este primer proceso de conversión (*parece el Señor lo
ordenó, porque yo no las procuré ni nunca las havía visto; como comencé a leer las Confesiones, paréceme me vía yo allí; cuando llegué a su
conversión y leí cómo oyó aquella voz en el huerto, no me parece sino
que el Señor me la dio a mí, según sintió mi corazón: estuve por gran
rato que toda me deshacía en lágrimas y entre mí mesma con gran afleción y fatiga*), pero parece indudable que el momento cumbre de este
primer retorno al redil viene marcado por un episodio crucial en su vida,
la primera de las grandes mercedes divinas que recibe, mediada la década de los 50, próxima a cumplir 40 años, principio de una serie de visiones consideradas clave en la experiencia mística teresiana:

*Acaecióme que, entrando un día en el oratorio, vi una imagen que
havían traído allí a guardar, que se havía buscado para cierta fiesta que
se hacía en casa. Era de Cristo muy llagado y tan devota, que en mirán-
dola, toda me turbó de verle tal, porque representava bien lo que pasó
por nosotros. Fue tanto lo que sentí de lo mal que havía agradecido
aquellas llagas, que el corazón me parece se me partía, y arrojéme cabe
Él con grandísimo derramamiento de lágrimas, suplicándole me forta-
leciese ya de una vez para no ofenderle.*

Conforme las mercedes divinas se hacen más frecuentes, Teresa desarrolla interiormente un gran proceso de transformación que corre paralelo al camino de perfección que a partir de ese momento emprende.

De entre el grupo de amigos y deudos de los que Teresa ha hecho sus primeros confidentes sobresale por encima de todas la figura de Francisco de Salcedo, a quien se referirá siempre como el *Caballero Santo* por el grande efecto que sobre ella produce (*yo le comencé a tener tan grande amor, que no havía para mí mayor descanso que el día que le vía*); hombre muy dado a la oración, persona muy docta y virtuosa que a la vez la pone en manos del clérigo Gaspar Daza, en quien busca un director espiritual, confesor a la par que maestro, que desde un trato inicial rayano en la indiferencia y el distanciamiento le impone un muy severo y rígido orden de vida.

Pero también los libros siguen siendo manantial de saber para la monja, y de ellos bebe para saciar su sed de conocimiento sobre todo aquello que le corroe y que con harta maestría describe en sus metáforas: *ansí que todo lo vía travajoso, como el que está metido en un río, que a cualquier parte que vaya de él teme más peligro, y él se está casi ahogando.*

De la *Subida al Monte Sión*, de fray Bernardino de Laredo, extrae Teresa una serie de párrafos que a su entender expresan perfectamente el modo de oración que sigue, y que da a leer a Daza y Salcedo, determinada a encomendarse sin paliativos a lo que ellos resuelvan. La respuesta (*a todo su parecer de entrambos, era demonio*) tiene efectos desoladores para la monja (*todo era llorar*); compadecidos ambos por su congoja, le aconsejan someterse a confesión general con un padre de la Compañía de Jesús, a quien debía dar cuenta de toda su vida por ser persona muy experimentada en cosas del espíritu. Aparece entonces en su horizonte —verano de 1555— el padre Diego de Cetina (*siervo de Dios harto y bien avisado*, dice de él), jesuita muy ejercitado en oración mental a pesar de su juventud (apenas tiene 23 años de edad y tan sólo uno de sacerdocio). Muy pronto alcanza perfecto entendimiento de lo que interiormente sucede a Teresa, a la que asegura que todo aquello es *espíritu de Dios muy conocidamente*, y asimismo *es menester tornar de nuevo a la oración*. Queda muy reconfortada y determinada a seguir estrictamente sus consejos. La labor del padre Cetina sobre su personalidad encuentra amplio eco en la que de modo casi paralelo ejerce Francisco de Borja, a quien el primero insta a mantener conversación con la monja. Asegurada por ambos de que aquello era de naturaleza divina, uno y otro pondrán especial énfasis en la importancia de aferrarse a la oración y la meditación como instrumentos cotidianos de faena interior, pero sobre todo coinciden a la hora de animarla a afirmarse en la humanidad de Cristo, en contra de la tendencia seguida en ese momento por los contemplativos de la época, resueltos a apartarse de todo género de corporeidad. Si bien alguna de las lecturas que posteriormente ejercerán influencia decisiva sobre Teresa de Jesús —el *Tercer Abecedario*, de Francisco de Osuna, entre ellas— rechazan firmemente el contacto con cualquier objeto corpóreo para ciertos grados de contemplación mística, no es menos cierto que ésta tendrá siempre en gran consideración la dimensión física en la relación con Dios (*siempre tornava a mi costumbre de holgarme con este Señor, en especial cuando comulgava; quisiera yo siempre traer delante de los ojos su retrato y imagen, ya que no podía traerle tan esculpido en mi alma como yo quisiera*), pues desde bien pronto precisará de un contacto inicial con la imagen física para elevarse espiritualmente (*de estas simplicidades tenía muchas; en especial me hallava muy bien en la oración del Huerto: allí era mi acompañarle; pensava en aquel sudor y afleción que allí havía tenido; si podía, deseava limpiarle aquel tan penoso sudor*), siguiendo por lo demás una tendencia muy acusada en los místicos españoles en cuanto a una muy alta valoración de lo humano: *es gran cosa, mientras vivimos y somos humanos, traerle humano.*

Cuando el padre Cetina parte de Ávila, nuevamente queda Teresa sumida en la desolación y la tristeza, hallando entonces vivo consuelo en la figura de una gran señora devota de oración, doña Guiomar de Ulloa, con la que llegará a intimar en gran extremo durante el resto de su vida, y que jugará papel fundamental en diversos episodios de la misma. Por mediación de ésta entablará Teresa contacto con su nuevo director espiritual, el padre jesuita Juan de Prádanos, muy joven también, pues apenas tiene 27 años cuando entra en su esfera espiritual. La figura de este sacerdote se revela fundamental en su vida, pues bajo su dirección alcanzará el *desposorio espiritual*. La monja, que en principio ha referido a su confesor la ingratitud que para ella supone abandonar algunas amistades que tanto bien le han procurado, es incitada por éste a encomendarse a Dios en la oración. En el transcurso de uno de estos momentos de recogimiento interior tiene lugar lo que se conoce como su segunda conversión, que de nuevo alcanza mediante merced divina:

Vínome un arrebato tan súpito, que casi me sacó de mí, cosa que yo no pude dudar, porque fue muy conocido. Fue la primera vez que el Señor me hizo esta merced de arrobamientos. Entendí estas palabras: «Ya no quiero que tengas conversación con hombres, sino con ángeles». A mí me hizo mucho espanto, porque el movimiento del ánima fue grande, y muy en el espíritu se me dijeron estas palabras, y ansí me hizo temor, aunque por otra parte gran consuelo me quedó.

Ello se ha cumplido bien, que nunca más yo he podido asentar en amistad ni tener consolación ni amor particular sino a personas que entiendo le tienen a Dios y le procuran servir, ni ha sido en mi mano, ni me hace al caso ser deudos ni amigos.

Desde aquel día yo quedé tan animosa para dejarlo todo por Dios, que no fue menester mandármelo más. Ya yo mesma lo havía procurado, y era tanta la pena que me dava, que como cosa que me parecía no era inconveniente lo dejava. Ya aquí me dio el Señor libertad y fuerza para ponerlo por obra. Ansí se lo dije a el confesor, y lo dejé todo conforme a como me lo mandó.

Ello marca una nueva transformación que ahora sí operará definitivamente en su interior. Al recibir la más grande de las mercedes, la del *desposorio místico* (Pentecostés del año 1556: acaba de cumplir 41 años), su alma acaricia ya la profunda paz espiritual tanto tiempo anhelada, y que a partir de ahora no hará sino expandirse por el resto de sus días. Atrás quedan las pasiones; delante, un gran espacio especialmente reservado al goce espiritual.

La posterior ausencia de su segundo confesor ya no tendrá efectos tan desoladores sobre su ánimo. Ahora ya se siente provista de un poderoso arsenal de armas de combate espiritual para afrontar todo lo que venga a continuación, que no será poco ni leve. Su nuevo confesor, el padre Baltasar Álvarez, también jesuita, también joven e inexperto (a sus 25 años de edad, acaba de ser ordenado sacerdote muy recientemente) se mostrará muy influenciado por el rector Dionisio Vázquez, quien observa una gran prevención contra la figura de Teresa (*supe que le decían que se guardase de mí, no le engañase el demonio con creerme algo de lo que le decía; traíanle enjemplos de otras personas*).

Es el año 1559, y en España ha estallado un exacerbado temor frente al protestantismo, que prende con ardor en el ya de por sí exaltado ambiente de espiritualidad de la España del siglo XVI. En Valladolid y Sevilla se celebran los primeros autos de fe contra falsas visionarias, cuya condena causará gran conmoción a nivel nacional. El inquisidor general, Fernando de Valdés, publica un índice de libros prohibidos —redactado por la Congregación de la Fe— que incluye los títulos de los libros que la autoridad eclesiástica católica considera nocivos para los fieles, por propugnarse en ellos la apostasía, la herejía, el cisma o las malas costumbres. El proceso interior que vive la monja ya ha quedado abierto tiempo atrás en el campo de la teología con la aparición y posterior expansión de los alumbrados, circunstancia que ha despertado cierto recelo en la Iglesia. En alguna medida, la oración mental había degenerado en casos muy puntuales hacia la contemplación sobrenatural, cuyo desconocimiento causa un temor ciertamente explicable.

El iluminismo o dejamiento aparece en el siglo XVI como un movimiento espiritual heterodoxo. Sus seguidores —los llamados alumbrados o dexados— rechazan el formalismo religioso y el culto externo, la vida monástica, las bulas, los ayunos y abstinencias y la confesión, para entregarse de lleno a la oración mental. Para los iluminados —cuya doctrina ofrece una respuesta moral de orden renacentista frente a la cristiandad medieval— Dios sólo bendice las obras interiores que su propio espíritu obra en sus fieles. La progresiva expansión del luteranismo favorecerá sin duda los procesos al iluminismo y al erasmismo. Huidos de España o anulados en su campo de acción los seguidores de ambos movimientos, la Inquisición se hará con el control de la Universidad durante la década de los 60, de donde expulsará a personas consideradas de dudosa tendencia, cual es el caso de fray Luis de León, que permanecerá en prisión durante cuatro años, desde 1572 a 1576. La sucesiva publicación de índices de libros prohibidos a partir de 1547 afectarán a la obra de numerosos autores, especialmente la de Erasmo de Rotterdam, así como a la de algunos autores a los que Teresa suele acudir (entre ellos Juan de Ávila, fray Luis de Granada y Francisco de Borja), lo que de algún modo le priva también de otra fuente de consuelo y apoyo.

Tal cúmulo de circunstancias abrirá un nuevo periodo de penas y penurias, donde vuelve a tomar cuerpo la especie de que lo que la envuelve es demonio, postura que desde la distancia aún sostienen Gaspar Daza y Francisco de Salcedo, quien nunca han dejado de recelar de los engaños del demonio, y en quienes nunca ha dejado tampoco Teresa de depositar su confianza a la par que sus confidencias (*todos se determinavan en que era demonio, que no comulgase tan a menudo y que procurase distraerme de suerte que no tuviese soledad; como vi que tantos lo afirmavan y yo no lo podía creer, diome grandísimo escrúpulo, pareciendo poca humildad; porque todos eran más de buena vida sin comparación que yo, y letrados, que por qué no los havía de creer; forzávame lo que podía para creerlos, y que conforme a esto devían de decir verdad*). Unas confidencias que, para su desgracia, han comenzado a ver la luz (*por bien me han hecho harto daño, que se han divulgado cosas que estuvieran bien secretas —pues no son para todos—, y parecía las publicava yo; no digo que decían lo que tratava con ellos en confisión; mas, como eran personas a quien yo dava cuenta por mis temores para que me diesen luz, parecíame a mí havían de callar*), convirtiéndose en pábulo de rumores y prejuicios al punto de ser calificadas sus visiones de antojos y diabluras, apuntándose incluso la intención de querer conjurarla. Frente al demonio que de nuevo le aseguran la acecha, se le manda hacer higas (una suerte de menosprecio que se ejecutaba cerrando el puño y mostrando el dedo pulgar por entre el índice y el medio; en la Edad Media, era creencia popular que tan despreciativo gesto servía para librarse del mal de ojo) de tales visiones y apariciones, acto que causa honda impresión y gran escrúpulo a la monja: *dávame este dar higas grandísima pena cuando vía esta visión del*

Señor; porque cuando yo le vía presente, si me hicieran pedazos, no pudiera yo creer que era demonio, y ansí era un género de penitencia grande para mí; acordávame de las injurias que le havían hecho los judíos, y suplicávale me perdonase, pues yo lo hacía por obedecer. En un momento extremadamente delicado para su ya de por sí frágil estabilidad emocional, Teresa debe abandonar la compañía de doña Guiomar de Ulloa, en cuyo palacio ha habitado durante cerca de tres años, para retornar al monasterio y a la vez al dilema que la mortifica sobre si aquello es Dios o demonio, verdad o engaño.

Pero la monja ya es cierta del origen divino de las mercedes que recibe, y habla de comunicaciones interiores que van directamente al alma, sin palabras, pero con mensajes grabados en lo más hondo: *son unas palabras muy formadas, mas con los oídos corporales no se oyen, sino entiéndese muy más claro que si se oyesen.*

Estas visiones se inician por el año 1560 (ella tiene entonces 45 años) y se prolongarán por espacio de dos años y medio, aproximadamente hasta mediados de 1562. Teresa llegará a distinguir hasta tres tipos diferentes de visiones místicas —intelectuales, imaginarias (percibidas con la fantasía) y corporales (vistas con los ojos)— en tanto clasifica estas mercedes en tres grandes grupos también: unión (*digo que se entiende y veisos llevar, y no sabéis dónde, y es menester ánima determinada y animosa para arriscarlo todo, venga lo que viniere, y dejarse en las manos de Dios y ir adonde nos llevaren de grado, pues os llevan, aunque os pese; y en tanto estremo, que muy muchas veces querría yo resistir, y pongo todas mis fuerzas; algunas podía algo, otras era imposible, sino que me llevava el alma y aun casi ordinario la cabeza tras ella, sin poderla tener, y algunas todo el cuerpo, hasta levantarle*); ímpetu (*es imposible poderlo entender, que no es desasosiego del pecho; dejávanme perdida la cabeza y cansado el espíritu, de suerte que otro día y más no estava para tornar a la oración; no se puede encarecer ni decir el modo con que llaga Dios el alma y la grandísima pena que da, que la hace no saber de sí; mas es esta pena tan sabrosa, que no hay deleite en la vida que más contento dé; siempre querría el alma estar muriendo de este mal*); y arrobamiento (*digo que muchas veces me parecía me dejava el cuerpo tan ligero que toda la pesadumbre de él me quitava, y algunas era tanto que casi no entendía poner los pies en el suelo, pues cuando está en el arrobamiento, el cuerpo queda como muerto, sin poder nada de sí muchas veces, y como le toma se queda: si en pie, si sentado, si las manos abiertas, si cerradas; porque, aunque pocas veces se pierde el sentido, algunas me ha acaecido a mí perderle del todo, pocas y poco rato; mas lo ordinario es que se turba y, aunque no puede hacer nada de sí cuanto a lo esterior, no deja de entender y oír como cosa de lejos; no digo que entiende y oye cuando está en lo subido de él, que entonces no ve, ni oye, ni siente, a mi pare-*

El éxtasis de Santa Teresa, mármol de 1647-1652 de Bernini (iglesia de Santa María de la Victoria de Roma).

cer, y por la mayor parte están cerrados los ojos, aunque no queramos cerrarlos; y si abiertos alguna vez, no atina y ni advierte lo que ve).

Por el verano de 1560 tiene una visión que no acierta a calificar como tal, pues ni a través de los ojos ni de la imaginación alcanza llegar hasta ella; es de las que más tarde definirá como visiones intelectuales:

Con los ojos del cuerpo ni de el alma no vi nada, mas parecíame estava junto cabe mí Cristo y vía ser Él el que me hablava, a mi parecer. Yo, como estava inorantísima de que podía haver semejante visión, diome gran temor a el principio y no hacía sino llorar, aunque, en diciéndome una palabra sola de asigurarme, quedava como solía, quieta y con regalo y sin ningún temor. Parecíame andar siempre a mi lado Jesucristo y, como no era visión imaginaria, no vía en qué forma; mas estar siempre al lado derecho, sentíalo muy claro, y que era testigo de todo lo que yo hacía y que ninguna vez que me recogiese un poco, u no estuviese muy divertida, podía ignorar que estava cabe mí.

Son la mayor parte visiones imaginarias. En una ocasión ve las manos de Cristo, de *tan grandísima hermosura*; en otra, su *divino rostro*; finalmente, *toda su Humanidad sacratísima, con tanta hermosura y majestad.*

Sea del tipo que fuere ya la visión o la merced que recibe, Teresa no puede sustraerse en ninguna medida a los poderosos efectos que cada una de estas experiencias deja grabada en su cuerpo, pero sobre todo en su alma:

Toda la ansia es morirme entonces; ni me acuerdo de purgatorio, ni de los grandes pecados que he hecho, por donde merecía el infierno; todo se me olvida con aquella ansia de ver a Dios, y aquel desierto y soledad le parece mijor que toda la compañía del mundo; aquí es la pena de haver de tornar a vivir, aquí se levanta ya de el todo la bandera por Cristo, que no parece otra cosa sino que este alcaide de esta fortaleza se sube, u le suben, a la torre más alta, a levantar la bandera por Dios; mira a los de abajo como quien está en salvo; vese aquí muy claro en lo poco que todo lo de acá se ha de estimar y lo nonada que es; quien está de lo alto, alcanza muchas cosas; ya no quiere querer, ni tener libre albedrío no querría, y ansí lo suplica a el Señor; dale las llaves de su voluntad.

Y a pesar de que acudirá incluso a la literatura como medio de expresión de aquello que la embarga, haciendo uso de bellas metáforas extraídas de la misma Naturaleza —*paréceme a mí que anda el alma como un asnillo que pace, que se sustenta porque le dan de comer y come casi sin sentirlo* (...); *es como unas fontecicas que yo he visto manar, que nunca cesa de hacer movimiento el arena hacia arriba* (...); *parece también como un fuego que es grande, y para que no se aplaque es menester haya siempre qué quemar* (...)—, nunca encontrará posible transmitir cabalmente aquello para lo que no hay palabras, y así, exclama: *¡Oh Jesús mío, quién pudiese dar a entender la majestad con que os mostráis!*

De entre las numerosas mercedes recibidas por este periodo, especial relevancia cobra la del dardo, también denominada visión de la transverberación, que aparece representada en el corazón vulnerado que se venera en el relicario de Alba de Tormes: *Vía un ángel cabe mí hacia el lado izquierdo en forma corporal. Víale en las manos un dardo de oro largo, y al fin de el hierro me parecía tener un poco de fuego; éste me parecía meter por el corazón algunas veces, y que me llegava a las entrañas; al sacarle, me parecía las llevava consigo, y me dejava toda abrasada en amor grande de Dios. Era tan grande el dolor que me hacía dar aquellos quejidos, y tan ecesiva la suavidad que me pone este grandísimo dolor, que no hay desear que se quite, ni se contenta el alma con menos que Dios.*

Y apunta: *No es dolor corporal, sino espiritual, aunque no deja de participar el cuerpo algo, y aun harto. Los días que durava esto andava como embovada; no quisiera ver ni hablar, sino abrazarme con mi pena, que para mí era mayor gloria que cuantas hay en todo lo criado.*

Visión espiritual, herida asimismo espiritual, nunca de carácter físico ni la visión ni la herida, que en todo caso produce efectos indirectos sobre el cuerpo a través de la profunda herida causada en el alma: *Es una manera de herida, que parece al alma como si una saeta la metiesen por el corazón u por ella mesma. Ansí causa un dolor grande que hace quejar, y tan sabroso, que nunca querría le faltase. Este dolor no es en el sentido, ni tampoco es llaga material, sino en lo interior del alma sin que parezca dolor corporal.*

Todo un florilegio de experiencias místicas, cada una de ellas paradigma de la dura pugna que en lo más íntimo dirimen juicio divino y juicio humano.

V. CONSTITUCIONES

La tierra que no es labrada, llevará abrojos y espinas, aunque sea fértil; ansí el entendimiento del hombre.
(Avisos, 1)

El intervalo que transcurre entre 1560 y 1580 marca el periodo álgido de la vida de la monja. Durante el mismo, Teresa de Ahumada se convierte en Teresa de Jesús, quien desde la atalaya de la madurez espiritual que ya ha alcanzado, abordará los dos grandes procesos que de una u otra forma dan sentido a su propia experiencia interior y a la relevancia posterior que su figura alcanza en todos los órdenes: su doble y simultánea labor como reformadora religiosa y como fundadora.

Se ha querido ver un punto de partida común desde el cual se extienden todos los caminos que conducen a Teresa de Jesús para posteriormente retornar a ella: el profundo castellanismo que a cada momento se manifiesta tanto en su mentalidad como en su actividad, y que le permitirá intervenir de forma muy activa en el proceso de desarrollo político y económico de Castilla desde la política esencialmente autárquica de los Reyes Católicos hasta el asomo de aperturismo erasmista que caracteriza los primeros años de reinado de Carlos V, posteriormente reducida a la nada por la respuesta radical de Felipe II, a partir de la revitalización de la Inquisición o la elaboración del *Índice de Libros Prohibidos*. Una participación que se irá extendiendo hasta un contexto mucho más amplio y generalizado que toca ya con su faceta puramente religiosa: la rebelión de los moriscos y la lucha de Felipe II contra el protestantismo.

Pero, aparte de su castellanismo, de nuevo parece obligado acudir a los orígenes de Teresa de Ahumada para tratar de valorar justamente una de las facetas de su personalidad sobre la que tal vez menos énfasis se haya puesto nunca: su dimensión social, imposible de desligar de su labor religiosa (doctrinal, ascética y mística), a pesar de que nunca haga uso de la primera para desarrollar la segunda.

En el contexto de esta perspectiva social, Teresa da muestras de una singular e inusitada soltura para moverse entre la burguesía de profesionales y burócratas, pequeños eclesiásticos o hidalgos provincianos, sectores que en conjunto conforman el estrato social más numeroso de la época y a los que hace destinatarios de la mayor parte de sus obras, manifestando siempre un afán evidente por sentirse próxima a sus problemas y anhelos.

Una preocupación social que asimismo irá encaminada —esta vez de la mano de su intensa y profunda labor reformista— a enarbolar la bandera de alumbrados y erasmistas al objeto de abrirse paso en la lucha entre cristianos viejos dominantes y judeo-conversos reprimidos, en lo que de nuevo ha querido verse una variante más del papel decisivo de sus orígenes en el desarrollo de su vida, como ya vimos con anterioridad. Aquí, su experiencia social como conversa le permitirá acercarse a la gran masa de judeo-conversos españoles que pueblan el país (comerciantes, banqueros, contadores), procurando en su terreno que la mayor parte de las monjas que profesen en sus conventos compartan con ella ese origen converso.

En un orden mucho más espiritual, la reforma teresiana toma partido por unas corrientes que se alejan de lo estrictamente contemplativo para abrazar cierto humanismo cristiano que busca una religiosidad interior que permita armonizar libertad de espíritu y eficacia, circunstancia que entronca directamente con su afán de alcanzar cierto equilibrio interior entre su deseo de integración y su angustia por el rechazo social a causa de su origen. Sólo desde ahí es posible entender cómo convergen en su forma de proceder el aludido enfrentamiento a la sociedad de su época (cuyo principal exponente será su abierta oposición a la figura de la princesa de Éboli) y su aceptación de la relación con determinados personajes de la aristocracia dignos de su confianza (doña Guiomar de Ulloa, doña Luisa de la Cerda o doña María de Acuña), grupo social respecto al cual siempre guardará, no obstante, cierta distancia.

Las mercedes divinas que sigue recibiendo en forma de visiones aún constituyen para ella continua fuente de incertidumbre y angustia. Los ímpetus (*otras veces me dan unos ímpetus muy grandes; parece que se me va a acabar la vida, y ansí me hace dar voces y llamar a Dios; y esto con gran furor me da*) devienen en ocasiones arrobamientos que la sacan de sí, la dejan rígida y la levantan del suelo, en cualquier lugar y muchas veces en presencia de testigos, circunstancia que se le antoja cada vez más insoportable, y al sentir que vienen, hace lo indecible por evitar el espectáculo y las consiguientes habladurías que suscitan. Ello la lleva incluso a plantearse seriamente la posibilidad de mudar de monasterio: *Vino a términos la tentación que me quería ir de este lugar y dotar en otro monesterio muy más cerrado que en el que yo al presente estava, que eso es lo que a mí me consolara, estar a donde no me conocieran.* Mas el hecho de que su confesor no le permitiera llevar a cabo tal determinación, y su juicio personal acerca de tal decisión como falta de humildad la harán desistir finalmente de ello, resignándose a que el paso del tiempo le acabaría acostumbrando a tales circunstancias.

Por el mes de agosto de 1560 llega a Ávila Pedro de Alcántara, fraile franciscano de venerable aspecto que ronda ya los 60 años de edad (*era muy viejo cuando le vine a conocer, y tan estrema su flaqueza, que no parecía sino hecho de raíces de árboles*) y que solícito se ocupa de su caso por mediación de doña Guiomar de Ulloa, dictaminando que las visiones de la monja son verdaderas pruebas de fe, y así se lo asegura: *andad, hija, que bien vais: todos somos de una librea; si no era la fe, cosa más verdadera no podía haber ni que tanto pudiese creer.* Su entrada en contacto con el franciscano vuelve a alimentar con holgura su espíritu con los mismos manjares con que se había deleitado en su relación con Francisco de Borja y, posteriormente, con el padre Prádanos.

La compenetración entre el santo viejo y la monja es completa y obra maravillas. Él le promete hablar con su confesor, el padre Baltasar Álvarez, y con el *Caballero Santo* y, mal que bien, uno y otro quedan persuadidos por este buen hombre, logrando una suerte de progresiva claudicación de quienes configuran el entorno de la monja y aún albergan en su interior alguna duda sobre la naturaleza de las mercedes que recibe.

Poco después de su partida, experimenta Teresa una de sus más terribles visiones, la visión del infierno, que la llevará a realizar el voto de lo más perfecto en su propósito por guardar la Regla con la mayor observancia. La visión parece atroz: por un momento se siente en el mismo infierno, con tan penetrantes efectos que ya nunca más caerían éstos de su memoria. A la promesa de perfección de la Regla une extremas penitencias que no poco daño harán a su salud, entre ellas la de tomar disciplina con un cilicio que le provoca grandes dolores a la par que profundas llagas en el cuerpo y derramamiento de sangre. Otras veces se revuelca entre zarzos. La falta de salud no excusa en modo alguno la aplicación de tan dura penitencia, que suscita grave admiración entre las monjas, convirtiéndose en ejemplo de conducta a seguir por quienes cada vez le profesan mayor cariño y veneración, convirtiéndose a menudo su celda en centro de colación o reunión mantenida en torno a una tertulia sobre temas espirituales.

Es probable que una de aquellas reuniones fuera germen de una gran obra. Un atardecer de septiembre de 1560, un grupo de amigas, monjas y doncellas se reúne en la celda de Teresa para allí dar forma al proyecto de fundación de un convento al estilo de los hasta entonces fundados por fray Pedro de Alcántara. Desde el primer momento, doña Guiomar de Ulloa se presta con entusiasmo a la labor de patrocinar el mismo ofreciéndose a dar renta, aspecto éste que en principio no suscita gran entusiasmo en el ánimo de Teresa. Entendiendo de Dios mediante ciertas hablas interiores que hasta ella llegan sin palabras sonoras, que tal proyecto debe llevarse a cabo sin ninguna duda (*haviendo un día comulgado, mándome mucho Su Majestad lo procurase con todas mis fuerzas, haciéndome grandes promesas de que no se dejaría de hacer el monesterio; que dijese a mi confesor esto que me mandava y que le rogava Él que no fuese contra ello ni me lo estorbase*), decide confiar tal extremo a fray Pedro de Alcántara, que la anima a no dejarlo, aportando aún algunos consejos sobre cómo debería proceder para conseguirlo mediante la ayuda de algunos amigos espirituales. Junto al provincial —el padre Ángel de Salazar—, varios letrados y consejeros (entre ellos Francisco de Borja, Luis Beltrán y fray Pedro Ibáñez) la confirman en ello.

Es por este periodo cuando Teresa escribe, supuestamente en el monasterio de la Encarnación, su primera *Cuenta de Conciencia,* —*su manera de proceder en la oración*— que principia de este modo: *La manera de proceder en la oración que ahora tengo, es la presente: Pocas veces son las que estando en oración puedo tener discurso de entendimiento, porque luego comienza a recogerse el alma y estar en quietud u arrobamiento, de tal manera que ninguna cosa puedo usar de las potencias y sentidos, tanto que, si no es oír* —*y eso no para entender*—*, otra cosa no aprovecha.* En la misma expresa con precisión el estado en el que en ese momento se encuentra su alma, aludiendo a los graves problemas para tener oración a causa de la quietud o el arrobamiento que de súbito sufre y que le impiden valerse de sus sentidos. Cuando no, se trata de ímpetus que la hacen proferir llamadas a Dios en alta voz, o desear morir para redimirse con su visión, o servir a éste con obras que no puede llevar a cabo, lo que le causa muy honda aflicción. A ello une ansias de penitencia unas veces, deseo de soledad otras, y se entrega a la máxima perfección, procurando absoluta obediencia al confesor y llevar a buen término la pobreza evangélica. Y abandona todo solaz alcanzado por su regocijo con elementos de la Naturaleza o conversaciones, inhibiéndose de todo y recogiéndose dentro de sí. A estos efectos añade enormes dolores corporales que la turban, y que igualmente le impiden concentrarse en Dios ni entender aquello que lee, refugiándose en la oración como único elemento que le procura alegría. No duda, a la vista de todo aquello, de que lo que preside su interior es divino (*no puedo yo creer que el demonio ha buscado tantos medios para ganar mi alma para después perderla, que no le tengo por tan necio*), y aun así, a cualquiera de su confianza hace partícipe de tales dudas e incertidumbres.

Contando con el firme apoyo del padre Ibáñez para llevar adelante ese primer proyecto de fundación, se envían despachos a Roma y se adquiere incluso una casa. Mas el alboroto y los rumores que siguen al conocimiento de tal proyecto en el entorno del convento, y posteriormente en toda la ciudad —donde de nuevo las confidencias que la monja ha hecho a algunos de sus confesores acerca de sus visiones han traspasado las fronteras de sus círculos más íntimos, y ahora circulan por la ciudad de boca en boca—, harán que unos y otros acaben por desdecirse, entre ellos su propio confesor, que quiere evitar que vaya más allá lo que ya apunta visos de escándalo. Teresa vuelve a oír en su interior la voz divina (*me dijo que no me fatigase, que hiciese lo que me mandava el confesor en callar por entonces, hasta que fuese tiempo de tornar a ello*), y mantiene un silencio sepulcral sobre la cuestión por un periodo de cinco meses, hasta que en abril de 1561 un nuevo rector llega a la compañía, el padre Gaspar de Salazar, hombre inteligente y de graves negocios, muy devoto y aficionado a la vida interior con Dios.

Teresa da cuenta de conciencia al nuevo rector. Nuevamente por mediación divina obtiene de su confesor licencia para retomar el asunto de la fundación. Hace entonces venir a Ávila a dos de sus hermanos para comprar una casa (simulando que se mudaban a la ciudad a residir con sus hijos) para de este modo iniciar en secreto el aderezo del nuevo convento.

El dinero se convierte en otra de las grandes cuestiones a abordar, tanto más cuanto que éste debía llegar al proyecto para su correcta administración sin faltar a la debida obediencia a los prelados. Y aun llegándose a contar inicialmente hasta con dos dotes, el dinero aportado se agota demasiado aprisa. Cuanto más desesperada se antoja la situación, con mayor afán se entrega Teresa a la búsqueda de recursos: ante la admiración y a la vez el espanto de amigos y conocidos, concierta oficiales y ajusta precios sin tener un sólo ducado, en la seguridad de que Dios proveerá en el momento adecuado: *Concertamos se tratase con todo secreto, y ansí procuré que una hermana mía, que vivía fuera de aquí, comprase la casa y la labrase como que era para sí, con dineros que el Señor dio por algunas vías para comprarla; que sería largo de contar cómo el Señor lo fue proveyendo, porque yo traía gran cuenta en no hacer cosa contra obediencia. En tener los dineros, en procurarlo, en concertarlo y hacerlo labrar, pasé tantos travajos y algunos bien a solas de tantas maneras, que ahora me espanto cómo lo pude sufrir. Algunas veces afligida decía: «Señor mío, ¿cómo me mandáis cosas que parecen imposibles; que, aunque fuera mujer, ¡si tuviera libertad!; mas atada por tantas partes, sin dineros ni de dónde los tener, ni para Breve ni para nada, ¿qué puedo yo hacer, Señor?»*

Circunstancia clave en el proceso de fundaciones llevado a cabo por Teresa de Jesús es su particular habilidad para las cuestiones económicas y administrativas, en lo que ha querido verse una derivación de un tema más general: la preocupación de la religiosa por las cuestiones materiales. En este sentido, se verá obligada a enfrentar y superar toda suerte de obstáculos de índole administrativa en su labor como fundadora, llevando al día una muy precisa anotación de cuentas y una exhaustiva relación de ingresos y gastos de cada uno de sus conventos, habiendo de abordar cuestiones relacionadas con créditos e inversiones, terreno en el que hace gala de un extraordinario sentido económico.

Materia harto complicada constituyen las dotes y rentas que presiden la fundación de la mayoría de sus conventos, cuestión que de alguna forma entronca con la repercusión que todo ello tendrá sobre ese otro proceso de gran magnitud que camina de la mano del de las fundaciones: el de la reforma de la Orden.

Así, el hecho de que la comunidad admitiera una elevada dote para las novicias acarrea un importante problema en el devenir de la vida interior de los monasterios, por cuanto éstos se ven de alguna forma obligados a mostrar cierta deferencia en el trato, coyuntura que la fundadora quiso siempre evitar. Pero las propias circunstancias la irán obligando a plantearse la conveniencia de ceder progresivamente en algunos de sus postulados (a partir de 1566, el hecho de ingresar sin dote se convierte ya en cuestión realmente excepcional). De igual modo, se muestra firme en la prohibición de entrada en la Orden de analfabetas, pues la exclusión automática de las grandes masas del campesinado obrará de forma positiva para conseguir una mayor captación de vocaciones entre la burguesía de origen converso. En definitiva, se aplica a sostener sus monasterios sobre las bases económicas del trabajo y las limosnas, en lo que posteriormente se ha querido ver una anticipación a las futuras tendencias, rompiendo abiertamente con la tradición entonces imperante.

Es el caso de esta primera fundación. La nueva confirmación que recibe del Señor («*Ya te he dicho que entres como pudieres; ¡Oh codicia de el género humano, que aun tierra piensas que te ha de faltar! ¡Cuántas veces dormí yo al sereno por no tener adónde me meter!*») acaban por despojarla de toda duda y comienza a trazar la casa comprada, para a continuación ponerse a labrar. Las obras comienzan a ejecutarse con presteza, de acuerdo con los cánones iniciales marcados: monasterio de quince monjas a lo sumo, por completo entregadas a la clausura y el recogimiento, a la oración y la mortificación.

A pesar de las no pocas precauciones que se toman, extramuros el secreto dura poco, y la ciudad se agita toda, al punto de escuchar la propia Teresa al albur —durante un sermón al que inopinadamente asiste en una iglesia de la ciudad— duras palabras dirigidas por un religioso desde un púlpito contra un proyecto de fundación del que casi todos se hacen cruces.

Poca o nula influencia tienen empero tales hechos sobre su ánimo. Mas a poco de ver consumado el proyecto, una carta del provincial la insta por Navidad a acudir a Toledo a fin de consolar a una viuda, doña Luisa de la Cerda, muy afligida por la muerte de su esposo. Aún prevenida contra lo que a buen seguro no entiende sino obra del demonio, marcha allí portando en su interior la confirmación divina de que debe acudir sin temor. En la ciudad permanecerá por espacio de seis meses, y allí vive un emocionante reencuentro con fray García de Toledo, con quien largo tiempo había tratado en el pasado. Las amargas experiencias de las últimas fechas en relación a las confidencias que han terminado en los oídos del pueblo, la han hecho reacia a volver a confiarse tan fácilmente. Pero finalmente da a conocer al dominico sus cosas, y queda bien regocijada de todo ello. Una relación que dejará ya para siempre gran poso en el alma de la monja, siendo éste el primero de sus confesores que la inste a escribir su vida y modo de oración en un texto que será preludio de su posterior *Libro de la Vida*.

Reconfortada la viuda, de quien se ha ganado buena parte de su corazón a pesar de su condición social (*no dejava de tratar con aquellas tan señoras, que muy a mi honra pudiera yo servirlas, con la libertad que si yo fuera su igual*), ésta hace de su palacio casa de oración, donde Teresa recibe la visita de fray Pedro de Alcántara, con quien ha mantenido continua relación epistolar puntualmente reforzada por algunas visitas. En el encuentro mantenido en Toledo germina un nuevo proyecto de fundación de un convento en el señorío de Malagón. No sería éste el único esbozo de lo que más adelante alcanzaría naturaleza de obra magna: tal sucede con ocasión de la visita que por marzo hace al palacio de doña Luisa una beata carmelita, María de Yepes, quien trae de Roma unas patentes para una fundación en Granada de trazas similares a las que Teresa alberga: fundar con extrema pobreza, siguiendo las primitivas tradiciones de la Orden, anteriores a la relajación, si bien últimamente se había planteado la posibilidad de fundar con renta, a fin de que las monjas no hubieran de preocuparse en demasía de cuestiones de necesidades. De acuerdo con tal principio, Teresa se afana de nuevo en recaudar consejos y pareceres de letrados y hombres santos, mas sólo encuentra apoyo incondicional en fray Pedro de Alcántara, partidario de la pobreza total. La carta que de éste recibe la hace mudar de nuevo de parecer y abrazar el voto de pobreza a fuer de observar la Regla con la mayor perfección posible.

Allende las fronteras del estricto universo teresiano, el avance cada vez más inquietante de los calvinistas en Francia y Flandes obliga al monarca español y al francés a firmar la paz de Château-Cambrésis (1559), y comprometerse a la defensa de los intereses de la Iglesia católica. Dentro del país, el propio monarca se siente impelido a dirigirse a los religiosos para solicitar de ellos oraciones en favor de la causa cristiana, pidiendo a Dios por la unión de la religión; sus palabras encontrarán eco en el rincón de cada monasterio, haciéndose de ello un propósito común al que no será ajeno Teresa en su ideal de preservar la religión católica. Para ella, aplicarse a la estricta regla y seguir con rectitud el camino de perfección es la mejor ayuda que puede ofrecer a la causa católica y a la defensa de la Iglesia.

Ello entroncará con el ambicioso y controvertido plan de reforma de conventos de todo el país, al que nadie —ni monarca, ni Orden, ni monja— será ajeno en el desarrollo de un proceso del que da justa fe el propio devenir del Carmelo en tal contexto.

Del exterior llegan toda clase de noticias y avisos. Desde la que le comunica la muerte de su hermana mayor, Juana de Ahumada, en Castellanos de la Cañada (*a mí me dio gran alegría cuando supe su muerte; estuvo muy poco en el purgatorio; serían a no me parece ocho días cuando, acabando de comulgar, me pareció el Señor y quiso la viese cómo la llevava a la gloria. Sea Dios alabado por siempre, que tanto cuidado trai de las almas para que no se pierdan*), hasta la carta que recibe del provincial de Ávila instándola a tornar a su convento para la elección de priora, donde acude temerosa por la nueva prueba a la que se siente sometida, pues corren rumores de que la mayoría se inclina por su persona, circunstancia en verdad embarazosa e incompatible con los sueños que acaricia y que se hallan prontos a ver la luz. Su llegada a Ávila coincide con la del despacho para su monasterio y la del Breve de Roma —firmado a instancias de Pío IV— otorgando poder *para fundar y edificar un monasterio de monjas de la regla y orden de Santa María del Monte Carmelo y debajo de la obediencia y corrección del obispo de Ávila que por tiempo fuere, en algún lugar o sitio dentro o fuera de los muros de la ciudad de Ávila, según les pareciere, pero sin perjuicio de nadie... y el tal monasterio y capellanía dotarlos competentemente de sus propios bienes.* El rescripto, de fecha 7 de febrero de 1562, confirma asimismo con autoridad apostólica las Constituciones y ordenaciones *así hechas como las mudadas, reformadas, alteradas y de nuevo establecidas*, no permitiendo que ni las señoras fundadoras ni las monjas del monasterio *sean pública u ocultamente, directa o indirectamente, indebidamente molestadas por los superiores, prelados, priores, reformadores, visitadores y frailes de la dicha orden de Santa María del Carmelo, o por cualesquier otros, eclesiásticos como seculares, jueces y personas de cualquier dignidad, aunque sea apostólica, reprimiendo a cualquier rebelde con censuras eclesiásticas y otros oportunos remedios de derecho, quitada toda apelación e invocando, si fuere necesario, el auxilio del brazo seglar.*

Comienza a dar remate a las obras —*a mucha priesa para que tuviese forma de monesterio, que faltaba mucho de acabarse*— y a buscar las primeras novicias a modo de sólido cimiento y firme cantera. Tan recio edificio se levantará sobre los pilares que forman *cuatro huérfanas pobres y grandes siervas de Dios*: Antonia de Henao, María de Paz, Úrsula de los Santos y María Dávila. Es preciso gestionar asimismo las licencias del obispo, pues el provincial —temeroso de las reacciones que pudieran suscitarse en la ciudad, donde las murmuraciones corren y toman gran proporción entre el pueblo— se niega a darlas; de hecho, la fundación queda sujeta no a la Orden del Carmelo, sino al obispo de Ávila, quien se muestra muy contrariado por el asunto, pues entiende que no es conveniente fundar monasterio de monjas~~pobre~~ en una ciudad ya pobre, donde ya hay tantos conventos. Sólo la presión ejercida una vez más por amigos y letrados acabará por inclinar finalmente la voluntad del obispo en favor del breve, concediendo la oportuna licencia para su ejecución.

Liberada, por otro lado, de la embarazosa situación de la elección de priora para el convento de la Encarnación, tan sólo resta ya ultimar algunos detalles postreros: disponer —conforme a votos expresados con anterioridad— sendas imágenes de talla, una de Nuestra Señora, sobre la puerta de entrada a la casa, y otra de San José —patrón de la fundación—, sobre la puerta de la iglesia.

En la madrugada del lunes 24 de agosto de 1562 repica junto a las de los otros conventos de la ciudad una campanilla de unas tres libras de peso con un agujero harto grande, la del convento de San José, adonde acuden presurosos y llenos de gozo y asombro amigos y curiosos, que hallan a Teresa en una pequeña capilla junto a dos monjas de la Encarnación y cuatro postulantes, vestidas todas ellas con hábito reformado de jerga cruda y descalzas.

Pero la misma campana que repica con alegría toca a un tiempo a rebato, dando inicio a una terrible refriega que amenaza con convertir la ciudad en verdadero polvorín a partir del revuelo organizado por un pueblo furioso entregado a la causa de deshacer la casa, causa a la que no serán ajenas las propias monjas de la Encarnación (*estava muy malquista en todo mi monesterio, porque quería hacer monesterio más encerrado; decían que las afrentava, que allí podía también servir a Dios, pues havía otras mijores que yo; que no tenía amor a la casa, que mijor era procurar renta para ella que para otra parte; unas decían que me echasen en la cárcel; otras bien pocas, tornavan algo de mí*), que violentas y apasionadas apelan al juicio del provincial. La priora demanda a Teresa que acuda con urgencia a su presencia. Temerosa y resignada, atiende ésta el llamamiento. Mas el *discuento* que hace ante la misma, y posteriormente ante el provincial, consigue que éste se ofrezca a defender su caso una vez la ciudad haya tornado a la calma: *Como yo tenía quietud en mí y me ayudava el Señor, di mi discuento de manera que no halló el provincial, ni las que allí estavan, por qué me condenar; y después a solas le hablé más claro y quedó muy satisfecho.*

La misma jornada del 25 de agosto se reúne el concejo de la ciudad para contradecir la fundación. El corregidor conmina furioso a las novicias a abandonar la casa, y éstas se niegan a hacerlo si no es con la licencia del obispo, que es quien allí las ha situado. Sube la crispación. El convento de San José se ha convertido en centro neurálgico de la ciudad, donde prácticamente la población en pleno se da cita. El día 30 se celebra Junta Grande con asistencia de todas las autoridades. El obispo envía a su provisor para que dé lectura a un breve del Papa autorizando la fundación. Unos y otros se mueven entre la indecisión y la vehemencia de sus actuaciones e intervenciones. De entre todos ellos surge la figura del dominico fray Domingo Báñez, quien alude a la figura del obispo para dar a entender la inconveniencia de deshacer aquel proyecto.

El día después se celebra otra Junta a la que asisten personalidades de diverso rango y condición: prelados, teólogos, regidores y caballeros, en su mayoría opuestos a preservar el monasterio. A todos ellos ofrece ardua oposición, en calidad de representante del obispo y en su condición de valedor del convento, Gaspar Daza: *él estava solo contra todos y, en fin, los aplacó con decirles ciertos medios; que fue harto para que se entretuviesen; mas ninguno bastava para que luego no tornasen a poner la vida, como dicen, en deshacerle.* A pesar de salir triunfante la postura del obispo, la causa es elevada al Consejo Real. Teresa cuenta con el apoyo privado del provincial —quien, no osando manifestarse públicamente a favor de la fundación, en secreto le ha otorgado libertad para negociar el caso—, con las oraciones de sus monjas, y con el respaldo incondicional de los amigos (Gonzalo de Aranda y Julián de Ávila entre otros), pero fundamentalmente con la confirmación divina que no cesa de oír en su interior (*¿No sabes que soy poderoso?¿de qué temes?*). La monja anda escasa de los recursos económicos necesarios para sostener el pleito, pero sobre todo le faltan razones para explicarse cómo un grupo de trece monjas puede levantar tal polvareda en la ciudad por causa de un inocente proyecto de vivir sin renta, provocando tal obstinación en su contra: *Espántavame yo de lo que ponía el demonio contra unas mujercitas y cómo les parecía a todos era gran daño para el lugar solas doce mujeres y la priora, y de vida tan estrecha; que ya que fuera daño u yerro, era para sí mesmas; mas daño a el lugar, no parece llevava camino, y ellos hallavan tantos que con buena conciencia lo contradecían.*

En el fragor de aquella batalla llega a oídos de Teresa la nueva de la muerte de su muy apreciado Pedro de Alcántara. Ello causa hondo efecto en su ánimo, y a punto de claudicar y avenirse a fundar con renta, vuelve a recibir un hálito de esperanza divina que la reafirma en su intención, y solicita un nuevo rescripto a Roma para no tener renta. La situación se alarga morosamente en el tiempo y parece entrar en un círculo de apatía y desinterés generalizado. Se llega incluso a plantear la posibilidad de someter la cuestión al parecer de un grupo de letrados que pusieran fin al pleito. Pero la llegada a la ciudad, mediado el mes de diciembre, de fray Pedro Ibáñez deviene providencial y decisiva.

Puesto en contacto con el obispo, consigue renovar en éste el interés por la cuestión, y solicita al provincial de la Orden la licencia correspondiente para que la fundación salga adelante.

Así sucede. Ese mismo mes de diciembre del año 1562 se otorga la citada licencia. Teresa lleva consigo cuatro monjas de la Encarnación: Ana Dávila, Ana Gómez, María Ordóñez e Isabel de la Peña, cuya tarea primordial, en virtud de su deseo de vivir en el hábito del Carmen reformado, será la de completar la instrucción de las novicias. Todas ellas mudan sus apellidos seglares: Ana Dávila pasa a llamarse Ana de San Juan; Ana Gómez será Ana de los Ángeles; Isabel de la Peña, Isabel de San Pablo. A partir de este momento crucial de su vida, la fundadora del convento, Teresa de Ahumada, muda en Teresa de Jesús.

A su entrada en el convento, la Madre porta, a modo de ajuar, una esterilla de pajas, un cilicio de cadenilla, una disciplina y un hábito viejo y remendado. Días más tarde se recibe el breve de pobreza, fechado en Roma a 5 de diciembre de 1562:

Os hacemos gracia que no podáis tener ni poseer bienes algunos en común o en particular, según la forma de la Primera Regla de la dicha Orden, sino que libremente podáis sustentaros de las limosnas y caritativos socorros que por los fieles de Cristo piadosamente os fueren hechos. No obstante las Constituciones y Ordenaciones Apostólicas ni cualesquiera otras en contrario. Dado en Roma a cinco de diciembre el año tercero de nuestro Santísimo Padre y Señor Pío Papa IV.

La comunidad del monasterio de San José da sus primeros pasos a la par que el nuevo año 1563 y al son que marca su fundadora, la madre Teresa de Jesús. Entre las primeras novedades que ésta introduce en la vida conventual destaca el hecho de salmodiar el Oficio divino en el coro, a la manera que se tenía por costumbre hacer en la Encarnación, hecho éste que de inmediato despierta un elevado sentimiento de devoción entre los feligreses, quienes comienzan a contribuir con un mayor número de limosnas.

Este renovado espíritu de veneración provoca asimismo que doncellas de familias muy principales de la ciudad pidan el hábito, entre ellas María de Ocampo, sobrina de la fundadora, que ingresa en el convento con 20 años y una dote de 300 ducados, que la Madre dará por buenos para acometer la construcción de unas ermitas destinadas a oración y la eliminación de un censo que el monasterio tenía pendiente.

Muy otra es, sin embargo, la intención principal de la fundadora: iniciar una profunda reforma dentro de la Orden mediante la aplicación práctica de las *Constituciones* que algún tiempo atrás ha comenzado a redactar, respaldada por el rescripto de fundación recibido de la Santa

Sede con fecha 7 de febrero de 1562 y el amplio número de facultades que el mismo otorga.

Lleva Teresa de Jesús a cabo la redacción de estas *Constituciones* de modo intermitente, conforme se lo permiten sus cada vez más numerosas y exigentes labores, y siempre como fruto del gran número de consultas que realiza y de las que extrae graves consejos, contando siempre con la aprobación del obispo. Poco a poco va confeccionando un texto cuyo patrón son aquellas reglas primitivas de la Encarnación, retocando sutilmente algunas piezas, reforzando con firmeza otras, bordando con primor literario y espiritual el estilo rígido y austero que preside cualquier texto estatutario. Siguiendo dicho patrón, poco a poco va diseñando un nuevo traje al que dará la puntada final el año 1567, para posteriormente presentarlo al general de la Orden y al provincial.

Es así como la Madre emprende una ardua labor reformista como fundadora carmelita desde un doble proceso de creación artística personal: la redacción de sus *Constituciones*, en el fondo, y la puesta en práctica de las mismas en sus conventos, en la forma.

Un hecho singular, y en apariencia poco significativo, marca el inicio de esta política de reforma de la fundadora. En el transcurso de una fiesta íntima que se celebra en el monasterio en el mes de julio, la Madre se descalza; posteriormente sustituirá los sencillos zapatos redondos del convento de la Encarnación por unas alpargatas de cáñamo que con el tiempo se convertirán en el calzado de las reformadas.

Entre las profundas y numerosas transformaciones que va conociendo la vida del monasterio destaca la celebración, una vez a la semana y siempre en ayunas, del capítulo de culpas, en el transcurso del cual se leen la Regla y las *Constituciones*, y posteriormente procede la Madre a *decir algunas cosas brevemente conforme a la lición o corrección de las hermanas.* Dichos comentarios dotan al texto de cierta donosura espiritual propia del estilo de la Madre, que de tal modo llega al espíritu de sus monjas que éstas, sabedoras de que en ese momento se halla entregada a la tarea de dar forma escrita a su vida, le solicitan deje también por escrito memoria de su espíritu y su pensamiento. Fruto de todo ello será el *Camino de perfección*, a cuya petición preliminar no es capaz de negarse: *Ha sido tanto el deseo que las he visto y la importunación, que me he determinado a hacerlo.*

Tal generosidad no menoscaba en absoluto el objetivo esencial que se ha marcado con cada uno de los textos que elabora: *Pienso poner algunos remedios para tentaciones de relisiosas y el intento que tuve de procurar esta casa. Podrá ser aproveche para atinar en cosas menudas más que los letrados, que por tener otras ocupaciones más importantes y ser varones fuertes no hacen tanto caso de las cosas que en sí no parecen nada, y a cosa tan flaca como somos las mujeres todo nos puede dañar, porque las sotilezas son muchas del demonio para las muy encerradas.*

Convento de Santa Teresa en Ávila.

Como sucede con las *Constituciones*, también este *Camino de perfección* deberá ser compuesto a ratos, conforme lo permitan las innúmeras tareas a las que la Madre se debe en su calidad de fundadora: *¡Qué desconcertado escrivo!*, exclama puntualmente. Cerca de dos años le llevará la redacción de una obra que, al decir de muchos, guarda en su interior el profundo espíritu carmelita al que su autora se ha entregado de lleno, no pudiendo ocultar inmensa satisfacción al proclamar: *Algunos hombres graves dicen que parece Sagrada Escritura.*

Como ya hemos visto, las previsiones iniciales marcadas irán poco a poco variando en virtud de las muy específicas circunstancias que presiden cada fundación. Así, si en 1561 pensaba la Madre en un monasterio con un número de monjas nunca superior a 15, posteriormente redujo este número a 13 —*solas doce mujeres y la priora*—. En algún caso se ha querido ver en este número una suerte de alusión al número místico de doce esposas gozándose con Cristo, esposo de las vírgenes.

La cuestión del número de monjas que deben morar en el monasterio no es asunto baladí para la fundadora. Ya al poco de su entrada como novicia en el convento de la Encarnación ve notablemente perjudicado el ambiente de intenso fervor e ideales contemplativos que se anhela por mor del rápido crecimiento de la comunidad. A los ojos de la entonces novicia, tan excesivo número merma a no dudarlo la calidad de la vida religiosa, muy especialmente en lo que toca al quebrantamiento de la clausura, amenazando la honestidad de unas monjas cuyos pensamientos únicamente debieran estar dirigidos a Dios.

Es así como Teresa de Jesús comienza a elaborar su particular cuaderno de bitácora de lo que posteriormente serían estas *Constituciones* a partir de la experiencia vivida como novicia en la Encarnación. Allí rige la penuria económica, un estado de pobreza palpable en muros y paredes, con un templo a medio acabar y a punto de hundirse. Y en buena parte debe atribuirse tal estado de penuria al excesivo número de monjas, a la escasez de las dotes y a una muy deficiente administración. En este sentido, se solicitan rentas y dotes más altas, resultantes de un esmerado proceso de selección social; se pide frenar la admisión de nuevas postulantes, sujetando dichas admisiones a compromisos de familia o de amistad. Observa asimismo la novicia la carencia de un sentido de vida común, pues existen rentas propias, retención personal de dineros y limosnas, desarrollo de negocios privados, compra y venta de celdas, en sustancia caprichos y lujos impropios del sentir de pobreza que se procura. El monasterio se convierte en lugar de preferencia de hijasdalgo del lugar, donde la entrada indiscriminada de seglares causa harto perjuicio al recogimiento y la clausura, a la labor y la oración, víctimas también del abuso de visitas al locutorio. Las rejas son punto acostumbrado de cita de las monjas con frailes y devotos, incluso con mozos de baja o nula honestidad.

De otro lado, la pobre calidad de unos directores espirituales a todas luces faltos de la necesaria preparación, impulsa a algunas monjas a solicitar apertura a otros religiosos o seglares, en abierta oposición a aquellas que se muestran partidarias del exclusivismo carmelitano. Teresa será víctima de tan dolorosa decepción a causa de la impericia de estos confesores-vicarios, haciendo cuestión personal de ello en su posterior cruzada reformista, lo que le llevará a eliminar tal figura, insistiendo en que *no sean vicarios de las monjas los confesores*.

De todo ello tomará la novicia buena nota para, ya madre fundadora, embarcarse en un ambicioso proyecto de reforma a fin de poner coto a tal cúmulo de desatinos y desmanes, inspirada por otra parte en el luminoso ambiente de fervor primitivo que —pese a todo lo observado y acontecido— le hará insistir en que aquel convento de la Encarnación es bueno, pues buen número de las monjas que allí moran defienden con diario ardor la observancia regular, ganándose el favor y la admiración de una novicia que más tarde sabrá recompensarlas llevándose del brazo a más de 30, ejemplo todas ellas de perfección en el servicio y la entrega al Señor.

En unión de estas sus *doce pobrecillas* —como gusta de expresar refiriéndose a sus monjas— inicia un camino de progresivo distanciamiento de lo mundano para acercarse paso a paso a Dios (*yo me estuve deleitando entre almas tan santas y limpias, adonde sólo era su cuidado de servir y alabar a nuestro Señor*). Cada día que pasa más se asombra de cómo su rebaño se afana a la tarea encomendada, en absoluto temeroso de la rigidez o la austeridad implantadas, ni de la soledad, pues todo les parece poco para llegar a Dios por la vía del misticismo. Recogimiento y soledad serán los cimientos sobre los que se levanten las primeras ermitas: al menos hasta diez se van construyendo o reformando poco a poco, ya en una cueva (la de San Jerónimo), ya bajo una escalera (la de San Alejo), cabe un pozo (la de la Samaritana) o en parajes varios. Algunas de entre ellas habrán de ser posteriormente destruidas por causa de diversos pleitos planteados por los inconvenientes que ocasionan en la zona sobre la que se han edificado, pero pronto serán sustituidas por otras erigidas en la zona de ampliación del convento, cabe el palomar: allí se elevarán las ermitas de Nuestra Señora de Nazaret de la Anunciación, San Agustín, Santa Catalina, y la del Cristo a la Columna.

Hacia adentro, los efectos de las incesantes mercedes divinas son ahora muy otros a aquellos que no ha mucho le habían llevado incluso a plantearse la posibilidad de abandonar el monasterio de la Encarnación en pos de otro mucho más retirado donde nadie que hubiera sido testigo o hubiera sabido de sus visiones, supiera nada de ella.

Pero la experiencia vivida a través del *desposorio espiritual* ha dejado en su interior honda huella, y los arrobos y elevaciones no son ahora sino fuente de profundo gozo espiritual. Ya no importa que haya testigos presenciales de tales mercedes. Bien al contrario, sus confesores la instan a que ponga sobre el papel aquellas experiencias místicas al objeto de que la descripción de las mismas llegue a tanta gente a la que se quiere hacer partícipe de la obra de Dios sobre su persona, animando a todos *a contentar a Su Majestad, pues aun en esta vida da tales prendas.*

Con harta frecuencia son sus monjas testigos de tales ímpetus. Uno de los más celebrados tiene lugar en la cocina del monasterio, donde el arrobamiento la sorprende a la lumbre con una sartén en la mano, de la que las monjas no consiguen despojarla hasta que no vuelve en sí algún tiempo después.

Arrobamientos que se hacen causa de gozo interior y de celebración festiva, pero que aún son para la monja fuente de preocupación e incluso de pena. Especialmente embarazosos resultan para la Madre aquellos en los que se siente llevar, teniendo ordenado a las monjas tirar del hábito cuando la hallasen elevada; ella misma toma incluso sus propias precauciones, y en una de tales ocasiones resuelve tirarse al suelo para evitar la elevación.

Fuente muy especial de aflicción es el sensacionalismo que tales ímpetus llevan implícito, por cuanto en numerosas ocasiones causa el sobrecogimiento de las monjas en el interior y, mucho peor aún, la trascendencia extramuros cuando ello sucede delante de testigos que no guardan la misma discreción que sus monjas. Son muchas personas de muy distinta condición las que han dejado constancia testimonial de tales arrobamientos y elevaciones, todo ello muy a su pesar, al punto que con harta frecuencia alude a mal de corazón o cualquier otra dolencia o enfermedad para tratar de disimular lo sucedido. La Madre pide a sus monjas discreción, y a su Dios que no le procure tales mercedes en presencia de desconocidos: *Me han tornado los arrobamientos y hame dado pena; porque es, cuando ha sido algunas veces, en público, y ansí me ha acaecido en maitines. Ni basta resistir ni se puede disimular. Quedo corridísima, que me querría meter no sé dónde. Harto ruego a Dios se me quite esto en público.*

Coinciden estos años de estancia en el monasterio de San José con un periodo de extrema sensibilidad en lo concerniente a estas experiencias de éxtasis, que con el tiempo irán disminuyendo progresivamente, sin llegar nunca a desaparecer del todo, pues cada una de las fundaciones que lleva a cabo aparece acompañada de un testimonio acerca de un arrobamiento. En el transcurso de dichas experiencias mantiene una asombrosa claridad de juicio que posteriormente le permitirá realizar una minuciosa y objetiva descripción de lo que le ha sucedido interiormente, poniendo marcado acento en los efectos morales que aquello le procura.

Hacia afuera, cara a sus monjas y a todos aquellos que la tratan, es ejemplo continuo de dulzura y harta cortesía y humildad, que lleva al extremo reservando para sí las tareas más modestas, ya ejerciendo de cocinera o enfermera como barriendo o fregando, colocándose a la par que cualquiera de sus ovejas. De continuo impregnada de sobrado ingenio y saber, de equilibrio y mesura, doquiera se significa por su trato, por sus palabras y sus gestos, procurando siempre acudir a personas graves y espirituales en todo lo concerniente a su trato con Dios, y en quienes busca consejo y consulta.

No menor admiración causan la aspereza y rigidez con que ejerce sus penitencias y mortificaciones, de las que no duda hacer manifestación pública en el monasterio, ya colocándose encima unas aguaderas de paja durante el almuerzo, ya paseando por el refectorio con una soga atada al cuello, ya comiendo viandas en verdad repugnantes en recipientes no menos repulsivos al gusto, cual pueda ser la cavidad de una calavera o fragmentos de cántaros rotos.

El vestuario se convertirá en grave cuestión de su labor reformista, y al respecto deja en las *Constituciones* reglas muy precisas sobre la vestimenta a llevar, haciendo siempre de su propia persona instrumento de prueba, tal y como sucedía con cada nuevo ejercicio de penitencia y mortificación que se introducía en la casa, y que siempre había de esperar a la correspondiente licencia por ella otorgada. Mas en lo que cabe a las penitencias, que concede sean tan austeras y ásperas cuanto la salud lo permita, cuida muy mucho que no se cometan abusos en este punto, desconfiando gravemente de las demasiado aficionadas a la penitencia por cuanto ésta perjudique otros valores mucho más considerados por la fundadora, como las virtudes del alma o la claridad de juicio: *Estas virtudes grandes, hermanas mías, querría yo fuere nuestro estudio y penitencia, que en otras asperezas, aunque son buenas, ya sabéis os voy a la mano cuando son demasiadas.*

Una divertida anécdota, no poco grave por el hecho de resultar digna de gran regocijo, ilustra con harta elocuencia las mil y una vicisitudes vividas en el monasterio en lo que hace al vestuario. Es así como, con ocasión de cambiar las tradicionales túnicas de estameña por otras de jerga y sayal, mucho más propias de un vestuario de penitencia, se ofreció primera de todas la Madre para probar las nuevas. Y al objeto de adquirir el sayal más barato, consiguieron éste del mismo que se utilizaba para hacer mantas para las caballerías. Con tan mala fortuna que llevaron consigo los piojos que habitaban la lana, al punto de convertirse en plaga que no tardando mucho llegó a afectar a todo el monasterio, sufriendo de tal modo los efectos de tan repelente fauna, que se sentían las monjas tan perturbadas en el momento de la oración que resolvieron dar parte a la Madre de lo que les sucedía. Para las monjas, no era en sustancia el problema la viva presencia de aquellos inesperados huéspedes, mas el hecho de no permitirles recogerse propiamente en la oración. Y se acordó hacer unas rogativas pidiendo a Dios las librase de tan infausta visita. A tal efecto, compone la Madre unas coplas muy devotas que van cantando a modo de salmo en procesión desde el dormitorio hasta el coro después de maitines con las túnicas puestas, portando un santo Cristo por guía, con velas encendidas. Y de esta guisa se presentan ante el Santísimo Sacramento para cantarle su coplilla, que tituló *En defensa del sayal*, y que así dice:

> *Pues nos dais vestido nuevo,*
> *Rey Celestial,*
> *Librad de la mala gente*
> *Este sayal.*
> *Hijas, pues tomáis la cruz,*
> *Tened valor,*
> *Y a Jesús, que es vuestra luz,*
> *Pedid favor;*
> *Él os será defensor*
> *En trance tal.*
> *Librad de la mala gente*
> *Este sayal.*
> *Inquieta este mal ganado*
> *En la oración,*
> *El ánimo mal fundado*
> *En devoción;*
> *Mas en Dios el corazón*
> *Tened igual.*
> *Librad de la mala gente*
> *Este sayal.*
> *Pues vinistes a morir,*
> *No desmayéis,*
> *Y de gente tan cevil*
> *No temeréis.*
> *Remedio en Dios hallaréis*
> *En tanto mal.*
> *Pues nos dais vestido nuevo,*
> *Rey celestial,*
> *Librad de la mala gente*
> *Este sayal.*

Tomó la Madre agua bendita y, rezando las letanías con una cruz, se fue con las religiosas a las celdas, para a continuación derramarla sobre los jergones.

Y la plaga cesó, de modo que las monjas tomaron aquello como una merced más que el Señor tenía a bien conceder a su priora.

En la relación con sus monjas aspira ante todo a inculcar en ellas el magisterio de la oración. Por esta etapa de su vida ha escrito ya el *Camino de perfección* y el *Libro de la Vida*, sendos ejemplos de ese afán por llevar de sí hacia afuera los poderosos efectos que la oración ha dejado en su interior a lo largo de su vida.

En lo que hace a la valoración de las candidatas, busca ante todo nobleza de corazón y un buen entendimiento basado esencialmente en la docilidad y el sentido de la adaptación para aceptar lo que ella llama la *nueva forma*.

Mas ante todo prevalece la amplia formación intelectual y religiosa que deben observar sus monjas, pues han de ser muy buenas conocedoras de la doctrina de la fe católica. Y así procuraba aprendiesen todo aquello que la Iglesia ordenaba conocer a un buen cristiano, añadiendo a sus propios conocimientos los de otras personas pías y letradas en la materia que, a tal propósito, hacía traer al convento para enseñar a las monjas y aclararles cualquier duda que pudieran tener al respecto de alguna cuestión. Y destinaba el tiempo de la recreación a la formulación de preguntas y respuestas que abrieran debate sobre todo aquello que se relacionara con la doctrina cristiana, al modo en que la formación religiosa era impartida a los niños.

Entre las conductas que la Madre observa como principios de afirmación católica destacan la devoción prestada a las imágenes de los santos y la veneración de las principales fiestas religiosas, con especial predilección por la de Navidad, a cuya ocasión organizaba una procesión por los dormitorios con la imagen de Nuestra Señora y de San José, pidiendo con gran devoción y alegría a todas las hermanas posada para el Niño, la madre y el esposo, echando mano una vez más de una coplilla de su invención:

No durmáis, hermanas;
mirad que viene
la que a Dios por hijo tiene.

Igualmente apela y otorga gran mérito a las virtudes, a propósito de las cuales escribe unos pequeños libritos o cuadernillos que incluyen algunas de ellas y que distribuye entre las monjas. Ya todas reunidas en comunidad, les solicitaba dijese cada una sus faltas, y a continuación les pedía que le dijesen también las que habían observado en ella, y pareciéndole en extremo pequeñas, se comprometía a enmendarlas, a la vez que animaba a sus monjas se las dijesen más grandes y peores.

Pero si un concepto se convierte en seña de identidad del monasterio de San José, éste es el de la pobreza. En la casa se pasa hambre y frío, y necesidad de ropa, y para cada ocasión está dispuesta la Madre a sacar una copla a propósito, cubriendo dichas carencias de optimismo y alegría. Ello no quita que entre aquellas paredes se vivan situaciones de verdadero dramatismo a causa de la pobreza, cual es el caso de una sobrina de la fundadora, Leonor de Cepeda, tan entregada a la oración y la penitencia que acaba por enloquecer. No obstante serán muchas las ocasiones en que no haya para comer sino algo de pan y queso, y algunas frutas; y cuando más, un huevo y una sardina; y a veces se encontraba algo de comida al torno, producto de la benevolencia de algún vecino, pues la fama que tiene el monasterio de que allí se come mal y hay mucha abstinencia es alta, y en las familias más adineradas se trata siempre de disuadir a las jóvenes de ingresar en aquel convento.

Lo cierto es que los ingresos son bien pocos, y siempre procedentes de la labor manual realizada por las monjas que posteriormente se pone a la venta, y de algunas limosnas, base de todo el sustento. Pero todo ello se encara con extremo gozo y regocijo por parte de las monjas por el hecho de que ello les permite alcanzar, siquiera mínimamente, la gracia de la pobreza evangélica.

Esto en lo que al cuerpo se refiere, que por lo que al alma respecta el mayor esmero se pone siempre en la obediencia ciega, a propósito de la cual somete a sus candidatas a pruebas no menos duras que las anteriormente referidas en relación a otras cuestiones; y así, les impone tareas que por pura lógica resultan imposibles de cumplir o llevar a efecto dada su incongruencia, circunstancia que por otro lado en nada arredra a sus monjas a la hora de procurar por todos los medios llevarlas a término. Es el caso de mandar a una de ellas guardar cama, simulando estar bien persuadida de que se encuentra gravemente enferma. Y a pesar de que la aludida no aprecia en sí síntoma alguno de dolor o malestar, queda firmemente convencida de que alguna enfermedad la acecha, pues así lo dice la Madre, y no duda un ápice en someterse a la decisión que ésta toma de hacerla sangrar por un barbero para comenzar a sanarla, todo ello sin ofrecer réplica ni resistencia alguna.

Enemiga declarada de afectaciones y ñoñerías, no consiente palabras ni gestos melindrosos; y espeta a sus monjas: *No querría yo, mis hermanas, pareciesen en nada sino varones fuertes que si ellas hacen lo que es en sí, el Señor las hará tan varoniles que espanten a los hombres.*

Por tal periodo, y por lo que a ella misma respecta, lleva a cabo Teresa de Jesús una relajación del voto de lo más perfecto que había realizado años atrás, pues la vehemente búsqueda de soledad ha hecho germinar en su interior algunos problemas de conciencia que le han llevado a plantearse la introducción de ciertos matices en tan escrupuloso afán. Es por ello que sus confesores deciden acudir al provincial de la Orden, fray Ángel de Salazar, quien despacha una comisión a fin de *relajar cualquier voto o conmutárselo, como mejor les pareciere convenir al servicio de nuestro Señor y al sosiego de la conciencia.*

Extramuros, muy graves circunstancias pesan sobre la situación religiosa de la nación en general y sobre el devenir de la Orden del Carmelo más en particular, circunstancias que directa o indirectamente repercutirán sobre la reforma teresiana y el proceso de fundación que discurre paralelo a la misma.

En el exterior, la política religiosa de Felipe II se ve muy estremecida por el problema flamenco. Los decretos de Trento han sublevado de grado a los calvinistas en los Países Bajos, y lo que en principio no era sino un movimiento de resistencia toma ya visos de rebelión. En un intervalo de apenas cuatro días (agosto de 1566), los calvinistas asaltan más de 400 iglesias y conventos. Son frecuentes las luchas por cuestiones religiosas y, ante el rumor de una invasión por parte de los calvinistas de Francia y Alemania, llega a considerarse necesaria la presencia del Rey, quien pone la cuestión militar en manos del duque de Alba, que rápidamente aplasta a los sublevados. Tal éxito evita finalmente la presencia del rey en Flandes.

De puertas hacia adentro, España está sumida en un asfixiante ambiente de espiritualidad marcado por un intenso afán por la depuración de la fe católica y la vida religiosa. En buena medida hay que atribuir tan extremada actitud a la inusitada proliferación de abusos que, a partir de un momento determinado, escapan al control de los emperadores, suscitando en éstos la desconfianza respecto de los derechos disciplinarios de Roma. Desde la Santa Sede, por otro lado, la clausura del Concilio de Trento en diciembre de 1563 ha abierto la puerta a un proyecto de reforma general que, no obstante, aún se halla en proceso de gestación.

Ya los Reyes Católicos se habían arrogado respecto de Roma una serie de privilegios al objeto de salvaguardar la fe católica en sus reinos, asignándose facultades como la provisión de obispados, y la dispensa de beneficios, prebendas y títulos, cuya administración estaba a cargo de un Patronato Real. De igual modo, los tribunales eclesiásticos quedan bajo la inspección del Consejo Real, siendo indispensable contar con el *placet regium* o permiso real para llevar a efecto cualquier disposición pontificia. Más adelante, a pesar del desencanto con que en Roma se recibe este sometimiento efectivo de la autoridad papal a la real, Carlos I obtiene de Adriano VI en septiembre de 1563 el refrendo de tales privilegios con carácter perpetuo. Y Felipe II, por su parte, no parece ir a la zaga en la política emprendida por su padre en cuanto ésta sirva de eficaz instrumento a la causa de asegurar la unidad religiosa en sus reinos.

Desde Roma se ataca tal política con no menor virulencia y firmeza. Paulo IV se alía con los franceses animándoles a romper la paz de

Vaucelles firmada con España, e invita a los turcos a unirse a tal proyecto. Y aún irá más allá al manifestar su decisión de dictar excomunión contra Carlos I y Felipe II, a los que amenaza con despojar de dignidades y prerrogativas.

Rotas las hostilidades, Felipe II declara la guerra al Papa en su condición de señor temporal de los Estados Pontificios, en lo que inicialmente se quiere ver una reedición del saqueo de Roma llevado a cabo por el ejército de Carlos I en 1527. Pero la aplastante superioridad de la que hacen gala las tropas del duque de Alba sobre los franceses obliga al Pontífice a claudicar y ceder ante los españoles, que obtienen del Papa su promesa de gracia a los soberanos españoles y su garantía de neutralidad en el conflicto contra Francia.

No habiendo llegado la sangre al río, es evidente que los hechos acaecidos favorecen el aumento de recelos y desconfianzas entre el Papado y la Corona española, deseosa de emprender un vasto proceso de reforma religiosa sin menoscabar en la medida de lo posible la devoción debida a Roma. En este sentido, no se ven con buenos ojos las actuaciones de los enviados de la Santa Sede en España en cuanto a poner fin a una situación que se agrava más y más con el paso del tiempo. Pero las pretensiones de Felipe II de llevar a cabo tal proyecto de reforma de las órdenes religiosas con nuncios españoles choca frontalmente con la realidad del momento, pues los superiores generales de cada una de estas órdenes residen por lo común en Roma. Su solicitud de que estos superiores generales —o siquiera sus vicarios— pertenecieran a sus reinos —por cuanto los extranjeros ignoran de pleno las costumbres españolas— provocan no menos furor en las filas pontificias.

A lo largo de todo este conflicto, el emperador español hará en verdad gala de una ostensible tenacidad y perseverancia. En noviembre de 1563 solicita una comisión general para la reformación sin excepción de todas las Órdenes monacales y mendicantes no reformadas, amenazando con la despoblación de algunos monasterios en caso de que la autoridad pontificia no se mostrara de acuerdo con tal proyecto, pues prefería ver tales casas despobladas antes que habitadas por personas viles y viciosas.

Otros eran los proyectos de Roma: hacer observar la regla y los votos sirviéndose de una disciplina regular impuesta por los respectivos superiores en los capítulos generales y provinciales.

La Orden del Carmelo deviene exponente perfecto de la situación creada a nivel nacional en cualquiera de las órdenes monacales. En el capítulo que se celebra dos años después de la muerte del prior general, Nicolás Audet, sale triunfante la candidatura del padre Juan Bautista Rubeo. El monarca español solicita la introducción con carácter perpetuo de la figura de un vicario general con plenos poderes y título de reformador, natural del país y elegido cada seis años por el prior general y confirmado por el Papa con autoridad apostólica.

Pero tal deseo choca frontalmente con graves impedimentos suscitados por la Orden en general y por los propios españoles, muy en particular por los carmelitas andaluces, opuestos a cualquier tipo de reforma (actitud no extraña por cuanto no ha mucho han sido amonestados por su general en virtud de la sospecha de culpas y malas obras que recae sobre sus costumbres y modo de vida habitual).

El atolladero al que parece abocada la situación parece hallar cierta salida a partir del mandato que el nuevo general recibe del capítulo celebrado en San Martín in Montibus de acudir personalmente a España al objeto de implantar la reforma conciliar, visita que debería cubrir en un plazo máximo de dos años, pues de otro modo sería el rey quien desterraría de sus reinos a los religiosos rebeldes.

Mas la muerte de Pío IV en diciembre y la elección de Pío V da una vuelta de tuerca a la situación, en virtud del compromiso adquirido por el nuevo Papa de acceder a los deseos del rey español. A dos meses de que expire el plazo estipulado por Felipe II para nombrar en España un vicario general, parte para España en abril de 1566 el padre Rubeo.

Tras la audiencia celebrada con el Rey, el general se apresta a poner en marcha su plan de reforma, cuyo punto neurálgico es Andalucía, donde ha fracasado la reforma de Nicolás Audet, y el precedente de la visita del procurador de la Orden, Desiderio Mazzapica, no ha podido resultar más desolador, pues en el convento de Écija resulta agredido por fray Melchor Nieto, hermano del provincial. La ingenuidad del general para cortar de raíz ciertos abusos apenas obrará efecto alguno. Las visitas a Jaén y Granada son despachadas con burlas y engaños sobre el modo de vida que allí se guarda: conventos gobernados por religiosos sin escrúpulos, mujeriegos y encubridores, que ejercen violencia y abusos sobre sus subordinados, que se enriquecen a costa de lo ajeno. El general comienza a vislumbrar cierta atmósfera de temor hacia el grupo de este Melchor Nieto, con elecciones amañadas de las que salen vencedores sus partidarios e incondicionales. Más de lo mismo en Antequera, con un prior que no oficia, que sustrae y administra a su capricho los bienes del convento, actitud de la que se jacta sin empacho. Igual en Córdoba, reino de taifas presidido por frailes blasfemos e indolentes que no acuden a maitines, que mutuamente se insultan, juran y perjuran. En Écija, los frailes frecuentan con escándalo los conventos de las monjas y el provincial y la priora se profesan mutua afición. Allí abundan rapiñas, violencia, blasfemias y golpes.

El general no acierta a obtener evidencias de las confidencias que recibe a media voz, pues en lo que a testigos directamente comprometidos se refiere, nada consigue sino alabanzas hacia los superiores. Sólo Carmona parece escapar al caos general que preside la provincia. De allí a Utrera y de Utrera a Alcalá de Guadaira, para a continuación desplazarse hasta el principal convento carmelita de Andalucía, el del Carmen grande de Sevilla —allí gobierna otro personaje de armas tomar, Juan de Mora—, donde despacha una orden de detención contra el fugitivo fray Melchor Nieto, que sucesivamente ha gozado de amparo y recibido asilo en los conventos de Jaén, Córdoba, Sevilla, Aracena y Écija.

Los enemigos crecen en Andalucía para el general cuanto mayor empeño pone en echar mano al prior de Écija, fray Gaspar de Santa Ana, quien se ha erigido en dueño absoluto de la provincia, y a los hermanos Nieto —Melchor y Baltasar— otro elemento de cuidado éste último, que ha admitido al hábito a un homicida a cambio de una cuantiosa suma que ha destinado a su faltriquera, también engordada con sustanciosas limosnas.

En septiembre se abre capítulo en Sevilla, pero a la aparente dureza inicial del general en la impartición de castigos (prisión, desterramiento, azotamiento en público, sambenito de lenguas y otras penitencias, declaración de rebeldía y apostasía, de contumacia y excomunión) sigue una incomprensible benevolencia posterior que los insubordinados interpretan como miedo y que a la postre acabará por perderle.

La infame cuadrilla plantea una hábil artimaña basada en la artera defensa de la reforma real, todo ello con el insidioso objetivo de socavar la autoridad del general, que sólo tras el estallido de una feroz conjura contra su persona y la de sus defensores será consciente de su debilidad y su torpeza, en razón de la conmiseración mostrada frente al enemigo. Antes de encaminar sus pasos a la provincia de Castilla, el general cita en Ávila a los cabecillas de esta rebelión —Gaspar Nieto y Juan de Mora— con anterioridad al 15 de abril, conminando que de no acudir serían declarados en rebeldía. Pero éstos no acudirán a Ávila, sino a Madrid, con el objetivo de entregar al rey un memorial contra la visita de Andalucía. El rey remite la causa al Consejo Real, y los jueces exigen al general la absolución y rehabilitación de los encausados, a lo que se niega en defensa de su dignidad, pidiendo un decreto de expulsión contra los mismos *como incorregibles y miembros podridos de la Orden*. Será finalmente el propio Consejo el que los rehabilite por su cuenta, permitiendo que vuelvan a las andadas, y llegan incluso a conseguir el nombramiento de fray Juan de Mora como vicario provincial de Andalucía.

En Sevilla permanecerá el general por espacio de dos meses para calibrar los efectos de su obra. En el mes de noviembre, marcha por fin hacia Lisboa con cierto regusto de fracaso. En comparación con Andalucía, halla en Portugal un remanso de paz. De Salamanca parte en febrero de 1567 a visitar la provincia de Castilla, iniciando su escrutinio en Piedrahíta, para luego seguir a Ávila, adonde llega el 15 de febrero. Desde allí es llamado a Madrid a causa de la inicialmente prevista partida del rey a Flandes, y convoca el capítulo provincial de la visita para el 12 de abril en Ávila.

Castilla está considerada una de las provincias completamente reformada. Sin pasar por un periodo de gran esplendor, pues el número de devotos ha sufrido una importante merma tras la desbandada de frailes suscitada por la reforma de Audet, la situación no tiene parangón posible con la que se vive en Andalucía.

Ávila reserva al padre Rubeo la mayor de las alegrías en el recién fundado convento de San José, pues queda altamente impresionado por el espectáculo que ofrecen aquellas 13 monjas vestidas con sayal y calzadas con alpargatas, y tal devoción le emociona sobremanera, como la vista de aquel edificio tan pobre y aquella huerta a rebosar de ermitas que tanto invitan al recogimiento, todo lo cual le retrotrae al primitivo Carmelo (*alegróse de ver la manera de vivir y un retrato, aunque imperfecto, del principio de nuestra Orden y cómo la regla primitiva se guardava en todo rigor*). Y así deja la fundadora impresa en el general la sensación de haber hallado *una piedra muy de ser preciada, por ser preciosa y amiga de Dios.*

Para la madre Teresa, que mora en su convento desde finales de 1562, la visita supone un acontecimiento providencial a la vez que el cumplimiento de un anuncio divino, pues en la misma quiere hallar un resquicio por el que es posible se abra camino un proyecto de reforma harto anhelado. Mas a un tiempo guarda también ciertos recelos y temores, pues ha puesto el convento bajo la obediencia del obispo y no de la Orden, y teme así ser devuelta a la Encarnación.

Pero la sinceridad con la que expone al general todo lo acaecido le hace ganarse los favores de éste, quien ampara aquella obra y manda fundar la mayor cantidad posible de conventos con monjas de la Encarnación, tantos cuantos pelos tenga en la cabeza, tan gráficamente se expresa al respecto. Con fecha 27 de abril, redacta el padre Rubeo una patente expresada en los siguientes términos:

Damos libre facultad y llena potestad a la reverenda madre Teresa de Jesús, carmelitana, priora moderna en San Josef y de nuestra obediencia, que pueda tomar y recibir casas, iglesias, sitios, lugares, en cada parte de Castilla en nombre de nuestra Orden, para hacer monasterios de monjas carmelitas debaxo de nuestra inmediata obediencia, las cuales anden vestidas de paño de xerga pardo, la vida sea conforme y sea en todo según la primera regla. Ningún provincial, vicario o prior desta provincia las pueda mandar; mas sólo Nos y a quien fuera señalado por nuestra comisión. Y por que todo se haga con efecto os concedemos que pueda tomar por cada monesterio que se hará, dos monjas de nuestro monesterio de la Encarnación de Ávila, las que quisieren andar, no otras; ni las puedan impedir ni el provincial nuestro ni la reverenda priora que fuese ni otra persona nuestra súbdita, so pena de privación de sus oficios y otras graves censuras. Los monesterios estén debaxo de nuestra obediencia, que de otra manera no entenderemos que esta nuestra concesión sea de algún valor.

Para la Madre, la labor de fundar, antes que un mandato se antoja un deber, al que añade un sueño que ya ha comenzado a acariciar algún tiempo atrás: la de abrir una rama de varones de su Orden, ermitaños contemplativos, para lo que ya cuenta con el apoyo del obispo y de los amigos. Sólo la escasez del número hace por ahora irrealizable tal proyecto. Pero ella seguirá insistiendo y, a punto de que el general dé por cerrada su visita por España, Teresa de Jesús, que continúa manteniendo con él contacto a través de una correspondencia que le permite darle cuenta de sus cosas y a la vez seguir sabiendo de sus andanzas, vuelve a insistirle sobre la conveniencia de instaurar en el país una reforma de frailes primitivos: *Escriví a nuestro padre general una carta suplicándoselo lo mejor que yo supe, dando las causas por donde sería gran servicio de Dios, y que los inconvenientes que podía haver no eran bastantes para dejar tan buena obra, y puniéndole delante el servicio que haría a Nuestra Señora, de quien era muy devoto.* Y con tal fuerza de razonamiento se expresa que, a pesar de su reserva y recelo, el general acaba por despachar una patente que autoriza la fundación de carmelitas contemplativos, con la facultad para abrir dos casas e iglesias.

Apoyada en esta patente y en la ilusión por cumplir su deber, la madre Teresa de Jesús se erigirá en fundadora de un total de 17 conventos, desde el de San José de Ávila hasta el de Burgos, la mayor parte de ellos en Castilla y Andalucía, a los que llevará consigo una labor reformadora que posteriormente extenderá a muchos otros monasterios de la Orden.

En julio, el general celebra su último capítulo en Barcelona, cerrando así su visita por España. Atrás deja una España dividida en dos polos opuestos: Castilla y Andalucía, uno y otro símbolos de la dura pugna que en breve comenzaría a dirimirse en el seno de la Orden y que en demasía se prolongaría en el tiempo.

VI. FUNDACIONES

*¿Piensa mi padre que, para las casas que yo he fundado, que me he
acomodado a pocas cosas que no quisiera? No, sino a muchas. Algo se
ha de sufrir para acomodar una necesidad como ésta.*
(Fragmentos ácronos, 8 — Al P. Jerónimo Gracián)

En el verano de 1567 escribe Teresa de Jesús los renglones iniciales
de la magna obra que como fundadora y reformista de la Orden del
Carmelo principiará en la villa de Medina del Campo. Es su intención
que este primer capítulo de dicha obra se convierta en proclama reivin-
dicatoria de la larga serie de agravios y humillaciones que ha debido
soportar durante el proceso de fundación de su monasterio de San José
en Ávila. Es por ello que quiere hacer de su salida de la ciudad florido
prólogo de lo que espera se convierta en triunfo personal frente a la plé-
yade de críticos y detractores de su figura.

Los prolegómenos no son los mejores, pues el viaje ha de realizar-
se en burro a falta de medio de transporte más propicio a la ocasión y
los intereses. En el proyecto ha comenzado por interesar a su antiguo
confesor, el padre Baltasar Álvarez, con quien sigue manteniendo
correspondencia en la distancia y que le ofrece su colaboración y la de
su colegio.

Una constante en el proceso de fundaciones que la Madre Teresa de
Jesús llevará a cabo durante los últimos quince años de su vida, será el
cúmulo de obstáculos e impedimentos de índole económica y fundamentalmente administrativa que deberá afrontar en cada una de estas
fundaciones. En el caso de la de Medina del Campo, el problema que se
plantea surge del hecho de que el lugar tenga naturaleza de sede vacan-
te, lo cual precisa de un buen número de consultas previas con regidores, cabildo y otros notables de la villa, misión que la fundadora encomienda a Julián de Ávila.

Una vez obtenida la licencia acabando el mes de julio, dispone la
Madre el alquiler de una casa, la más principal de la villa, al tiempo que
comienza a trazar con fray Antonio de Heredia los planes de compra de
un edificio sobre el cual levantar el convento. Todo ello sin una sola
blanca en el bolsillo, circunstancia que a buen seguro hubiera cargado

de razones a todos aquellos que desde Ávila seguían tachándola de disparatada y soberbia, a la espera como estaban del primer gran desliz que sufriera en esta su nueva empresa, a la que desde el principio se había entregado en cuerpo y alma.

El viaje a lomos de jumento entre Ávila y Medina supone de algún modo para Teresa de Jesús un retorno a su infancia, a partir de los lugares por los que transcurre el trayecto: Gotarrendura, La Moraña, Arévalo, Olmedo. A la altura de Hernansancho, la comitiva hace un alto para dar inicio a otra de las costumbres que se harán leyes en esta sucesión de fundaciones: la parada en una ermita para apearse con el séquito de monjas que la acompañan y postrarse al objeto de venerar la imagen, en este caso la del Santísimo Cristo de San Martín. Pone fin a la primera jornada de camino la llegada a Arévalo, villa de mil doscientos vecinos que cuenta con una buena fortaleza y que se ubica en medio de dos ríos que allí se dan cita, el Adaja y el Arevalillo, este último para morir en el lugar.

Malas nuevas aguardan en Arévalo, pues ciertos problemas han surgido con unos frailes agustinos que moran cerca de la casa a alquilar, y que no consienten que en su proximidad se alce un monasterio. El terror a convertirse en pasto de mofa y befa de los abulenses en caso de volverse a la ciudad con la cabeza gacha y las manos vacías, luego del fasto que se habían encargado de darle al negocio, invade a todos. Pero quiere la casualidad que el paso por Arévalo coincida con la estancia en la villa del padre Báñez, quien estima bien fácil serenar la incomodidad de los agustinos. Otra cuestión preocupa a la fundadora, pues el asunto requiere de cierta premura en las gestiones dado que lleva consigo un buen número de monjas. Para ello se cuenta con la posibilidad de levantar una pequeña iglesia en la amplia casa que se tiene concertado comprar.

A las doce de la noche del Día de la Asunción de 1567 entra la comitiva en Medina. Sus planes de hacerlo en silencio y sin testigos —cargados como van de aderezos y ornamentos para la casa— pronto se ven desbaratados, pues la población en pleno llena las calles de la villa por cuanto la festividad coincide con la celebración de un encierro a medianoche, lo que obliga a los desavisados visitantes a circular por las afueras dando un considerable rodeo.

El estado que presenta la casa tampoco es el esperado, con paredes semiderruídas y un corral lleno de basura y desperdicios, y la Madre no estima oportuno elevar altar allí. Mas todo es ponerse de inmediato manos a la obra a fin de acondicionar el lugar: a toque de corneta, unos barren y otros friegan el suelo; éstos aderezan el altar y aquéllos colocan la campana; los de más acá entapizan y los de allá ponen paños. Y a las cinco de la mañana de aquel 15 de agosto de 1567 tañe con escándalo la campana del que también será monasterio de San José, homóni-

mo de su precedente en Ávila. Tal gentío se arremolina en torno al
nuevo convento que es menester se retiren bajo una escalera las monjas
para que se pueda colocar el Santísimo Sacramento y se diga la primera misa, oficiada por fray Antonio de Heredia: *yo estava muy contenta,
porque para mí es grandísimo consuelo ver una iglesia más adonde
haya Santísimo Sacramento.*

La premura con que se ha llevado a cabo la labor no oculta la necesidad de pensar con rapidez en la búsqueda de otra casa donde empla-
zar el monasterio. Y aparece la figura de un mercader que con su mejor
voluntad cede a las monjas la mitad de su casa, haciendo de la misma
dos moradas, pasando las monjas a la parte correspondiente para allí
principiar a ordenar su vida con mayor recogimiento y a rezar las horas,
situación que se prolongará por espacio de dos meses, en tanto se termina de aderezar la casa a medio derruir. Con no menor celeridad se con-
solidará la fundación, quedando nombrada priora del convento Inés de
Jesús y supriora su hermana Ana de la Encarnación, comenzando bien
pronto sus moradores a ganarse la admiración y el respeto de la villa.

A la vez, la licencia que por este tiempo se recibe del padre general
Rubeo autorizando la fundación de dos casas de descalzos permite a la
Madre encender la hoguera de su reforma de varones, cuya lumbre avi-
varán dos frailes que pronto hará suyos. Uno de ellos es fray Antonio de
Heredia, confesor de la Orden que había sido nombrado prior del convento de Santa Ana de Medina del Campo. A pesar de haber participa-
do en diversas consultas que la Madre le ha hecho acerca del voto de
perfección, y del papel decisivo desempeñado en esta fundación de
Medina (él se ha encargado de procurar la casa, de dirigir los preparati-
vos de la larga noche previa a la fundación, de poner al servicio de la
fundadora su convento y sus frailes), a pesar incluso de su reputación
como persona letrada, austera y rigurosa, que coincide absolutamente
con la Madre en cuanto a la naturaleza de los planes fundacionales que
ésta alberga en su interior; a pesar de que ha sido él quién ha escucha-
do su plan de buscar hombres a propósito para emprender labor de
reforma entre los frailes carmelitas, y ha sido el primero en ofrecerse
voluntario para tal empresa; a pesar de todo ello, no es exactamente la
persona que ella busca —y así se lo hace saber— en razón de su carácter un tanto delicado y apocado, en exceso pulido. Pero una serie de circunstancias y hechos que el prior afronta posteriormente con inespera-
da firmeza harán mudar de opinión a la fundadora hasta quedar ésta
convencida de su valía para tal industria, entendiendo que es persona
cabal para la misma.

Es el otro candidato un muy destacado estudiante de la Universidad
de Salamanca, el presbítero teólogo fray Juan de Santo Matía, de sólo
27 años de edad, que recientemente ha cantado su primera misa.
Persona íntegra, retraída y tenaz, muy aficionado a seguir con rigor la

regla primitiva, es poco dado a destacar desde su escasa estatura que apenas supera el metro y medio (*Bendito sea Dios, que ya tengo para la fundación fraile y medio*, dice la Madre en festiva referencia a su persona); su espíritu insaciable para abordar toda clase de labores, sin hallar en ninguna de ellas contento suficiente, cautiva de inmediato el corazón de la monja, que posteriormente se referirá a él en tono ya mucho menos jocoso: *Hablándole, contentóme mucho; yo le dije lo que pretendía, y le rogué mucho esperase, hasta que el Señor nos diese monesterio, y el gran bien que sería, si havía de mejorarse, ser en su mesma Orden, y cuánto más serviría al Señor. El me dio la palabra de hacerlo.* Y así comunica posteriormente a sus monjas: *He hallado un varón según el corazón de Dios y el mío.*

De acuerdo con la patente del general, ya cuenta Teresa de Jesús con la autorización del provincial y la de su antecesor, mas aún le falta lugar donde elevar el monasterio.

Al tronar público que acompaña estas primeras obras de fundación, sigue una intensa lluvia de propuestas y ofrecimientos por doquier, entre las que por derecho propio refulge el deseo de aquella doña Luisa de la Cerda a la que la Madre había acudido a consolar a su palacio de Toledo al haber quedado viuda. Teniendo conocimiento de las licencias con las que Teresa de Jesús contaba para fundar en otros lugares, se ofrece para fundar en una villa suya, Malagón, que su esposo había comprado al Emperador en condiciones no del todo aceptables para los vecinos. Al morir de improviso sin haber resuelto tales querellas de conciencia, queda su mujer profundamente turbada por la inquietud que le produce no estar segura de su salvación, y es así que se pone en contacto con la madre Teresa, entendiendo que una fundación propiciatoria sacaría el alma de su marido del purgatorio, según indicación que en su día recibiera de la monja al quedar viuda cinco años atrás. A la urgencia con que debe atenderse la cuestión en función de estas circunstancias, se une el hecho de que sea obligado llevar a cabo la fundación con renta, dado lo pequeño que es el lugar. Nuevamente acude Teresa de Jesús a pedir consejo al padre Báñez, quien la insta a dejar de lado su propio criterio si todo aquello redunda en un servicio al Señor. Y la fundadora, apremiada por las reiteradas imprecaciones de la señora, acaba por claudicar: *Siempre soy amiga de que sean los monesterios u del todo pobres u que tengan de manera que no hayan menester las monjas importunar a nadie.*

La decisión de fundar en Malagón corre como la pólvora entre la nobleza española y la princesa de Éboli, prima de doña Luisa de la Cerda, reclama sin ambages una fundación en su feudo de Pastrana. Tal sucede con diversos personajes y familias de la Corte y la aristocracia, entre quienes descuella Leonor de Mascareñas, aya de Felipe II y de su hijo don Carlos, para la que el rey hará construir un convento próximo a palacio ante su expreso deseo de retirarse a clausura, pues entendía el monarca que fundar convento para monjas era mejor forma de servir a Dios que recogerse en encerramiento. Y siguiendo el consejo del rey, funda en Alcalá de Henares un monasterio de carmelitas descalzas, cuya idea había suscitado a mediados de 1562 la visita que doña Leonor recibe en Madrid de una beata granadina, María Jesús Yepes, quien pretendía fundar un convento carmelita de acuerdo con la primitiva regla de la Orden, y pedía favor del rey para fundar en Granada. La oposición que allí encuentra la lleva a mudar sus propósitos y hacerlo en Alcalá, siguiendo el consejo de doña Leonor. Acude entonces a Toledo para la obtención de la correspondiente licencia, y allí encuentra a Teresa de Ahumada con idénticos propósitos de fundar un convento de descalzas. Vuelve la beata con su licencia y doña Leonor le ofrece su casa en Alcalá, donde el convento queda fundado en agosto de 1563. Pero pronto comienzan los problemas allí, por cuanto no se observan estrictamente los antiguos propósitos de pobreza absoluta que María Jesús Yepes había dado a conocer a una Teresa de Ahumada a la sazón ignorante de toda aquella cuestión.

Informada de la situación, se pone doña Leonor en contacto con la madre Teresa, sabedora de su particular habilidad para las labores de administración y fundación de monasterios. Es para entonces Alcalá de Henares bella villa amurallada con lienzos y cubos de ladrillo, con muy mejores casas que las comunes de Madrid, y calle muy cumplida con soportales y numerosos puestos de mercaderes. Ennoblecida por su universidad y su gran número de colegios públicos, la población flotante de los mismos hace duplicar el millar de habitantes de ordinario. Durante unos días mora allí la Madre a fin de poner remedio a la situación planteada (segunda quincena de diciembre de 1567), y allí acude para instruir en lo necesario a las monjas en cuestiones de reforma. Se hallaba el origen de aquellos problemas en el extremo rigor y fanatismo de las monjas, exaltadas y adictas a su beata fundadora. La nula disposición de todas ellas a aceptar intromisión alguna dificulta sobremanera la obtención de resultados, pues se esperaba de la Madre que consiguiera mitigar tan extremo rigor a la vez que les aportara las bases del carácter que iban adquiriendo sus conventos con cada nueva fundación. No obstante, las Constituciones que allí deja alcanzarán con el tiempo rango de ley.

Parte la Madre en marzo de 1568 para Toledo y Malagón pasando por Madrid. En una jornada de viaje se cubren las doce leguas que separan Madrid de Toledo, donde se espera a la fundadora en el palacio de doña Luisa de la Cerda, en el que sigue latente un especial gusto por la vida de oración, al que ahora se une un interés particular por parte de todos los que allí habitan por sorprender a la Madre en algún momento arrobada, tanto se ha oído al respecto aquí y allá. No siempre es factible el disimulo, y algún testimonio queda de arrobamientos durante aquella estancia.

En cuanto a la fundación en sí, el principal problema que plantea a la Madre es el de ser de renta, por lo que ello implica de principio de división entre sus conventos, que a partir de entonces serían de dos clases: con renta y sin ella. Otra cuestión a solventar es la de la abstinencia perpetua de carnes que prescribe la regla primitiva, difícil de llevar a término en lugar donde no es posible hacer una provisión de pesca suficiente para cumplir la norma. Ante ello, no duda un ápice la Madre a la hora de ampliar las bulas de mitigación. Se mantiene en trece el número de monjas, contemplando la posibilidad de aumentar tal número hasta veinte —siempre en proporción a la renta que hubiere— y no más, según el principio establecido por el concilio. Se permite asimismo la admisión de freilas o sargentas (religiosas para el servicio de la casa sin obligación al coro), modalidad de la que Teresa de Jesús había tenido conocimiento en su visita al monasterio de Alcalá de Henares.

Entra en la villa la comitiva y se detiene en el castillo, situado sobre un altozano que domina poblado y campiña. Más de ocho días pasan en la fortaleza al no estar aún la casa acomodada para habitarla. Llegan las licencias el 10 de abril, y al día siguiente, Domingo de Ramos, se procede a la fundación.

Teresa de Jesús aprovecha la estancia en tierras de Toledo para hacer entrega de su *Libro de la Vida* al padre Juan de Ávila, quien mora cerca de allí, en Montilla, apenas a una jornada de distancia. Ello a pesar del desasosiego que tal acción le provoca, pues su confesor, el padre Báñez, le había urgido a que no anduviese el libro por otras manos, y teme muy mucho la Madre que su confesor llegue a tener conocimiento del desacato. Desasosiego que se verá acrecentado por cuanto su amiga doña Luisa no perderá ocasión de solicitarle también el libro para su propia lectura.

Es nombrada Ana de los Ángeles priora del nuevo convento y supriora Isabel de Jesús. Mantendrá este convento largo tiempo de su historia muy estrecho vínculo con la población, en su mayoría pobre e inculta, entregadas de pleno sus monjas desde un principio a una intensa labor de instrucción de las muchachas del pueblo en faenas de labranza, a fin de que aprendan a emplear y dedicar su tiempo a servir al Señor, y lo mismo para con los mozos, de cuya enseñanza religiosa se encargarán el confesor y el cura, asistidos en estas obras por jóvenes seglares devotos.

Presto debe partir la Madre, pues no cesan de proliferar los asuntos relativos a fundaciones. Entre unas cosas y otras, regresa a Ávila a primeros del mes de junio, diez meses después de haber salido de la ciudad, en lo que supone su primer retorno tras larga ausencia. Circunstancia que se haría cada vez más frecuente con cada nueva fundación, lo que para ella no dejará nunca de constituir grave carga emotiva, a la par que la obligará a hacer de sus monjas mujeres capaces de valerse en el monasterio sin la presencia constante de su priora.

Debe ahora poner rumbo a Valladolid, donde urge una fundación para sacar del purgatorio otra ánima que anda algo apurada. Pero de camino recibe una oferta de fundación de frailes en Duruelo. Todo principia con la nueva que recibe un caballero de Ávila sobre el proyecto de edificación de un monasterio de descalzos, y a tal propósito ofrece a la Madre una casa que posee camino de Medina del Campo, punto de paso en su viaje hacia Valladolid. Es este pequeño rincón la villa de Duruelo, lugarcillo de bien pocos vecinos, apenas una veintena, ubicado entre pequeños cerros y tierras de labor, peñas y berrocales, próximo al riachuelo de Rioalmar e inmerso en una tupida red de caminos vecinales donde todos los pueblos parecen iguales y lo más sencillo es extraviarse, como así sucede a la comitiva, que sólo llegará a destino un poco antes del anochecer, luego de haber partido la madrugada anterior para evitar los calores del estío.

El desaliento que atrapa los ánimos de todos al hallar la casa (*tenía un portal razonable y una cámara doblada con su desván, y una cocinilla; este edificio todo tenía nuestro monesterio*) no prende en la Madre, quien pronto se apresta a trazar planes de distribución y construcción: del portal haría iglesia; de la cámara doblada, dormitorio, y de su desván en la parte superior, coro; y por fin, de la cocinilla, refectorio. Quedaba así dispuesto el monasterio. Todo tan fácil, tan sencillo para la Madre, que no para sus hombres de confianza —fray Antonio de Heredia y fray Juan de Matía— bien seguros de que al informar de las condiciones de la casa les sería denegada la licencia.

Al tiempo que los planes de construcción del monasterio, traza la Madre con sus confidentes el proyecto de la nueva descalcez, abordando cuestiones como la distribución del tiempo, el vestuario y la observancia de la regla sin mitigación, guardando en lo demás las Constituciones de Soreth y del general, tanto en cuanto no contradijesen la regla primitiva. Aprobadas por el provincial estas Constituciones elaboradas por los primitivos de Duruelo con el consejo de la fundadora —en realidad el texto es copia calcada de aquel otro que ella había confeccionado para sus monjas— quedan así esbozadas en Medina, primeros días de julio de 1568, las líneas maestras del Carmen Descalzo.

Pero en Valladolid aún padece el alma de don Bernardino de Mendoza, patrocinador del convento que se ha de fundar, a la espera su alma de que tal fundación le permita abandonar el purgatorio. En la comitiva que marcha camino de Valladolid figura fray Juan de la Cruz, quien cabalga junto a los carros de monjas hablando de Dios y de la oración, e informándose de otras cuestiones que le son muy caras:

Como estuvimos algunos días con oficiales para recoger la casa, sin clausura, había lugar para informar al padre fray Juan de la Cruz de toda nuestra manera de proceder, para que llevase bien entendidas todas las cosas, ansí de mortificación como del estilo de hermandad y recreación que tenemos juntas, que todo es con tanta moderación que sólo sirve para entender allí las faltas de las hermanas y tomar un poco de alivio para llevar el rigor de la regla. Él era tan bueno, que al menos yo podía más deprender de él que él de mí, mas esto no era lo que yo había, sino el estilo de proceder las hermanas.

Aprovechará la fundadora su estancia en el convento del Carmen para solicitar al provincial de Castilla la licencia de Duruelo y mostrarle el borrador de las Constituciones bajo las que se regirían los descalzos, y su aprobación junto a la del provincial cesante, todo lo cual obtiene para enviarlo al general. La buena nueva de tal aprobación causa harto júbilo en el grupo, que festeja el acontecimiento con fray Juan de la Cruz haciéndole un hábito del sayal que traen en el carro dispuesto para una doncella, con el cual partiría posteriormente hacia Duruelo.

Llegan en la madrugada del 10 de agosto a Río de Olmos, donde se ubica la finca de recreo de don Bernardino, sita más de un cuarto de legua fuera de Valladolid. No tiene aún Julián de Ávila las licencias, y no es posible decir allí la misa: *Con ir cansada, huve de ir a misa a un monesterio de nuestra Orden que vi que estava a la entrada del lugar, y era tan lejos que me dobló la pena; con todo, no lo decía a mis compañeras por no las desanimar.* La vista de la finca causa no menor aflicción en su ánimo: *Como vi la casa, diome harta congoja, porque entendí era desatino estar allí monjas, sin mucha costa; y aunque era de gran recreación, por ser la huerta tan deleitosa, no podía dejar de ser enfermo, que estava cabe el río.*

Poco desencaminada anda la Madre, pues tras la toma de posesión del monasterio —15 de agosto de 1568— bajo la advocación de Concepción de Nuestra Señora del Carmen, no pasará mucho tiempo sin que la práctica totalidad de las monjas comiencen a padecer del mal del paludismo debido a la humedad de un paraje por otra parte muy hermosamente enmarcado entre dos ríos y la arboleda que los circunda. Será la hermana del patrocinador, doña María de Mendoza, quien ponga pronto remedio provisional a la situación trasladando a las religiosas a su palacio, donde pasarán las navidades de ese año. Una de las más afectadas por la epidemia será la propia Madre, que al decir de algunos vuelve a estar al borde de la muerte. Y sin más dilación se torna a buscar otra casa donde trasladar el convento, lo cual se llevaría a cabo con fecha 3 de febrero. Es nombrada priora Isabel de la Cruz y supriora Antonia del Espíritu Santo, posteriormente relevada por María Bautista, sobrina de la fundadora, a la que ya se apremia desde Toledo, y de igual modo lo hace la muy impaciente princesa de Éboli para fundar en Pastrana.

Sorprende a la Madre el año 1563 en una difícil encrucijada que halla en la senda por la que discurre su proceso de fundación: Valladolid y Toledo. A medio camino, Duruelo se hace parada obligatoria, pues hacia allí ha marchado el mes de septiembre anterior fray Juan de la Cruz —quien tanto interior como exteriormente luce flamante en su nueva condición de descalzo en virtud del hábito que en Medina le han apañado las monjas—, suficientemente aprovisionado de los ornamentos precisos para disponer la casita en la que se habría de fundar. No habiendo alcanzado aún cabal entendimiento con Teresa de Jesús, la admiración que en ella despierta no cesa empero de crecer, paradójicamente en la dirección de esa fortaleza interior que le permite enfrentar dialécticamente —a pesar de su retraimiento y su introversión— algunas cuestiones en las que hace recia defensa de los principios que marcan su también singular personalidad. No osando, sin embargo, contradecir un ápice los trazos señalados por la fundadora en cuanto a la disposición del monasterio, enseguida se aplica a labores de albañilería primero y decoración después, dejando a punto el convento para la fundación. Otra celebración precede a ésta: la correspondiente a la inauguración de la descalcez, que se lleva a cabo el primer domingo de Adviento, y que aparece presidida por el acto de renuncia a la regla mitigada de fray Juan de la Cruz, fray Antonio de Jesús y fray José de Cristo. Queda nombrado vicario de la nueva comunidad, y como tal primer superior de la descalcez, el padre Antonio de Jesús. En marzo de 1569 moran ya en Duruelo los primeros descalzos:

La primera semana de la Cuaresma, llegué una mañana. Estava el padre fray Antonio de Jesús barriendo la puerta de la iglesia con un rostro de alegría que tiene él siempre. Como entré en la iglesia, quedéme espantada de ver el espíritu que el Señor havía puesto allí. Y no era yo sola, que dos mercaderes que havían venido de Medina hasta allí conmigo, que eran mis amigos, no hacían otra cosa sino llorar. ¡Tenía tantas cruces, tantas calaveras! Nunca se me olvida una cruz pequeña de palo que tenía para el agua bendita, que tenía en ella pegada una imagen de papel con un Cristo, que parecía ponía más devoción que si fuera de cosa muy bien labrada.

Harto satisfecha de que se hubieran seguido sus disposiciones respecto a la distribución del edificio (*el coro era desván, que por mitad estava en alto, que podían decir las horas; mas havíanse de abajar mucho para entrar y oír misa; tenían a los dos rincones, hacia la iglesia, dos ermitillas, adonde no podían estar sino echados y sentados, llenas de heno, con dos ventanillas hacia el altar y dos piedras por cabe-*

ceras; y allí sus cruces y calaveras), su preocupación esencial gira, no obstante, en torno a la observancia de la regla por cuanto sean estos frailes claro ejemplo para las descalzas: *Les rogué mucho no fuesen en las cosas de penitencia con tanto rigor, que le llevavan muy grande, y como me havían costado tanto de deseo y oración que me diese el Señor quien lo comenzase y vía tan buen principio, temía no buscase el demonio cómo los acabar antes que se efectuase lo que yo esperava.*

Retorna a Ávila ocho meses después de la partida, de nuevo larga ausencia que ha de reparar en apenas unos días, pues urge partir de inmediato hacia Toledo para fundar. Las veinte leguas de camino entre una y otra ciudad se adornan a un tiempo de sol y nieve, sierras y valles, encinas y pinos. La Ciudad Imperial, rodeada de hasta tres murallas, se erige cabeza y corazón de la nación, residencia habitual de la nobleza española, en su mayor parte ausente en ese momento en razón de las obligaciones militares que la demandan, fundamentalmente las guerras de Granada que oponen la rebelión de los moriscos.

Las siete colinas que rodean la ciudad acogen entre sus rocas una población que por entonces se dice cercana a los 90.000 habitantes. Toledo aparece marcada por un importante contraste social que halla justa correspondencia en la cuestión religiosa, con parroquias cuya relevancia depende directamente del favor que les concede la nobleza, pues en ellas erige sus capillas familiares y enterramientos. Así, algunas de entre ellas han perdido el esplendor de antaño por ser la condición actual de sus feligreses la de gente pobre que se dedica a labores de comercio; otras, frecuentadas por moriscos y alfareros, ocupan un escalón aún más bajo en el estamento; las hay, en fin, que gozan de muy mucha honra en razón de la calidad de sus habituales, familias cortesanas que habitan las mejores casas de la ciudad.

La vasta población religiosa que la ciudad acoge —no en vano se cuenta un total de 24 conventos bien atestados de mujeres, un total cercano a las 1.200 religiosas, y en sustancia no hay lugar para más— convierte el proyecto de fundación en poco menos que una utopía. Y a pesar de ello, al decir de todos, los mayores obstáculos son de una muy otra índole que igualmente apunta a intrigas y favores de orden social.

Se hace preciso, en este punto, la obtención de licencia real y de licencia del arzobispo, mucho más difícil de alcanzar en razón de querellas internas ante las que poco pueden las amistades y favores con que cuenta la Madre. En puridad, el hecho de que los fundadores no sean caballeros ilustres merma en demasía sus posibilidades a ojos de la nobleza toledana, más aún por cuanto se pretende fundar en barrio muy considerado, donde un enterramiento de persona no ilustre menoscaba notablemente la reputación de la fundación. La postura que la Madre adopta al respecto resulta bien explícita, y de hecho no cabe otra:

Biografía

Aconsejándome algunos que no diese el enterramiento a quien no fuese cavallero, díjome el Señor: Mucho te desatinará, hija, si miras las leyes del mundo. Pon los ojos en Mí, pobre y despreciado de él. ¿Por ventura serán los grandes del mundo grandes delante de Mí, o havéis vosotras de ser estimadas por linajes u por virtudes?
No menos explícita es la posición de franco rechazo y retraimiento que ante el proyecto muestran las grandes familias, entre las que se incluye su muy amiga y confidente doña Luisa de la Cerda, a quien por no menor coherencia con su clase y condición, tampoco le está permitido otro gesto.

Nadie se aviene a aportar la suma de doce mil ducados que precisa la concesión de la licencia. Es ésta una de las más graves situaciones que en mayor grado hacen evocar a la fundadora la humillación social sufrida desde la infancia a causa de su origen converso, y a cuyo rechazo y desprecio sólo sabrá dar respuesta desde su calidad religiosa. Y desde la misma emprende su particular cruzada: *Ahora que veía derribado el ídolo del dinero, más cierto tenía que se había de fundar el convento.*

Investida de tal ánimo, se presenta ante el gobernador: *Como me vi con él, díjele que era recia cosa que huviese mujeres que querían vivir en tanto rigor y perfeción y encerramiento y que los que no pasavan nada de esto, sino que se estavan en regalos, quisiesen estorbar obras de tanto servicio de nuestro Señor; estas y otras hartas cosas le dije, con una determinación grande que me dava el Señor.*

Y es así que en apenas unos minutos, obtiene del dicho gobernador la tan suspirada licencia, sin que medien otras condiciones que las de no tener renta, patrón ni fundador.

Es ahora cuestión de hallar casa, labor ésta que —con tres o a lo sumo cuatro ducados en el bolsillo— se antoja no menos ardua. Rotos de súbito los compromisos inicialmente alcanzados en esta materia, pone en manos de un muy joven y bien pobre estudiante la labor de procurarle una casa de alquiler, el cual se la conseguirá presto en la calle de Santo Tomé. A 13 de mayo, abandonan al atardecer las monjas el palacio de doña Luisa de la Cerda con el ajuar y el aderezo necesarios para oficiar y tomar posesión, y pasan la noche dando a la casa trazas de convento. A la madrugada del sábado 14, la campanita toca a la primera misa del monasterio, fundado con el nombre de San José. Como ya sucediera en Ávila, también el toque de la campana de Toledo es de otro modo a rebato, pues el cabildo interpreta la fundación como osado desafío lanzado por el gobernador. Como fuera que éste se hallara ausente de la ciudad para la ocasión, de nuevo apuntan todas las iras a la figura de la fundadora, quien estoica habrá de aguantar la tormenta de rayos y centellas que de todas partes se abate sobre su persona sin lograr apagar su fulgor, que bien al contrario resplandece al escampar en forma de rendida admiración por parte de la población. Una admiración que al punto se traduce en ayudas económicas que en cierto modo provocan su aflicción y la de sus monjas: *Es cierto que era tanta mi tristeza como si tuviera muchas joyas de oro y me las llevaran; ansí sentía pena de que se nos iva acabando la pobreza; y mis compañeras lo mismo, que como las vi mustias les pregunté qué havían, y me dijeron: ¡Qué hemos de haver, Madre! Que ya no parece somos pobres.*

Mas no hay tregua para quien en tantos frentes se mueve, y la amenazadora silueta de la princesa de Éboli acecha incansable desde largo tiempo atrás. Parece llegado el momento de encarar también este caso. Tanto ha oído la princesa acerca de lo acaecido en Toledo, que ya no admite una sola excusa más, y de hecho excusarse de nuevo sería ya afrenta. Su impertinencia y su importunación ponen bien a prueba la paciencia de la fundadora, que finalmente se determina a transigir, tras largo debate interno y ante confesor.

Llega a finales de mayo a Madrid, ciudad de muros de tapia y cimientos de pedernal —de hasta 128 torres, al decir del cronista—, que ha experimentado notable auge y crecimiento al trocar su condición de aldea por la de lugar de residencia de la corte, y que por entonces ronda ya los 35.000 habitantes. Allí la esperan damas muy principales que han acudido al reclamo de la princesa, que en absoluto ha escatimado bombo y platillo a la visita. Aún a los oídos de la princesa doña Juana ha llegado la nueva de la visita de Teresa de Jesús.

Se hospeda ésta en el convento de los Ángeles, con doña Leonor de Mascareñas, a instancias de la cual traba conocimiento con dos antiguos ermitaños del Tardón, Ambrosio Mariano Azzaro y Juan Narduch, a quienes acaba ganando para la reforma teresiana, viendo en ellos las almas idóneas para proseguir en Castilla la Nueva la labor a la que fray Juan de Matía y fray Antonio de Heredia han comenzado a dar forma tiempo atrás en Castilla la Vieja. Parten para ello de la construcción de una ermita que Ruy Gómez —príncipe de Éboli— había ofrecido antaño a la fundadora también en Pastrana para asiento de ermitaños, solicitando a continuación de los provinciales las oportunas licencias para proceder a la fundación del segundo monasterio de descalzos.

A principios de junio parte la Madre camino de Pastrana, villa que se encuentra en el periodo álgido de su historia, luego de haber adquirido el príncipe de Éboli —personaje sumamente diestro a la hora de ganarse los favores del rey Felipe II, de quien llega a obtener el nombramiento de Consejero de Estado y Contador Mayor de Castilla— el palacio señorial construido veinte años atrás junto con los pueblos, tercias y alcabalas, todo ello con la intención de hacer de Pastrana ducado feudal y cabeza de sus Estados.

Es doña Ana de Mendoza y de la Cerda, princesa de Éboli, mujer de veras singular y de fuerte carácter, en ocasiones rayano en el desatino o la maldad, muy temida por sus imprevistas ocurrencias y continuos cambios de humor, que hacen de ella ya persona caprichosa e insolente, ya mujer piadosa y zalamera, siempre en virtud de aquello que más conviniera a su propósito en cada momento. De ella se dice a propósito que jugó destacado papel en algunas intrigas políticas del siglo XVI.

A nadie escapaba que muchas fueran las posibilidades de que tal personaje chocara de frente con la Madre, como de hecho así sucede, pues ésta no muestra disposición alguna a prestarse fácilmente a las veleidades de la princesa. Son muy numerosas las cuestiones en las que ambas disienten en profundidad: rigor de las monjas, renta, solicitudes personales de admisión... puntos todos ellos en los que acaba por imponerse el criterio de la religiosa. No puede por menos que mostrar ésta cierta flexibilidad cuando la princesa le solicita le sea dado leer su *Libro de la Vida*, rogándole cuanto menos que proceda a tal lectura en la más estricta intimidad, sin dar noticia alguna de su contenido. Mas la vileza de la princesa encuentra en este punto ocasión de manifestarse en toda su crudeza, y en unos días la servidumbre ya ha tenido acceso a dicha lectura, recibida con sonoras burlas y carcajadas que retumban por las paredes de todo el palacio, al punto que los ecos de las mismas llegan a oírse en el Madrid cortesano, muy regocijado también con las chirigotas de la princesa. Y aún ésta irá más allá en su ruindad, cuando posteriormente llegue a delatarla ante los tribunales de la Santa Inquisición.

Pero, en lo que a la Madre atañe, prima ante todo cerrar la fundación, que finalmente se lleva a efecto el 23 de junio, adoptando el convento el nombre de Nuestra Señora del Consuelo.

De Madrid llegan los dos ermitaños italianos provistos de las licencias de los provinciales para fundar también en Pastrana monasterio de descalzos, a la espera de la aceptación por parte de la Orden. A diferencia de lo sucedido en el caso de la princesa, la Madre se siente sumamente complacida ante el trato de deferencia que el príncipe Ruy Gómez dispensa a los descalzos, en lo que entiende un apoyo implícito de la Corona hacia esta comunidad.

Pero una nube negra asoma por entre los rayos de tal resplandor: la presencia entre los descalzos del infausto fray Baltasar Nieto, quien sucesivamente obtendrá los nombramientos de vicario y prior, ganándose asimismo la confianza del propio príncipe en el frente abierto contra el general de la Orden.

En la escritura de donación de la ermita de San Pedro quedan consignadas las normas de vida que regirán en el convento, que en sustancia siguen las intenciones de la Madre de imponer un ritmo de vida igual al que impera en Duruelo. Y así, se dice que *su regla y Orden es vivir de su trabajo, sin entremeterse en limosnas, antes las hacen ellos de lo que les sobra, y casan huérfanos y viudas*; y manda que de día y de noche mediten en la ley del Señor, estableciendo una forma de oración mental perpetua, mantenida por dos religiosos que hagan guardia perpetua ante el Santísimo Sacramento.

Una cuenta de conciencia que Teresa de Jesús escribe con fecha 9 de febrero de 1570 da fe cierta de lo que por tal periodo acaece en torno a sí, ya en cuanto a los múltiples pleitos que se ve obligada a atender a un tiempo en calidad de fundadora, como al continuo proceso de renovación y modificación eventual que sufre su proyecto de reforma en virtud de las circunstancias que presiden cada uno de estos negocios:

Acabando de comulgar, se me representó nuestro Señor Jesucristo en visión imaginaria como suele, y estando mirándole, vi que en la cabeza, en lugar de corona de espinas, en toda ella —que devía ser adonde hicieron llaga— tenía una corona de gran resplandor. Díjome el Señor que no le huviese lástima por aquellas heridas, sino por las muchas que ahora le davan. Y yo le dije qué podría hacer para remedio desto, que determinada estava a todo. Díjome que no era ahora tiempo de descansar, sino que me diese priesa a hacer estas casas, que con las almas dellas tenía Él descanso; que tomase cuantas me diesen, porque havía muchas que por no tener adónde, no le servían, y que las que hiciese en lugares pequeños fuesen como ésta, que tanto podían merecer con deseo de hacer lo que en las otras, y que procurase anduviesen todas debajo de un govierno de perlado, u que pusiese mucho que por cosa de mantenimiento corporal no se perdiese la paz interior, que Él nos ayudaría para que nunca faltase.

Es así que la Madre se encuentra acuciada por muy diversas cuestiones que ha de resolver con decisión y presteza, y hace de tal visión fuente de inspiración divina para obrar conforme a sus principios y —a un tiempo— a la responsabilidad y el compromiso que la atañen. Y entiende que debe vencer ciertos escrúpulos sobre la fundación con renta o la admisión de candidatas que ante ella se presentan con vocación cierta, con o sin dote. Tal es el caso de la urgencia de poner priora en Toledo, o de la necesidad de afirmar sus principios frente a la princesa de Éboli en Pastrana, o de atender entradas con cuantiosas dotes en algún caso, y en calidad de limosna en otro.

Mas para todo hay tiempo: saca fruto de su estancia en Toledo para ir desbrozando de a poco su personal senda literaria, que aquí mismo ha abierto tiempo atrás con la confección del *Libro de la Vida* y el *Camino de perfección*, del que se dispone ahora a realizar una nueva redacción dirigida a un rebaño de descalzas que a cada día que pasa se hace más copioso, y que precisa de una ración espiritual más rica conforme a su necesidad de desarrollo interior. Quiere que esta obra renovada sea para sus monjas guía de iluminación, y para ello tendrá muy en cuenta las

Biografía

notas marginales añadidas por fray García de Toledo en la censura que en su día llevó a cabo de la primitiva redacción.

Pero ante todo es deseo manifiesto de la Madre aunar una serie de consignas para monjas y descalzos. En este sentido, prima asentar las bases de las primeras casas de contemplativos. De un lado, el monasterio de Duruelo ha comenzado a quedarse pequeño para sus moradores, y es menester trasladarse a una ermita de Mancera de Abajo, donde por junio de 1570 el número de frailes es ya superior a quince. Ello obliga a consolidar los lazos espirituales de Duruelo y Mancera (no obstante el carácter que esta casa tiene para la fundadora de pilar de la reforma descalza) dándoles carácter unitario, tarea que es preciso llevar a término antes de abandonar Toledo. Durante su permanencia en la ciudad, visita muy regularmente la casa a fin de tener una perspectiva muy exacta del modo de vida que allí se observa. Acusa en este punto la existencia de un ambiente en exceso eremítico que no duda atribuir a herencia adquirida del Tardón, en tanto el convento carece de cierto equilibrio moral, menoscabado por una excesiva entrega al rigor. No es la primera vez que, aun echando mano de la metáfora, ha aludido Teresa de Jesús a la conveniencia de primar la virtud sobre el rigor (*no sería bien si una persona flaca y enferma se pusiese en muchos ayunos y penitencias ásperas, yéndose a un desierto adonde ni pudiese dormir ni tuviese que comer, u cosas semejantes*), advirtiendo que tales excesos bien pudieran desembocar en futuro hastío. Determina la Madre trasladar allí a fray Juan de la Cruz a modo de elemento moderador de tales rigores, mas sólo encuentra firme oposición por parte de rígidos penitentes que desoyen sus consejos y alusiones. Bien puede tomarse la situación planteada en Pastrana como una suerte de aviso o anticipo del intenso conflicto al que posteriormente se verá abocada la Orden, si bien por otros derroteros. En todo caso, ese sexto sentido que siempre acompaña a la Madre le permite atisbar, aun en la distancia, la amenazadora silueta de un horizonte preñado de negros nubarrones. Sin duda es todo un síntoma apreciar cómo a la inteligencia y la delicadeza de Teresa de Jesús y Juan de la Cruz hace frente la aspereza y la rigidez de los penitentes de Pastrana.

No todo son malas nuevas en lo que a la reafirmación de descalzos se refiere, pues las vocaciones que de continuo manan de esa rica fuente que es la Universidad de Alcalá aconsejan la fundación de un colegio en la villa. Al problema que se plantea por el hecho de que con las fundaciones de Pastrana y Mancera ya se haya cubierto el cupo admitido por el general, se encontrará pronto remedio en el ofrecimiento del príncipe de Éboli de interceder ante el rey y el general, gestión que dará sus frutos de forma inmediata con la obtención de nuevas licencias de fundación.

De otro lado, resuelve el comisario político, fray Pedro Fernández, poner a fray Juan de la Cruz al frente del colegio de Alcalá a fin de que los jóvenes llegados de Pastrana pasaran antes por el tamiz de su tutela.

No es de recibo, en cualquier caso, permanecer por más tiempo en Toledo. Desde Salamanca se había recibido en el otoño de 1569 una invitación para fundar por parte del rector de la Compañía en la ciudad, el padre Martín Gutiérrez, a lo que en principio se resiste la fundadora por considerarla ciudad de pocas limosnas. Pero la insistencia del padre y la futura posibilidad de fundación de un colegio para descalzos en un enclave fundamental por su localización geográfica como punto de separación de las dos Castillas, le obligan a replantearse su negativa. Obtenida sin mayor dificultad la licencia por parte del obispo, sí se antoja onerosa la búsqueda de una casa en alquiler, dada la amplia demanda por parte de los estudiantes.

Es Salamanca lugar que esencialmente se significa por su carácter espiritual y sobre todo cultural. Allí se levanta la más grande Universidad, en torno a la cual gira la vida de una ciudad que, tras su muralla, sus trece puertas y su puente romano de 27 ojos sobre el río Tormes, acoge una población de 7.000 estudiantes de materias de todo género que atestan los colegios universitarios y espirituales de cualquier orden religiosa.

No ha modo, pues, de encontrar casa. Mas en el incondicional apoyo que recibe desde el primer momento por parte del rector, encontrará la Madre inmediata respuesta a toda demanda que se ofrezca, debiendo apuntarse que en esta ocasión la fundación no es labor personal, sino cosa de dos. Proveerá el padre Gutiérrez de la casa que se precisa —y que la fundadora encuentra *muy grande y desbaratada, y con muchos desvanes*—, llamada casa de los estudiantes, pues tal condición tienen los que allí la habitan y que refunfuñando se ven obligados a abandonar para dar paso al anochecer a quienes con celeridad deben disponer la misma para convento. Proveerá también el padre de dos hermanos que ayuden a poner todo lo necesario en casa e iglesia para poder cerrar esa misma noche la fundación y preparar el altar para la primera misa, que él mismo oficiará.

Pero, ante todo, proveerá este padre Gutiérrez (jesuita que con anterioridad a la profesión ha ejercido la medicina, persona apacible y en extremo dinámica y piadosa, profundamente entregada a la oración) a Teresa de Jesús de una relación espiritual de gran amistad y confianza, haciéndole ésta partícipe de sus más encerrados secretos una vez ha encontrado en él ocasión propicia de derramar dilemas, dudas e incertidumbres. En sus manos pondrá su *Libro de la Vida* y algunas de sus cuentas de conciencia en pago a la comprensión de la que en todo momento hace demostración cierta. De tal impresión da fe en la correspondencia que a él dirige: *Como v.m. se fue ayer tan presto y yo veo las*

*muchas ocupaciones que tiene para poderme yo consolar, quedé un rato
con pena y tristeza; y como criatura de la tierra no me parece me tiene
asida, diome algún escrúpulo, temiendo no comenzase a perder esta
libertad; esto era anoche, y respondióme hoy nuestro Señor a ello y
díjome que no me maravillase, que ansí como los mortales desean compañía para comunicar sus contentos sensuales, ansí el alma desea,
cuando hay quien la entienda, comunicar sus gozos y penas, y se entris-
tece en no tener con quién.*

Al alba se toma posesión y se dice la primera misa en el monasterio
que también llevará el nombre de San José: es 1 de noviembre de 1570,
festividad de Todos los Santos. Será priora del mismo Ana de la
Encarnación, prima de la fundadora, y supriora María de Cristo.

Será ésta la primera fundación que se realice sin poner el Santísimo
Sacramento (situación que se prolongará por espacio de tres años, hasta
que se lleve a cabo el posterior traslado del convento) debido al mal
estado del caserón, sucio y ajado por la vida ordinaria de unos estudiantes en sustancia poco curiosos. Un caserón que desde el principio causará a sus moradoras algunos males coincidentes con la llegada del frío,
en razón a su proximidad al desagüe de un arroyo y a la alberca de la
ciudad.

No será éste, sin embargo, el principal inconveniente posterior, pues
la falta de dinero y las complicadas relaciones para con las clases más
altas causarán honda molestia en el ánimo de la Madre, al extremo de
ser considerada como la más costosa y pleiteada de las fundaciones.
Con el traslado a la nueva casa, comenzarán por fin a celebrarse misas
para su satisfacción, enriquecida por la exquisita y plena devoción que
ofrece el lugar y la docilidad que allí se observa: *Era mucho lo que en
este monesterio se ejercitavan en mortificación y obediencia, de manera que algún tiempo que estuve en él, en veces, havía de mirar lo que
hablava la perlada, que aunque fuese con descuido, ellas lo ponían
luego por obra.*

El aluvión de fundaciones no cesa, y no es de recibo dejar secar el
manantial. De seguido, en la villa ducal de Alba de Tormes el matrimonio formado por Francisco Velázquez —contador mayor de los duques
de Alba— y Teresa de Laíz ofrece casa y renta para fundar. Nuevas tentaciones de rechazo acechan a la Madre por tratarse de fundación con
renta y ser ya demasiadas las que ha aceptado de esta naturaleza, pero
una vez más será de peso la opinión del padre Báñez de fundar ante
todo, más aún por cuanto en nada afecta al voto de pobreza y perfección
de las monjas. No existe para la fundadora en este punto término medio,
partidaria como se muestra ya de los conventos de pobreza absoluta, ya
de los de tan amplia renta que no hubiera menester solicitar favor
alguno, *sino que de comer y vestir les den todo lo necesario y las
enfermas bien curadas.*

Accede por fin la Madre a acudir al lugar a fin de constatar en persona las condiciones de la casa y las posibilidades reales de fundación. Queda Alba de Tormes a la orilla del río que le da nombre, separada de Salamanca —siguiendo la misma margen— por un tramo del antiguo camino romano —Vía de la Plata, le llaman— que lleva a Mérida. Firmadas las capitulaciones a 3 de diciembre, se acuerda que el número de monjas no ha de ser superior a trece, sin contar las freilas, pudiendo llegar en el caso de aumentar la renta a un número de veinte, pero nunca más.

Sin solución de continuidad, debe acudir presto a Medina, donde se precisa de su presencia para resolver un litigio también relacionado con cuestiones de rentas. Allí andan las descalzas enfrentadas con el provincial a causa de la dote de Isabel de los Ángeles (sobrina de un opulento señor, Simón Ruiz), cuyo deseo es hacer donación al convento de toda su herencia antes de profesar. La familia de la novicia, opuesta a tal gesto y contando con el apoyo del provincial, en exceso solícito a la hora de conceder favores a las más altas personalidades, requiere como moneda de cambio le sea otorgado el patronato de la capilla mayor, a cuyo extremo se oponen las monjas. Hasta allí se llega la Madre, y consigo a Inés de Jesús, a la que propone como priora desoyendo las protestas del provincial. Comoquiera que sale elegida la candidata, estalla aquél en cólera y pone un precepto a la Madre Teresa con excomunión y mandato de expulsión con graves censuras.

A pesar de contar en su haber con dos patentes del general que prohiben que nadie se entrometa en sus fundaciones, quedando éstas exclusivamente sometidas a su jurisdicción, calla la fundadora y admite sumisa, llevándose no obstante de la mano a la novicia a Salamanca junto con su dote.

La licencia para fundar en Alba se despacha con fecha 20 de diciembre y allá se reencuentra con fray Juan de la Cruz quien, ejerciendo a un tiempo labores de confesor y peón albañil, bien pudiera decirse de él que contribuye tanto a la edificación interior como a la exterior del convento, que queda inaugurado el 25 de enero de 1571 bajo la advocación de Nuestra Señora del Carmen.

Si bien queda la Madre unos días en Alba de Tormes, retocando aquí y allá a fin de dar trazas definitivas a la casa, su pensamiento real está puesto en Pastrana, donde la reforma teresiana ha recibido el primer revés serio, ahora aumentado en sus efectos por los desagradables sucesos de Medina, pues la actitud del provincial fray Ángel de Salazar ha hecho saltar todas las alarmas en el muy sensible interior de la fundadora.

Ya en la Orden se han comenzado a ver con cierta aprensión las acusadas disidencias entre calzados y contemplativos, circunstancia que ha llevado al general a remitir en agosto de 1570 una carta exhortando a la

Biografía

concordia sobre ciertos asuntos que pudieran derivar en serias querellas entre unos y otros. Una concordia que se antoja cada vez más difícil por cuanto la división en dos bandos antagónicos es ya realidad insoslayable. De despejar cualquier duda de modo definitivo se encargará el provincial de Medina, quien intriga sin escrúpulo ante el visitador de la Orden con el fin de poner una gruesa piedra —a modo de obstáculo insalvable— en el camino de fundaciones de la madre Teresa, apartándola de modo definitivo de la carrera emprendida tiempo atrás.

Trata en este sentido el provincial de hacer ver al visitador la conveniencia de que la Madre retorne en calidad de priora al convento de la Encarnación, tan necesaria es allí su presencia en lo espiritual. Largos debates median entre uno y otro, y del mismo modo en el interior de la fundadora: *Estando pensando si tenían razón los que les parecía mal que yo saliese a fundar y que estaría yo mejor empleándome siempre en oración, entendí: Mientras se vive, no está la ganancia en procurar gozarme más, sino en hacer mi voluntad.* Seña de identidad y principio de actuación de la religiosa, se plega ésta finalmente al mandato en señal de sumisión y obediencia.

Los derroteros que a partir de entonces tome la trama desbordarán por completo las previsiones de unos y otros. Viendo las monjas en la Madre arma del provincial para entrometerse en la vida de la comunidad —hecho que ya ha tomado carta de costumbre— no dudan éstas a la hora de erigirse en firmes defensoras de su monasterio. Y a fe que lo harán a muerte, pasando por encima de cualquier otra circunstancia. De nuevo Ávila siente tocar a rebato desde la campana de un convento. Habiendo dispuesto el visitador que acuda el provincial al monasterio para leer el decreto de nombramiento de Teresa de Jesús como priora, en pocos minutos aquello será Troya: pugnan los frailes por entrar en el convento y las monjas por impedir tal forzamiento. Afuera queda la Madre, a la espera. Inquietud y alboroto, que crece hasta alcanzar grado de asonada. Pretenden los unos entrar con la fundadora para así aquietar ánimos. Resisten las otras, con pasión y fuerza, con gritos y lloros. Mas cae la defensa. Lee el provincial las patentes y los lloros se tornan sonoras protestas, insultos e injurias de las que ahora ya no se libra la pobre Madre, a quien bien poco va en esto y que sin embargo es objeto de maltrato, burla y desprecio. Las monjas espetan que no van contra ella, sino que defienden sus derechos. La Madre está cierta de ello, entiende perfectamente sus razones y comprende que rehúsen una priora impuesta contra el derecho de elección. Poco a poco empiezan a sosegar los ánimos.

Al día siguiente, debe tomar posesión de priorato y hacer su presentación oficial. Con anterioridad, ya ha tomado por su cuenta una serie de decisiones. Conforme las monjas van entrando al coro, comprueban cómo la silla prioral está ocupada por una imagen de Nuestra Señora de la Clemencia, con las llaves del convento en las manos, *pues la Virgen Santísima, cuya es esta religión, es la verdadera priora que las ha de gobernar;* y así, cuando cada noche le traigan las llaves de la portería, hará entrega de las mismas a la imagen, proclamándose ella tan sólo su vicaria.

No menor asombro suscita su discurso de presentación: *Señoras, madres y hermanas mías: la obediencia me envía a esta casa para servirlas y regalarlas en todo lo que yo pudiere, que en lo demás, cualquiera me puede enseñar y reformar a mí. Por eso vean, señoras mías, lo que yo puedo hacer por cualquiera; porque aunque sea dar la sangre y la vida, lo haré de muy buena voluntad.*

Dispuesta a servir antes que a mandar, pone manos a una obra que principia por luchar contra el hambre que allí se padece, comprometiéndose a dar a cada monja su ración, tornando sus ojos hacia las más pobres. Una pobreza que la Madre entiende hija de la disipación, y que progresivamente tornará en caridad colectiva una vez se han recuperado el recogimiento, la piedad y el trato con Dios mediante la oración, abriendo paso a una reformación que tendrá en las propias monjas sus primeras y principales valedoras. Con las llaves que poco a poco irán depositando en sus manos las mismas hermanas, se irán cerrando rejas y locutorios que antes eran lugar continuo de visita y conversación mundanas.

Y en apenas quince días asoma una nueva vida en el monasterio: *Gloria a Dios, hay paz, que no es poco, yendo quitándoles sus entretenimientos y libertad; que aunque son tan buenas, mudar costumbre es muerte, como dicen; llévanlo bien y tiénenme mucho respeto; parece que no está inquieta mi alma en esta babilonia, que lo tengo por merced del Señor.* Y no escatima bondades a Aquella a la que ha confiado las llaves del convento: *Es para alabar a nuestro Señor la mudanza que en ellas ha hecho. Las más recias están ahora más contentas y mijor conmigo; esta Cuaresma no se visita mujer ni hombre, aunque sean padres, que es harto nuevo para esta casa; por todo pasan con gran paz. Mi priora hace estas maravillas.*

Pero no es posible cantar victoria tan deprisa, pues el enemigo acecha oculto en la sombra, disfrazado de confesor espiritual que malquista a las monjas contra su priora, quien a su vez busca purificar los confesionarios con frailes descalzos abogados de sus principios. Obtiene licencia del comisario apostólico de Salamanca para que hasta allí envíen dos frailes descalzos, uno de los cuales lo hará en calidad de vicario y confesor del convento. Es su querido fray Juan de la Cruz, a quien no le será difícil hacerse con el espíritu de cada una de estas monjas, que poco a poco van cayendo sin resistencia en las redes de su seducción espiritual para abrazar la perfección y la oración.

Siquiera la Madre es capaz de sustraerse a tal embrujo interior, lo que a la postre le reportará la más elevada gracia divina que jamás recibiera en vida. A pesar de su abierta oposición en lo humano, la unión de las almas es un hecho entre ambos, y no puede por menos que mostrarle Teresa de Jesús rendida veneración: *Todas las cosas que me dicen los letrados hallo juntas en mi Senequita.* Y habla de él con gran ternura, y tiernamente le ama por su alma cándida y pura, y mutuamente se profesan infinito cariño y respeto, no exento de puntuales mortificaciones, la más celebrada de todas aquella en la que, en el momento de la comunión, le ofrece tan sólo media forma:

Estando comulgando partió la forma para otra hermana; yo pensé que no era falta de forma, sino que me quería mortificar, porque yo le havía dicho que gustaba mucho cuando eran grandes las formas. Díjome S.M: No hayas miedo, hija, que naide se parte para quitarte de Mí. Representóseme por visión imaginaria muy en lo interior y diome su mano derecha, y díjome: Mira este clavo, que es una señal que serás para mí esposa desde ahora; hasta ahora no lo havías merecido. De aquí adelante, no sólo como Criador y como Rey y tu Dios mirarás mi honra, sino como verdadera esposa mía: Mi honra es ya tuya y la tuya mía.

Es 18 de noviembre de 1572. La Madre ha cumplido 57 años. Ha recibido de fray Juan la más alta merced de la vida mística, el matrimonio espiritual con Dios, que a partir de tal instante le procurará paz espiritual para siempre, pues su alma ha entrado en la morada de Dios y ya nada de fuera le producirá dolor ni trastorno alguno, siéndole dado gobernar sobre sus sentidos y pasiones, no permitiendo así que nunca más interfieran en su relación con Dios.

Todo esto por dentro, que por fuera se ve obligada a rumiar su éxito de reformación en una situación de encierro que le impide acudir en persona a apagar los incendios que en mayor o menor dimensión estallan en sus conventos, ya en Malagón, Salamanca, Pastrana, Alba de Tormes o Medina. De nada sirve acudir a la Santa Sede solicitando permiso para salir de la Encarnación a dar remate a la obra que ella misma ha iniciado. Pero providencialmente aparecerá la figura de la duquesa de Alba, que en su soledad —su esposo y su hijo batallan en Flandes en nombre de la Corona— precisa consuelo espiritual que sólo cabe hallar en Teresa de Jesús. En tal situación, no duda en acudir al rey, quien solicito atiende su deseo, y de seguido así lo hace la Santa Sede. De resultas de todo lo cual recibe la Madre la orden de partir a Alba de Tormes para atender a la duquesa. Durante su estancia allí aprovecha para corregir una copia de su *Camino de perfección.*

Su retorno a Ávila viene marcado por un hecho en extremo singular en su relación espiritual con fray Juan de la Cruz: a 17 de mayo de 1573, hallándose ambos en conversación en el locutorio, quedan arrobados al sentir un ímpetu de oración, y queriendo el fraile impedir su arrobo, se aferra a la silla en la que está sentado, y la lleva consigo en el aire hasta detenerse en el techo, en tanto la Madre queda de rodillas asida a la reja. La escena, que sólo tiene un testigo presencial —la hermana Beatriz de Jesús, sobrina de Teresa, que ha entrado a dar un recaudo—, será sucesivamente ampliada y coloreada por cronistas, historiadores, biógrafos o pintores.

Decía Teresa de Jesús que no se podía hablar con el padre fray Juan de la Cruz cosas de Dios, pues luego se transportaba...

Para finales del mes de julio debe partir la Madre hacia Salamanca, cuya fundación constituirá sin duda uno de los más penosos y duros calvarios a los que nunca se verá sometida, por muy numerosas y variadas razones. La primera de ellas será de carácter administrativo, y a la postre supondrá su único gran fracaso en su labor de fundadora. Luego de invertir una muy importante suma de dinero en la compra de una casa a propósito (el caserón de los estudiantes que aún habitan continúa siendo perpetua fuente de malestar e inconveniencia para sus moradoras por su insalubridad, lo que en modo alguno redunda en el ánimo de las monjas, que en toda su pobreza rebosan júbilo de continuo, y sólo el hecho de no tener aún Santísimo Sacramento es motivo de cierta infelicidad), y en el posterior acondicionamiento de la misma para darle trazas de monasterio, luego de dar muestra de una desenvoltura y un dinamismo en verdad inusuales para manejarse en el terreno de lo económico y lo social, desistirá finalmente la Madre de su compra en razón de la evidente mala fe de su propietario, un caballero salmantino de nombre Pedro de la Vanda. No serán pocas las consecuencias negativas que todo ello acarree a la fundadora, pues de modo patente mostrarán teólogos y religiosos su escándalo —y cuanto menos su rechazo y dura desaprobación— al hecho de que una monja abandone la clausura para embarcarse en industrias de esta clase, tan poco afectas a su naturaleza de mujer y de religiosa.

Pero con diferencia la peor noticia que acompaña la fundación de Salamanca es la muerte del padre Martín Gutiérrez, aquel rector que tanto había luchado mano a mano con ella por sacar adelante la fundación, y que tan caro se había hecho a su corazón. Camino de Roma, es apresado por los hugonotes en el sur de Francia, y sometido a terribles torturas que dan finalmente en su muerte. Las palabras de la Madre son bien expresivas al respecto de sus sentimientos: *¡Oh, válame Dios! ¡No había yo de querer tanto a los siervos de Dios, que ansí me aflige su ausencia!*

Biografía

La ausencia de este padre, y la del mismo Baltasar Álvarez, por ese periodo enfermo de mucha gravedad, obligan a Teresa de Jesús a la búsqueda de un padre de la Compañía, y a sabiendas escoge a aquel que en principio le es más opuesto, Jerónimo de Ripalda, que a partir del frecuente trato con la monja irá mudando su opinión sobre la misma. A él dará a leer su *Libro de la Vida*, circunstancia que empuja al fraile a concebir el proyecto de que la Madre haga relación escrita de las fundaciones para posteriormente dar al texto carácter de obra, labor que ésta inicia en agosto de 1573. En tanto no esperaba tal mandato, comienza esta labor con gran pesar, y como es habitual en ella por sus numerosas ocupaciones, lo hace a intervalos, y pasados los nueve primeros capítulos deja el proyecto a medias una vez queda liberada de tal mandato.

En calidad de priora de la Encarnación, debe la Madre retornar a Ávila, dejando en Salamanca buen número de cuestiones en proceso de resolución, y en manos del comisario apostólico la decisión de aceptar o no las propuestas para fundar en la ciudad, pues a pesar de disponer de patente para hacerlo sin límite, la política del nuevo comisario es contraria a las mismas.

Procede por esta época a reescribir algunos fragmentos de sus *Meditaciones sobre los Cantares,* al tiempo que da forma al relato de la fundación de Alba de Tormes para posteriormente incluirlo en su *Libro de las Fundaciones.*

Éstas no cesan. La de Segovia, resuelta en sus diligencias administrativas con inusitada rapidez, es la primera que se va a realizar sólo con monjas descalzas, sin llevar ninguna hermana de la Encarnación. A su llegada a la ciudad, la casa está ya preparada; puesto que llega ya anochecido, realiza el recorrido de la casa a la luz de una linterna, y en tales condiciones dispone la distribución de todas las dependencias para darle forma cabal de monasterio, pues apremia hacerlo antes de que entre el día. Una vez más, en lo que desgraciadamente se ha hecho ya costumbre, la campana del convento llama a filas, pues de la noche a la mañana ha surgido en la ciudad —prácticamente de la nada, pues nada ha visto ni oído nadie— un convento con su iglesia, sus monjas y sus capellanes, contando tan sólo con la licencia de palabra del obispo. La fundación lleva el nombre de San José del Carmen.

Monta en cólera el provisor al saber de ello, e iracundo acude al convento e irrumpe a voz en grito en medio de la misa que celebra fray Juan de la Cruz, y como elefante que entra en cacharrería comienza a echarlo todo abajo, destrozando la obra que con tanto amor y devoción habían levantado monjas y fraile. Domar a la fiera no es para la fundadora sino cuestión del breve tiempo que le lleva exponer una serie de razonamientos al uso y la correspondiente licencia del obispo, en sustancia lo único que precisa para que la fundación salga adelante. Bien distinto será el recibimiento y posterior cariño y devoción que al convento prodigue la ciudad, cuyas más nobles familias no dejarán ya nunca de contribuir con sus limosnas y favores a lo que con el paso del tiempo se convertirá en una de las más fecundas fuentes de provisión de descalzas.

Muy peores momentos se viven en Pastrana desde un tiempo atrás, pues las descalzas del convento ya no se sienten capaces de resistir las humillaciones que de contino reciben por parte de la princesa de Éboli, y urge buscar otro convento donde alojarlas. Es el caso que por el mes de julio de 1573 ha fallecido el príncipe Ruy Gómez, y en uno de sus habituales y extravagantes arranques de desesperación, decide de súbito la princesa hacerse monja descalza (se hará llamar Ana de la Madre de Dios) y tomar el hábito ante el cadáver del esposo, solicitando esa madrugada ingresar en el convento, vestida de monja y con hábito de fraile. Ordena posteriormente les sea dado también el hábito a dos de sus doncellas (luego pedirá también dos criadas seglares para que la atiendan). Rompe al día siguiente la clausura para que autoridades y asistentes entren a darle el pésame tras el entierro del príncipe. Cuando para octubre la princesa —a la sazón en estado de cinco meses— comienza a arrogarse atribuciones que le son impropias, ordenando que ante ella se postren de rodillas las monjas y le hablen y traten con gran señorío, la priora del convento —Isabel de Santo Domingo— decide poner todo en conocimiento de la Madre. Lo que entre aquellos muros acaece llega a oídos del mismo rey, y el Consejo de Castilla, aludiendo al deber de la princesa de atender la tutoría de sus hijos y la administración de la hacienda, le hace salir del convento para tornar a su palacio. A principios de 1574, se decide levantar la fundación. La Madre, que va unos pasos por delante en la cuestión, ya ha pensado en el convento de Segovia para tal contingencia. Pone la misión de rescatar a las monjas de Pastrana de las garras de la princesa en manos de dos de sus hombres de confianza, Julián de Ávila y Antonio Gaitán, quienes para el martes o miércoles de Semana Santa (primera semana del mes de abril) arriban con 13 monjas a las puertas del convento de Segovia, siendo nombrada la propia Isabel de Santo Domingo priora del mismo, y supriora Isabel de Jesús.

Notables contrastes marcan su estancia de casi medio año en Segovia. En tanto en lo corporal se ve duramente castigada por males de toda naturaleza (recias calenturas, perlesía, vómitos, cuartanas, romadizos, hastío y relajamiento de estómago), en lo espiritual todo es recibir portentosas mercedes. Con frecuencia es en el momento de la comunión cuando sufre los mayores éxtasis y arrobos, quedando tiesa como un muerto, a veces con los brazos levantados y abiertos, y la cara al cielo con los ojos cerrados. En ocasiones de arrobo, y sobre todo por las noches, escribe algunos trazos de sus *Meditaciones sobre los*

Cantares. Toma por esa época la Madre por confesor al fraile dominico Diego de Yanguas, quien ya será consejero hasta el fin de sus días.

Sólo se permitirá la fundadora retornar a la Encarnación una vez se ha conseguido casa propia en Segovia, luego de muchos litigios: *En fin, con hartos dineros se vino a acabar aquello*, suspira con alivio cuando por fin puede dejar a sus descalzas con casa propia en buenas condiciones y el Santísimo Sacramento puesto.

A 1 de octubre entra de nuevo en Ávila para dar inicio al final de su priorato, pues se celebra elección en la Encarnación el 6 de octubre. Las monjas son ahora partidarias de que siga al frente. Pero el veto del comisario, que de antemano le ha asignado la conventualidad de San José de Ávila, resulta decisiva, si bien el cargo recae en una de las más preciadas ovejas de su ya innúmero rebaño, Isabel Arias.

El retorno a San José es motivo de incontenible júbilo para sus moradoras. A pesar de su larga ausencia, no ha perdido la Madre un solo momento de vista su amado monasterio, habiendo puesto a sus monjas bajo la protección y tutela de fray Juan de la Cruz.

Emprende camino —febrero de 1575— hacia Beas de Segura, donde dos hermanas, hijas de la más principal familia del pueblo, habían pedido tiempo atrás una fundación en la villa, proyecto en principio irrealizable por cuanto el lugar pertenece a la Orden militar de Santiago. Pero sus obstinadas fundadoras obtienen la licencia real una vez el monarca conoce que se trata de una fundación de descalzas del Carmen, y exigen cabal cumplimiento de la promesa. Se embarca la Madre en un largo viaje que tiene parada en Valladolid, Medina, y posteriormente Ávila, Toledo y Malagón, y aquí escoge las monjas más idóneas para llevar a Beas y Caravaca, donde a la vez se tramita otra fundación.

Habían hecho donación estas dos hermanas de toda su herencia a los pobres, quedándose tan sólo con las casas donde moraban y una renta que les sirviera para mantenerse, entregándose a la tarea de enseñar por su cuenta a las niñas a labrar, adoctrinándolas así en la virtud y las buenas costumbres. Cuando reciben en su casa a la Madre y las monjas, les entregan cuanto tienen, con escritura pública y sin cargo ni condición alguna, ni aun la de ser admitidas para monjas, extremo que la Madre no consentirá, dando a ambas el hábito el día mismo de la fundación.

Luego de un muy accidentado viaje por Sierra Morena, llega la comitiva a Beas a 16 de febrero de 1575, tomando posesión del convento una semana después. Llevará éste por nombre San José del Salvador y será priora Ana de Jesús, y supriora María de la Visitación. Tan sólo una fortaleza, un castillo y un fuerte defienden Beas de Segura, villa sin cercas ni murallas, situada en lo hondo de un valle que surca el río que la bautiza y que nace dos leguas más arriba para luego ir a morir en el Guadalimar. Es lugar muy conocido por la abundancia y bondad de sus aguas y sus enhiestas tierras de montes que se allanan en valles de regadío al dejar la villa.

Casi paralela a la fundación en Beas corre la que se lleva a cabo en Caravaca, en el reino de Murcia. Se levanta esta villa por entre las vegas levantinas sobre la serranía que se extiende hasta la sierra de Segura, a cuyo lado oeste está Beas. Allí viven en clausura tres doncellas de nobleza en una casa que al propósito de recogimiento y retiro expresado por estas jóvenes les ha cedido una noble dama, pues no existe convento de mujeres en Caravaca. Habiendo sabido de las fundaciones de la Madre Teresa, se determinan a ofrecer a ésta su hacienda. Allí encuentra la comitiva muy grata disposición, guardando tan sólo la Madre algunas reservas que en parte se verán luego refrendadas por el abandono del enclaustramiento por parte de una de las tres doncellas. Antes de partir a Beas quedan hechas las escrituras, a la espera de la obtención de licencia por parte del rey. Queda la Madre en enviar monjas al monasterio en cuanto todo se haya tramitado propiamente, y a la espera de ello permanecen las doncellas recogidas en un enclaustramiento que se extenderá por espacio de cinco meses: *Estuvieron las pobres doncellas encerradas hasta el día de año nuevo adelante; como yo estava tan lejos y con tantos trabajos, no podía remediarlas y havíalas harta lástima, porque me escrivían muchas veces con mucha pena.* Envía la Madre como priora a Ana de San Alberto y como supriora a Bárbara del Espíritu Santo. Entran en Caravaca a 18 de diciembre, y fundan el monasterio que se llamará de San José el primer día del nuevo año 1576. Posteriormente tomarán el hábito las dos doncellas.

Pero se hace necesario tornar de nuevo la vista hacia Beas, cuya fundación se convierte en cierto modo en prólogo de la feroz contienda que en el feudo de la Orden enredará a calzados y descalzos, como luego se verá.

Año y medio antes de que las descalzas lleguen a Beas, entra por primera vez en contacto la Madre Teresa con fray Jerónimo Gracián, a la sazón nombrado recientemente vicario provincial de calzados y descalzos de Andalucía por parte del visitador apostólico de la provincia, fray Francisco de Vargas, que no encuentra solución posible para la implantación de una reforma que se resiste a calar hondo en la provincia. Habiendo tenido noticia de los primeros desmanes surgidos entre ambas facciones, es requerido el padre Gracián por la fundadora a fin de que le informe en detalle del estado de cosas, y propone éste un encuentro en Beas a propósito de la fundación del monasterio. Este primer encuentro con el joven descalzo causa muy favorable impresión a la Madre por el alto grado de compenetración y coincidencia que alcanzan en términos de reforma y fundación de casas de frailes y monjas. No escatima elogios hacia el fraile para consigo misma (*es cabal en mis ojos; perfección con tanta suavidad yo no la he visto; por ninguna cosa quisiera dejar de haverlo visto y tratado tanto*) ni ante el general de la Orden (*Gracián es como un ángel*).

Procura confesión con él, y le hace voto de obediencia y confianza absoluta, y quedan muy unidos en lo divino y lo humano. Ni siquiera la diferencia de edad perjudica tal relación espiritual: desde sus 28 años, se siente el fraile ante la monja —que frisa ya los 60— como un hijo ante su madre.

Pero Andalucía es trampa para los descalzos, y la Madre cae de bruces en ella. Enterada con demora de que Beas, que en lo civil pertenece a Castilla, en lo eclesiástico lo es a Andalucía, este hecho la convierte en tales circunstancias en súbdita del padre Gracián (pues se halla en su jurisdicción y territorio), quien comienza a marcar distancias a voluntad por medio de deliberadas mortificaciones, ya haciendo uso de primitivas invenciones de humildad propias de la Orden, ya escatimándole la comunión. Aún irá más allá: haciendo uso precipitado de su poder, manda a la Madre a fundar en Sevilla, pues desea que allí se haga monasterio de monjas. Si bien tiene ésta patente del general de abril de 1571 para fundar en cualquier parte, muy ponderadas razones que por el momento calla le inhiben de hacerlo en Andalucía. Determinada una vez más a supeditar tales razones a obediencia, parte para Sevilla.

De camino conoce por carta que le dirigen desde Valladolid, que la Inquisición persigue con afán su *Libro de la Vida*, escrito por mandato de sus confesores, y los papeles y escritos que existen sobre el caso, del cual habían comenzado a tener noticia a partir del escrutinio a que someten en octubre de 1574 en Córdoba a un grupo de visionarios de los discípulos del maestro Juan de Ávila, que en sus declaraciones habían hecho mención a un libro de visiones de Teresa de Jesús. Sigue la Inquisición de Córdoba el rastro del libro hasta Madrid, desde donde a su vez lo requieren a Valladolid, y desde aquí hacen llegar a la Madre las noticias de las averiguaciones acerca del paradero del libro. Aun sabedora de que la sinceridad preside todo lo allí expuesto, teme por las posibles ignorancias que haya vertido en su redacción. Ya no dejaría de sentir en vida el frío aliento de persecución de la Inquisición, perfectamente conocedora de sus maneras y mañas. Acercarse ahora a Andalucía, origen de la partida de caza, es grave temeridad. Mucho más a Sevilla, donde los frailes más descontentos con sus trazas de reforma han dejado caer graves infundios sobre su persona. Pero de la suerte que su libro corrió en manos de la Inquisición durante los 12 años que el mismo estuvo en su poder, nunca llegó a saber gran cosa, si bien por lo que respecta al tribunal volverá a tener inquietantes noticias en breve.

En exceso largo y penoso se hace el viaje, particularmente a causa del calor, y especialmente duro el paso por Córdoba, pues de allí ha partido la denuncia contra su libro, y teme que su presencia pueda turbar a los inquisidores (*dímonos mucha priesa por llegar a Córdova para oír*

Santa Teresa de Jesús

misa sin que nos viese nadie). Es Córdoba ciudad de 13.000 vecinos, bien amurallada y defendida por 132 torres, dos alcázares y 17 puertas que se rodean de los mejores naranjos del país. El Guadalquivir acaricia sus murallas, y un gran puente preside el trazado y entramado de la ciudad, y obligado es su paso para entrar y salir de ella. Habiéndose arrimado a la ciudad por las espaldas de la Mezquita-Catedral, el paso por el puente se tornará dramático. Por el mismo no pueden pasar carros sin la licencia del corregidor, y en tanto esperan la misma, quedan detenidos justo debajo de las almenas del Alcázar de la Inquisición. Cuando llega la licencia y los carros echan a andar, de inmediato deben retroceder, pues los pezones de los carros castellanos son más anchos que los andaluces, y no caben por entre las pilastras del puente. Se decide aserrar los pezones, mas aún así deben entrar los carros ladeados y con ayuda de muchos brazos, pues no era menester que las monjas se apeasen ni fueran descubiertas. Todo ello bajo las ventanas del alcázar y la atenta mirada de gran número de curiosos que esa noche celebran la fiesta patronal. Salen de allí en cuanto pueden como almas que lleva el diablo. Inolvidable día de Pentecostés para todos, al que pondrán término acampando al sereno en Guadalcázar, a seis leguas de Córdoba.

Llegan a Sevilla el 26 de mayo, luego de nueve jornadas de camino. La ciudad más poblada de España (a sus 30.000 vecinos de común une una extraordinaria población flotante que se ha desarrollado en torno al auge y esplendor que le procura su condición de puerto obligado de Indias) ha ido dejando atrás la tradición árabe de sus construcciones para dar paso a celosías, balcones y rejas de hierro forjado. Pero a un castellano recio se le hace difícil acostumbrar los ojos y el sentir a una perspectiva tan otra en virtud del carácter (emotividad frente a adustez), el acento, el vestir, las costumbres, el clima, los edificios, las gentes... todo. Y en justa correspondencia a ese desprecio que la fina sensibilidad andaluza interpreta de inmediato, pagará el pueblo con idéntica moneda de cambio, dando de principio la espalda a la vida descalza y al convento, huérfano de visitas, limosnas y atenciones.

El arzobispo, Cristóbal de Rojas y Sandoval, se muestra reacio a otorgar licencia, en contra de lo previsto por el padre Gracián, que ya daba por hecha la fundación en razón de unos antecedentes que sitúan al prelado muy partidario de los descalzos, a los que desde siempre ha prestado decidido apoyo. En cualquier caso, ésta deberá ser con renta, algo en principio inadmisible en una metrópolis como lo es Sevilla. Pero aquellos descalzos comienzan a actuar por cuenta propia, cual si aquel negocio estuviera ya cerrado, y toman posesión y dan al convento el nombre de San José del Carmen, nombrando priora a María de San José y supriora a María del Espíritu Santo. Origen todo ello de una situación especialmente incómoda para todos. A la espera de la obtención de licencias, comienza a adaptarse la casa —húmeda y pequeña, y

*Santa Teresa de Jesús, madera policromada (1624) obra de Gregorio
Fernández (Museo Nacional de Escultura, Valladolid).*

con carácter de alquiler— para convento, sin que las condiciones de la misma hagan factible poner el Santísimo Sacramento.

Desde su llegada a la ciudad se afana la Madre en la labor de encontrar casa a propósito, y por abril la hallarán en la calle de la Pajería, de la que toman posesión en secreto y con harto miedo —pues las circunstancias no son nada favorables por muy diversas razones— en la madrugada del 1 de mayo. Se dice por la mañana la primera misa, y se procede a preparar todo. Se piensa en principio en un acto sin demasiado ruido, pero a última hora los planes mudan en celebrar el acontecimiento con gran solemnidad, a la que de forma inopinada contribuirá el arzobispo. Al final de la procesión que se celebra con ocasión del traslado del Santísimo Sacramento, pide la fundadora de rodillas al arzobispo la bendición, según lo acostumbrado; mas para sorpresa de todos, éste hace lo propio y solicita a la vez de la Madre su bendición: *¡Mire qué sentiría, cuando viese un tan gran perlado arrodillado delante de esta pobre mujercilla, sin quererse levantar hasta que le echase la bendición en presencia de todas las relisiones y cofradías de Sevilla!*

Es 3 de junio de 1576 cuando queda por fin cerrada la fundación de Sevilla, luego de un largo proceso que deja por el camino hondas huellas que es necesario seguir paso a paso para dejar aquí constancia de una serie de acontecimientos clave en el desarrollo de la reforma religiosa que vive el país y, por definición, la Orden del Carmelo.

Pero antes de entrar en materia, veamos a modo de anécdota cómo esta fundación guarda memoria de hechos bien diferentes. Es el caso que en las obras de preparación del monasterio trabaja un tal fray Juan de la Miseria, a quien se ha encargado la labor de pintar la iglesia. No han olvidado las monjas del convento el mandato que en su día hiciera el padre Gracián de que se realizase un retrato de la Madre, y la presencia de fray Juan viene que ni pintada para tal menester. No siendo artista en exceso diestro, mucho sentirá la Madre que aquel retrato fuera a quedar como memoria de ella en la Historia, y así espeta al pintor al contemplar la obra acabada: *Dios te lo perdone, fray Juan, que ya que me pintaste, me has pintado fea y legañosa.* El cuadro queda no obstante como el mejor recuerdo de la Madre entre sus descalzas de Sevilla hasta la fecha, haciendo perfecto honor a las circunstancias en que se realiza (el apunte —que es la cara— se traza en una sola sesión; la paloma es un esbozo hecho de memoria; y la filacteria que rodea la cabeza y la cartela son posteriores, como también se añaden de memoria algunos detalles del vestido y las manos). Pero el mérito de la misma hay que buscarlo en su autenticidad (reflejada en los dos velos que lleva la Madre, el grande debajo de la capa blanca y encima el pequeño, como en verdad lo llevaban las carmelitas para comulgar) y su viveza, expresada por una parte en el propio velo (que está suelto, sin coser, dejando la frente libre y puesto como al descuido) y en el rostro de la fundadora, de ojos redondos con una bolsa oscura en los bajos, la punta redonda de la nariz algo caída, y cejas pobladas y largas.

Muy representada en el barroco, las principales señas de identidad de Teresa de Jesús son la flecha ardiente que le atraviesa el corazón y la paloma mística sobre la cabeza. Este retrato de fray Juan de la Miseria es la primera obra que la representa, si bien posteriormente formará parte la religiosa de la obra de pintores como Wierix (siglo XVI), Gregorio Hernández (siglo XVII) o Legros (siglo XVIII), siendo las escenas más comúnmente representadas las de su boda mística, las visiones de la paloma mística y el Jesús coronado de espinas, la ofrenda del manto y el collar por San José y la Virgen, la Comunión en oración por las almas del purgatorio, y la Transverberación o Éxtasis.

Al retorno de su visita por Castilla en calidad de visitador apostólico, queda Gracián muy turbado por las noticias que le llegan de las actuaciones de la Inquisición, y que dicen muy poco en favor de la Madre y de la fundación de descalzas que ha hecho en Sevilla, albergando gran temor de los efectos que todo ello pueda producir sobre la Orden y sobre la monja, que no obstante nunca perderá el ánimo al respecto: *Calle, mi padre, que no haya miedo que la santa Inquisición, a quien tiene puesta Dios para guardar su fee, dé disgusto a quien tanta fee tiene como yo. ¡Ojalá, padre, nos quemasen a todas por Cristo! Mas no haya miedo que, en cosa de la fee, por la bondad de Dios, falte ninguna de nosotras: ¡antes morir mil muertes!*, todo ello muy a pesar de la honda aflicción que siente por lo que de ella se está diciendo y por el modo en que tan fácilmente se están echando por tierra su reputación y su honra.

Del hecho de que la Inquisición siga los pasos de la Madre da fe su informe oficial de 23 de enero de 1576:

En este Oficio se han recibido las testificaciones contra Teresa de Jesús y contra Isabel de San Hierónimo, en un monesterio que nuevamente han fundado en esta ciudad. Y por parecer, según la calificación, doctrina nueva, supersticiosa, de embustes y semejante a la de los alumbrados de Extremadura, y que de esta cualidad se han recebido de muchos días a esta parte algunas y no pocas testificaciones, nos ha dado cuidado, y acordamos remitirla a V.S. para que mande lo que en ellas se deba hacer. El libro de que el testigo segundo hace mención, tenemos relación que está en poder de fray Domingo Báñez. Suplicamos a V.S. mande se haga diligencia en haberlo y que se nos remita; porque habiéndose de proceder en esta causa, será necesario tenerle, por estar en él todo o lo más de que se puede hacer cargo a Teresa de Jesús, que, según entendemos, son embustes y engaños muy perjudiciales a la república cristiana. No procedimos a examinar los contestes, por ser algunos dellos cómplices y los demás del mismo monesterio, y no podemos hacer sin que viniese a noticia de las reas. V.S. mandará lo que en todo es servido que se haga, porque será gran servicio de nuestro Señor remediar el daño que se podría hacer de semejante doctrina.

Sigue el Santo Tribunal en pos del *Libro de la Vida*, que había sido entregado al padre Báñez para su calificación, la cual guarda mucho más elogio que censura en las últimas hojas del mismo, con fecha 7 de julio de 1575.

Se examinan los contestes que una novicia y grande señora de la ciudad presenta contra Teresa de Jesús ante el tribunal, acusaciones que hablan de maltratos físicos a las monjas y de celebración de ceremonias rituales, y que también hacen mella en la monja, a pesar de la gran serenidad con que todo lo recibe: *No hay de qué tener cuidado, que si es obra de Dios, Él la llevará adelante; por mí no importa; solamente me da cuidado no alteren estas plantas tiernas* (en obvia referencia a sus monjas). Cuando en la Inquisición descubren que tales acusaciones no son mayormente sino producto de una mente enferma, deciden abandonar el caso. No obstante, las visiones a las que la Madre hace alusión en su *Libro de la Vida* obligan al tribunal a tomar ciertas precauciones, y someten a la Madre al examen de letrados, quienes no hacen sino reforzar aún más la impresión de profunda espiritualidad que guarda de la monja, particularmente en lo que se refiere a sus exposiciones sobre las formas de oración, algo que a lo largo de su vida habían ido confirmando los más insignes letrados de las distintas Órdenes religiosas que habían tenido acceso a la lectura del libro, y de quienes ella había tomado consejo para reafirmarse en sus impresiones interiores.

A pesar del importante daño que las constantes visitas de los inquisidores al convento han causado sobre la imagen del mismo, el desarrollo y posterior resolución de los hechos hacen a la ciudad tornar el ánimo torcido que hasta entonces había mostrado para con las carmelitas, volviendo a partir de este momento los ojos con admiración hacia las descalzas por cuanto han dado muestra de gran virtud.

A su vuelta de Sevilla, y luego de arreglar algunas cuestiones de cierta importancia en Malagón, se da la Madre a escribir. En Sevilla había ayudado al padre Gracián a redactar las *Constituciones* de los descalzos, en su afán por estructurar la vida de los mismos en los conventos de Castilla y Andalucía a partir de unos institutos elaborados de acuerdo con el espíritu del Concilio de Trento. Y asimismo le pide que escriba sobre la forma de realizar la visita a los conventos de descalzas, de donde surgirá su librito *Visita de Descalzas*, que verá concluido para el mes de agosto.

Recibe también la Madre la orden de concluir la historia de las fundaciones, y pide a su hermano Lorenzo haga recopilación de los papeles de las mismas y se los envíe junto con otros escritos de cosas de oración. Con fecha 14 de noviembre de 1576 da fin al *Libro de las Fundaciones.*

La cuestión de la reforma religiosa en el país, de ordinario materia espinosa y harto complicada, alcanza durante la segunda mitad del siglo XVI cotas de muy difícil previsión, a pesar del clima de profunda exasperación que el país vive en el ámbito religioso por numerosas causas de muy distinta naturaleza. De hecho, España se convierte en escenario de representación de un intenso drama que entremezcla escenas de verdadera tragedia con situaciones propias del más burdo de los sainetes. A partir de la puesta en escena de semejante tragicomedia, en la que las instituciones —Iglesia, Corona, Órdenes religiosas— juegan un papel fundamental, toda suerte de personajes secundarios irán haciendo aparición para pasmo de unos y otros, así papas, nuncios, obispos, generales, provinciales, visitadores, frailes, monjas... provistos todos ellos de un muy singular atrezzo: breves y contrabreves; leyes, estatutos y disposiciones; constituciones, institutos y reglas... siendo telón de fondo de tal representación la propia Orden del Carmelo, a la que Teresa de Jesús se ha entregado en cuerpo y alma prácticamente desde el momento en que comienza a profesar como religiosa.

Por lo que a la reforma a nivel nacional se refiere, la firma por parte del papa Pío V del breve *Superioribus mensibus* con fecha 16 de abril de 1567, hace que la Corona española vea finalmente satisfechas sus pretensiones acerca del proceso de reforma de religiosos, cuya visita queda ahora encargada a los ordinarios, para posteriormente ser supervisada por una Junta de Reforma establecida en la corte. A la ejecutoria acompaña un memorial sobre la reforma y los términos con que se debe proceder, así como una cédula real dirigida a los religiosos exhortándoles a aceptar y obedecer dicha reforma, independientemente del hecho de que ya hubieran sido visitados y reformados con anterioridad.

Este nuevo proceso de visitas debería comenzar a un tiempo en todo el país, estableciéndose como fecha de inicio el 5 de octubre de 1567. Cuando el Rey advierte que aquellas visitas no dan el resultado previsto, las suspende y vuelve a reanudarlas con nuevas directrices, entendiendo que ante todo se requiere tiempo. Pero el Papa urge resultados y remedios, y éstos no llegan. Aún irá el Rey un paso más allá al concluir que no existe remedio eficaz para algunas de estas órdenes, proponiendo como única reforma posible la extinción de las mismas, a fin de poblar los monasterios de religiosos que en verdad sirvan a Dios y den al pueblo ejemplo cierto de vida y doctrina religiosa. Mas tan alto no apuntan las miras del Papa —secundado en la retaguardia por su fiel jefe de filas, auténtica *alma mater* de tal proyecto, el nuncio Nicolás Ormaneto— quien lejos de extinguir, tan sólo pretende reformar y retornar a una vida de observancia, poniendo tal objetivo en manos de regulares, frailes dominicos señalados por el general de cada Orden en cada provincia para asistir a los capítulos provinciales y encargarse a continuación de ordenar la reforma y de su ejecución. Se trata en sustancia de que cada Orden haga capítulo general en España con asistencia de prelado y visitadores, y una vez leídas las conclusiones de las visitas, se adopten remedios con voto de los mismos frailes, revocando posteriormente el Papa la jurisdicción a fin de que ni prelados ni visitadores ostenten excesivo poder sobre los frailes. Tan ambicioso y cabal programa quedará regulado mediante el breve *Singularis*, despachado con fecha 20 de agosto de 1569. A pesar de su disconformidad, el Rey acata resignado, y a 8 de septiembre se anuncia el comienzo de la visita de los frailes en Castilla de acuerdo con los deseos del Papa, y contando con la aprobación y el favor del Rey.

Los tres frailes dominicos designados para las provincias carmelitas en España son fray Pedro Fernández, en Castilla; fray Francisco de Vargas, en Andalucía; y fray Miguel de Hebrera, en Cataluña.

La visita que fray Pedro Fernández lleva a cabo en Castilla incluye a los descalzos, en su condición de no exceptuados en el breve a pesar de la reforma que se ha hecho sobre ellos. Redacta a este respecto y con extrema cautela una serie de estatutos que en sustancia recogen el espíritu de lo ordenado por el general Rubeo sobre cuestiones como el Oficio divino, la pobreza, la obediencia, honestidad y modestia religiosa, los novicios, el silencio, elecciones y entradas en monasterios de monjas, los ayunos, y el tiempo del capítulo provincial. Tales actas reflejan en gran medida las normas por las que se rigen los descalzos y el objetivo primordial de reducir a la primitiva observancia. Todo ello prende de forma positiva en el ánimo del general —y en el fondo lo que se pretende es ganarse su particular confianza y su querencia—, que sin descanso concede nuevas fundaciones y licencias para monasterios descalzos.

Muy distinto caso se dará en Andalucía, caldera en ebullición en la que el visitador dominico apenas encuentra desde el principio margen alguno de maniobra. Bien al contrario, su visita no supone sino una invitación a levantar toda clase de intrigas, disputas y artimañas entre calzados y descalzos, que acabarán por rebasar la capacidad y las aptitudes de los visitadores.

A la muerte del pontífice Pío V el 1 de mayo de 1572, su sucesor, Gregorio XIII, se dispone a reactivar la reforma iniciada, comenzando por el traslado de nuncio en España, donde Ormaneto —inspirador de tal reforma— sustituye a Juan Bautista Castagna. Para agosto de 1573, se han cumplido los cuatro años señalados por el breve pontificio *Singularis*. Habiendo solicitado Ormaneto a Vargas resultados sobre el curso de la visita, el visitador se ve obligado a confesar la ineficacia absoluta de su labor.

Puesta tal encomienda en manos de fray Mariano Azzaro y fray Jerónimo Gracián, cree Vargas haber hallado así solución definitiva a los problemas de consolidación de la reforma. Es en este momento que la Madre Teresa tiene su primer contacto con el padre Gracián en Beas —con ocasión de la fundación del convento de descalzas en esa villa—, y que tan grata impresión deja en el corazón de la fundadora. Allí tratan algunas cuestiones de relevancia, como la conveniencia de hacer provincia aparte de los descalzos.

No cabe al padre Gracián sospechar que será utilizado como peón de la perfidia de este fray Mariano y del muy díscolo fray Baltasar Nieto en la sombra, en lo que no marca sino la apertura de una intrincada partida entre calzados y descalzos. Cada vez más complacido con su labor, otorga el comisario Vargas a Gracián con fecha 8 de junio de 1574 las patentes de vicario provincial de calzados y descalzos de Andalucía, origen de los enfrentamientos iniciales con los primeros a propósito de la labor que debe acometer, ello a pesar de mostrarse muy enemigo de discordias. Cuenta Gracián con el apoyo del arzobispo de Sevilla (quien cree muy preciso continuar la visita para proceder a la imposición de la reforma en conventos como el de Sevilla, escenario de graves alborotos), y principalmente de Roma, a cuyo fin el nuncio Ormaneto solicita de la Santa Sede breves mucho más cumplidos para poder aplicar medidas que en otros casos han dado muy buenos resultados. Por su parte, aluden los calzados al gran alboroto y escándalo que la visita suscita en la ciudad, por cuanto acusan a los visitadores de fomentar la rebeldía en los frailes contra sus legítimos superiores.

Pero en Roma hay prisas, y solicitan que los comisarios no alarguen en demasía su labor, y concluyan y resuelvan de forma rápida la reforma. En este sentido, recibe el general carmelita un breve de Gregorio XIII con fecha 13 de agosto de 1574 por el que se pone fin a la visita de los comisarios dominicos, decisión que se opone seriamente a los planes de Ormaneto, de los visitadores, y de la propia corte española.

Para el 22 de mayo de 1575 se convoca en Placencia capítulo general de los carmelitas. En dicho capítulo, da lectura el general Rubeo a una bula de Gregorio XIII con fecha 13 de abril exhortando a la renovación de la vida religiosa, al tiempo que se lee asimismo el citado breve de 13 de agosto liberando a las provincias españolas de la *visita de los extraños*. La lectura de ambos documentos crea gran confusión. Las resoluciones del capítulo general encierran muy graves consecuencias para los descalzos, pues a partir del mismo comienzan a promulgarse conminaciones, decretos y amenazas contra ellos, siendo la culminación de todo ello la rubricación del definitorio general, que insta a todos los descalzos a que *canten como cantan los carmelitas, a tenor de la regla*, y ordena que *no anden con los pies descalzos ni lleven báculos fuera del convento, si no fueren muy ancianos*. Asimismo, los hábitos han de ser largos hasta el talón, los escapularios y capas un palmo encima y las capuchas discretamente redondas; los vestidos de humilde calidad, y las capas no de sayal, sino de estameña.

En las cláusulas de este capítulo general se ordena a la Madre Teresa que se encierre en un monasterio. A este respecto, recibe por Navidad una carta procedente del definitorio con orden de confinación, y acusaciones de apostasía y amenazas de excomunión, circunstancia que llega a menoscabar muy mucho la ciega confianza hasta entonces depositada en el padre Rubeo, a quien en lo personal seguirá guardando, no obstante, especial ternura y gratitud, a pesar de su manifiesta falta de ecuanimidad.

Nombra Rubeo para llevar a cabo todo lo prescrito un vicario general para España, el portugués Jerónimo Tostado, a quien en diciembre de 1575 otorga patentes de *provincial de Cataluña de los frailes carmelitas y vicario general en estos nuestros reinos de España y Portugal de todos los religiosos carmelitas, primitivos y mitigados, visitador y comisario general del prior general para visitar y reformar todos los monasterios della, ansí de religiosos como de religiosas.*

A pesar de contar Gracián con el declarado apoyo de Ormaneto y del Rey, lo que en principio le permite seguir siendo dueño de la situación, el grado de sublevación y desacato mostrado por los descalzos aumenta sin límite, viéndose obligado a soportar toda suerte de ofensas e injurias sobre su persona. Cuando en marzo de 1576 reanuda su visita por los conventos de Andalucía, queda espantado de lo que allí halla: *Esta provincia del Andalucía está en poder de una docena y media, o dos, de hombres que se andan en círculo siendo priores de los conventos. Sus vidas son tales que merescían estar remando, tiranos que tienen dieciocho o veinte esclavos, que traen aperreados, comiendo gallinas y capones; y al cabo del trienio es común ahorrar cuatrocientos o quinientos ducados, con que triunfar en la casa más flaca. Y es tan público y sabido, que no hay cosa más cierta.* Y concluye: *Tratar de espíritu o de oración entre estos frailes es como decirles una herejía.* Hay abusos contra la castidad en conventos de frailes y monjas, abusos contra la pobreza (*cada uno se tenía los dineros que quería, y se vestía y gastava a su voluntad; y no havía ninguno que no se preciase de tener horros cincuenta o cien ducados; y tenían algunas rentas y tratos en Indias*), abusos de misas sin celebrar, dinero que se recibía por las confesiones (*públicamente hay en todos los confesonarios un agujerillo por donde se reciben; de aquí nasce tener muy grande deseo de ser confesores los indignos; los mercaderes y otras gentes de conciencia enmarañada, acuden al Carmen, y con cuatro o seis reales en la mano tienen muy cierta la absolución*); hay apatía en la piedad, y mundanidad en la celebración de algunas fiestas, y burlas sobre los trabajos de manualidades que realizan los descalzos.

Pero Gracián va más allá aún, y apunta a Roma como foco de descomposición, pues allí se acude a comprar libertinaje a costa de muy elevados tributos.

Es obvio que nada de todo esto complace a la Santa Sede, donde empiezan a darse algunos cambios que muy directamente afectarán a España en general y a la figura de Gracián en particular. Se busca por cualquier medio revocar sus poderes, pensando en el padre Jerónimo Tostado como hombre cabal para llevar a cabo una reforma a fondo en el país. A la satisfacción y el júbilo que ha presidido el ánimo de los descalzos en la celebración del capítulo de Almodóvar del Campo (26 de agosto de 1576), donde se proclaman Constituciones y se dictan normas sobre recogimiento, oración y canto coral, y todos se felicitan por los logros alcanzados por el padre Gracián, se opone ahora la inquietud por la relevancia que puedan tomar la ambigüedad y la insidia del Tostado en los asuntos que se ventilan. Sabido es de todos que su objetivo esencial no es otro que la liquidación de los descalzos y la obstaculización de sus fundaciones.

La muerte de Ormaneto en junio de 1577 supone un duro golpe para éstos por cuanto el nuncio se había convertido en principal valedor de su causa en Roma, donde la posición de Gracián es cada vez más delicada, tanto más cuanto el propio Tostado lo convierte también en objeto de sus intrigas y asechanzas, esta vez ante el propio rey español. Pero la trama que el Tostado urde contra los descalzos escala todavía un peldaño más en diciembre de 1577, al embestir directamente contra los confesores del monasterio de la Encarnación —fray Juan de la Cruz y fray Germán de San Matías, apresados, maltratados y encarcelados por la Inquisición de Toledo— y contra las propias monjas del convento, a las que se obliga a participar en una votación fraudulenta para la elección de priora, castigando y amenazando de excomunión a las partidarias de la madre Teresa.

Al hostigamiento contra los descalzos se une el nuevo nuncio en España, Felipe Sega, también partidario de su eliminación. Las intrigas de unos y otros van minando el terreno de la descalcez. Ante el fuego cruzado que reciben de todas partes, la Madre expresa una y otra vez la conveniencia de enviar descalzos a Roma para allí hacerse oír y ganarse el favor de personajes principales que cuenten con algún peso específico en la defensa de su causa.

A junio de 1578, se despacha una cédula real para que el padre Gracián pueda continuar su visita apostólica, lo que en verdad lo sitúa entre dos fuegos: en tanto el Rey le exige proseguir dicha visita, el nuncio le insta a suspenderla de forma definitiva. Cuando éste último se decide finalmente a declarar caducadas las facultades de Gracián y a abolir todos los poderes que había recibido, amenazando de excomunión a todo aquel que osara obedecerle, pone en manos de los calzados el arma definitiva para dar el golpe de gracia a sus antagonistas. Cunde entre los descalzos la consternación y el miedo por las posibles causas de esta ofensiva, y muchos de sus partidarios huyen a Roma, donde no dudan en unirse al coro de voces que los injurian y acusan, haciendo del bueno de Gracián blanco favorito de sus ataques.

Poco tienen ya que perder los descalzos a estas alturas de las circunstancias. Decididos a defender a muerte su causa, convocan nuevamente capítulo en Almodóvar del Campo, donde se apunta la necesidad inminente de acudir a Roma en busca de partidarios de la misma. La convocatoria hace estallar la indignación del nuncio, que a 16 de octubre de 1578 publica un decreto que contempla la extinción definitiva de la reforma descalza, sometiendo a éstos a la jurisdicción de los provinciales de Castilla.

Privado Gracián de oficio, y encarcelado junto con los principales cabecillas de la causa descalza, que permanecen incomunicados, tan sólo fray Nicolás Doria puede moverse con alguna libertad por Madrid, lo que le permite mantener a la Madre al corriente de los acontecimientos. La labor que a partir de este momento desarrolla la fundadora aparece fundamental para la resurrección de la causa, que recibe un impulso inicial tras el nombramiento del padre Ángel de Salazar como vicario general, con autoridad sobre los descalzos y sus casas —así en Castilla como en Andalucía— para gobernar, visitar, castigar, confirmar y absolver, en lo que se entiende como una pírrica pero indispensable victoria parcial para mantenerse en pie.

Por un lado, emprende Teresa de Jesús una intensa campaña de paz a través de cartas y avisos o recomendaciones dirigidas ya al Rey o a quienes pudieran ejercer alguna influencia sobre él, ya al nuncio y a la Santa Sede, y asimismo a obispos, nobles, y cualquier otra personalidad con algún peso relevante. Por otra parte, entiende la Madre que ha llegado el momento de llevar a la práctica su empeño en la necesidad de hallar en Roma firmes valedores de su doctrina. Así, dos descalzos —fray Juan Roca, prior de Mancera, y fray Diego de la Trinidad— se desplazan a Roma para presentar obediencia al vicario general al objeto de congraciarse con el mismo y ganarse su favor. Todo ello con enorme cautela, cambiando los nombres y actuando en el máximo secreto. Se presentan ante algunos cardenales, y al embajador del Rey, que también los espera, y así comienzan a abrirse camino en el principal centro de operaciones, allí donde en verdad deben negociar con habilidad y éxito aquello que defienden.

El nuncio, por su parte, empieza a encontrar afiladas piedras en el camino que se ha trazado para acabar con los descalzos. En su incansable labor de horadar la resistencia de éstos, comete un grave desliz de naturaleza diplomática al tratar de presentar ante el Rey un decreto por el cual queden bajo la jurisdicción de los provinciales calzados. Cuando los socios del Rey le hacen ver que todo aquello es inadmisible y contrario a sus deseos, se ve obligado a pergeñar un informe pidiendo provincia aparte para los descalzos, haciendo destacar la diferencia entre éstos y los que no lo son, reconociendo que en verdad edifican al pueblo con su ejemplo de austeridad de vida, y confirmando la existencia de hasta 22 conventos de la descalcez, debiendo ser gobernados todos ellos por un descalzo con autoridad apostólica; y asimismo que la provincia de los descalzos, que abarcaría Castilla y Andalucía, sólo estaría sujeta al general de la Orden, no pudiendo ser gobernados por un provincial calzado.

El Rey, muy complacido por tal informe, decide estudiarlo detenidamente y cursar despacho en noviembre. Pero el nuncio aún guarda un as en la manga: por iniciativa propia envía a Roma otro informe confidencial y personal que desdice el que acaba de firmar, informe que al punto es puesto a disposición de los calzados.

Llegadas las navidades de 1579, el duelo es ya a vida o muerte, habiendo movilizado ambos bandos sus piezas mayores sobre el tablero, a la espera de una respuesta de Roma, donde existe una predisposición de la Congregación de Regulares —donde han sido remitidos los despachos del Rey en favor de los descalzos— a favorecer las peticiones de la Corona.

El capítulo general ha de celebrarse en Roma el 22 de mayo de 1580. La citada Congregación de Regulares se encuentra también entre la espada de los deseos de Roma y la pared de los del Rey. Una serie de mediaciones finales hacen inclinar de modo definitivo la balanza del papado del lado del Rey, que ha contado con la defensa decisiva de varios cardenales. El Papa accede finalmente a todo y ordena se redacte un breve de acuerdo con las peticiones del Rey. El 22 de junio se despacha el breve *Pia consideratione*, llamado por su contenido el *breve de la separación*, que en sustancia recoge puntualmente las líneas del memorial del Rey y de la minuta preparada por los descalzos.

Éstos se han multiplicado hasta tener ya 22 conventos con 300 frailes y 200 monjas, cuyas principales señas de identidad ante el pueblo son sus pies descalzos, y sus hábitos de sayal, y cuya vida ordinaria e interior se significa por el hecho de dormir sobre tablas, sus trabajos manuales, la oración mental y la celebración de oficio divino sin cantos. Piden que todos sus conventos, hechos y por hacer, formen provincia aparte, inmediatamente sujeta al general de la Orden y bajo un provincial de los mismos descalzos.

El breve llega a Elvas, donde se encuentra el Rey, con fecha 9 de octubre, nombrándose ejecutor del mismo al padre Pedro Fernández, quien morirá poco después, siendo sustituido en su cometido por el también fraile dominico Juan de las Cuevas. Los despachos finales llegan a manos del Rey el 4 de enero de 1581. Se anuncia capítulo en el colegio de los descalzos de Alcalá para el 3 de marzo, también conocido como el capítulo de la separación, en cuya preparación participará Teresa de Jesús muy activamente, enviando sucesivamente todo tipo de memoriales, cartas e informaciones remitidas al comisario y a los descalzos allí congregados, prestando así ayuda esencial en la confección de las Constituciones definitivas. Trata la fundadora de conseguir una legislación cabal para la descalcez partiendo de su lasa experiencia, en lo que se querrá ver una especie de legado o testamento espiritual, advirtiendo a Gracián que deje todos sus apuntes muy claros y se remita al espíritu de los mismos, que en tantos escritos ha dejado ya expresados. Es voluntad esencial de la Madre oponer dura resistencia a los partidarios del rigor excesivo y la extrema penitencia, fomentando ante ello la cultura de los descalzos a través de una existencia cada vez mayor de religiosos cultivados procedentes principalmente de las universidades.

El hecho de que durante la celebración del capítulo salga elegido como provincial el padre Gracián por un solo voto de diferencia, da razón a la Madre en cuanto a la necesidad de estar alerta ante un enemigo que aún acecha en la sombra, y que sin duda ha alentado el importante número de censuras y suspicacias que se han levantado en el desarrollo del mismo.

Pese a todo, al cierre del capítulo, el 16 de marzo de 1581, la Madre puede ya exclamar aliviada: *Ya, Señor, no soy menester en este mundo; bien me podéis llevar cuando quisiéredes.*

VII.   CAMINO DE PERFECCIÓN

Señor, u morir u padecer; no os pido otra cosa para mí.
(Libro de la Vida, 40,20)

A su regreso de Sevilla, mediado el año 1576, la ambivalencia experimentada dos años atrás en Segovia por Teresa de Jesús —que a un tiempo sufre muy recios males y goza con intensidad el recibimiento de elevados éxtasis y arrobos— deviene ya fuerte contraste entre un muy pobre estado de salud —marcado por una serie de dolencias cuyo progresivo aumento en número e intensidad irá minando su capacidad física para atender tan arduas obligaciones cotidianas— y su disposición espiritual, cada vez más próxima a la anhelada paz interior de un alma que, a partir del desposorio espiritual alcanzado en 1572 en la comunión recibida de Juan de la Cruz, se siente ya muy por encima de sentidos y pasiones puramente terrenales.

Fruto primero de tal riqueza espiritual será la composición esencial del grueso de su obra literaria. De hecho, procede en Segovia al esbozo de algunos fragmentos de sus *Meditaciones sobre los Cantares*, a los que ya se había aplicado en labores de reescritura a su retorno a Ávila como priora del monasterio de la Encarnación. Favorecida en lo interior por tan grave serenidad, y en lo exterior por una inusitada libertad de acción, pone colofón a su *Libro de las Fundaciones* (noviembre de 1576), y a obras de mucha mayor hondura espiritual, entre ellas su *Visita de descalzas*, y la que está considerada como su obra maestra, *Las moradas del Castillo Interior*. Tal profusión de actividades literarias aún se verá enriquecida por la nueva revisión que hace de su *Libro de la Vida*, el prolífico intercambio de cartas de hermandad que mantiene con otros conventos, y el mantenimiento desde Ávila de un singular certamen espiritual al que dará cumplida respuesta con su *Vejamen*, del que saldrá particularmente malparado su hermano Lorenzo, al cual deberá satisfacer con diversas cartas de dirección espiritual enviadas a modo de excusa.

En un marco de actuación mucho más pragmático, aprovecha la Madre el nombramiento de Álvaro de Mendoza como obispo de Ávila para poner el convento de San José, hasta entonces sometido al obispo, bajo obediencia de la Orden, entendiendo que de ningún modo puede dejar la casa en mejores manos que aquellas que han acogido dicha fundación desde su nacimiento.

De hecho, a pesar de que aún sea pronto para permitir que su edad (no en vano cuenta ya 61 años) y sus evidentes achaques menoscaben tan incansable actividad, comienza la Madre a ser consciente de sus limitaciones, y en consecuencia a disponer un legado material y espiritual que evite que se desvirtúe la obra que tanto esfuerzo le ha costado erigir, y que no está dispuesta a poner en riesgo en razón de circunstancias como el reciente nombramiento en el capítulo de Alcalá de Ángel de Salazar como vicario general de la Orden, personaje de quienes los principales valedores de la descalcez guardan gran recelo.

Los aludidos impedimentos de orden físico hallarán máxima expresión en un hecho acaecido durante las navidades de 1577, cuando al caer por una escalera se rompe el brazo izquierdo (*fue Dios servido que no fue el brazo derecho el trabajado*) de tal modo que nunca volverá a recuperar la movilidad del mismo, siéndole imposible vestirse o desnudarse, siquiera ponerse un velo por cuenta propia. Ello la obligará ya de por vida a llevar báculo y acompañarse de una joven enfermera, Ana de San Bartolomé.

Ni los males ni los años pasan en balde, mas ello no es óbice para que siga mostrándose inagotable por largo tiempo. Para junio de 1579 circula airosa por Medina, Valladolid, Alba de Tormes y Salamanca, antes de retornar a Ávila.

Por noviembre toma rumbo a Malagón con parada intermedia en Toledo, sin perder el brío y dinamismo de antaño, oponiendo una firme voluntad a un físico cada vez más deteriorado. El viaje de tres jornadas de lluvia y nieve a través de la sierra de Gredos, en mulos con silla de montar, da fe de la entereza que aún conserva esta recia mujer. En Malagón se aplica a supervisar e impulsar las obras a las que ella misma había dado trazo inicial, logrando que para diciembre se trasladen las monjas al nuevo convento con gran solemnidad, luego de haber permanecido en el anterior por espacio de diez años con harto sufrimiento por su parte.

No ha lugar al reposo, pues otra fundación planea en el horizonte: la de Villanueva de la Jara, que es preciso cerrar por cuanto el proyecto lleva tres años a la espera. El viaje de 30 leguas que separa Malagón de Villanueva de la Jara se convierte en constante manifestación de admiración y cariño popular por Teresa de Jesús, cuya labor como fundadora ha traspasado ya los límites del ámbito geográfico local para extenderse a toda la provincia de Castilla y a gran parte del país. Especialmente cargada de emotividad para la Madre está la parada efectuada en La Roda, donde aún se mantiene en pie un convento de descalzos prácticamente despoblado desde 1572, y cuyos moradores acogen a la comitiva con entrañable afecto.

A 21 de febrero de 1580 llegan a Villanueva de la Jara, tierra llana principalmente trabajada por agricultores y algunos ganaderos. El calor y fervor popular con que se recibe a los visitantes no desmerece en absoluto del mostrado en otros pueblos. El día 26 llegan a Toledo, donde la fundadora acude explícitamente a tratar con el padre Gracián de la fundación de Madrid, que para ella se ha convertido en objetivo prioritario luego de que en principio mostrara un abierto rechazo por la misma. Durante la entrevista que a tal propósito mantienen ambos con el cardenal Quiroga, éste hace saber a la Madre cómo su *Libro de la Vida* ha sido finalmente aprobado por la Inquisición tras riguroso examen. Siendo deseo de la Madre hacer memorial para recuperar el libro, acaba ésta plegándose al parecer del padre Gracián de solicitar el ejemplar que conserva el duque de Alba para sacar copias a distribuir a los conventos, y así guarda una vez más para sí la necesidad que siente de restañar las heridas provocadas por el tribunal, anhelo que ya nunca verá cumplido en vida, como tampoco le será permitido satisfacer su interés por ver cerrada la fundación de Madrid en virtud de la demora con que a la postre serán concedidas las licencias correspondientes.

Ni mucho menos llegará a tener su libro de las *Moradas* tan gran número de censores como el de la *Vida*, a pesar de que fray Domingo Báñez nunca llegara a verlo con muy buenos ojos. Posteriormente se encargará Gracián en Segovia de proceder a la censura del texto en presencia de su autora y del padre Diego de Yanguas.

La muerte de su hermano Lorenzo, el 26 de junio de 1580, marca el principio de una serie de desapariciones que dejarán honda impresión en su estado de ánimo, muy próximo a la desolación (*todo se pasa tan presto, que más havíamos de traer el pensamiento en cómo morir que no en cómo vivir*). Será a partir de esta pérdida de seres para ella muy queridos, que su disposición interior para la estación término que aguarda sea un hecho que cada día que pasa cobre mayor presencia en su conciencia. Sólo un mes más tarde fallece el que durante largo tiempo había sido confesor y gran confidente de su turbación espiritual, el padre Baltasar Álvarez; al recibir la noticia, queda sumida por espacio de una hora en un inconsolable torrente de lágrimas que nadie de su entorno es capaz de contener, en lo que ya aparece como una firme constatación de la fragilidad que poco a poco se va adueñando de su ser.

Una fragilidad que pronto volverá a hacerse presente en su estado de salud. Durante el viaje que realiza a Palencia para atender una fundación nacida a iniciativa del obispo Álvaro de Mendoza, debe detenerse en Valladolid enferma de cierta gravedad. Esta recaída marca un momento clave por cuanto abre por fin los ojos de aquellos que de ordinario la rodean, hasta entonces confiados en la proverbial omnipotencia de la Madre y ahora ya plenamente consciente de la evidente merma de sus facultades físicas y anímicas. Lejos de la mujer que hasta hace bien poco ha hecho gala de una fortaleza inexpugnable en lo interior como en lo exterior, su aspecto es ya el propio de una persona que envejece a pasos agigantados y de forma ciertamente despiadada, como así lo reflejan su palidez y su extrema delgadez.

Pero todavía se impondrá sacar fuerzas de flaqueza de un organismo exhausto de reservas. La fundación de Palencia aparece a sus ojos como un bravo desafío esencialmente planteado desde la propia idiosincrasia de la ciudad, clasificada entre las más pobres de la región, no en vano una gran parte de sus habitantes son personas muy necesitadas que incluso se ven obligadas a mendigar a diario la comida. Su emplazamiento como cabeza de montaña complica aún más la situación, por cuanto procedente de las mismas llega hasta ella su gente más pobre y miserable en busca de ayuda, poblando las calles de mendigos que acuden a la casa del obispo y a iglesias y monasterios que asimismo se cuentan entre los más pobres de Castilla, y a los cuales es menester proveer del diario sustento.

Es evidente que tales circunstancias determinan la actitud de los corregidores de la ciudad en cuanto a su renuencia a autorizar un convento más de pobreza, en tanto las mismas circunstancias suscitan en el interior de la Madre un interés si cabe más reforzado por sacar adelante el proyecto de fundación. Mas no pierde la monja de vista el hecho de que el principal caballo de batalla sea ella misma, pues es bien consciente de la falta de ánimo, fuerza de voluntad y capacidad de decisión para abordar empresas de la magnitud de la presente: *la flaqueza era tanta que aún la confianza que me solía dar Dios en haver de comenzar estas fundaciones tenía perdida; todo se me hacía imposible.*

A pesar de las condiciones sociales anteriormente expuestas, es Palencia ciudad bien puesta desde su muralla, sus torres y sus nueve puertas de entrada, abundante en pan, vino, frutas, carnes y pescados, de vistosas casas y calles, muy bien flanqueadas por huertas, sotos y riberas, puentes y molinos, iglesias, monasterios, ermitas y otras casas de oración. Su condición de punto de paso entre Valladolid y Burgos y los puertos del Cantábrico hacen de ella nudo esencial en el tráfico de mercaderías entre Castilla, Flandes y el norte de Europa, circunstancia que hace que la mayor parte de sus habitantes —como los de los pueblos de su contorno— se dediquen a labores de arrieros y carreteros que se aplican al transporte y comercio de compra y venta. Pese a su presente un tanto ajado económica y socialmente, aún conserva la ciudad un pasado glorioso que le permite hacer ostentación de cierto esplendor histórico y cultural, heredado de aquellos tiempos mejores en que Castilla y León eran reinos distintos y la ciudad centro universitario, posteriormente trasladado a Salamanca tras la unión de ambos reinos.

Biografía

Quizá a causa de esta ambivalencia, queda la Madre bien sorprendida cuando a su llegada a la ciudad apenas encuentra obstáculos para llevar a cabo la fundación, en clara desavenencia con el cuadro que desde fuera le habían pintado al respecto. Todo son facilidades por parte del obispo y gentes principales, y sólo la adquisición de la casa cuyo alquiler se había ya proyectado demorará por un tiempo la fundación. En este sentido, hay que apuntar cómo la fundación de Palencia —y posteriormente la de Burgos— se convierten para la Madre en pruebas de fuego frente a las que finalmente ofrecerá cumplida muestra de su singular habilidad para solventar cuestiones de carácter económico y administrativo, presentándola como una mujer de su tiempo capaz de manejarse con soltura en terrenos perfectamente mundanos y de orden estrictamente material, en apariencia tan distantes de su naturaleza esencialmente espiritual.

Tomada posesión de las casas, tan sólo es cuestión de disponer las mismas para el monasterio, aderezando la ermita y ordenando la nueva comunidad, que tendrá como priora a Inés de Jesús y como supriora a Dorotea de la Cruz. La fundación del convento de San José de Nuestra Señora de la Calle se cierra felizmente a 29 de diciembre de 1580.

En Palencia queda la Madre a la espera un tanto ansiosa de su encuentro con Gracián después del capítulo de Alcalá, fundamentalmente para cerrar la fundación de Valladolid que se había intentado años antes, y que por fin se alcanzará el 4 de mayo de 1581. Pero hay otras cuestiones derivadas del mencionado capítulo de Alcalá cuyo tratamiento es muy del interés de la fundadora. En primer término, se ultima la fundación de colegio en Salamanca —que se cerrará a 1 de junio—, siguiendo su premisa de fundar allí donde hubiere centros universitarios, a fin de poblar los conventos carmelitas de religiosos cultivados procedentes de las universidades. Se trata en sustancia de implantar seminarios en las universidades de estudiantes. Ya se había hecho en Alcalá, Baeza, Sevilla y Granada, y aún faltaba llevarlo a cabo en Salamanca, Toledo y Valladolid.

Por otra parte, muy jubilosa por la separación definitiva de los descalzos, aprovecha la fundación de Palencia para reunir en torno suyo a los más firmes puntales de la descalcez, entre ellos el propio obispo Álvaro de Mendoza y fray Hernando del Castillo, al objeto de marcar con trazo grueso las líneas maestras que a partir de tan señalado evento regirán su filosofía y modo de proceder.

En la agenda de compromisos, dos fundaciones a la vista: Soria y Burgos.

Sale la comitiva de Palencia con dirección a Soria el 29 de mayo. Por delante esperan cuatro jornadas de aparente tranquilidad para cubrir un trayecto de 36 leguas.

Orográficamente desigual en sus formas por sus altos y bajos, sus anchuras y estrecheces, aparece Soria ceñida por un muro de casi tres cuartos de legua, obra de cantería en su parte más antigua, con piedras sillares y dos grandes lienzos de muralla. De los aproximadamente 8.000 vecinos de antaño conserva ahora poco más de 1.300, alejados todos ellos —como lo está la ciudad en sí— del corazón de Castilla, y harto explícita se muestra la Madre al respecto al dirigirse a las monjas que allí deja: *Mis hijas, llegadas a Soria, que es el fin del mundo, no hay volver atrás, sino caminar adelante a trabajar por Dios.*

Por lejana que se encuentre, la ciudad se muestra enseguida como feudo propicio para la fundadora, cuya llegada es motivo de grande alborozo y expectación. A tan calurosa acogida seguirá un trato similar por parte de la patrocinadora —Beatriz de Beamonte y Navarra— que facilitará grandemente la posterior negociación. El 14 de junio se firman las escrituras y se procede a tomar posesión del que será monasterio de la Santísima Trinidad, quedando como priora Catalina de Cristo y supriora Beatriz de Jesús. Sabedora de su estado, no es capaz la Madre de sustraerse a la tentación de dejar para sus monjas un último mensaje cuyo contenido bien pudiera interpretarse como sencillo breviario de la extensa obra que, capítulo a capítulo, ha dejado impresa en cada uno de sus conventos: *Muchas cosas les he dicho, pues me he detenido aquí más que en otras fundaciones. Ya les tengo muy encargada la profunda humildad, y ahora les pido tres cosas: Observancia regular, obediencia a los perlados, caridad unas con otras. Y como esto hagan, yo les aseguro su aumento y la bendición de Dios, y la mía, si algo vale.*

Hay que seguir camino. Pero volvamos por un instante los ojos a la Madre. Físicamente, se ha visto forzada a descuidar en cierto modo la penitencia en favor de su salud, pues entiende que es menester tal renuncia para atender solicitudes más caras a sus compromisos. He aquí otro síntoma de cómo la edad y los achaques físicos van haciendo mella en un devenir cotidiano que ha de guardar cada vez mayor precisión y concisión —léase economía de esfuerzos— en la imposibilidad de abarcarlo todo con la perfección y el rigor de antaño. Espiritualmente continúa gozando de una paz y un sosiego muy esporádicamente sacudidos por visiones intelectuales de la Trinidad y la Humanidad de Cristo, en una etapa en la que las visiones imaginarias han cedido paso a las intelectuales. No han cesado, por otra parte, las hablas interiores, si bien en este punto sus sentimientos han conocido también cierto cambio, habiendo mermado notablemente la pasión de sus deseos, los sentimientos de tormento por las almas que se pierden, y la profusión de dudas. A la certeza ya absoluta de que aquellas mercedes son divinas, une ahora la falta de necesidad de acudir a confesores y letrados a los que hacer partícipes de todas sus cuitas, pues no ha lugar ya a las incertidumbres de otro tiempo. Las confidencias de su alma están ahora destinadas a Alonso Velázquez, obispo de Soria, con quien se muestra muy complacida y deseosa de intercambiar cosas de espíritu. A tal propósito le escribe con antelación una cuenta de conciencia que posteriormente ampliará de forma oral a la hora de su encuentro en persona.

Pero el sucinto testamento espiritual que ha dejado impreso entre los muros de la fundación de Soria ha empezado a borrarse de otras paredes. A su regreso a Ávila, comprueba con profundo desaliento cómo ese espíritu del primitivo monasterio de San José ha decaído de grado, ello a pesar de que aun en la distancia —que no el distanciamiento— no haya nunca apartado sus miras del mismo. Y así cuenta en carta a Gracián: *Harta pena me ha dado ver cuán estragada está aquella casa y que ha de ser trabajo tornarla a su ser, con haver muy buenas monjas.* Ya muy molesta con el hecho de que se haya violentado el punto referente a la abstinencia de carne, lo que para la Madre no tiene admisión posible es el quebrantamiento del voto de pobreza absoluta, para ella pilar espiritual de la Orden. Queriendo ver en todo lo ocurrido el nefasto resultado de la conjunción de elementos como la senilidad del confesor (Julián de Ávila) y la impericia de la priora (María de Cristo), incapaz de conducir un rebaño de monjas que a juicio de la Madre es bueno y dócil, asume el cargo de priora del convento —*me han hecho ahora priora por pura hambre*, dice—, para en muy poco tiempo reconducir a sus ovejas por la senda de la que se habían desviado.

Llega a finales de noviembre a Ávila fray Juan de la Cruz con la intención de procurarse la compañía de la Madre para ir a fundar a Granada, cuestión que estima esencial al ser la primera vez que a tal fin allí se acude. No es posible, pues con anterioridad se ha comprometido ésta con Gracián para fundar en Burgos. Será la última vez que los dos grandes místicos se vean en vida.

En verdad la fundación de Burgos apremia, pues existen muchas vocaciones en la zona que no hay forma de satisfacer si no es a partir del levantamiento de un monasterio. Transcurrirán cinco años desde las primeras gestiones hasta el cierre de la fundación. Concertado en firme llevar a buen puerto el proyecto con el arzobispo de Burgos, las numerosas trabas de índole administrativo hacen resucitar en la Madre anteriores tentaciones de rechazo (sus miras aún apuntan principalmente a la fundación de Madrid), pero la firme tenacidad de la patrocinadora, doña Catalina de Tolosa, logran que acabe por centrar su interés en la cuestión de forma definitiva.

El viaje desde Ávila se convierte prácticamente desde su inicio en un verdadero calvario para todos. Cuando las amenazas iniciales de inclemencias climatológicas (todo se vuelve mirar al cielo encapotado cada vez que hay que emprender camino) se hacen finalmente realidad, el transcurso del trayecto es un continuo de lluvias, nieves y ventiscas, cuyas consecuencias resultarán a la postre funestas para el ya de por sí duramente castigado organismo de la monja. A las condiciones de humedad propias de la época del año y la zona, se unen sus ya característicos padecimientos, que redundan en manifestaciones cada vez más agudas de perlesía, males de garganta con fiebre y práctica imposibilidad de comer nada a causa del dolor, y lengua trabada, anticipo todo ello del final que poco a poco se va aproximando. Mas es sólo el cuerpo lo que presenta estado de ruina y amenaza derribo, que por dentro todo es gozo y esplendor. Pasan por los monasterios de Medina, Valladolid y Palencia, que a los ojos de la Madre siguen siendo fértiles canteras provisoras de monjas para sus nuevas fundaciones. Más allá de Palencia el mal tiempo es ya resuelto temporal, sin ambages, y el temor por los efectos que la lluvia pudiera provocar en la vieja mujer se extiende al miedo que cada miembro de la comitiva siente por su propia existencia al verse abocados a atravesar ríos (la práctica totalidad del trayecto discurre bordeando el Pisuerga) y arroyos (el Hormazas) que a causa de la lluvia y el barro alcanzan proporciones descomunales. Muchos tramos del camino desaparecen a la vista de los carros, y son varios los incidentes en que éstos están a punto de caer al río (el propio Pisuerga, o el Arlanzón), y todo se hace abrirse paso en la neblina por entre barrizales, charcas y lodos.

Salidos al fin sanos y salvos de la odisea, cada uno de los héroes de la gesta alcanzada apunta con los ojos a Burgos como ansiada meta, incluso los de la Madre, muy enferma ya de perlesía a la altura de Estepar. A la ciudad llegan a media tarde, y ya de noche comienza a hacerse oír y sentir el cuerpo de la monja en su débil protesta por el duro castigo al que se le ha sometido, y sufre un desmayo y fuertes vómitos, en tanto la garganta aparece toda ensangrentada.

Dividida por el río en dos partes, cada cual con su muralla correspondiente, conserva aún Burgos la grandeza de los tiempos del Cid, que aúna su carácter eminentemente mercantil —un buen número de casas de comercio, mercados, alhóndigas y lonjas la hacen copiosa y rica, muy frecuentada por multitud de viajeros que se unen a una población ordinaria próxima a los 8.000 vecinos, los más poderosos de ellos mercaderes— con un pasado histórico aún presente en sus edificios y sus murallas y fortalezas (cuenta de hecho con uno de los fuertes más grandes de Castilla). La guerra de Flandes ha comenzado a dejar huella en la población, y ya es posible hallar un buen número de casas cerradas, sin habitar.

Queda enseguida la casa de la patrocinadora, doña Catalina de Tolosa, convertida en monasterio para proceder a una fundación que al día siguiente se da ya por hecha. No todo va a resultar tan fácil, no obstante, pues el arzobispo se muestra bien reacio a otorgar licencia si no se cuenta con renta y casa propia. Y aun cuando tales condiciones se han cumplido, sigue encastillado en una posición que ni siquiera la Madre es capaz de derribar con su proverbial batería de razonamientos, en lo que supone una de las muy escasas derrotas dialécticas que sufre a lo largo de su vida. Más aún, la acrimonia y el desdén de las que hace gala el arzobispo se verán extendidas a la propia población, que hará de las pobres monjas víctimas de crueles actos de burla y vituperio. Cuando por Pascuas cae la dura y obstinada resistencia —como de hecho había prometido el arzobispo que haría, fijando para entonces el otorgamiento de licencia— se dice el 19 de abril la primera misa y se pone el Santísimo Sacramento, quedando el monasterio bajo la advocación de San José y Santa Ana, y la dirección de Tomasina Bautista en calidad de priora y de Catalina de Jesús como supriora.

Como ya se dijo anteriormente, también Burgos aparece como buen botón de muestra del saber hacer de la fundadora en materia económica y administrativa. Es el caso aquí de la dificultad de atender a la suma solicitada. A pesar de que la patrocinadora se vuelca hacia el proyecto con toda su hacienda, varias circunstancias conducen a la Madre a tomar la decisión de renunciar a tal ayuda ante escribano, cuestión que debe llevar en secreto ante el arzobispo, pues todos están en que la fundación es con renta. Así, harto ha de ingeniárselas para la obtención de los recursos suficientes, que por fin llegarán a sus manos procedentes de la admisión de la dote de las dos hijas que la patrocinadora tenía en Palencia, y de la solicitud por carta de limosnas y ayudas a amigos y a otros conventos, como ya había hecho en anteriores ocasiones.

A pesar de todos los favores recibidos, y de la licencia al fin otorgada, aún habrá de pasar el edificio una dura prueba haciendo causa común con toda la ciudad, víctima de la descomunal riada del Arlanzón que tiene lugar el 23 de mayo, y que la deja prácticamente destruida. La tromba de agua que cae a plomo sobre el convento, obliga a la reconstrucción prácticamente total de la casa, como así sucede en gran parte de la ciudad: puentes y casas rotos y hundidos bajo auténticos cenagales de agua y barro. Como quiera que su estado físico ya no le permite trabajar a una con los albañiles en las labores de trazado y reconstrucción, se da de nuevo la Madre en el interín a la escritura, en concreto al intrincado relato de aquella fundación.

Si junto a la Madre tomásemos ahora la pluma con el fin de componer un sucinto relato del proceso que va desde el monasterio de San José de Ávila hasta el de San José y Santa Ana de Burgos, las quince fundaciones que el mismo abarca aúnan —a pesar de sus lógicas diferencias— una serie de puntos comunes que conforman una suerte de orden del día del que la fundadora llega a hacer sagrado ritual. Así, exige que sus compañeras de viaje vayan siempre de buen grado, dispuestas a toda clase de sacrificios y a observar una serie de costumbres que progresivamente se harán leyes. Cuenta siempre en la comitiva con un confesor para ella misma y para las monjas que la acompañan, destinadas a quedar en cada uno de los conventos fundados. Mucho le costará a ella marchar del nuevo convento y despedir a sus monjas, pues con frecuencia se da a pensar que nunca más las volverá a ver. El empeño y la ilusión con que aborda cada nuevo proyecto se verán más de una vez menoscabados por los grandes obstáculos que ha de afrontar, cuya magnitud le tientan en ciertos casos a abandonar el mismo, hallando siempre una voz interior que le insta a no claudicar y seguir adelante.

Abre la fundadora cada jornada con la confesión y la comunión. La comitiva suele estar formada por tres religiosos y algunos seglares. Los días de partida comulgan todas las monjas, y los sacerdotes no deben dejar pasar un solo día sin decir misa. Procura la Madre que en dicha comitiva se guarde tan riguroso encerramiento como si estuvieran en el convento, y se obliga a observar cierta dignidad a lo largo de todo el trayecto, tanto en lo exterior (suelen ir cubiertas las religiosas con velos para que no haya lugar a que las confundan con otra clase de mujeres, motivo por el cual es de su preferencia viajar en carros cubiertos) como en lo interior. A este respecto, es deseo de la Madre hacer de cada uno de estos carros un pequeño monasterio ambulante, provisto de coro, casa y sala de recreación, donde se observa vida conventual de ordinario, rezando sus horas con silencio y gran recogimiento, y entregándose a las penitencias y mortificaciones habituales. Dispone cada carro de un modesto ajuar que incluye agua bendita, un Niño Jesús, un reloj de arena y una campanilla, y en ocasiones una imagen de la Virgen o de San José. De los carros se sale con capa blanca y el velo echado cubriendo el rostro. Al llegar a las iglesias o ermitas, hace la Madre que todas las monjas se postren con reverencia, aun si se encontraran cerradas. En las posadas se encierran quedando una de las monjas de portera, para atender los recaudos entre monjas y sacerdotes o venteros. Ni en los mesones ni en cualquier otro lugar se desnudan, y a veces pasan la noche en oración vocal y mental, rezando sus horas y devociones.

A pesar de que la inclemencia del tiempo pudiera causar graves problemas (para la Madre el más importante de ellos es el sufrir perlesía a causa del agua o la nieve, del calor o el frío excesivos), nunca se detienen los viajes.

Como gusta hacer al cerrar cada fundación, sólo se permite la Madre partir de Burgos una vez ha dejado todo resuelto, con casa muy buena y asentada, sin precisar necesidad ni socorro por largo tiempo.

Parte hacia Ávila con la cabeza puesta en Madrid. El corazón es ya otra cosa, almario aparte iluminado con una extraña luz que emite rayos de fascinación interior, tanto en su manera de honrar a Dios como en el trato que concede a quienes la rodean, guardando para cada cual un sencillo y humilde compartimento revestido de amor y ternura.

De puertas hacia afuera, la fachada de ese corazón, como la de todo su ser, está agrietada. Se siente vieja y cansada. A su viaje de retorno de

Madrid, donde al fin consigue las licencias para una fundación que ya no verán sus ojos, se encuentra en Palencia con fray Juan de las Cuevas, comisario de la separación de Alcalá, a quien confiesa que han cesado las visiones y que tan sólo alberga ya una continua presencia de Dios.

Una grieta más añaden a ese corazón lastimado las nuevas que fray Juan de las Cuevas le procura sobre el devenir de la descalcez. A la manifiesta incapacidad de actuación que en los últimos tiempos ha mostrado el padre Gracián, hay que unir los problemas de muy diversa índole que acucian a las casas de Alba, Salamanca, Toledo, y en general a la mayoría de monasterios de descalzos. De cada rincón se apela a la presencia de la Madre para poner remedio a cada cuestión, pero ésta carece ya de la determinación suficiente para servir de muro de contención de un edificio que amenaza venirse abajo de forma inminente. Otra grieta, más afilada aún si cabe por cuanto toca a unos seres que le son bien caros, trazan sus propios sobrinos, de los que por cuestiones estrictamente mundanas pierde una confianza y un amor que hasta ahora han sido mutuamente ciegos y generosos.

Como ya sucediera anteriormente en Soria, deja a su paso por Medina rastro de lo que no cabe interpretar sino como exordio de despedida, tanto en la forma como en el fondo. Si hasta ahora no ha admitido de sus monjas expresión alguna de sentimiento, alegando que eso era cosa de mujeres, aquí se prodiga en caricias, abrazos y pruebas de afecto para cada una de ellas; y al salir del convento vuelve a ensayar cierta forma de discurso que encierra un adiós admonitorio: *Espantada estoy de lo que Dios ha obrado en esta relisión. Mire cada una no caya por ella. No hagan las cosas por sola costumbre, sino haciendo actos heroicos de más perfección. Dénse a tener grandes deseos, que aunque no los puedan poner por obra, se saca mucho provecho. Muy consolada me voy desta casa, de la pobreza y caridad que unas tienen con otras. Procuren que siempre sea ansí.*

Todo se vuelve grave despropósito en poco tiempo. A las dos hendiduras que tan profundamente han quedado grabadas, debe unir la inconveniencia de atender el mandato que el provincial le hace de acudir a Alba de Tormes, donde la vieja duquesa precisa del consuelo de la Madre en momentos que para ella son muy delicados, pues su nuera se apresta a dar a luz en apenas un mes.

Quince leguas median entre Medina y Alba, jornada y media de viaje que se ha de cubrir en carroza procurada por la duquesa, con todo carente de provisiones. Allá va la Madre, con algo de temperatura y toda falta de reposo, profundamente dolida por las circunstancias más recientes. Cerca de Peñaranda de Bracamonte, a cinco leguas de Alba, sufre un desmayo que a la postre resultará fatal. Esa misma noche da a luz la joven duquesa de Alba de forma prematura. Ya no tiene sentido su presencia allá, pero de cualquier modo se prosigue camino, y la tarde del

20 de septiembre entra la carroza de la Madre en Alba de Tormes, ella toda quebrada de dolores.

Por orden de los médicos, se la hace acostar a su llegada al convento, presa de una severa hemorragia que las monjas achacan al mandato, en virtud de las condiciones en las que se ha visto obligada a realizar el viaje, a pesar de su delicado estado de salud.

Pide la enferma a los médicos que atiendan la calentura que tiene, y que la sangren por el gran dolor que siente. Hay testimonios que hablan de que aún conservó fuerzas suficientes para atender cuestiones y problemas relacionados con varios conventos, e incluso anduvo visitando el monasterio de Alba en jornadas en que se sintió con fuerzas para hacerlo.

A estas jornadas de interés y mucho afán une otras de absoluto desentendimiento por todo lo que le rodea, inmersa ya en otro mundo, espiritualmente recogida en sí y en su ostracismo, sólo roto por la visita de su hermana Juana de Ahumada, hacia el 1 de octubre. Ese mismo día pide a las monjas una cama de enferma, pues es su deseo acostar. Y ya empieza a descuidar cuestiones como su retorno a San José, para ella asunto de prioridad desde su llegada a Alba, y hasta deja caer por fin en olvido su tan anhelada fundación de Madrid. Se entrega entonces ya a oración en la enfermería del convento, y el día 2 por la mañana hace venir al padre Antonio para confesar: *Ya no soy menester en este mundo*, le dice.

El 3 de octubre se llama al cirujano para sangrarla y que le aplique unas ventosas, y a partir de entonces comienza a recitar con gran devoción versos del *Miserere*. Por la tarde pide el viático, y a la espera del mismo, aún regala unas palabras a sus monjas: *Hijas mías y señoras mías: Por amor de Dios las pido tengan gran cuenta con la guarda de la Regla y Constituciones, que si la guardan con la puntualidad que deben, no es menester otro milagro para canonizarlas; ni miren al mal ejemplo que esta mala monja les dio y ha dado; y perdónenme.*

Ya en presencia del Santísimo Sacramento, entre los brazos de la madre Juana del Espíritu Santo y Ana de San Bartolomé, se afianza sobre él, y fuera de sí exclama: *¡Señor mío y Esposo mío! ¡Ya es llegada la hora tan deseada! ¡Tiempo es ya que nos veamos, Amado mío y Señor mío! Ya es tiempo de caminar. ¡Vamos muy enhorabuena! Cúmplase vuestra voluntad. ¡Ya es llegada la hora en que yo salga deste destierro y mi alma goce en uno de Vos, que tanto he deseado!*

A la comunión, vuelve a dar gracias al Señor, que la ha hecho hija de la Iglesia, y en ella moría, fórmula que repite una y otra vez: *En fin, Señor, soy hija de la Iglesia. Gracias te hago, Dios mío, Esposo de mi alma, porque me hiciste hija de tu santa Iglesia católica.*

Biografía

A las nueve de la noche de ese 3 de octubre pide la Extremaunción, y pasa toda esa noche con grandes dolores y recitando los versos del *Miserere*, y pidiendo a sus monjas que guarden sus reglas.

Al amanecer del 4 de octubre queda en profunda oración, con un crucifijo en la mano, con gran quietud, sin habla, y el rostro muy encendido. Pasa todo el día sin hablar, en un silencio tan sólo roto por leves gemidos, en profunda serenidad espiritual.

A las nueve de la noche expira, aferrada a un crucifijo.

Falleció de venir molida del camino y de otros trabajos, dice la madre Mariana de la Encarnación. El médico que dictamina en ese momento, Diego Polanco, habla de muerte a causa de *unas calenturas y flujo de sangre*, y su enfermera, Ana de San Bartolomé, dice que *de aquella jornada y de los trabajos y quebrantamiento que en ella padeció, se le recreció la enfermedad, de que murió.* Ya hemos visto en otro lugar cómo hoy en día se alude a un cáncer de cuello uterino o a un fibroma sangrante.

Al desgaste propio de la edad —acaba de cumplir 67 años— hay que unir una importante desnutrición, una fuerte tensión nerviosa, y un descomunal esfuerzo realizado en condiciones climatológicas muy adversas, todo lo cual revierte en una crisis de fiebre y hemorragia que acaba por vencer su ya muy debilitada resistencia física.

Luego de amortajar el cuerpo, quedan velando el cadáver las religiosas con los dos descalzos, fray Antonio y fray Tomás. Las honras fúnebres se realizan con precipitación. Acude gran gentío, y se decide poner el cuerpo en la iglesia mientras se cantan los oficios, y lo sacan por la portería en unas andas. Los oficios se celebraron entre las diez y las once de la noche del 5 de octubre, que desde aquel mismo día, y en virtud de la enmienda del calendario promulgada por Gregorio XIII, se contó 15 de octubre. Se procede luego a su entierro, entre las dos rejas del coro bajo.

Es enterrada a las doce, tan sólo con el hábito, en un ataúd de madera y envuelto en un paño de jerga. Se encarga al cantero la labor de macizar bien para que no pudieran sacar el ataúd, y posteriormente cargar sobre el mismo gran cantidad de material (piedra, cal y ladrillo), a fin de imposibilitar su extracción, pues hay gran miedo a la profanación y hurto del cuerpo.

Un cuerpo que, en otro sentido, ya no es sino prisión para un alma que pugna por escapar hacia la eternidad, llegada a la madurez de una existencia que en todos los sentidos ha visto ya cumplido su ideal.

VIII. EPÍLOGO

Gusta Teresa de Jesús en su hondura espiritual de referirse a su *Libro de la Vida* como *mi alma*, y ciertamente expresa así con sobrada explicitud la estima y el muy íntimo sentimiento que guarda para con la obra. Más aún, hace uso harto frecuente de la misma a modo de íntima tarjeta de presentación que, en la mayor prueba de confianza que le es dado mostrar, entrega a aquéllos en los que entiende haber hallado pozo de confidencias de las innúmeras aflicciones, congojas, desconsuelos y temores; angustias, desasosiegos, penas, pesares y tormentos; dudas, incertidumbres e inquietudes; recelos, remordimientos y suspicacias... que a diario asedian su fortaleza interior durante gran parte de su vida. De tal modo que no cabe sino coincidir en que este *Libro de la Vida* —libro de su vida— encierra entre sus páginas algo más que ese filón de material didáctico o moralizador que siempre se quiso extraer de su contenido.

De hecho, fue a tal fin que se hizo mandato de escritura a la religiosa: para que su experiencia y su ejemplo sirvieran de material de prevención y estímulo para almas de mucha mayor imperfección que la suya. E imbuida de tal espíritu, aceptó Teresa de Jesús esta nueva prueba de sumisión incondicional a la regla de obediencia, accediendo a desnudar su propia alma para así manifestar la grandeza y la misericordia de Dios para con la miseria del alma humana.

Mas acaeció que tan inquieta alma literaria pronto quiso cruzar las fronteras levantadas por su dueña y lanzarse a conocer mundo, en una suerte de odisea que vertiginosamente la llevará de mano en mano, de lector en lector, de alma en alma (proceso de metempsicosis literaria), aun en contra de los deseos iniciales de la autora de hacer de la obra íntimo secreto sólo destinado a espíritus muy bien elegidos, tal y como así hacía con sus confidencias. Pero el número de estos elegidos aumenta progresivamente para su desesperación. Y de sus confesores y confidentes pasa a las manos (a las almas) de muy queridos amigos, que a su vez no se resisten a compartir tal festín de espiritualidad con sus seres más queridos, y así este alma se multiplica en infinito número de panes y peces a cuyo banquete queda finalmente invitada la propia Inquisición, que durante buen número de años —hasta doce— la tendrá confinada entre sus oscuras mazmorras al objeto de hacer de ella severo escrutinio antes de permitirle remontar de nuevo el vuelo. Y luego alcanzará muy ilustres dominios, tales los de gran número de eminentes teólogos y catedráticos —fray Luis de León a la cabeza—, y el propio emperador Felipe II, hasta finalmente tomar tierra en el monasterio de El Escorial.

Pero no es cierto, no es en esta Real Biblioteca de El Escorial donde tan inquieta alma encuentra último paradero. Allí sólo queda depositado el manuscrito o autógrafo. Será un alma gemela a la de Teresa de Jesús, la de Juan de la Cruz, quien primero vea en esta obra la necesidad de sacarla a la luz para dar luz, para iluminar el interior del armario de tantas almas y cumplir así ese objetivo último de mudar su actitud y tornar hacia Dios para encontrar, éstas sí, destino final.

Son varias las fórmulas utilizadas por Teresa de Jesús para referirse con ternura y profunda sensibilidad a su obra. *Libro grande*, dice también. Tan grande quizá como ese castillo interior que divide en moradas que semejan distintos compartimentos del alma humana, cada una de ellas gobernada por Dios. Tomemos en préstamo tal figura para hacer de este gran libro el alma que es de la monja, y dividámoslo en distintos compartimentos, cada uno de ellos imbuido del espíritu de su autora. Ya hemos visto cómo una de esas moradas está colmada del carácter doctrinario que mueve buena parte del ideal y la obra de la que en este sentido es ante todo reformadora descalza.

Entremos ahora en otra estancia, siempre llevados de la mano de la maravillosa alegoría teresiana. Desde el valioso documento histórico que la obra es en sí, nos es dado aproximarnos a ese complejo español del Siglo de Oro, en lo interior profundamente atribulado por el tan enrarecido ambiente de espiritualidad que asfixia al país, y del que la monja es a un tiempo víctima y testigo de cargo en función de sus propias tribulaciones interiores y de las que sufre en su intento de fundar en su Ávila convento descalzo desde el que prender la mecha de una iluminadora labor de fundadora.

Vayamos ahora un poco más allá. Penetremos sin miedo en las más intrincadas cámaras de la fortaleza espiritual que constituye Teresa de Jesús. Se ha aludido ya a la intención de adoctrinar con su ejemplo, por mandato y por iniciativa propia también. Pero, más hacia adentro, revuelve la autora en su interior —y así bautiza una vez más el texto, ahora como *parte de mi alma y oración*— para de allí extraer cierta explicación de su espiritualidad que le permita dotar a sus experiencias místicas de un sentido que le es tan caro y tan necesario. A partir de la conjugación que alcanza entre esas experiencias reales y la orientación doctrinal que da a las mismas mediante la división que realiza de la oración mental en cuatro grandes grados, alcanza la obra su magna dimensión de tratado espiritual, reforzada por la explicación de los efectos que el alma procura al recibir las mercedes divinas.

Pero es el modo en el que se aproxima al lector —al alma ajena— el que engrandece su relato de forma definitiva, por cuanto Teresa de Jesús —que a la sazón se encuentra en su etapa de máxima madurez espiritual y psicológica, próxima como está a cumplir los 50 años al redactar la parte final de la obra— se revela ante todo como propietaria de una elemental humanidad que le permite ofrecer un testimonio en primera persona descarnado, espontáneo, ingenuo, que huye de la grandilocuencia para expresar por escrito fenómenos de muy alta complejidad encerrados en un sencillo devenir cotidiano.

Esto por lo que hace a la etapa última de composición del texto, pues desde el principio ha expresado con harta claridad lo que ha pretendido hacer: *un discurso de mi vida lo más claramente que entendí y supe sin dejar nada por decir,* como señala cuando se apresta a concluir la primera redacción de la obra.

Desde estas palabras, a la hora de aproximarse al personaje para hacer relato de su vida, resulta prácticamente imposible no ceder eventualmente a la tentación de prestarle nuestra pluma para que ella misma se convierta por momentos en narradora de su propia experiencia. No hacerlo en el caso de Teresa de Jesús y de este *Libro de su Vida* parece cuanto menos osadía, y en el peor de los casos, grave pecado de soberbia. En este sentido, no ha lugar en momentos muy puntuales intentar siquiera transmitir ni la sencillez de la cotidianidad ni la complejidad de lo espiritual, pues a esa estancia —trazada y edificada en lo más profundo de sí— sólo uno mismo tiene acceso.

IX. APÉNDICE

La literatura en Teresa de Jesús

Siempre fui amiga de letras
(Libro de la Vida, 5,3)

En función de la vasta riqueza que envuelve la figura de Teresa de Jesús, la primera cuestión que se plantea al abordar su faceta literaria es el motivo que lleva a la religiosa a abrir, en un momento dado de su de por sí ya azarosa existencia, un nuevo frente.

Parece existir unanimidad casi absoluta a la hora de establecer dos conceptos clave en torno a esta interrogante: obediencia y utilidad. En efecto, es un hecho que en primer lugar Teresa de Jesús deviene escritora por mandato. Y en consonancia directa con ello, subyace detrás de tal mandato una finalidad esencialmente didáctica, en función de los compromisos de muy diversa índole que la religiosa va abrazando paulatinamente para con la causa descalza.

Así, parece claro que el fundamento primero de su *Libro de la Vida* es el de dar a conocer sus experiencias místicas y sus doctrinas espirituales a un destinatario en principio bien determinado: sus propias monjas, a quienes procurará una guía de formación y consejo a la que en cierto modo ya había apuntado con la institución de lo que, en principio, son improvisados coloquios conventuales que poco a poco van alcanzando carácter de tertulias de profundo contenido teológico. De otro lado, su *Libro de las Constituciones* recoge en sustancia el cuerpo de normas o reglas por las que habrán de regirse en su vida ordinaria los monasterios descalzos a la hora de llevar a cabo la observancia regular que marca las líneas generales de la reforma teresiana. Finalmente, uno u otro texto, como cualquiera de sus obras restantes, irá traspasando progresivamente las fronteras de la obediencia o la utilidad propias de su época para servir de documento de impagable valor para conocer los avatares de su vida y su obra, así como del contexto histórico y social en el que una y otra se desarrollan.

Es obvio que tal sumisión a la obediencia y la utilidad tiene una influencia decisiva en su estilo literario y su escritura. En primer lugar,

Teresa de Jesús no es escritora por vocación, o al menos no lo es de principio. Es claro que su vocación primera y sus miras primordiales son de muy otra naturaleza. Eso le lleva a escribir a saltos, de modo discontinuo e intermitente, sin observar una disciplina ni una dedicación propias de quien se entrega plenamente a una labor de estas características. A menudo saca tiempo de donde prácticamente no lo hay para hilvanar a grandes puntadas un texto que de hecho demanda mucho mayor esmero, tal es el número de tareas que a diario se ve obligada a atender. A nadie escapa que la composición del *Libro de las Fundaciones* se convierte para ella en una muy penosa labor (quizá sea uno de los mandatos que más le cueste atender a lo largo de su vida) que no duda en apartar de sí a la menor ocasión que se le presenta, dejando la relación de cada una de las fundaciones que levanta para momentos de absoluta inactividad.

El hecho de que la mayor parte de su obra —exceptuemos claramente su *Libro de las Moradas o Castillo interior*, de marcado contenido de inspiración espiritual— persiga una estricta finalidad, determina asimismo su estilo, y por ende, el recurso a unos procedimientos muy característicos (y a veces, la renuncia voluntaria a los mismos). Es lo que se ha venido a denominar su *estilo ermitaño*, o de renuncia a mostrar cierto grado de conocimientos sobre la materia que aborda —fundamentalmente de raíz teológica o mística—, o de dominio sobre el propio arte de la escritura, lo que en parte explicaría la frecuente carencia de lenguaje literario. En cualquier caso, por entre los barrotes de esa pequeña celda de clausura en la que también parece recogerse a la hora de entregarse a la escritura, sí deja escapar fulgurantes rayos de creación literaria que iluminarán una muy personal obra creativa.

A la hora de escrutar el estilo literario de Teresa de Jesús, se ha aludido al empleo de una nueva retórica encaminada a alcanzar el grado máximo de expresividad interior mediante la descripción directa de la propia vivencia personal, huyendo de artificios y formalismos, esto es, tratando de llegar a la intimidad más profunda desde la realidad exterior mediante una sabia conjugación de lo divino —lo sobrenatural— y lo humano.

Es así que la autora se entrega a un proceso de constante generalización de la vida real, por mucho que ésta incluya el hecho de recibir una merced divina que a su vez obliga a describir el estado físico o espiritual que tal hecho procura. En sustancia, trata Teresa de Jesús de humanizar lo que en su interior hay de divino, cumpliendo de este modo con el mencionado carácter didáctico que su obra encierra, pues al hacer partícipe de tales efectos a sus destinatarios pretende imbuir en ellos el deseo de alcanzar una perfección espiritual que depare tales goces, o cuanto menos mostrar la grandeza y la misericordia divinas frente a la miseria del alma humana.

Biografía

Pero el hecho de querer alcanzar tal humanización o materialización de lo sobrenatural a partir de una continua recurrencia al empleo de elementos reales, no supone ni mucho menos el abandono del componente dogmático o religioso. Mucho se ha especulado en este sentido sobre la presencia de la inspiración en la obra de la autora. No oculta ella misma su certeza de que con frecuencia es Dios el que se expresa a través de sus palabras, sobre todo cuando la magnitud de la idea o el pensamiento a transmitir excede de lo que entiende sus facultades para hacerlo.

En todo caso, si de un recurso literario específico hay que hablar a la hora de analizar el estilo de Teresa de Jesús, éste es el empleo de las imágenes como vehículo de expresión, unas imágenes que casi siempre extraerá de la fecunda Madre Naturaleza, perfecto lazo de unión entre lo divino y lo humano a partir de la mutua relación que se establece entre ambas dimensiones.

De dichas imágenes extraerá alegorías, metáforas, símbolos y símiles (y luego asteísmos, congeries, elipsis, hipérbatos y reduplicaciones), figuras que en modo alguno se verán menoscabadas por su evidente falta de originalidad pues, como posteriormente veremos, es notoria su dependencia de fondo y forma de numerosas fuentes de muy diversa índole (fundamentalmente la lectura y la predicación) a las que se ve obligada a acudir en virtud de su inexperiencia. No obstante la sencillez de estas imágenes y figuras, unas y otras demandan siempre un cómplice esfuerzo de interpretación por parte del lector, que nunca podrá quedarse en la estricta translación literal de las mismas, debiendo proyectarlas tanto sobre la perspectiva más o menos real de la propia autora como sobre el fin al que su empleo está destinado.

Dentro del análisis del estilo literario de la autora, reclama un lugar especial la singularidad de su vocabulario con respecto al de otros autores ascéticos y místicos de su época. Desdeña Teresa de Jesús por principio el recurso a las voces cultas; es más, cuando se sirve de las mismas, en cierto modo, las desnuda de su presunto cultismo al reconvertirlas al lenguaje popular, así *baratar*, *calonge*, *disbarate*, *espeluzar*, *éstasi*, *jarretar*, *parajismo*, o *yproquesía*. Sirve ello para sostener la tesis de que la escritora escribía como hablaba, y de hecho hablaba y escribía como lo hacía el pueblo del siglo XVI, sin cultismos, recurriendo en todo caso al lenguaje figurado. Abundan así en sus textos los vulgarismos, el uso de vocablos inexistentes o cuanto menos anticuados o desusados, y de palabras deformadas o de nueva creación; cuando no la introducción de estructuras sintácticas de flagrante incorrección o distorsión que con frecuencia dificultad en extremo su comprensión. El que cometiera tales desmanes de forma deliberada o no, no es en todo caso cuestión menor. Hay quien ha querido ver en ello una clara intención de ocultar su ascendencia conversa aparentando una falta de cultura que la relacionara directamente con el pueblo llano, a su vez desligado por completo de los conversos. Otros aluden a cierto prurito de originalidad y, por definición, de pretensiones literarias por parte de la autora, queriendo encontrar aquí valores estéticos tendentes a lograr una mayor expresividad literaria. Y los hay, en fin, quienes apuestan por tomar elementos de uno y otro lado al considerar que Teresa de Jesús persigue ante todo llegar hasta el pueblo (y así trata de hacer más vivo su relato mediante el uso de giros y expresiones un tanto chocantes) sin renunciar por completo a un lenguaje relativamente culto más propio de la literatura espiritual, y que tiene en cuenta tanto los temas tratados en sus textos como los destinatarios primeros de los mismos.

Elementos asimismo característicos de su literatura, y presentes en casi toda su obra, son el notable predominio del sustantivo sobre el adjetivo, y el uso muy personal y característico que hace de éste último (en lo que se ha querido ver una cierta afectación deliberada para introducir términos de mayor sensibilidad o ternura).

La expresa singularidad de la obra literaria de Teresa de Jesús ha llevado a sus principales estudiosos a poner especial énfasis en su formación, atendiendo fundamentalmente a sus lecturas a fin de encontrar en ellas las fuentes esenciales de dicha formación. Unas lecturas que progresivamente irán trascendiendo de aquellas que principian en la biblioteca de su padre a las de los libros de espiritualidad (tanto originales como traducidos) que se publican en España a principios del siglo XVI.

Cabe mencionar, en este sentido, un *Vitas patrum* aparecido en 1498; la traducción de la famosa *Vita Christi* del cartujano Ludolfo de Sajonia, a cargo del franciscano fray Ambrosio Montesinos; la traducción de las *Moralia in Job*, por parte de Álvarez de Toledo (1514); la traducción de los *Soliloquia*, libros apócrifos de San Agustín (1515); o la traducción de las *Epístolas*, de San Jerónimo (1520), por Juan de Molina, obras todas ellas que ejercerán decisiva influencia sobre su vida, como posteriormente lo harán las *Flos Sanctorum*, de las que siempre llevaba un ejemplar consigo, al igual que Juan de la Cruz.

A estos títulos es obligado añadir determinada literatura satírico-moral (en particular la erasmiana) que cumple un papel relevante en la predicación, fuente también básica de formación literaria de Teresa de Jesús, como ya hemos visto con anterioridad. Pilares de dicha literatura serán obras como *Arte para servir a Dios*, de Alonso de Madrid; *El arte de confesar* (1523); o *El arte de bien confesar* (1524) —que reforzarán sobremanera el gusto de la religiosa por la confesión—, y tratados como el *Soliloquio*, de San Buenaventura; el *Tratado del nombre de Jesús*; o la *Perla preciosísima que asegura y repara la vida cristiana*.

A la influencia evidente que sobre la personalidad de Teresa de Jesús ejerce la publicación en 1527 de la *Tercera parte del Abecedario Espiritual*, de Francisco de Osuna, hay que unir posteriormente la de obras de fray Antonio de Guevara: *Libro del Emperador Marco Aurelio*; *Reloj de Príncipes* (1528); *El monte Calvario* (1529), de grave tono moral, y otros escritos plenos de consejos prácticos (*Camino de la perfección espiritual del alma*, 1532).

A medida que nos acercamos al periodo central de la formación teresiana, aumenta la lectura de este tipo de obras: *Diálogos de San Gregorio*, del jerónimo Gonzalo de Ocaña; *Desprecio del mundo* o *Espejo de un dominicano* (anónimo), y un tratado excepcional en dicha formación: *Subida del Monte Sión*, de fray Bernardino de Laredo. Los tratados espirituales de autores como San Juan de Ávila o fray Luis de Granada cumplirán igualmente papel fundamental.

Obras posteriores intensifican el tono ascético de la autora: *Manual para la eterna salvación*; *Vergel de virginidad* (ambas publicadas en 1539). En este sentido, cabe aludir al hecho de que el giro definitivo de Teresa de Jesús hacia el ascetismo viene en buena parte provocado por la publicación de libros de oración que apuntan a la renuncia a los bienes terrenales y al goce de los sentidos: *Retraimiento del alma* (1537); *Comentarios para departimiento del ánima en Dios* (1539), de Diego Ortega; o la obra de Luis Vives, subtitulada *Preparación del ánima para orar*.

En abierta competencia con las novelas de caballerías en cuanto a interés de lectura, estas obras espirituales y tratados ascéticos que pueblan las bibliotecas privadas y conventuales continúan ejerciendo un importante predominio en la década que se abre entre 1540 y 1550: así *Tesoro de virtudes* (1543), del franciscano Alonso de la Isla; *Remedio de pecadores* (1545), de Dueñas; *Libro de la verdad sobre la conversión del pecador*, de Pedro de Medina; *Soliloquio*, de Bernal Díaz de Lugo; *Oratorio de religiosos*, de fray Antonio de Guevara; o *Tratado de la oración*, de Martín de Azpilcueta, obras a las que posteriormente se unirán la *Vanidad del mundo*, de Diego de San Cristóbal, o el *Desposorio espiritual* (1566), y el *Libro de la suavidad de Dios* (1576), de Alonso de Orozco.

Más concretamente, no debe pasarse por alto la importante relación de la literatura teresiana con fray Antonio de Guevara: *Oratorio de religiosos y exercicio de virtuosos*; así como las ya citadas *Reloj de Príncipes*, y *Epístolas familiares*; obras de las que primeramente hizo libros de lectura personal y luego de recomendación, y que, a la par que en un ámbito específicamente espiritual, influyeron igualmente de modo notable en la progresiva conformación de su prosa, en cuanto huye de la espontaneidad y la improvisación del *estilo ermitaño* para buscar cierto lucimiento de pretensiones literarias.

Otros autores de notable influencia sobre la religiosa son Pedro de Alcántara *(Tratado de oración y meditación*; *Breve introducción para los que comienzan a servir a Dios*; *Tres cosas que debe hacer el que desea salvarse*), fray Luis de Granada, o San Vicente Ferrer, que contribuirán al desarrollo de su retórica y de su finalidad didáctica.

Abundando en la ya aludida posibilidad de influencia de las novelas de caballerías en el estilo teresiano, es posible encontrar cierta relación entre éstas y algunos tratados espirituales anteriormente citados, en especial los *Flos Sanctorum* (la más difundida de todas, la *Leyenda Áurea*, de Jacobo de Vorágine); las *Vitas* o *Vitae patrum* (en esencia, relatos sobre vidas de santos escritas en romance); e incluso las *Colaciones* de Casiano, que por mandato de la fundadora constituyen lectura obligada en los conventos teresianos.

Pero, aparte de las novelas de caballerías o los relatos de vidas de santos, la etapa de mayor hondura espiritual de Teresa de Jesús viene marcada por el ámbito de recogidos e iluminados de la espiritualidad valdesiana (por Juan de Valdés); así las *Epístolas de San Jerónimo* (que leerá en casa de su tío Pedro Sánchez de Cepeda durante el periodo de convalecencia que sigue a las curas a las que se somete en Becedas), y posteriormente las *Moralia in Job*, de San Gregorio Magno. Senda espiritual abierta por estas lecturas y luego reforzada por las *Confesiones* de San Agustín, y posteriormente sus *Soliloquios* y *Meditaciones,* obvia fuente de similitudes con algunos de sus textos.

Obras también importantes son el *Contemptus mundi*, al que la religiosa se refiere queriendo hacer alusión a la *Imitación de Cristo*, de Tomás de Kempis, y la ya citada *Vita Christi*, de Ludolfo de Sajonia, base de la humanización teresiana que busca una expresión física de su religiosidad a partir de imágenes de la vida cotidiana. En otro sentido, esta obra le conduce a pretender una comprensión física del sufrimiento de Cristo, posteriormente muy presente en su literatura. A tal fin contribuirá asimismo de modo importante la lectura del *Cartuxano romançado*, clave en la consecución de una marcada expresividad emocional plena de sensibilidad.

Influencia igualmente poderosa ejercen en calidad de maestros Juan de Ávila, fray Luis de Granada, y Pedro de Alcántara. El primero de ellos lo hará a partir de su *Audi filia*, muy en concreto sobre el *Camino de perfección*. De fray Luis de Granada extrae básicamente la sabia utilización de imágenes como el fuego, el perfume o el rayo de sol, y en otro contexto el castillo, éste como símbolo de guerra. Por lo que respecta a Pedro de Alcántara, su *Libro de la oración* y su *Tratado de la oración y meditación* obran decisiva influencia sobre el *Libro de la Vida*; en voz de la autora, *dice lo mesmo que yo aunque no por estas palabras.*

En su transcurrir por la intrincada senda del recogimiento se guiará a través de la luz que le procura Francisco de Osuna, con su *Tercer abecedario*, que insiste en la posibilidad de aunar cuerpo y alma para alcanzar la salvación, poniendo especial énfasis en el papel desempeñado por los sentidos en el proceso de unión con Dios. También bebe con frecuencia el *Libro de la Vida* de las fuentes proporcionadas por esta lectura, resultando patente la relación directa entre la clasificación teresiana de la oración pasiva (quietud, unión y éxtasis) y los tres últimos grados del recogimiento expuestos por Francisco de Osuna.

Manantial de importante influencia serán también los espirituales franciscanos, debiendo fijar tres obras como puntales de la formación teresiana en cuestiones muy específicas: el *Arte de servir a Dios*, de Alonso de Madrid, en lo tocante al terreno de la introspección psicológica y el *Libro llamado Itinerario de la Oración*, de Francisco de Evia; y la *Via spiritus*, de Bernabé de Palma, en lo que respecta a la definición de lo sobrenatural.

Todo ello sin olvidar finalmente la indirecta pero en cualquier caso general influencia de la Biblia, muy presente en su obra a partir de citas concretas, especialmente en lo que se refiere a San Pablo, los libros proféticos, devocionarios y libros litúrgicos, o el *Levítico*; todo ello sin pasar por alto la relación de determinados pasajes con el *Cantar de los Cantares*.

Como ya se ha dicho, el deber de obediencia es la primera razón que lleva a Teresa de Jesús a tomar la pluma, si bien ya desde pequeña manifestara una singular fascinación por la escritura, de lo que da muestra la confección de su singular *livro de cavallerías*, escrito a una con su hermano Rodrigo en la infancia.

En cualquier caso, será por mandato que comience a redactar por escrito su *Libro de la Vida*, relato de su propia existencia elaborado en torno a la necesidad que siente de expresar lo que guarda su conciencia a fin de liberar los continuos temores sobre si era Dios o demonio aquello que sentía en la oración.

Son varios los ejercicios autobiográficos que Teresa de Jesús lleva a cabo a lo largo de su vida, la mayor parte de ellos dirigidos y supervisados por los diversos confesores o directores espirituales que sucesivamente guiarán su experiencia interior. Así, pergeña con 39 años de edad su primera cuenta de conciencia a partir de unas líneas trazadas sobre un ejemplar de la *Subida al Monte Sión*, de fray Bernardino de Laredo. Posteriormente, por mandato del jesuita Diego de Cetina compone un discurso de su vida a modo de confesión por escrito de todos sus males y bienes, en la que está considerada como primera relación escrita de su vida.

Más adelante, ya bajo la tutela del dominico Pedro Ibáñez, escribe *La manera de oración que ahora tengo* —Cuenta de Conciencia I—, de la que su confesor hará uso posterior para emprender una ardua defensa de la religiosa.

Será este padre Ibáñez el que, de acuerdo con otros consejeros espirituales, le ordene escribir una extensa relación de su vida, a la que pone fin a principios de 1562 en Toledo, en lo que se convierte en la primera redacción de su *Libro de la Vida*. Habiendo desaparecido el primitivo original, realiza posteriormente una redacción más extensa del mismo por mandato de sus confesores dominicos, a la que siguen algunas otras en las que paulatinamente va incluyendo relatos de muy diversa índole. En sustancia, hace uso Teresa de Jesús de su *Libro de la Vida* a modo de tarjeta de presentación que entrega a cada uno de sus nuevos confesores, siendo su empeño esencial hacerles partícipes de sus inquietudes sobre la naturaleza de los efectos espirituales de su modo de oración.

A su muerte, se multiplican por doquier las copias del texto, principalmente en conventos y cátedras universitarias de Teología. Cuando una de estas copias llega en 1586 a manos de la emperatriz doña María, hermana de Felipe II, manifiesta ésta de inmediato su intención de ver impreso aquel texto, luego de que durante casi doce años hubiera estado en poder de la Inquisición. Logra la Emperatriz interesar en tal proyecto a la Madre Ana de Jesús, priora de descalzas en Madrid, y se entrega el original a fray Luis de León, sirviendo para la primera edición de las obras de Santa Teresa, editada por Guillermo Foquel, en Salamanca, el año 1588, con el título *La vida de la madre Teresa de Jesús, y algunas de las merçedes que Dios le hiço, escritas por ella mesma por mandado de su confesor, a quien lo embía y dirige, y dize ansí.* Una vez terminada la impresión, es depositado el original por orden de Felipe II en el monasterio de El Escorial, donde aún se conserva en perfecto estado, añadiéndosele el título que lleva en la actualidad: *Vida de la madre Teresa de Jesús, escrita de su misma mano, con vna aprobación del padre M. Fr. Domingo Báñez, su confesor y cathedrático de prima en Salamanca.*

La profunda impresión que aquel *Libro de la Vida* había dejado en sus confesores, lleva a éstos a plantearse la posibilidad de que la monja escribiera un ambicioso tratado de vida interior desprovisto ya de las noticias de carácter biográfico. Tratándose de nuevo de un mandato, no puede por menos que tomarlo la monja como una tarea más que añadir a las que ya por entonces —finales del año 1562— colman su existencia interior y exterior, no obstante acaba de fundar su convento de San José de Ávila. Es por ello que procederá a la composición del mismo a retazos, y de hecho le llevaría casi dos años dar forma definitiva al *Camino de perfección*, obra de muy sencillo y claro contenido, destinado en esencia a expresar el fin de la Orden y el medio para alcanzar el mismo, la vida de oración, que precisa de una serie de disposiciones morales muy concretas y una técnica para su ejercicio.

Como ya sucediera con el *Libro de la Vida*, también de este *Camino de perfección* —al que su autora gusta referirse en ocasiones como *el librillo* o *el Paternóster*— se harán numerosas copias que serán distribuidas en los conventos de descalzos para su lectura, tanto más cuanto debe atender al fin didáctico para el que ha sido ideado y compuesto.

Una de las primeras alusiones a las *Meditaciones sobre los Cantares* aparece en carta dirigida al padre Báñez con fecha 28 de agosto de 1575 en la que le reclama su censura sobre el texto, habiendo dado éste con anterioridad su aprobación el 10 de junio de 1575, anterior a la censura del *Libro de la Vida*, de fecha 7 de julio de ese mismo año.

Fue redactado por primera vez (en virtud del examen de los restos que quedan del mismo se estima que el texto fue escrito varias veces, y se discute incluso si su contenido se conserva íntegro) en San José de Ávila, entre 1566 y 1567, y al menos una segunda vez alrededor del año 1574, también en San José de Ávila, al dejar la religiosa el priorato de la Encarnación.

No da Teresa de Jesús título al escrito, al que los antiguos nombran *Sobre los Cantares*, y la autora se refiere sencillamente como *mis meditaciones*. El original no lleva división de capítulo ni epígrafes, y será el padre Gracián quien lo divida en siete capítulos y lo edite por primera vez en Bruselas en 1611 bajo el título *Conceptos del Amor de Dios*.

Ya escrito el libro y hechas varias copias del mismo, recibe Teresa de Jesús del padre Diego de Yanguas la orden de quemarlo, si bien nunca dará a conocer el nombre de la persona que dictó tal orden. Ello sucede en 1580, aunque varias copias escapan al destino de tal mandato, una de ellas la que llevaba la censura del padre Báñez, la cual acabó en poder de la duquesa de Alba.

Habiéndose incautado dos años atrás la Inquisición de los manuscritos de su *Libro de la Vida*, recibe Teresa de Jesús el 28 de mayo de 1577, en Toledo, la sugerencia del padre Gracián de hacer memoria de todo aquello de lo que se acordara a fin de redactar un nuevo texto al que añadir otras cosas. Tras consultar tal extremo con quien por entonces es su confesor, Alonso Velázquez, da inicio el 2 de junio de ese año a la redacción de las *Moradas del castillo interior*, texto imbuido de una muy grave serenidad a despecho de las turbadoras circunstancias que en lo exterior acechan a su persona en particular y a la causa descalza en un sentido más amplio. Varias de esas circunstancias le obligan a interrumpir la redacción de la obra, que no verá finalizada hasta el 29 de noviembre en San José de Ávila, habiendo empleado no más de dos meses en su composición.

Tres años más tarde, en el verano de 1580, realiza el padre Gracián junto a Diego de Yanguas una censura del texto en presencia de la autora, y lo deja en las manos de María de San José, en Sevilla. Denominado por los antiguos *Las Moradas* o *El castillo interior*, describe el texto —notablemente influenciado por la figura de Juan de la Cruz— los apartados del alma a partir de la alegoría que Teresa de Jesús hace de un castillo dividido en sus partes correspondientes —fosos, adarves, murallas, cercas, arrabales, alcázar y torreón—, en cada una de las cuales tiene el Señor su alcoba personal desde la cual gobierna a todo habitante del castillo.

Junto al *Libro de la Vida*, las *Cuentas de conciencia* aparecen como los testimonios autobiográficos más relevantes de toda la obra teresiana. Si el primero ofrece una suerte de relato global de su experiencia interior, las segundas conforman una serie de relaciones circunstanciales escritas de modo intermitente, sin seguir tampoco una línea de continuidad específica en su contenido. Del carácter discontinuo de las mismas da fe el hecho de que iniciara estos relatos con anterioridad al *Libro de la Vida*, para posteriormente retomarlos cuando éste es delatado a la Inquisición, hasta finalmente concluirlos poco antes de su muerte.

La primera colección de estas relaciones fue publicada por fray Luis de León después del *Libro de la Vida*, atendiendo esencialmente a un orden bastante arbitrario de las mismas.

Las siete primeras cuentas reciben el nombre de *Relaciones*, y las siguientes el de *Mercedes*, quedando posteriormente reunidas bajo el título genérico de *Cuentas de conciencia*. La primera de ellas fue escrita hacia finales de 1560 con objeto de manifestar su conciencia al padre Pedro Ibáñez; dos años después, coincidiendo con la fundación del monasterio de San José de Ávila, escribirá la segunda, dirigida al mismo padre Ibáñez, en tanto la tercera y la cuarta estarán destinadas al padre García de Toledo, por entonces su confesor. Ya desposeída de su *Libro de la Vida*, en 1575 da obediencia en Beas al padre Gracián, y vuelve a escribir estas cuentas —a modo de notas volantes— en una especie de cuadernito al que hará alusión en diversas ocasiones. Como quiera que estos cuadernitos se perdieron y las notas quedaron dispersas, tan sólo se tiene conocimiento de algunas de ellas, recogidas en colecciones antiguas, siendo las más importantes las de Ávila, Toledo y Consuegra.

En 1588 publica fray Luis de León las *Exclamaciones*, bajo un título que es toda una declaración de intenciones que en sustancia remite al contenido esencial de las mismas: *Esclamaciones o meditaciones del alma a sv Dios escritas por la madre Teresa de Jesvs, en differentes dias, conforme al espiritu que le comunicaua nuestro Señor despues de auer comulgado, año de mill y quinientos e sesenta y nueue*. De acuerdo con la datación de la obra, se estima que la religiosa llevó a cabo su redacción esporádicamente, en diferentes tiempos y lugares, según atendía a las fundaciones de Toledo y Pastrana, y permanecía en Ávila en intervalos puntuales.

Las innúmeras poesías escritas por Teresa de Jesús la harán, a la postre, acreedora a ser catalogada como buena trazadora de versos, estando destinados la mayor parte de los mismos a aliviar las situaciones de especial dureza y dificultad que a menudo debe afrontar junto a sus monjas en los conventos o con los miembros que componen las comitivas que participan en cada fundación. Cualquier acontecimiento sirve a tal fin, ya una festividad de singular devoción, ya la celebración de la Navidad, que le era tan cara. A mediados del siglo XVIII, se entrega el padre Andrés de la Encarnación a la labor de realizar una recopilación de estos versos por algunos conventos, llegando a encontrar dieciséis de ellos en Toledo, cinco en Cuerva, cinco en Madrid, y cinco en Guadalajara. Mas no resulta fácil en ocasiones distinguir aquéllos que en verdad fueran obra de la Madre de los que pudieran proceder de la pluma de sus hijas y discípulas en la materia.

Por mandato del que era su confesor en Salamanca desde 1573, el padre Jerónimo de Ripalda, inicia Teresa de Jesús el relato de todas las fundaciones que hasta el momento ha llevado a cabo, y de las cuales tan sólo había incluido en el *Libro de la Vida* la correspondiente al monasterio de San José de Ávila. Como ya sucediera en otras ocasiones, el hecho de ponerse a escribir por obligación no resulta del agrado de la monja, que debe afanarse a la labor en el tiempo libre que le dejan sus otras obligaciones y compromisos. La redacción de los primeros nueve capítulos de este *Libro de las Fundaciones* —que comprende hasta la de Alba de Tormes— se realiza durante la estancia de cinco meses en Salamanca. Después de redactar los diez capítulos siguientes (del 10 al 19) en Segovia hacia finales de 1574, se entiende libre del mandato impuesto y deja el proyecto en abandono, hasta recibir en 1576 orden del padre Gracián de retomar el mismo a su vuelta de Andalucía, coincidiendo con su periodo de retiro en Toledo. Tras solicitar a su hermano Lorenzo el envío de todas las notas relativas a las fundaciones ejecutadas desde entonces, en apenas un mes pone fin a la obra con la fundación de Caravaca. Supuestamente procedería al relato de las posteriores fundaciones, o bien al poco tiempo de cerrar cada una de ellas, o bien redactando todas ellas en conjunto en Burgos, donde el padre Gracián, entonces provincial, reforzaría su antiguo mandato.

El valor documental que la obra encierra resulta incalculable, y asimismo el de su naturaleza espiritual, pues cada una de las relaciones históricas de estas fundaciones aparece acompañada de muy interesantes digresiones de carácter moral y psicológico, que incluyen comentarios sobre la perfección de vida de las descalzas, la importancia de la conjunción del trabajo activo con la continua oración, o el análisis del estado de melancolía, así como diversas advertencias dirigidas a las prioras de sus conventos para gestionar los mismos de forma correcta.

No pone Teresa de Jesús título a este libro, si bien posteriormente sí escribió alguno en la hoja que precede al prólogo, así *Libro original de las Fundaciones de su Reformación que hizo en España la gloriosa Virgen Santa.*

Debe buscarse el origen de las *Constituciones para las Hermanas de la Orden de Nuestra Señora del Monte Carmelo de la primera Regla sin relajación, dadas por el Reverendísimo General de la dicha Orden Fr. Juan Bautista Rubeo, año 1568*, en el principal problema de legislación que se plantea a la hora de poner en marcha la fundación del monasterio de San José de Ávila. En ningún caso puede llamarse a improvisación la tarea emprendida a partir de ese momento por Teresa de Jesús, quien organiza el modo de vida conventual de sus fundaciones en torno a una serie de principios que conjugan sus ideales de fundadora y las experiencias de las que paulatinamente va haciendo acopio a partir de la fundación de cada nuevo convento: número de monjas, clausura, oración, condiciones de la casa, fundación con o sin renta...

Dichos principios dan forma a la *Constitución* que se realiza hacia finales de 1562. Las primeras *Constituciones*, en parte inspiradas en aquellas que se guardaban en la Encarnación, y en parte dictadas por su propio ideal y experiencia, son sometidas al juicio de su confesor, el padre Domingo Báñez, y de sus amigos Daza, Aranda, Salcedo y Julián de Ávila, para posteriormente presentarlas al obispo de Ávila, Álvaro de Mendoza, que las aprobó. Lo mismo hará en 1567 ante el general de la Orden, fray Juan Bautista Rubeo, a su paso por Ávila, quien concedió su aprobación un año más tarde.

Se ha perdido el original y el texto de la Constitución primitiva, y sólo quedan copias del texto aprobado en 1568 por el padre Rubeo con vistas a otros monasterios que se iban fundando.

Escrito por mandato del padre Gracián en Toledo durante el mes de agosto de 1576, guarda el pequeño librito *Visita de Descalzas* una serie de avisos a tener en cuenta por el prelado que quisiera procurar fruto de las visitas realizadas a los conventos de monjas descalzas.

El texto, cuyo original sin título —Teresa de Jesús aludiría posteriormente a él como *la manera de visitar las descalzas*— se conserva en el monasterio de El Escorial, se editó por primera vez en Madrid el año 1613, con el título *Tratado del modo de visitar los conventos de religiosas descalzas de nuestra Señora del Carmen, compuesto por la santa madre Teresa de Jesús, su fundadora.*

Por voluntad de su autora, aparecen por primera vez los *Avisos de la madre Teresa de Jesús* en 1583, en la edición de Évora del *Camino de perfección*. Son 68, y están sin numerar, sin que haya quedado rastro de sus originales.

Dos años más tarde los vuelve a publicar el padre Gracián con un título más concreto: *Avisos de la madre Teresa de Jesús para sus monjas*. Resulta en extremo complicado verificar la autenticidad de los mismos en cuanto a la autoría de la monja. Ya el padre Gracián advierte en su momento que son de la Madre, pero sin saber a ciencia cierta si fue ella quien los compuso o se los dieron los padres que la confesaban.

En cualquier caso, es factible incluirlos en el género de *Apuntaciones*, existiendo un evidente paralelismo con otros escritos de la religiosa, entre ellos el conjunto de notas volantes que se hallaron entre sus textos (consideraciones personales, apuntes de lectura y otros), fragmentos ácronos, fragmentos postizos, y memoriales.

El conjunto de cartas o *Epistolario* de Teresa de Jesús recoge los escritos de mayor espontaneidad y humanismo de la Madre, por cuanto aportan un retrato muy cercano de su persona a partir de la actividad que cotidianamente le ocupa en cada una de las facetas a las que se halla entregada. Complemento perfecto de todas y cada una de sus obras, en ellas es posible encontrar la aplicación práctica a la doctrina expuesta en esos otros escritos.

Tanto la disposición formal de sus cartas (escritas en grandes pliegos de buen papel, con escritura espaciosa y clara, tinta de la mejor calidad, observando criterios sobre espacios, márgenes y cabeceras de acuerdo al destinatario) como el contenido de las mismas (títulos y encabezamientos, saludos, cumplimientos y cláusulas asimismo acordes con el destinatario, según el cual mudará el tono del texto, mas nunca las especiales muestras de afecto y confianza con que se dirige a cada persona, independientemente de su condición social), componen un conjunto de etiqueta epistolar ejemplar y modélico.

Tan sólo ha llegado a nuestros días una parte muy reducida de su epistolario. De las aproximadamente 15.000 cartas que debió de escribir a lo largo de su vida, únicamente se conserva un número cercano a las quinientas, plenas todas ellas de referencias a ese otro gran número de las que se han perdido, y que dan idea de una correspondencia diaria realmente extraordinaria (podemos hacer un cálculo de escritura de dos cartas por día). En la actualidad se conocen unos 245 autógrafos y originales, existiendo copias de otras cartas hechas para el archivo general de la Orden, de donde pasaron a la Biblioteca Nacional de Madrid.

La primera edición de cartas salió el año 1658 en Zaragoza, por Diego Dormer, en dos tomos; en el primero iban 41 cartas y en el segundo 24, publicadas por orden de dignidad de los destinatarios.

Constituye el *Desafío espiritual* la muestra más interesante de los entretenimientos de carácter literario a los que con cierta frecuencia se entrega la Madre. Se corresponde en el tiempo este *Desafío* con su priorato en el monasterio de la Encarnación de Ávila, siendo por entonces su confesor fray Juan de la Cruz, entre 1572 y 1573. No se puede establecer, sin embargo, con certeza el destinatario del mismo, habiendo mostrado los estudiosos de la monja su preferencia por el noviciado de Pastrana, donde a la sazón se encontraba el padre Gracián, quien supuestamente habría escrito un opúsculo titulado *Arte de esgrima de los caballeros de Jesús y la Virgen, desafiados en el cartel de Anastasio*. Otra hipótesis conduce al colegio de Descalzos de Alcalá, de donde había salido como rector poco antes fray Juan de la Cruz, siendo susti-

Santa Teresa de Jesús

tuido por Gabriel de la Asunción, por entonces merecedor de toda su confianza.

Otra de las más celebradas muestras de entretenimiento festivo es el *Vejamen*, carta que Teresa de Jesús escribe en Toledo a mediados de 1577 en respuesta a una misiva de sus descalzas de San José de Ávila, en cuyo locutorio se había celebrado por Navidad una reunión con un grupo de amigos de toda confianza —Francisco de Salcedo, Julián de Ávila, Lorenzo de Cepeda, Juan de la Cruz y Álvaro de Mendoza— para debatir el sentido de las palabras *Búscate en Mí*, que la Madre había entendido en oración. No habiendo podido asistir ella a dicha reunión, se acordó que cada cual escribiera su opinión al respecto para a continuación enviarle el conjunto de las mismas, a las que dio cumplida respuesta en este *Vejamen*. Es de notar que tal respuesta incomodó sobremanera a su hermano Lorenzo en la parte que le tocaba, debiendo enviarle posteriormente varias cartas presentándole sus excusas.

Procede el título de la carta del nombre que por aquel tiempo recibe el discurso de carácter festivo o satírico mediante el cual se hacen cargos, en los juegos o certámenes literarios, a los poetas o concursantes de los defectos cometidos en sus trabajos.

X. OBRAS

Libro de la Vida

Madrid, 1873 (D. Vicente de la Fuente). Vida de Santa Teresa de Jesús, publicada por la Sociedad Foto-tipográfica Católica, bajo la dirección del Dr. D. Vicente de la Fuente, conforme al original autógrafo que se conserva en el Real Monasterio de San Lorenzo de El Escorial. Madrid, Imprenta de la Viuda e Hijos de D.E. Aguado, 1873.

Camino de Perfección

Valladolid, 1883 (D. Francisco Herrero y Bayona). Reproducción fotolitográfica y fieles traslados impresos del «Camino de Perfección y Modo de visitar los conventos», escritos por Santa Teresa de Jesús, que se conservan en El Escorial y en algunos autógrafos inéditos. Publicados por el Dr. D. Francisco Herrero Bayona, dignidad de tesorero de la Santa Iglesia Metropolitana de [Valladolid]. Tipo-Foto-Litografía de Luis N. de Gaviria (...), 1883.

Meditaciones sobre los Cantares

(Libro conocido tradicionalmente con el título de *Conceptos del amor de Dios*)

Conceptos / del amor de Dios / Escritos por la Beata Madre Teresa de Jesús / sobre algunas palabras de los / Cantares de Salomón / Con unas anotaciones del P.M. Fray Gerónimo / Gracián de la Madre de Dios Carmelitano (Bruselas, 1611).

Moradas o El Castillo Interior

El Castillo Interior / o / Tratado de las Moradas / escrito por / Santa Teresa de Jesús / Edición autobiografiada e impresa / según el texto original /. Propiedad de sus hijas / las religiosas Carmelitas Descalzas / del convento de San José de esta ciudad. / Publicado con motivo del tercer centenario de la gloriosa muerte de la Santa / por iniciativa y bajo la dirección / del Emo. y Rmo. Fr. Joaquín Cardenal Lluch Arzobispo de Sevilla / del Sagrado y Primitivo Orden de Nuestra Señora del Carmen [Sevilla], Litografía de Juan Moyano. Autografiado en la Biblioteca pública de la Dignidad Arzobispal por José M.ª Raquejo y Acosta, año de 1882.

Cuentas de conciencia o Relaciones/Mercedes

La primera colección de estas relaciones fue publicada por fray Luis de León, a continuación del *Libro de la Vida*, en la edición príncipe: *Los libros de la Madre Teresa de Jesús, fundadora de los monesterios de monjas y frailes carmelitas descalzos de la primera regla.* En Salamanca, por Guillermo Foquel, 1588.

Exclamaciones

Esclamaciones o meditaciones del alma a sv Dios escritas por la madre Teresa de Jesvs, en differentes días, conforme al espíritu que le comunicaua nuestro Señor después de auer comulgado, año de mill y quinientos y sesenta y nueue, en Los libros de la Madre Teresa de Jesús, fundadora de los monesterios de monjas y frayles Carmelitas Descalços de la primera regla. En Salamanca, por Guillermo Foquel, 1588, p. 269-304.

Poesías

Poesías, en Escritos de Santa Teresa, añadidos e ilustrados por D. Vicente de la Fuente, tomo primero (Madrid, M. Rivadeneyra, 1861) p.[509]-518 (Biblioteca de Autores Españoles, t.53). Reimpresión, Madrid, M. Rivadeneyra, 1877.

Libro de las Fundaciones

Libro de las Fundaciones de Santa Teresa de Jesús: Edición autografiada, conforme al original que se conserva en el Real Monasterio de San Lorenzo del Escorial, por D. Antonio Selfa: publicada y anotada por D. Vicente de la Fuente. Imprenta de la Viuda é Hijo de D.E. Aguado, Pontejos, 8, y litografía de J.M. Mateu, Barquillo 4 y 6, Madrid, 1880.

Constituciones teresianas de 1567

Constituciones que hizo y dio nuestra gloriosa madre santa Teresa de Jesús a las monjas de su primer convento de San Josef de Avila. En Jerónimo de S. José, O.C.D., *Historia del Carmen Descalzo*, tomo I [Madrid, Francisco Martínez, 1637] p. 641-659.

Constituciones del Capítulo de Alcalá

Constituciones de las Monjas carmelitas Descalzas de la Primitiva Observancia. En *Regla primitiva y Constituciones de las Monjas Descalzas de la Orden de Nuestra Señora la Virgen, María del Monte Carmelo* (Salamanca, Herederos de Matías Gast, 1581). Las Constituciones ocupan las p. 1-80.

Visitas de las descalzas o Modo de visitar los conventos de religiosas
Madrid, 1613. *Tratado / del modo de / visitar los / Conventos de Religio— / sas descalzas de nue— / stra Señora del Carmen. / Compuesto por / la santa Madre Teresa de / Jesús, su Fundadora.* Con privilegio. Impreso en Madrid por Alonso Martín, año de 1613 («Imprimiólo, precedido de un prólogo muy discreto, el P. Fr. Alonso de Jesús María, General de la Orden en aquella fecha»).

Avisos
Evora, 1583 (D. Teutonio de Braganza): *Avisos de la Madre Teresa de Jesús, en la edición del Camino de perfección: Tratado / que escrivió la Madre / Teresa de Jesús a las hermanas religiosas de la Orden de nuestra Señora del Carmen del Mones / terio del Señor san Josef de Auila / de donde a la sazón era / priora y fundadora.* Fue impresa la presente obra / en la muy noble y siempre leal ciudad de Evora, en casa de la Viuda Mu / ger que fue de Andrés de Burgos... / 1583.

Epistolario
Cartas de Santa Teresa. Reproducción foto-litográfica (Madrid, Imprenta de la Viuda e Hijo de D.E. Aguado, 1884), por don Vicente de la Fuente.

Desafío espiritual
Madrid, 1771 (Antonio de San Joseph, O.C.D.): *Respuesta de la Santa a un cartel, o desafío espiritual que embió una Comunidad de sus Hijos, siendo Priora de la Encarnación, en Cartas de Santa Teresa de Jesús... con notas del R.P. Fr. Antonio de San Joseph, Religioso Carmelita Descalzo,* t. IV, p. 393-405 (Madrid, En la Imprenta, y Librería de Joseph Doblado, 1771).

Vejamen
Zaragoza, 1657 (Juan de Palafox): Carta de la Madre Teresa de Jesús a D. Alvaro de Mendoza, obispo de Avila, Toledo, a fines de 1576 o en los primeros días de 1577, en *Cartas de la Seráfica y Mística Doctora Santa Teresa de Jesús... Con notas del Ilmo. y Excmo. D. Juan de Palafox y Mendoza, obispo de Osma...* vol. 1, número 5 (En Zaragoza, por Diego Dormer, 1657).
«Este escrito es en realidad una carta que la Santa escribió al obispo de Avila, D. Alvaro de Mendoza, y como tal se publicó por primera vez el año 1657 en la colección de las cartas anotadas por el Venerable Juan de Palafox».

MARCO CRONOLÓGICO

1515 — 28 de marzo, miércoles de Pasión: Nace en tierras de Ávila Teresa de Ahumada, hija de D. Alonso Sánchez de Cepeda, natural de Toledo, y de D.ª Beatriz de Ahumada, natural de Olmedo (Valladolid).

— 4 de abril, miércoles santo: Es bautizada en la parroquia de San Juan (Ávila).

1517 — Comienzo del reinado de Carlos I.

1520 — Comienzo de la Guerra de las Comunidades (1520-1521).

— Febrero: Rebelión de los Comuneros.

1521 — 23 de abril: Derrota decisiva de los comuneros en Villalar.

— Comienzo de la 1.ª guerra con Francia (1521-1526).

1525 — Batalla de Pavía.

1526 — Paz de Madrid.

— Comienzo de la 2.ª guerra con Francia (1526-1529).

1527 — Saqueo de Roma.

1529 — Paz de Cambray.

1530 — 24 de noviembre: Testamento de su madre, D.ª Beatriz de Ahumada, que muere poco después en Gotarrendura.

— Dieta de Augsburgo.

1531 — En primavera es internada en Santa María de Gracia.

— Formación de la Liga de Esmalcalda por parte de los protestantes.

1532 — En otoño sale enferma de Santa María de Gracia.

1533 — Durante la primavera pasa una temporada en Hortigosa con su tío D. Pedro Sánchez de Cepeda, y en Castellanos de la Cañada con su hermana D.ª María de Cepeda.

— Declara a su padre la vocación religiosa.

1535 — 2 de noviembre: Huye de casa y entra en el convento de la Encarnación.

1536 — 2 de noviembre: Recibe el hábito en las carmelitas de la Encarnación.

— Comienzo de la 3.ª guerra con Francia (1536-1538).

1537 — 3 de noviembre: Profesión.

1538	— En otoño sale enferma de la Encarnación, camino de Becedas. Se detiene en Castellanos de la Cañada. Lee la obra *Tercer abecedario*, de Francisco de Osuna.
1539	— En el mes de abril se pone en manos de una curandera en Becedas.
	— En el mes de julio regresa gravemente enferma a Ávila.
	— 15 de agosto: Pide confesión. Sufre un colapso de tres días de duración, en el transcurso de los cuales llega a ser amortajada.
	— Regresa a la Encarnación en un deplorable estado de salud, del que tardará tres años en reponerse por completo.
1542	— Crisis espiritual de oración.
	— Comienzo de la 4.ª guerra con Francia (1542-1544).
1543	— 26 de diciembre: Muere su padre, D. Alonso Sánchez de Cepeda.
1544	— En otoño el padre Vicente Barrón la exhorta a no dejar la oración.
	— Paz de Crépy.
1545	— Comienzo del Concilio de Trento, cuya primera etapa se extenderá hasta 1549.
1547	— Batalla de Mülhberg.
1551	— Segunda etapa del Concilio de Trento (1551-1552).
1554	— Durante la Cuaresma experimenta su primera conversión ante la visión de un Cristo muy llagado.
1555	— Paz (Dieta) de Augsburgo.
1556	— Desposorio místico.
	— Paz de Vaucelles. Abdicación de Carlos I en su hijo Felipe II, coronado rey de España y de sus posesiones europeas y americanas.
1558	— Sus principales amigos y confidentes le hacen saber que, a su parecer, las mercedes espirituales que recibe son demonio.
	— Muerte de Carlos I.
1559	— 29 de junio: Primera visión intelectual de Cristo.
	— Paz de Cateau-Cambrésis.
1560	— 25 de enero: Visión del Cristo resucitado.
	— Transverberación en casa de D.ª Guiomar.
	— En el mes de agosto sufre una visión espantosa del infierno.
	— En el mes de septiembre se celebra una reunión en su celda, donde se resuelve hacer una reformación.
	— En el mes de octubre escribe su primera *Cuenta de conciencia*.

— En Navidad un confesor le niega la absolución si no deja la reforma.

1561 — La villa de Madrid es elevada a capital de la monarquía.

1562 — En el mes de junio concluye el *Libro de la Vida*.

— 24 de agosto: Inauguración del nuevo convento de San José. Desde el monasterio de la Encarnación se reclama a Teresa de Jesús.

— 25 de agosto: *Discuento* ante el provincial y las monjas de San José.

— En el mes de diciembre se traslada a San José con permiso del provincial y acompañada de cuatro monjas de la Encarnación.

— Comienza a escribir el *Camino de perfección*.

— Tercera etapa del Concilio de Trento (1562-1563).

1563 — A principios de año es nombrada priora del monasterio de San José.

— En el mes de julio se descalza.

— En el mes de agosto escribe las *Constituciones* (aprobadas por Pío V en 1565).

— 4 de diciembre: Clausura del Concilio de Trento.

1564 — 21 de mayo: Juan Bautista Rubeo de Ravena es elegido prior general de la Orden del Carmen.

1565 — En el mes de marzo el provincial P. Ángel de Salazar comisiona a los PP. García de Toledo y Antonio de Heredia para relajar en confesión el voto de lo más perfecto que había hecho Teresa de Jesús.

— 17 de julio: Bula de Pío IV a las fundadoras de San José confirmando la pobreza y la sumisión al obispo.

— 9 de diciembre: Muere Pío IV.

1566 — 7 de enero: Elección del papa Pío V.

— En el mes de febrero escribe la primera redacción de las *Meditaciones sobre el Cantar de los Cantares*.

1567 — 18 de febrero: Primer contacto con el padre Juan Bautista Rubeo, general de la Orden, en su visita al convento de San José.

— 12 de abril: El general Rubeo preside el capítulo de la provincia de Castilla, que se celebra en Ávila. Mantiene diversos encuentros y coloquios con Teresa de Jesús, aprobando el voto de perfección en la forma dada por los confesores.

— 16 de abril: A través del breve *In prioribus* se decreta la reforma de la Orden por medio de los ordinarios.

— 27 de abril: Recibe Teresa de Jesús del general una patente concediendo la fundación de otros conventos como el de San José.

— Durante los meses de junio y julio demanda la fundadora con reiteración al general la licencia para poder fundar conventos de frailes carmelitas contemplativos.

— 15 de agosto: Fundación del convento de Medina del Campo.

— 16 de agosto: Patente del general Rubeo permitiendo la fundación de dos conventos de frailes contemplativos, a condición de que éstas no se lleven a cabo en Andalucía.

1568 — 15 de agosto: Fundación del convento de la dehesa de Río de Olmos.

— 31 de octubre: Recibe una carta del beato Juan de Ávila aprobando su *Libro de la Vida.*

— 28 de noviembre: Inauguración del convento de frailes contemplativos en Duruelo.

— Comienzo de la Guerra de las Alpujarras (1568-1571).

1569 — 14 de mayo: Fundación de Toledo.

— 22 de junio: Fundación de las monjas de Pastrana.

— 9-10 julio: Fundación de frailes descalzos en Pastrana.

— Escribe las *Exclamaciones.*

— 26 de agosto: Nombramiento de dos visitadores apostólicos del Carmen, el padre Pedro Fernández, para Castilla, y el padre Francisco Vargas, para Andalucía.

1570 — 1 de noviembre: Fundación de Salamanca.

— Fundación en Alcalá del colegio de los Descalzos.

— Formación de una Liga Santa entre el Papado, España y Venecia.

1571 — 25 de enero: Fundación en Alba de Tormes, con asistencia de Juan de la Cruz.

— 6 de abril: Patente del general Rubeo que permite a Teresa de Jesús seguir fundando.

— Elegida priora del convento de San José, en Ávila.

— 8 de julio: Renuncia a la regla mitigada en San José de Ávila.

— 10 de julio: Acepta el priorato de la Encarnación.

— 23 de septiembre: Celebración de capítulo provincial en San Pablo de la Moraleja, donde es confirmada priora de la Encarnación.

— 6 de octubre: Es nombrada conventual de Salamanca por el visitador Pedro Fernández, a pesar de su cargo de priora en la Encarnación.

— 14 de octubre: Toma posesión del priorato de la Encarnación.

1572 — 13 de mayo: Elección del papa Gregorio XIII.

— En el mes de septiembre escribe el *Desafío espiritual*.

— 16 de noviembre: Recibe la merced divina del matrimonio espiritual.

1573 — En el mes de febrero, durante una breve estancia en Alba de Tormes, firma y aprueba una copia del *Camino de perfección*.

— 25 de agosto: Por mandato del padre Jerónimo Ripalda, comienza a escribir las *Fundaciones*.

1574 — 19 de marzo: Fundación de Segovia.

— 6-7 de abril: Las descalzas de Pastrana abandonan su convento por orden de la Madre y se trasladan al de Segovia, donde ella misma las recibe.

— 13 de junio: El padre Francisco Vargas otorga a Gracián las facultades de vicario provincial y visitador de los carmelitas de Andalucía.

— 3 de agosto: Gregorio XIII deroga las facultades de los visitadores apostólicos.

— 6 de octubre: Cesa en el cargo de priora de la Encarnación de Ávila al concluir su trienio y retorna a San José.

— Escribe la segunda redacción de las *Meditaciones sobre el Cantar de los Cantares*.

1575 — 24 de febrero: Fundación del convento de Beas.

— Entre los meses de abril y mayo celebra un encuentro en Beas con el padre Jerónimo Gracián.

— 18 de mayo: Por orden del padre Gracián, sale de Beas camino de Sevilla.

— 29 de mayo: Fundación de Sevilla.

— 10 de junio: El padre Domingo Báñez aprueba su librito *Meditaciones sobre los Cantares*.

— 7 de julio: El padre Domingo Báñez aprueba el *Libro de la Vida*.

— En el mes de diciembre los confesores descalzos de la Encarnación son apresados en Ávila tras la aprobación de los decretos del capítulo celebrado en Plasencia. En virtud de dichos decretos, Teresa de Jesús recibe la orden de confinarse en un convento de Castilla, orden que posteriormente será aplazada por el padre Gracián.

1576 — 1 de enero: Fundación de Caravaca por Ana de San Alberto.

— Escribe dos relaciones (cuentas de conciencia 57 y 58) al padre Rodrigo Álvarez.

— En el mes de agosto escribe *Visita de descalzas.*

— En el mes de noviembre termina el capítulo 27 de las *Fundaciones.*

1577 — 6 de febrero: Escribe el *Vejamen.*

— 2 de junio: Comienza a escribir *Las Moradas* por orden del padre Gracián.

— 27 de julio: Traslado de la obediencia de San José del obispo a la Orden.

— 29 de noviembre: Concluye en Ávila el libro de *Las Moradas.*

— 3 de diciembre: Juan de la Cruz y Germán de San Matías son apresados por los calzados. Teresa de Jesús escribe al rey pidiendo justicia.

— 24 de diciembre: Cae por las escaleras de San José y se rompe el brazo izquierdo.

1578 — 23 de julio: El nuncio Sega otorga contrabreve por el que desposee a Gracián de sus facultades de visitador apostólico.

— 9 de octubre: Celebración de capítulo por parte de los descalzos en Almodóvar. Sale elegido superior el padre Antonio de Jesús.

— 16 de octubre: El nuncio Sega anula las decisiones de dicho capítulo y somete a descalzos y descalzas a la autoridad de los provinciales de los calzados.

1579 — 1 de abril: El nuncio Sega y sus *acompañados* destituyen a los provinciales calzados y nombran vicario general de los descalzos al padre Ángel de Salazar.

— 6 de junio: Escribe en la ermita de Nazaret sus *Cuatro avisos* para los frailes descalzos.

1580 — 31 de marzo: Enferma gravemente de perlesía y corazón.

— 5 de mayo: Gracián recupera sus facultades de provincial.

— 22 de junio: Breve *Pia consideratione* por el que se ordena la separación de provincia de los descalzos.

— Diego de Yanguas y Jerónimo Gracián examinan y revisan en su presencia *Las Moradas,* en el locutorio de Segovia.

— 26 de junio: Muere en La Serna (Ávila) su hermano Lorenzo de Cepeda.

— 8 de agosto: Enferma gravemente a su llegada a Valladolid.

— 29 de diciembre: Fundación de Palencia.

1581 — En el mes de febrero se convoca el capítulo de separación de Alcalá. Teresa de Jesús envía al padre Gracián sus instrucciones para la legislación de las descalzas.

— 3 de marzo: Inauguración del capítulo de Alcalá.

— 4 de marzo: El padre Gracián es elegido provincial de los descalzos.

— 13 de marzo: Arreglo y confirmación de las nuevas Constituciones.

— En el mes de mayo, escribe una relación al obispo de Osma (cuenta de conciencia 66).

— 3 de junio: Fundación de Soria.

— 10 de septiembre: Es elegida priora de San José de Ávila.

— En el mes de noviembre recibe de la duquesa de Alba el *Libro de la Vida* y se lo entrega, junto a *Las Moradas*, a D. Pedro de Castro.

— 28 de noviembre: Llega a Ávila Juan de la Cruz con la intención de ir a fundar a Granada en compañía de Teresa de Jesús, a quien no es posible acompañarle.

1582 — 2 de enero: Parte Teresa de Jesús junto al padre Gracián a Burgos para fundar.

— 20 de enero: Fundación de las descalzas en Granada por Ana de Jesús.

— 19 de abril: Fundación de Burgos.

— 19 de septiembre: Por orden del padre Antonio de Jesús, se dirige desde Medina del Campo a Alba de Tormes, a fin de consolar a la duquesa de Alba, cuya hija está a punto de dar a luz. En el transcurso del viaje, sufre un desmayo en la localidad de Aldeaseca de la Frontera.

— 20 de septiembre: Llega a Alba de Tormes, donde los médicos le ordenan guardar cama en razón de su estado de salud.

— 3 de octubre: Confiesa y recibe los últimos sacramentos.

— 4 de octubre: Fallece a las nueve de la noche.

1583 — Se edita en Évora *Camino de perfección*.

— 4 de julio: Abren el ataúd del enterramiento para trasladar el cuerpo a la ciudad de Ávila.

1586 — 23 de agosto: Por sentencia pontificia, el cuerpo de la religiosa es trasladado a Alba de Tormes.

1588 — Edición príncipe de las *Obras de la Madre Teresa* en Salamanca, preparada por fray Luis de León.

1614 — 24 de abril: Beatificación de la Madre Teresa por Paulo V.

1617 — 16 de noviembre: Las Cortes de España la declaran, bajo Felipe III, Patrona de España.

1622 — 12 de marzo: Canonización de Santa Teresa por Gregorio XV, junto con los santos Isidro, Ignacio, Francisco Javier y Felipe Neri.

1970 — 27 de septiembre: Pablo VI la proclama Doctora de la Iglesia.

BIBLIOGRAFÍA

Efrén de la Madre de Dios, O.C.D. y Otger Steggink, O. Carm: *Tiempo y Vida de Santa Teresa,* Biblioteca de Autores Cristianos, Madrid, 1996.

Teresa de Jesús: *Obras completas,* Transcripción, introducciones y notas de Efrén de la Madre de Dios, O.C.D. y Otger Steggink, O. Carm., Biblioteca de Autores Cristianos, Madrid, 1997.

Teresa de Jesús: *Libro de la Vida,* Edición de Dámaso Chinarro, Cátedra, Madrid, 1998.

ÍNDICE